LE GUIDE DU VIN PHANEUF

VIN

LES GRAPPES D'OR

2018

Design graphique : Josée Amyotte
Mise en page et infographie : Johanne Lemay
Soutien technique : Mario Paquin

DISTRIBUTEUR EXCLUSIF :

- Pour le Canada
  et les États-Unis :
  MESSAGERIES ADP*
  2315, rue de la Province
  Longueuil, Québec J4G 1G4
  Téléphone : 450-640-1237
  Télécopieur : 450-674-6237
  Internet : www.messageries-adp.com
- * filiale du Groupe Sogides inc.,
  filiale de Québecor Média inc.

Suivez-nous sur le Web
Consultez nos sites Internet et inscrivez-vous à l'infolettre pour rester informé en tout temps de nos publications et de nos concours en ligne. Et croisez aussi vos auteurs préférés et notre équipe sur nos blogues!

EDITIONS-HOMME.COM
EDITIONS-JOUR.COM
EDITIONS-PETITHOMME.COM
EDITIONS-LAGRIFFE.COM

Gouvernement du Québec – Programme de crédit d'impôt pour l'édition de livres – Gestion SODEC – www.sodec.gouv.qc.ca

L'Éditeur bénéficie du soutien de la Société de développement des entreprises culturelles du Québec pour son programme d'édition.

Conseil des Arts du Canada | Canada Council for the Arts

Nous remercions le Conseil des Arts du Canada de l'aide accordée à notre programme de publication.

Financé par le gouvernement du Canada
Funded by the Government of Canada | Canada

Nous reconnaissons l'aide financière du gouvernement du Canada par l'entremise du Fonds du livre du Canada pour nos activités d'édition.

Cet ouvrage a été achevé d'imprimer sur les presses de Imprimerie Transcontinental, Beauceville, Canada

Imprimé au Canada

11-17

Dépôt légal : 2017
Bibliothèque et Archives nationales du Québec

ISBN 978-2-7619-4787-9

NADIA FOURNIER

LE GUIDE DU VIN PHANEUF

VIN

LES GRAPPES D'OR

2018

LES ÉDITIONS DE L'HOMME
Une société de Québecor Média

L'IDENTITÉ

Le sujet est apparemment incontournable. Dans les médias – qu'ils soient traditionnels ou sociaux – les opinions quant à la définition de l'identité des peuples se multiplient, quand elles ne divisent pas. Mais au fait, qu'est-ce qui nous définit? Il y a des mois, des années, que la question me trotte dans la tête. Au moment de clore cette édition, je n'avais toujours pas trouvé la réponse parfaite. Mais l'année 2017 aura certainement beaucoup nourri ma réflexion.

Alors que je commençais la rédaction de ce guide, je suis tombée sur un billet éditorial de Simon Jodoin dans le magazine *Voir*, qui proposait d'aborder l'identité québécoise à travers les sens. «Une identité, écrivait-il, ça se goûte, ça se mange, ça se contemple, [...] ça se sent sur les battures, dans les bois humides...» L'idée m'a plu et elle a fait son chemin. Et si, au fond, ce qui nous définit reposait, en partie, sur tous ces éléments qui composent notre terroir et sur notre désir de le mettre en valeur?

J'ai eu un autre élément de réponse en février dernier, alors que je participais à la 6e édition de Pinot Noir NZ. Cette conférence de trois jours se tenait à Wellington, en Nouvelle-Zélande, et proposait d'analyser en profondeur le pinot noir à travers un thème, Turangawaewae, un principe fondateur de l'identité maorie qu'on pourrait traduire comme le «lieu où l'on existe». Les Maoris disent appartenir à leur turangawaewae beaucoup plus qu'ils ne le possèdent. C'est ce lieu qui les façonne, qui leur confère leur identité. Lors de l'allocution d'ouverture de cette même conférence, Nick Mills, vigneron dans Central Otago, se ralliait au discours des Maoris, présentant par ailleurs la vigne comme un vecteur de relation avec la terre, un moyen par lequel l'homme exprime l'essence d'un lieu. Toujours à Wellington, l'auteure britannique Jancis Robinson abordait la question de la vie microbienne des sols et de son impact sur l'expression du terroir. Un sujet dont on entend de plus en plus parler dans le vignoble de Bourgogne.

D'ailleurs, faut-il le rappeler, ce rapport identitaire avec la terre n'est pas exclusif aux Maoris et aux Néo-Zélandais. Les Bourguignons ont leurs climats depuis des siècles. Le reste de la France a son terroir, officiellement classé depuis 1935. Les Allemands ont le *bodengeschmack*: «le goût de la terre». Nos voisins du sud emploient les expressions «somewhereness» ou «sense of place» pour traiter du vaste sujet qu'est le terroir, mais seulement depuis le début des années 1980. Avant, ce concept était à ce point absent du discours des auteurs de langue anglaise que Anthony Hanson, dans la version originale de son ouvrage mythique sur la Bourgogne (*Burgundy*, publié en 1982) n'emploie pas une seule fois le terme «terroir».

Vieilles vignes de chenin blanc, Swartland, Afrique du Sud. (Photos: Nadia Fournier)

Pourquoi donc cette fascination nouvelle pour la terre et pour le lieu, pour ce goût qu'ils confèrent aux aliments et aux vins? Doit-on y voir une réaction à l'homogénéisation du goût?

Les vins défectueux qui se frayent un chemin jusque sur les tablettes de la SAQ se font plutôt rares aujourd'hui. Les vins ennuyants – et sucrés – en revanche, ne manquent pas. Ces nouvelles cuvées sont au vin ce que les *blockbusters* sont au cinéma: tellement prévisibles qu'on connaît la fin avant même d'avoir vu la bande-annonce.

Comme remède aux saveurs préfabriquées, l'authenticité et le retour aux sources s'imposent. L'agriculture biologique connaît de plus en plus d'adeptes, le bois neuf et les procédés industriels, moins. Et avant que le monde ne se noie dans un océan de cabernet et de chardonnay, vivement que les conservatoires de cépages anciens essaiment et nous ramènent aux origines: la vigne. En Afrique du Sud, Rosa Kruger et son équipe sillonnent la région du Cap à la recherche de vieux vignobles laissés à l'abandon et menacés d'arrachage. Elle les confie ensuite à des vignerons qu'elle sait «suffisamment sensibles pour leur faire honneur», comme Eben Sadie, Adi Badenhorst, Chris et Andrea Mullineux. Leurs vins sont exceptionnels. Des vins à l'identité forte, qui portent l'empreinte de leur lieu de naissance.

Ce qui nous ramène à l'identité. Que goûte le Québec? Dans mes souvenirs d'enfance, il embaume les «beurrées de crème» et la galette de sarrasin du comté de Bellechasse. Dans mon quotidien, il se savoure à coup de tomates héritage, d'ail des bois, du pain de la boulangerie locale. Dans mon verre, ses parfums se précisent, plus profonds chaque année, plus sincères aussi. Je n'apprécie pas les vins d'ici par patriotisme ni par charité chrétienne. Je les aime tout en connaissant ce qui se fait ailleurs. Et ils me sont d'autant plus chers quand ils sont uniques, bien assumés dans leur nordicité.

Pour comprendre ce que goûte mon terroir, j'ai besoin de connaître et de comprendre ce que goûte le monde. Que goûtent la France, l'Italie, l'Espagne, le Portugal, l'Autriche, la Grèce, le Liban, la Turquie, la Nouvelle-Zélande, l'Afrique du Sud?

Il y a au Québec une clientèle assoiffée d'authenticité et de découverte. Et pour leur plus grand bonheur, un monde de vignerons dévoués à étancher leur soif. Entre l'offre à la SAQ, l'importation privée et les vignobles d'ici, mon travail m'amène à goûter tant de vins sincères, qui parlent à nos sens et qui racontent l'histoire de leur origine, comme autant de remparts contre la standardisation. Les pages de ce guide en sont remplies! Plutôt que de nous cantonner dans nos habitudes, explorons. Parce que derrière chaque bouteille ouverte, il y a un monde à découvrir.

NADIA FOURNIER

LES MOTS DU VIN

L'un des plus grands défis pour l'amateur de vin est souvent de verbaliser ses impressions et ses perceptions au moment de la dégustation. Commander une bouteille au restaurant ou poser une question à un conseiller en vin de la SAQ est pour vous une source d'angoisse? Voici un petit lexique des mots les plus fréquemment utilisés pour parler du vin. Vous verrez, ce n'est pas si compliqué.

PERCEPTIONS

Acidité: composante essentielle à la structure du vin. Elle lui confère son équilibre, sa fraîcheur et son potentiel de vieillissement. Plusieurs types d'acides jouent un rôle dans la qualité du vin. L'acide malique est vif et s'apparente à l'acidité d'une pomme verte. L'acide lactique est plus tendre et ses parfums rappellent la crème et le beurre. Mais le plus important demeure l'acide tartrique, qui contribue à la structure du vin. On dira d'un vin qui se tient bien en bouche et qui comporte une juste dose d'acidité qu'il est nerveux, vif, fringant ou tendu.

Alcooleux, capiteux: désigne un vin dont la teneur alcoolique, parfois parce qu'elle est trop élevée, n'est pas en harmonie avec ses autres composantes.

Amertume: élément essentiel à la longueur d'un vin. La sensation amère est souvent laissée en arrière-goût par des vins jeunes encore forts en tanins et même par certains vins blancs. Saveur négligée et méprisée des Nord-Américains, mais qui fait partie de l'univers gustatif des Italiens.

Âpre: se dit d'un vin qui râpe la langue et assèche les muqueuses. Défaut dû à des tanins de mauvaise qualité ou qui se fondent mal à l'ensemble.

Arôme: composé volatile perçu par l'odorat, soit au nez de manière directe, soit en bouche par rétro-olfaction.

Astringence: sensation d'asséchement des muqueuses de la bouche, provoquée par une réaction des protéines salivaires à la présence de tanins, entraînant un resserrement des tissus et une diminution des sécrétions. Elle est caractéristique de certains vins comme ceux du Piémont (barolo, barbaresco et autres nebbiolo) ou des vins rouges de Naoussa, entre autres.

Attaque: première impression gustative en bouche. Viennent ensuite le milieu de bouche et la finale ou «fin de bouche».

Austère: se dit quelquefois d'un vin rouge tannique encore trop jeune pour être apprécié à sa pleine valeur (parfums timides, structure un peu dure), mais dont on devine le potentiel.

Boisé: se dit d'un vin qui présente une odeur de bois de chêne, perçue essentiellement dans les vins qui ont séjourné quelque temps en fût. Les parfums caractéristiques varient selon la provenance du chêne et le type de chauffe et peuvent tantôt rappeler la vanille, la noix de coco, le bourbon, les notes fumées ou grillées, le caramel, les épices (clou de girofle, cannelle), le café, le chocolat, le cèdre, etc.

Bouquet: ensemble des odeurs qui composent la palette aromatique plus ou moins complexe d'un vin acquise après son vieillissement en bouteille. La pureté et la richesse du bouquet en disent déjà long sur la qualité d'un vin.

Les mots et expressions à proscrire

Parce que désuets

Caudalie: unité équivalent à une seconde, utilisée pour quantifier la longueur d'un vin. Mais comme le disait à juste titre David Pelletier, « si une caudalie égale une seconde, alors pourquoi ne pas dire qu'un vin dure tant de secondes plutôt que tant de caudalies ? ».

Jésus en culotte de velours: cette expression aussi vieillotte qu'elle est imagée est supposée décrire un vin suave et velouté, qui est agréable à boire.

Parce que grammaticalement incorrects

L'usage abusif de la préposition «sur»: Entendu au cours des dernières années: un vin est « sur le fruit », « sur le millésime 2010 », servi « sur une pièce de viande braisée », etc. La langue française est vaste et riche. Pourquoi se limiter à ces tics de langage ?

Les termes genrés

Les termes genrés: parler d'un vin féminin, d'un vin masculin, d'un vrai vin de gars ou d'un vin de femme, c'était déjà douteux dans les années 1980, alors en 2016... Et je connais autant de femmes qui préfèrent les vins corsés, tanniques et puissants que d'hommes qui se régalent de vins légers du Beaujolais.

La jambe, la cuisse: ne serait-ce que pour des raisons purement techniques, ces termes qui décrivent les traînées visqueuses coulant sur les parois du verre après l'agitation du vin devraient être mis à l'index. Contrairement à la croyance populaire, ces jambes ne sont pas vraiment un indice de qualité. Elles sont dues essentiellement au glycerol, un sous-produit de la fermentation alcoolique, et sont souvent un bon indicateur de la teneur en alcool d'un vin.

Buvabilité: employé dans le même ordre d'idée que les qualificatifs «digeste» et «gouleyant», ce néologisme de plus en plus populaire dans le jargon des dégustateurs qualifie un vin qui se boit facilement, souvent en raison de son caractère désaltérant. Les vins rouges du Beaujolais, par exemple, font preuve d'une grande buvabilité.

Charpenté: vin particulièrement bien constitué et contenant beaucoup d'extraits tanniques.

Compact, serré: qualité d'un vin dont la matière est concentrée et la structure tannique dense. Un vin serré et compact n'est pas synonyme de vin robuste. Le grain tannique des meilleures syrahs du nord du Rhône, à Côte-Rôtie par exemple, est souvent très serré, mais n'affiche aucune dureté.

Corsé: vin aux saveurs et à la texture affirmés.

Court: vin le plus souvent léger, sans persistance gustative. Les saveurs disparaissent aussitôt le vin avalé.

Dense, plein, charnu: vin rouge agréablement corsé, dont on va dire qu'il est bien en chair, qu'il a de la mâche; comme si on pouvait le mâcher. Exprime la densité des éléments texturaux; le contraire d'un vin osseux.

Digeste: par ce qualificatif qui peut faire sourciller, on ne sous-entend en rien que tel vin facilitera votre digestion. On l'utilise surtout pour signifier une opposition au caractère indigeste qu'ont certains vins modernes, hyper costauds, avec une forte teneur en alcool et parfois sucrés.

Doux: rarement applicable au rouge, il désigne les vins blancs arrondis par un reste considérable de sucre, comme les vendanges tardives, les demi-secs, etc. Selon le degré de concentration en sucre, on parlera de vin moelleux (entre 10 g/l et 45 g/l) ou de liquoreux (plus de 45 g/l).

Dur: vin sans onctuosité ni moelleux et généralement acide; un aspect fréquent chez les vins jeunes. Synonyme de vert, pointu, raide, ferme.

Équilibré: il n'est pas question ici de zénitude ni de régime alimentaire. Juste d'un bon vin dont les éléments (l'alcool, l'acidité, le fruit et les tanins pour les rouges) se présentent dans des proportions harmonieuses.

Ferme: vin à la structure affirmée, qui a de l'autorité en bouche. Souvent il s'agit d'un vin tannique qui doit vieillir pour se révéler pleinement.

Fruité: vin empreint d'arômes et de saveurs de fruits. Contrairement à la pensée populaire, fruité ne signifie en aucun cas que le vin est sucré.

Gras: vin offrant beaucoup de rondeur, empreint d'onctuosité, mais sans être moelleux. Le contraire d'un vin maigre.

Léger: vin peu alcoolisé et peu corsé, souvent peu coloré, mais très agréable malgré tout. Habituellement pas un vin de garde.

Longueur: c'est le propre d'un grand vin d'avoir une grande persistance gustative. On décrit ici la finale.

Lourd: vin corsé, voire puissant, mais dépourvu de finesse, de nuances et de buvabilité!

Minéralité, salinité: se dit d'un vin dont les composants font saliver, comme certaines solutions salines, ou dont les descripteurs organoleptiques s'apparentent aux minéraux. Ce concept un peu flou et difficilement quantifiable ne fait pas l'unanimité au sein des professionnels.

Moderne: terme souvent utilisé pour définir les vins européens élaborés dans le même style que les vins du «Nouveau Monde». La plupart des vins qualifiés de «modernes» mettent à contribution des procédés œnologiques qui visent à assouplir les tanins et à donner une sensation flatteuse au vin, afin de plaire à un vaste public. Ils sont un peu au vin ce que la musique pop est à la chanson.

Moelleux: désigne des vins blancs dont la teneur en sucre les place entre les vins secs et les vins liquoreux.

Mou, plat: absence de tenue ou de structure, le plus souvent à cause d'un manque de tanins ou d'acidité.

Musclé, puissant: vin corsé, concentré, souvent riche en tanins et en alcool.

Perlant: vin renfermant un léger reste de gaz carbonique, qui peut être laissé volontairement dans le vin pour accentuer la sensation de fraîcheur en bouche et rehausser les saveurs. C'est le cas de plusieurs vins blancs ou de vins rouges légers à tendance «nature». Pour que ce gaz se dissipe, il suffit de laisser le vin au contact de l'air.

Racé: vin non seulement représentatif de son appellation, mais aussi doté de beaucoup de classe et de caractère.

Rond: vin dont les saveurs et les éléments sont bien liés ensemble. Qualifie aussi un vin souple, velouté, sans excès de tanins ou d'acidité.

Sec: techniquement, se dit d'un vin qui contient moins de 4 g/l de sucre ou d'un vin donnant l'impression de ne pas contenir de sucre résiduel. La sensation sucrée est en relation étroite avec l'impression acide; un vin peu acide paraît moins sec qu'un vin plus acide.

Souple: un vin peu tannique. Synonyme de coulant, leste, gouleyant.

Soyeux: qualifie un vin élégant, dont le grain tannique est empreint de finesse.

Tanins (ou tannins): parmi les principaux composants du vin, ils proviennent des pépins et de la peau des raisins et donnent au vin sa texture, sa charpente. Ils peuvent être tendres, souples, soyeux, fondus, déliés ou tissés serrés. On dira d'un vin costaud et structuré qu'il est tannique.

Tendre: vin dont la structure est souple et les tanins ronds, enrobés, gommeux et soulignés d'une acidité agréable. Impression d'onctuosité.

Terroir: se rapproche de la notion de minéralité, en termes de polémique. Expression fourre-tout, supposée désigner des vins dont le profil gustatif est intimement lié à leur lieu d'origine, mais qui a été malmenée jusqu'à devenir aujourd'hui un principe de marketing. Dans ces cas précis, il serait plus approprié de parler de «terroir-caisse».

Velouté: l'une des nombreuses analogies en lien avec le textile, qui qualifie un vin dont la texture s'apparente à celle du velours.

ÉLÉMENTS TECHNIQUES ET DÉFAUTS

Acétone : arôme chimique qui rappelle le parfum d'un dissolvant à vernis à ongles. Les composants responsables de cette odeur sont produits par le métabolisme des levures ou des bactéries. Cette odeur peut disparaître à l'aération du vin.

Acidité volatile : comme le sel dans la cuisine, cet acide agit comme une caisse de résonance en magnifiant les saveurs de certains grands vins, à condition de jouer en sourdine. Contenue en dose trop importante, l'acidité volatile peut aussi affecter négativement les arômes, en leur donnant des airs de vinaigre, et durcir la sensation en fin de bouche. Certains amateurs de vin sont « allergiques » à cette odeur, d'autres en raffolent. Tout dépend des goûts, on ne le répétera jamais assez.

Bouchonné : désigne un vin qui présente une odeur désagréable (moisissure, liège pourri, cave humide, huîtres) communiquée le plus souvent par un bouchon défectueux. Même une bouteille de grand vin peut être bouchonnée. Le fait de sentir le bouchon en lui-même ou le goulot de la bouteille n'est souvent pas suffisant pour identifier le problème. Le défaut se dévoile au nez, une fois le vin servi dans le verre, et se confirme généralement en bouche.

Brett : les brettanomyces relèvent d'une contamination par des levures du même nom. En jeunesse, les effets de « la brett » se perçoivent surtout au nez (odeurs de basse-cour, d'écurie, d'excréments de souris, d'arachide rance), mais avec le temps, les levures s'attaquent à la structure même du vin, rendant les tanins osseux, décharnés.

Réduction : dans la plupart des cas, une simple aération en carafe permet de remédier à ce gentil défaut, qui est attribuable à un manque de contact avec l'oxygène. On la décèle au nez par son odeur désagréable qui s'apparente à celle du pop-corn brûlé, du maïs en crème, d'un gaz nauséabond, des œufs pourris, etc.

Soufre : lors du processus de vinification et surtout au moment de la mise en bouteille, le soufre est utilisé comme antiseptique et comme antioxydant. Un usage inconsidéré affecte les qualités olfactives du vin, masque l'expression du fruit et laisse parfois une odeur agressante d'allumettes. Certains vins jeunes perdent cette odeur après un certain temps au contact de l'air. Les vins nature sont vinifiés sans ajouts de soufre.

Transformation malolactique : aussi appelée, à tort, fermentation malolactique ; elle se déclenche sous l'action de bactéries qui transforment l'acide malique (dur) en acide lactique (plus tendre). On lui doit notamment les parfums lactiques (beurre, crème fraîche) dans les vins blancs, comme le chardonnay.

AGRICULTURE, PHILOSOPHIE ET AUTRES TENDANCES

Biodynamie: philosophie et système de production agricole qui se distinguent essentiellement de l'agriculture biologique par la prise en considération des rythmes lunaires. Cela consiste, en gros, à enrichir la vie microbienne des sols au moyen de préparations de silice, afin de renforcer les mécanismes de défense naturels de la plante. Les doses de soufre et de cuivre admises par les certifications biodynamiques sont inférieures à celles du bio. Tous les adeptes de la biodynamie n'en font pas mention sur l'étiquette, même s'ils sont certifiés.

Biologique: mode d'agriculture qui interdit l'usage d'herbicides et de pesticides de synthèse. Le soufre et le cuivre sont les principaux ingrédients utilisés pour lutter contre les maladies. Contrairement à l'idée de plus en plus véhiculée, les vins issus de l'agriculture biologique peuvent contenir des sulfites ajoutés lors de la vinification. Tout comme pour les vins biodynamiques, la certification n'apparaît pas toujours sur l'étiquette.

Vin naturel ou vin nature: désigne des vins issus, pour la plupart, de l'agriculture biologique, et dont aucun intrant (y compris les sulfites) n'a été utilisé au cours du processus de vinification. Les vins sont conséquemment un peu plus fragiles (sensibles) aux conditions d'entreposage que les vins issus d'un processus de vinification industriel. Contrairement aux vins biologiques et biodynamiques, les vins dits naturels ne sont soumis à aucune règle ni cahier des charges officiels. Il s'agit d'une catégorie encore très hétérogène où on retrouve, certes, quelques vins défectueux, parfois abominables, mais aussi des vins d'une grande pureté, absolument délicieux.

COMMENT UTILISER CE GUIDE

LA GRAPPE D'OR

Qu'ils soient chers ou bon marché, grands ou modestes, qu'il s'agisse de classiques ou de créations récentes, certains vins ont le don de vous accrocher un sourire. Une Grappe d'or est accordée à ces vins particulièrement remarquables, dans leur catégorie. Ce sont mes «bonheurs» de l'année qui, je l'espère, feront le vôtre. Pour éviter des frustrations aux lecteurs, seuls les vins présents en quantités suffisantes en septembre 2017 ont été retenus.

Pour la quatrième année, les vins sont regroupés par sous-régions ou par cépages, au sein d'une même entité géographique. Vous trouverez donc tous les vins de Cahors – dont quelques Grappes d'or – à la suite de l'autre dans la section Sud-Ouest. Il en va de même pour les rouges du Chianti ou de Montalcino en Toscane, les vins blancs d'Autriche ou les cabernets sauvignons de la vallée de Napa, en Californie.

Vous remarquerez aussi que les listes de fin de chapitre, où étaient énumérés les vins de qualité moyenne et passable ont été abolies, pour laisser davantage d'espace aux vins qui se distinguent par leur qualité et par leur singularité.

La liste complète des Grappes d'or 2018 se trouve à la page 19.

LES NOMS DES VINS

Les vins sont répertoriés par ordre alphabétique des marques ou des noms des producteurs. Les noms de château ou de domaine sont considérés comme des marques. Ainsi, le Vieux Donjon 2012, Châteauneuf-du-Pape apparaît dans les «V» de la sous-section Châteauneuf au sein du chapitre de la vallée du Rhône, et le Côte-Rôtie 2015 de Pierre Gaillard est inscrit sous la rubrique Gaillard, Pierre.

3 760018 783124

LES CODES-BARRES

Pour faciliter le repérage des produits dans vos succursales, la plupart des vins présentés sont accompagnés d'un code-barres. Téléchargez gratuitement l'application SAQ pour les téléphones intelligents (Android ou iPhone). Vous pourrez l'utiliser pour «lire» les code-barres et vous aurez ainsi accès aux inventaires de la succursale la plus près de vous.

LES SYMBOLES ET LA NOTATION DANS LA CATÉGORIE

Dès la première édition du *Guide du vin*, Michel Phaneuf a adopté une simple séquence de zéro à cinq étoiles pour noter les vins. En réalité, ces étoiles ne constituent pas un score, mais un moyen abrégé d'indiquer au lecteur si un vin est moyen, excellent ou remarquable dans sa catégorie. Surtout, parce qu'on ne le dira jamais assez, rappelez-vous que ce ne sont pas les étoiles qui décrivent le vin, mais plutôt les mots.

Il est aussi important de retenir que chaque vin est noté dans sa catégorie et non pas dans l'absolu. Ce faisant, un simple vin de pays d'Oc a autant de chances qu'un grand cru de la Côte de Nuits de mériter une note de quatre étoiles. L'idée derrière cette façon de faire est de permettre au consommateur de faire un choix avisé dans chacune des catégories.

Par exemple, vous pourrez trouver dans la section traitant des vins de la Bourgogne un bourgogne générique ayant obtenu la même note ★★★★ qu'un gevrey-chambertin ★★★→★. Cela ne signifie pas que le vin générique soit aussi complexe que le gevrey. Seulement que chacun s'avère un excellent vin dans sa catégorie.

La combinaison ★★★→★ indique que le vin, déjà très bon, sera encore meilleur dans quelques années. Dans la plupart des cas, la maturité du vin est indiquée par un chiffre allant de ① à ④. Si un vin laisse planer des doutes sur ses possibilités d'évolution en bouteille, j'ai alors recours à la séquence suivante: ★★→**?**

Les petits cœurs ♥ qui suivent parfois les étoiles représentent un bon rapport qualité-prix, pas un coup de cœur.

LA COULEUR

☆ Vin blanc
★ Vin rouge

LA QUALITÉ

5 étoiles	Exceptionnel
4 étoiles	Excellent
3 étoiles	Très bon
2 étoiles	Correct
1 étoile	Passable

★★★→★	Se bonifiera avec les années
★★★→?	Évolution incertaine

L'ÉVOLUTION

① À boire maintenant, il n'y a guère d'intérêt à le conserver.
② Prêt à boire, mais pouvant se conserver.
③ On peut commencer à le boire, mais il continuera de se bonifier.
④ Encore jeune, le laisser mûrir encore quelques années.

LA CARAFE

♙ Il est indiqué de passer le vin en carafe environ une heure avant de le servir.

L'AUBAINE

♥ Indique que le vin offre un bon rapport qualité-prix.

OÙ TROUVER LES VINS?

La SAQ change son modèle de distribution depuis une dizaine d'années. L'éventail de produits s'est élargi et les quantités pour chaque vin sont plus limitées. Pour éviter les frustrations et les déplacements inutiles, il est toujours conseillé de vérifier qu'un produit est bien disponible à votre succursale avant de vous y rendre.

Pour faciliter la consultation du site SAQ.com, vous pouvez utiliser les codes-produits qui accompagnent chaque description de vin.

Ⓢ Vendu exclusivement dans les magasins SAQ Signature.

▼ Stocks en voie d'épuisement, mais le produit apparaît dans le répertoire de la SAQ. Il peut être encore disponible dans certaines succursales.

Disponible à la propriété — Ces vins sont disponibles exclusivement chez les producteurs de vins du Québec.

En primeur — Ces vins ont été dégustés avant leur arrivée sur le marché québécois.

DES QUESTIONS À PROPOS DU *GUIDE DU VIN*

Les vins sont-ils tous dégustés par l'auteur?

Oui. Chaque année, en préparation de ce guide, je déguste plus ou moins 2000 vins et j'en retiens environ la moitié, soit 1000 vins, qui sont répertoriés et commentés dans ces pages.

L'auteur est-il payé par la Société des alcools ou par des agences de vins?

Non. Indépendance et impartialité constituent la règle d'or. De plus, l'auteur n'a aucun intérêt financier dans un vignoble ni dans une agence de vins.

Les vins vendus à la Société des alcools sont-ils tous répertoriés dans *Le guide du vin*?

Non. La tâche serait impossible, voire inutile, car plusieurs vins sont offerts à raison de quelques bouteilles seulement. Sans compter les produits qui arrivent sur les étagères en cours d'année et qui sont déjà disparus des tablettes au moment de la publication. Ceux qui veulent mettre à jour leur *Guide du vin* tout au long de l'année peuvent s'abonner au site *Chacun son vin*. En plus d'une foule de renseignements, les abonnés peuvent y lire régulièrement mes commentaires sur les nouveaux vins offerts sur le marché.

LES GRAPPES D'OR

FRANCE

BORDEAUX

CHÂTEAU BASTOR-LAMONTAGNE **Bordeaux blanc 2016** (19,95$ - p. 33)
DOMAINE DE L'ÎLE MARGAUX **Bordeaux Supérieur 2012** (21,55$ - p. 35)
CHÂTEAU LAGARETTE **Côtes de Bordeaux 2010, Cuvée Cyrus** (25,95$ - p. 37)
CHÂTEAU HAUT-BAGES MONPELOU **Pauillac 2014** (49,25$ - p. 39)
CHÂTEAU LA COURONNE **Saint-Émilion Grand cru 2012** (27,40$ - p. 40)
GOMBAUDE-GUILLOT **Pomerol 2008** (82,75$ - p. 43)

BOURGOGNE

DOMAINE LAROCHE **Chablis Premier cru Les Fourchaumes 2014, Vieilles vignes** (39,75$ - p. 51)
BROCARD, JEAN-MARC **Chablis 2015, Les Vieilles vignes de Sainte-Claire** (29,95$ - p. 52)
CHEVALIER PÈRE & FILS **Gevrey-Chambertin 2014** (74$ - p. 54)
GAY, FRANÇOIS **Chorey-lès-Beaune 2014** (35,75$ - p. 57)
MAILLET, NICOLAS **Mâcon-Verzé 2015** (29,40$ - p.59)
FAIVELEY **Mercurey 2014, La Framboisière** (36,25$ - p. 60)
LAPIERRE, M & C **Morgon 2016** (32,25$ - p. 63)
PACALET, CHRISTOPHE **Chiroubles 2016** (27,95$ - p. 65)
CHÂTEAU CAMBON **Beaujolais 2016** (22,95$ - p. 66)
COQUELET, DAMIEN **Beaujolais-Villages 2016, Fou du Beaujo** (21,55$ - p. 66)

ALSACE

OSTERTAG **Riesling 2015, Muenchberg Grand cru, Alsace** (60,25$ - p. 71)
JOSMEYER **Pinot blanc 2016, Mise du Printemps, Alsace** (23,70$ - p. 73)
DOMAINE DE LA BORDE **Naturé 2015, Foudre à Canon, Arbois-Pupillin** (39$ - p. 74)

VAL DE LOIRE

DOMAINE DE L'ÉCU **Muscadet Sèvre et Maine 2015, Granite** (24,45$ - p. 79)
CARÊME, VINCENT **Vouvray Sec 2015** (27,10$ - p. 80)
DOMAINE DES HUARDS **Cour-Cheverny 2013, Romo** (21,95$ - p. 81)
DOMAINE FOUASSIER **Sancerre 2015, Les Chasseignes** (28,20$ - p. 82)

ESPAGNE

PORTUGAL

GRÈCE

ALLEMAGNE

AUTRICHE

LIBAN

CANADA

DOMAINE ST-JACQUES **Sélection rouge 2016** (18$ - p. 261)
VIGNOBLE DE L'ORPAILLEUR **Vin de glace 2015** (32,30$ - p. 264)
VIGNOBLE DU MARATHONIEN **Vidal Vin de glace IGP 2015** (53,80$ - p. 265)
HIDDEN BENCH **Chardonnay 2014, Estate, Beamsville Bench** (31,25$ - p. 269)
13TH STREET WINERY **Gamay 2016, Niagara Peninsula** (22,95$ - p. 270)
OSOYOOS LAROSE **Le Grand Vin 2014, Okanagan Valley** (45$ - p. 271)

ÉTATS-UNIS

BONNY DOON **De Proprio Gravitas 2014, A Proper Claret, Santa Cruz** (20$ - p. 278)
HEITZ CELLAR **Cabernet sauvignon 2010, Martha's Vineyard, Napa Valley** (382$ - p. 280)
CALERA **Pinot noir 2014, Central Coast** (43,50$ - p. 286)
RIDGE VINEYARDS **Three Valleys 2014, Sonoma County** (41$ - p. 289)
FOLK MACHINE **Red wine 2015, Parts & Labor, California** (26,20$ - p. 290)
TERRE ROUGE **Tête-à-Tête 2011, Sierra Foothills** (31,25$ - p. 291)

CHILI

ARBOLEDA **Chardonnay 2016, Aconcagua Costa** (20,95$ - p. 294)
MONTGRAS **Cabernet sauvignon 2014, Intriga, Valle del Maipo** (22,45$ - p. 297)
MONTSECANO **Pinot noir 2016, Refugio, Valle de Casablanca** (26,15$ - p. 299)
CASAS DEL BOSQUE **Syrah 2014, Gran Reserva, Valle de Casablanca** (25,05$ - p. 300)
EMILIANA **Carmenère-Cabernet sauvignon 2014, Novas, Gran reserva, Valle de Colchagua** (18$ - p. 303)

ARGENTINE

MONTEVIEJO **Petite Fleur Blend 2013, Valle de Uco** (24,60$ - p. 307)
PIEDRA NEGRA **Cabernet sauvignon 2013, Gran Lurton, Valle de Uco** (24,30$ - p. 309)

AUSTRALIE

PENLEY ESTATE **Shiraz 2015, Hyland, Coonawarra** (19,95$ - p. 312)

NOUVELLE-ZÉLANDE

CHURTON **Sauvignon blanc 2016, Marlborough** (23,90$ - p. 316)
NAUTILUS **Sauvignon blanc 2016, Marlborough** (21,95$ - p. 317)
SERESIN **Pinot noir 2014, Estate Organic, Marlborough Estate** (29,15$ - p. 319)
TE MATA **Gamay noir 2016, Hawke's Bay** (24,95$ - p. 321)

AFRIQUE DU SUD

BEAUMONT **Chenin blanc 2017, Bot River** (19$ - p. 324)
FORRESTER, KEN **Chenin blanc 2016, Old Vine Reserve, Stellenbosch** (19,80$ - p. 325)
MULLINEUX **Chenin blanc 2015, Granite, Swartland** (95$ - p. 327)
BOEKENHOUTSKLOOF **Sémillon 2013, Franschhoek** (39,75$ - p. 328)
REYNEKE **Sauvignon blanc 2016, Stellenbosch** (28,95$- p. 329)
BADENHORST, ADI **The Curator Red Blend 2016, Coastal Region** (13,15$ - p. 330)

MULLINEUX Kloof Street 2015, Swartland (22,55$ - p. 331)
BOEKENHOUTSKLOOF The Chocolate Block 2015, Swartland (40$ - p. 332)

CHAMPAGNE

TAITTINGER Brut Réserve (65,25$ - p. 339)
BOLLINGER R.D. 2002, Extra Brut (282$ - p. 340)
FLEURY Fleur de l'Europe, Brut Nature (59,75$ - p. 341)
BOLLINGER La Grande Année 2005, Rosé (217,50$ - p. 344)
FLEURY Rosé De Saignée, Brut (67,75$ - p. 345)

MOUSSEUX

DOMAINE BERGEVILLE Le Blanc, Brut (27,90$ - p. 347)
BENJAMIN BRIDGE Méthode classique Brut 2011 (49,75$ - p. 350)
ROEDERER ESTATE Brut, Anderson Valley (35,25$ - p. 351)
LAURENS Crémant de Limoux 2014, Tête De Cuvée, Clos Des Demoiselles (22,50$ - p. 352)
PIUZE, PATRICK Non Dosé, Méthode Traditionnelle, Vin de France (24,95$ - p. 353)
BISOL Prosecco di Valdobbiadene 2016, Crede (20,75$ - p. 354)
MESTRES 1312, Reserva Brut (20,55$ - p. 356)

VINS FORTIFIÉS

LUSTAU Manzanilla Papirusa (12,60$ - p. 364)
LUSTAU Vermouth (29$ - p. 367)
MARTÍNEZ LACUESTA Vermouth blanco (15,30$ - p. 367)
MAS AMIEL Maury 2013 (34$ - p. 368)
BARBEITO Boal, Madeira (17,55$ - p. 372)
DOMAINE CAZES Muscat de Rivesaltes 2013 (26,05$ - p. 372)

FRANCE

Le monde du vin poursuit son expansion, mais la France demeure souveraine. Aucun pays n'est encore en mesure d'offrir un aussi vaste registre de saveurs et de styles que cet immense jardin où la vigne s'exprime de mille et une façons.

Difficile de manquer de choix entre l'élégance soyeuse d'un vin de Bourgogne, la droiture des crus bourgeois de Bordeaux, la force tranquille d'un saumur-champigny ou la nervosité d'un Vouvray de la Loire, la vigueur et l'originalité des vins du Sud-Ouest, le caractère cristallin et parfois plantureux des blancs d'Alsace, sans oublier l'exubérance des vins du Midi et l'effervescence sublime du champagne.

Le jardin français est aussi de plus en plus sain, de plus en plus vert, puisque la superficie du vignoble cultivé en agriculture biologique a été multipliée par 12 depuis le tournant du millénaire. Cela dit, la France a encore beaucoup de travail à faire pour rétablir l'équilibre de ses sols, malmenés par des décennies de viticulture intensive.

Autre ombre au tableau : les Français ne boivent plus. La consommation *per capita* a chuté de plus de la moitié depuis 1960 et continue de baisser. Le pays doit donc désormais jouer du coude avec le reste du monde sur les marchés d'exportation. Ces enjeux économiques ont enfin poussé quelques retardataires à évoluer. Le plus souvent dans la bonne voie…

La plupart des vignerons français semblent avoir compris que la solution à cette impasse se résume à un mot : qualité. Et qualité il y a. Souvent à bon prix, même. Les pages suivantes sont remplies de vins savoureux, authentiques – biologiques ou pas – et taillés sur mesure pour la table.

ROYAUME-UNI
PAYS-BAS
BELGIQUE
ALLEMAGNE
CHAMPAGNE
Paris
ALSACE
VAL DE LOIRE
BOURGOGNE
SUISSE
JURA
BEAUJOLAIS
ITALIE
SUD-OUEST
BORDEAUX
VALLÉE DU RHÔNE
PROVENCE
LANGUEDOC-
ROUSSILLON
CORSE
ESPAGNE

BORDEAUX

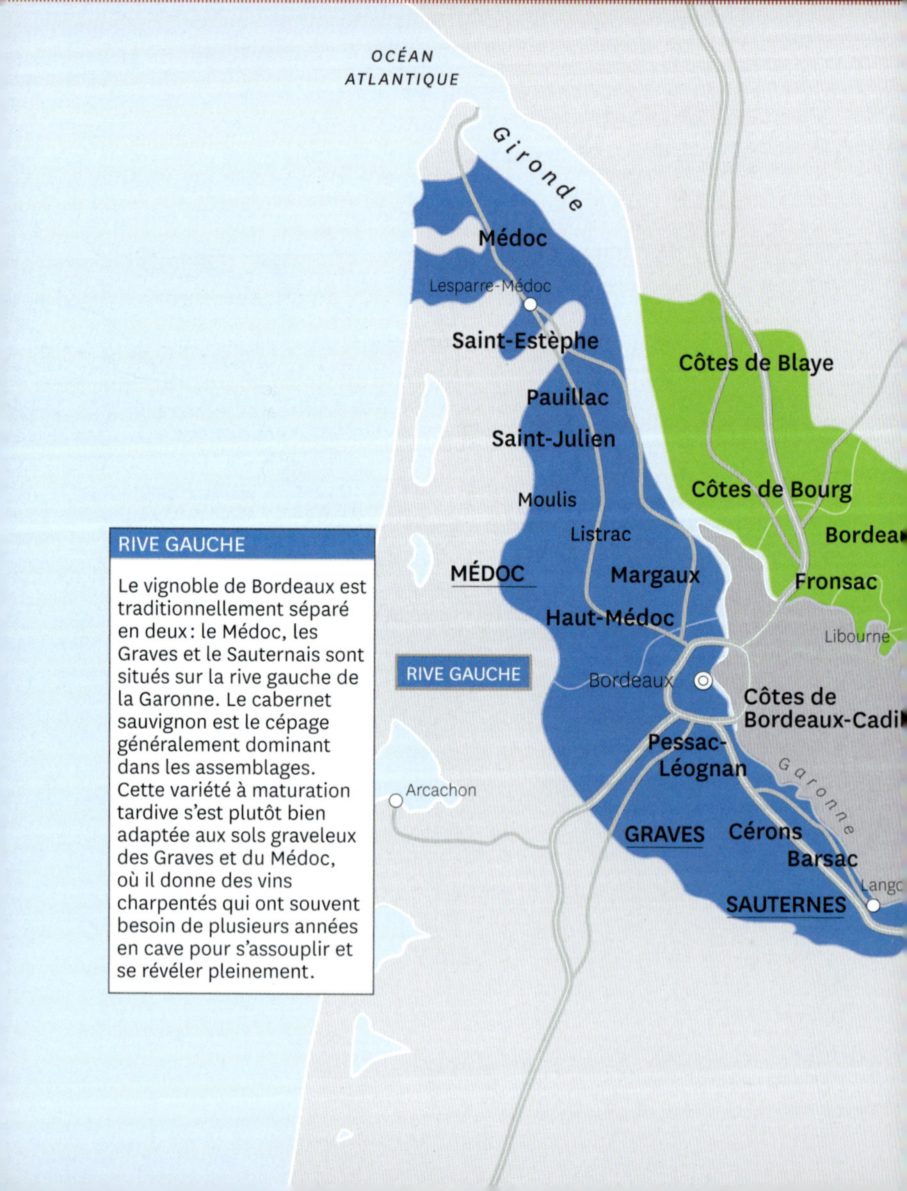

RIVE GAUCHE

Le vignoble de Bordeaux est traditionnellement séparé en deux : le Médoc, les Graves et le Sauternais sont situés sur la rive gauche de la Garonne. Le cabernet sauvignon est le cépage généralement dominant dans les assemblages. Cette variété à maturation tardive s'est plutôt bien adaptée aux sols graveleux des Graves et du Médoc, où il donne des vins charpentés qui ont souvent besoin de plusieurs années en cave pour s'assouplir et se révéler pleinement.

Depuis une dizaine d'années – peut-être en réaction à la flambée des prix des années 2000 ou par désir d'explorer d'autres régions du monde –, plusieurs consommateurs, en particulier ceux de la nouvelle génération, ont tourné le dos à Bordeaux.

Pourtant, avec leur droiture et leur fraîcheur, les clarets et autres vins rouges des Graves, de Fronsac, de Pomerol et même d'appellations secondaires peuvent réserver d'agréables surprises. D'autant plus qu'en dehors du cercle des crus classés, il existe de nombreuses bonnes bouteilles vendues à prix honnêtes, voire compétitifs. La qualité générale des vins entre 20$ et 30$ est même souvent exemplaire et n'a rien à envier aux cabernets et merlots du Nouveau Monde.

Les vins commentés dans les pages suivantes sont autant de preuves que le terroir girondin peut produire des vins fort distingués.

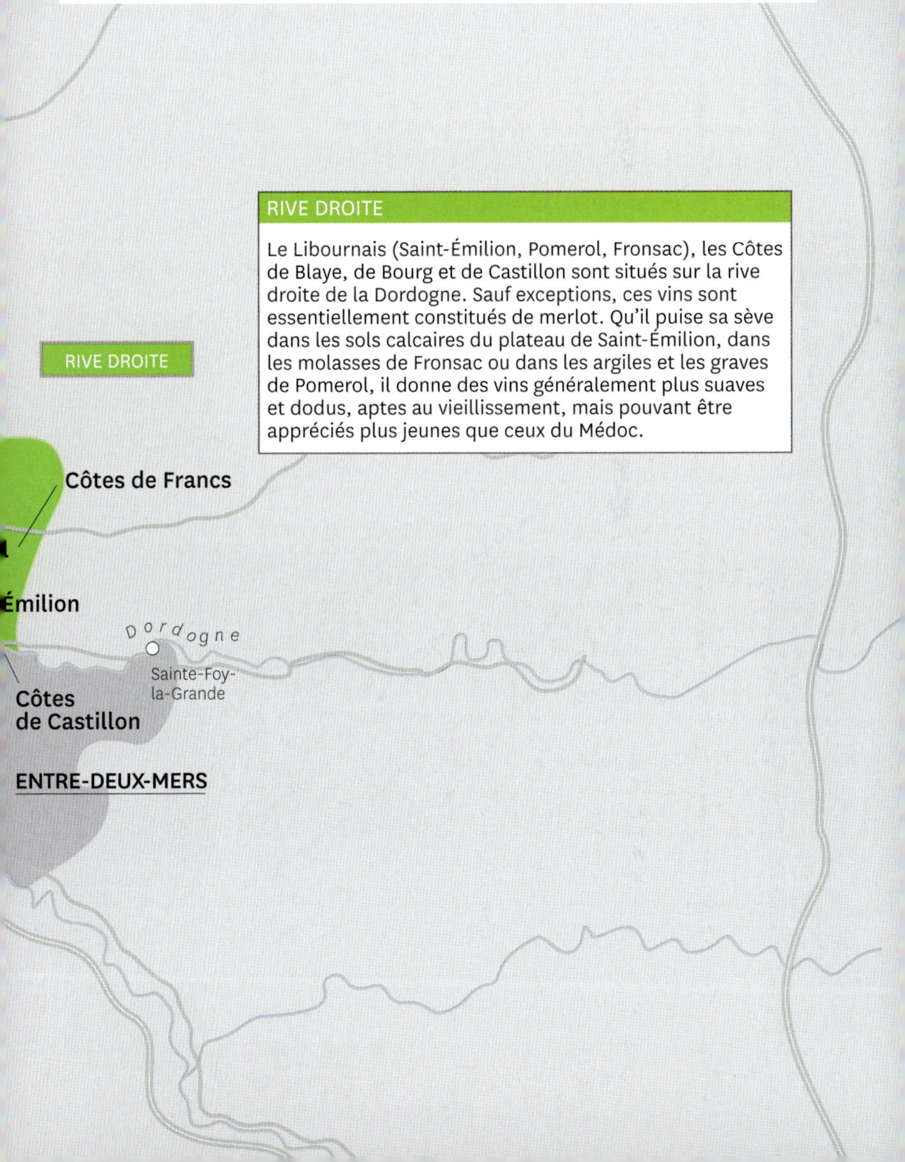

RIVE DROITE

Le Libournais (Saint-Émilion, Pomerol, Fronsac), les Côtes de Blaye, de Bourg et de Castillon sont situés sur la rive droite de la Dordogne. Sauf exceptions, ces vins sont essentiellement constitués de merlot. Qu'il puise sa sève dans les sols calcaires du plateau de Saint-Émilion, dans les molasses de Fronsac ou dans les argiles et les graves de Pomerol, il donne des vins généralement plus suaves et dodus, aptes au vieillissement, mais pouvant être appréciés plus jeunes que ceux du Médoc.

Médoc-Graves

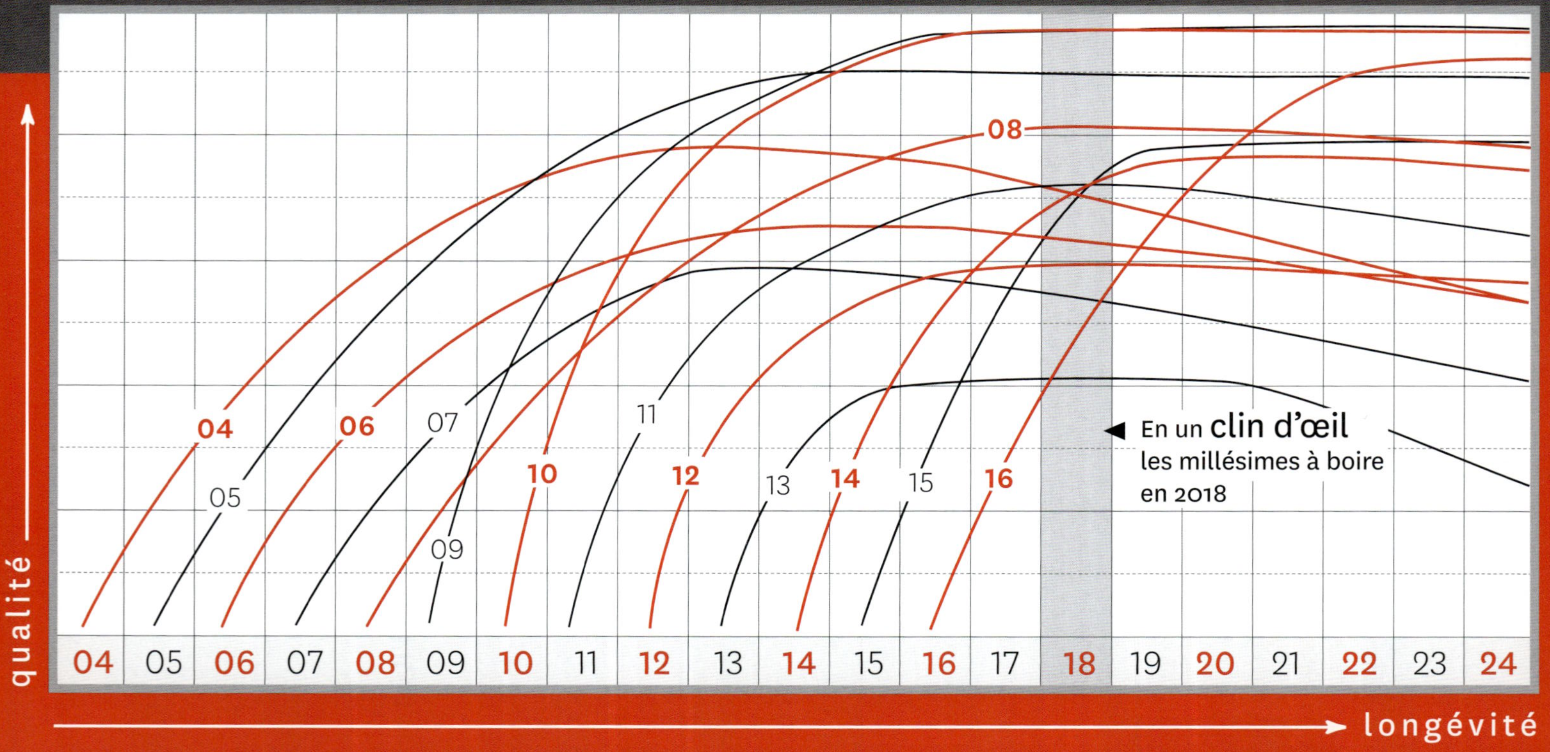

LES DERNIERS MILLÉSIMES

2016

Excellent millésime, tant en quantité, qu'en qualité. Dans le Médoc, une longue saison végétative a donné des cabernets profonds et structurés; plusieurs font un parallèle avec 2010. Sur la rive droite, les jeunes vignes de merlot ont souffert de la sécheresse, mais dans l'ensemble, les conditions sont semblables à celles du Médoc et devraient donner des vins de très belle qualité.

2015

Floraison précoce et uniforme dans toute la Gironde. Des épisodes de chaleur et de sécheresse en juin et en juillet ont fait craindre le pire, mais les pluies du mois d'août ont permis de sauver la mise et la fin de saison a été remarquable. Les quelques échantillons goûtés lors de l'événement Primeur à Montréal m'ont laissé une impression très favorable. Plus de finesse que de muscle; du fruit, un bel équilibre. Très bon millésime entre classicisme et générosité.

2014

Une autre récolte «miraculeusement» sauvée par l'été indien. Dans le Médoc, on peut espérer de bons cabernets de facture classique. La rive droite a été davantage touchée par la pluie. Les résultats s'annoncent plus satisfaisants et homogènes pour le cabernet franc que pour le merlot.

2013

Jamais deux sans trois, dit-on. Le médoc a connu sa pire récolte depuis 1992! Même les crus classés sont à acheter avec prudence. Résultats un peu moins désastreux sur la rive droite; rendements très faibles et qualité moyenne.

2012

Deuxième année difficile dans la Gironde. Le climat a fait des siennes et le cabernet a peiné à mûrir. Le merlot étant un cépage plus précoce, les vignobles de la rive droite ont eu un peu plus de chance, mais il ne faudra pas fonder de grandes espérances quant à leur potentiel de garde. L'Yquem n'a pas été produit, signe éloquent d'une qualité médiocre à Sauternes.

2011

Retour à la réalité après deux millésimes de rêve. Dans le Médoc comme sur la rive droite, un mois de juillet relativement chaud et humide a causé des problèmes de pourriture; épisode de grêle à Saint-Estèphe. Pomerol est l'appellation qui a le mieux tiré son épingle du jeu. De manière générale, les taux d'alcool sont plus faibles, heureusement! Comme dans tout millésime hétérogène, la réputation du producteur est la meilleure garantie.

Saint-Émilion-Pomerol

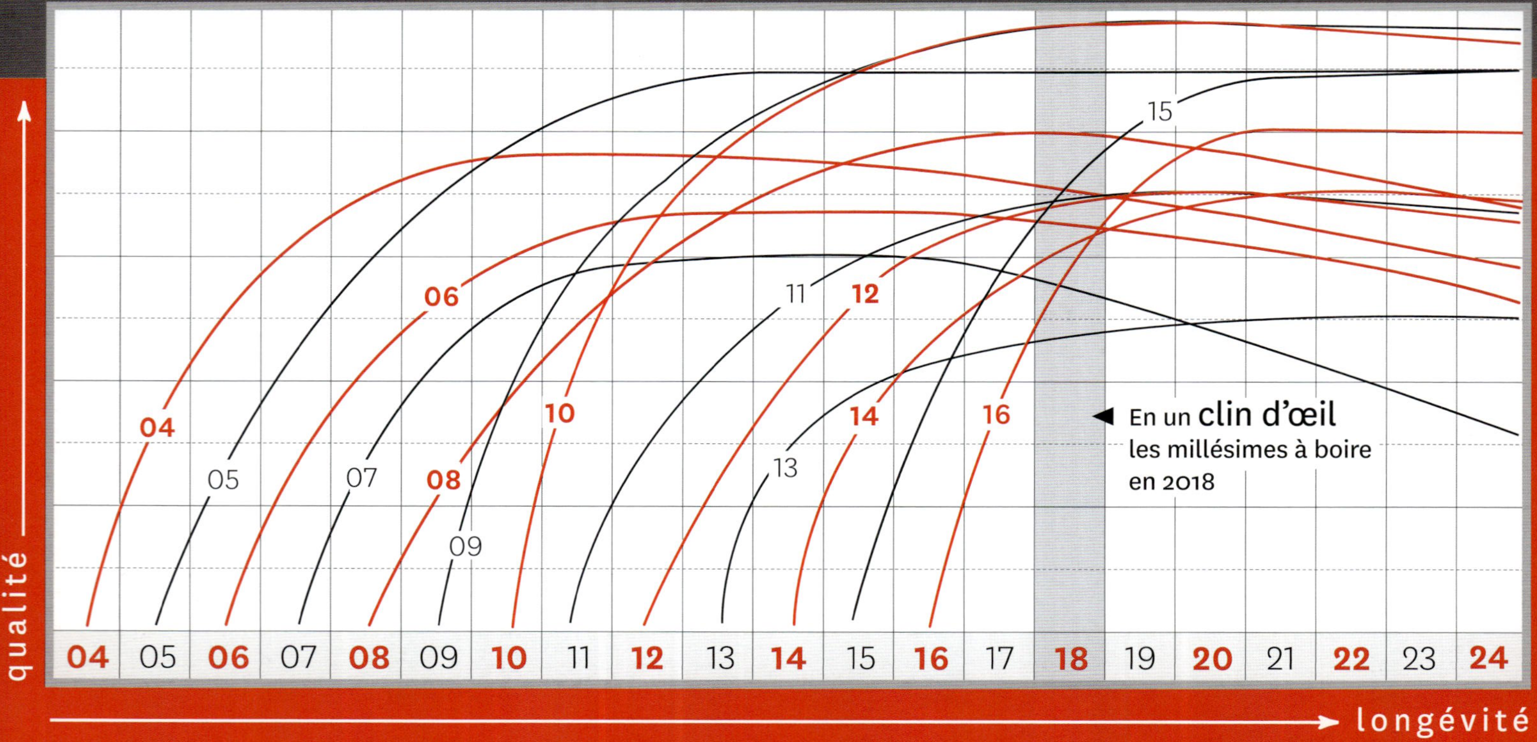

2010

Après la sensationnelle récolte 2009, dame Nature s'est de nouveau montrée généreuse envers les Bordelais. Un été exceptionnellement sec et une récolte moins abondante que la moyenne – avec des raisins petits et très nourris – ont donné naissance à des vins rouges tanniques, solides et charpentés. Succès généralisé, autant dans le Libournais que sur la rive gauche. Millésime tout aussi prometteur à Sauternes, où les vendanges se sont étalées jusqu'à la fin d'octobre.

2009

De l'avis de plusieurs, probablement le meilleur millésime de la décennie. Après un été idéal, chaud, sec et ensoleillé, les vignes ont profité d'un mois de septembre de rêve pendant lequel les journées chaudes et les nuits fraîches ont alterné. Des conditions idéales pour produire le Bordeaux parfait. Bon millésime en perspective à Sauternes.

2008

La longue saison végétative qui s'est achevée par temps sec et sans excès de chaleur explique le style fin et classique des meilleurs vins du millésime. Mais tous les 2008 ne sont pas nés égaux, et la qualité reste variable. Seuls les meilleurs terroirs exploités avec rigueur et discernement ont donné des vins fins de style très classique.

2007

Après un été de misère, le beau temps de septembre a permis d'éviter le pire. La qualité est hétérogène. Les producteurs les plus habiles ont obtenu des vins rouges de bonne facture, fins et équilibrés, mais sans la profondeur des grandes années. De bons vins blancs secs et des Sauternes très réussis.

2006

De la pluie aux vendanges et de fréquents problèmes de pourriture ont causé bien des maux de tête aux viticulteurs, surtout dans le Médoc où le cabernet sauvignon a eu peine à mûrir. Sur la rive droite, le merlot a donné des résultats plus satisfaisants, en particulier à Pomerol. Bon millésime pour les vins blancs secs. Bon nombre de Sauternes riches et plantureux.

2005

Excellent millésime. Sur les deux rives, les vins rouges combinent à la fois une structure solide, la richesse tannique et la fraîcheur. Une belle année pour les vins blancs secs. Grand millésime à Sauternes, où des conditions idéales ont été favorables au développement du botrytis.

L'AUTRE COULEUR DE BORDEAUX

On ne voit nulle part le vin blanc de Bordeaux. Sauf exceptions, les blancs de l'Entre-deux-Mers et des Graves sont à peu près absents des cartes de restaurants depuis des années. Et si on redécouvrait ces illustres laissés-pour-compte?

Il n'y a pas si longtemps, jusqu'à la Seconde Guerre mondiale, en fait, la vaste région de la Gironde élaborait autant de vins blancs — secs et liquoreux — que de rouges. Aujourd'hui, les cépages noirs (cabernet sauvignon, merlot, cabernet franc, petit verdot et malbec) dominent très largement, et les vins rouges et rosés représentent environ 90 % de la production bordelaise.

La plupart des bordeaux blancs modernes se caractérisent avant tout par l'exubérance fruitée et la vivacité du sauvignon blanc, variété blanche la plus cultivée à Bordeaux. La majorité de ces vins secs, nerveux et abordables qu'on sirote sans trop réfléchir proviennent de l'Entre-deux-Mers, région située entre la Garonne et la Dordogne, les deux fleuves qui confluent pour former la Gironde.

Mais les meilleurs vins blancs secs des Graves peuvent atteindre des sommets de complexité et de longévité. Dans cette région qui borde la Garonne, entre la ville de Bordeaux et les premiers vignobles du Sauternais, les cépages rouges s'enracinent dans les sols caillouteux, tandis que les sauvignon blanc, sémillon et muscadelle adoptent sur les terroirs argilo-calcaires une allure très racée.

La profondeur de ces vins blancs a grandement contribué à la réputation du Domaine de Chevalier et des châteaux Haut-Brion, La Mission Haut-Brion, La Louvière et Carbonnieux, que les producteurs n'hésitent pas à vendre au même prix, sinon plus élevé, que les rouges. Des vins gras et complexes, qui offrent en bouche une sensation de plénitude, doublée d'un caractère quasi aérien. Somptueux et pourtant sobres, élégants et tout en retenue. Comment résister à de telles vertus?

Ce texte a été publié dans *L'actualité* du 1er mars 2017.

CHÂTEAU BASTOR-LAMONTAGNE

Bordeaux blanc 2016

En plus d'un très bon vin liquoreux, ce domaine de Preignac (Sauternais) – qui appartient maintenant aux familles Moulin-Houzé et Cathiard – élabore aussi ce bon blanc sec issu de l'agriculture biologique. À vue de nez, j'aurais juré qu'il y avait une forte proportion de sémillon dans l'assemblage, tant les parfums de miel et d'hydromel sont omniprésents. Or, selon les informations trouvées, le vin est composé à 100 % de sauvignon, qui trouve ici, c'est le moins qu'on puisse dire, une expression singulière. Excellent vin blanc sec qui porte la marque de son terroir d'origine. À moins de 20 $, je ne saurais demander mieux!

11593981 19,95 $ ☆☆☆☆ ② ♥

3 382360 313165

CHÂTEAU DE ROCHEMORIN

Pessac-Léognan 2012

Tout comme La Louvière, une magnifique propriété située non loin du Château Haut-Bailly, à Léognan, Rochemorin appartient André Lurton – le père de Jacques et de François. Composé à 100 % de sauvignon blanc, ce 2012 est l'archétype du Bordeaux blanc moderne vinifié en fûts de chêne. Boisé, mais aussi riche en arômes de fruits tropicaux, de fumée et de cire d'abeille; passablement complexe, déjà ouvert et très agréable par son onctuosité doublée de fraîcheur. Il pourra vivre au moins jusqu'en 2020.

743013 29 $ ☆☆☆☆ ②

3 338836 512105

CHÂTEAU SAINTE-MARIE

Entre-deux-Mers 2016, Vieilles vignes

J'aime beaucoup le charme discret de ce vin blanc élaboré par Stéphane Dupuch au cœur de l'Entre-deux-Mers. Pas de bois, mais des saveurs nettes et pures, mariant les fruits tropicaux, les agrumes et les notes de cire d'abeille caractéristiques du sémillon, qui représente 25 % de l'assemblage. Le 2016 est vif, animé d'un très léger reste de gaz et ponctué d'une fine amertume qui met le fruit en relief et ajoute à sa longueur. L'un des bons bordeaux blancs à la SAQ.

10269151 17,45 $ ☆☆☆ ½ ② ♥

3 468178 931026

CHÂTEAU BELLE-GARDE

Bordeaux 2014

Un nez de fruits secs annonce un vin déjà passablement ouvert et évolué pour un 2014. Abstraction faite de cela, la bouche est charnue et le vin d'Éric Duffau offre une mâche tannique plutôt substantielle pour un bordeaux générique. Recommandable à moins de 20$.

3 459730 002148

10862982 19,65$ ★★★ ②

CHÂTEAU D'ARGADENS

Bordeaux Supérieur 2012

Maintenant ouvert et prêt à boire, ce 2012 repose sur des tanins plutôt souples, portant la patine d'un élevage de cinq ans, en fûts et en bouteille. Rien de bien profond, mais un très bon bordeaux de facture classique, agréable à table. À boire d'ici 2020.

3 394150 022515

10515876 19,80$ ★★★ ②

CHÂTEAU PEY LA TOUR

Bordeaux Supérieur 2014, Réserve du Château

Dans cette propriété située dans l'Entre-deux-Mers, le groupe Dourthe élabore un rouge suave, juteux et abondamment fruité, muni d'une texture tannique assez solide pour assurer son tonus. Bel exemple de Bordeaux moderne.

3 258691 544038

442392 21,55$ ★★★ ②

CHÂTEAU TAYET

Bordeaux Supérieur 2012, Cuvée Prestige

Cette propriété secondaire de Bordeaux appartient à la famille du Château Haut Breton Larigaudière. Assez ample, avec des accents de chocolat et d'expresso, sur fond de feuille de tomate. Pas très ample ni distinctif, mais soutenu par des tanins compacts et techniquement impeccable.

3 491871 010286

11106062 19,65$ ★★★ ②

CHÂTEAU VALLON DES BRUMES

Bordeaux 2014

Belle surprise que ce bordeaux «tout court» des Vignobles Boissonneau. Un exemple très convaincant des bons vins rouges abordables produits dans les zones secondaires de la Gironde: à la fois rond et tissé de tanins granuleux qui laissent une sensation rassasiante; les saveurs sont franches et le bois joue au second plan. Biologique, en plus!

3 442980 017505

10863070 17,40$ ★★★½ ② ♥

CROIX SAINT-MARTIN

Bordeaux 2015

Exemple type du bordeaux de tous les jours, composé majoritairement de merlot, dont il porte la souplesse et la rondeur fruitée. Servir frais autour de 15 °C.

292904 13,75$ ★★★ ① ♥

3 258691 243115

DOMAINE DE L'ÎLE MARGAUX

Bordeaux Supérieur 2012

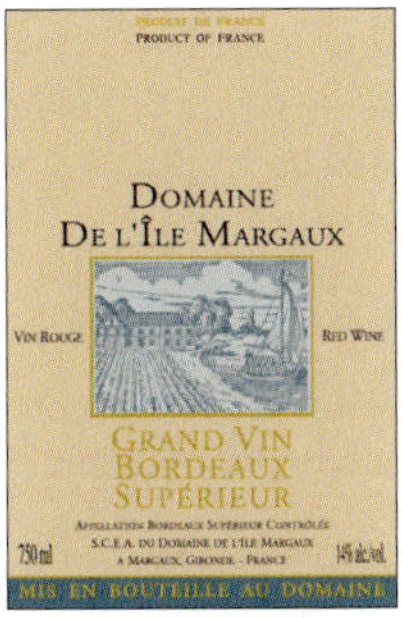

Ce vin produit au milieu de la Gironde, face au Château Margaux, demeure parmi les plus étoffés et les plus substantiels dans sa catégorie. Non pas un vin très concentré ni boisé, mais un excellent bordeaux d'une mouture très médocaine. Franc, droit et digeste, ponctué de saveurs délicates de poivrons rouges grillés et de fumé. Belle bouteille à apprécier à table, jusqu'en 2022.

43125 21,55$ ★★★★ ② ♥

3 441590 000082

GINESTET

Bordeaux Supérieur 2015, Le Bordeaux de Citran

Le nez compact de fruits noirs de ce 2015, couplé à une sensation de fraîcheur et à une droiture tannique, traduit une forte proportion (75%) de cabernet sauvignon dans l'assemblage. Le bois est mis à contribution et confère au vin une étoffe supplémentaire en plus de délicates notes vanillées. Très belle réussite et un achat avisé à moins de 20$.

13289536 18,45$ ★★★ ½

3 251091 410453

RONAN DE CLINET

Bordeaux 2014

Étiquette de négoce créée en 2009 par Ronan Laborde, propriétaire du château Clinet. 100% merlot. Reflets violacés, nez discret, bouche ronde et gorgée de fruits, mais aussi suffisamment charnue. Bel exemple de bordeaux moderne.

12773810 19,85$ ★★★ ②

3 760066 832287

CHÂTEAU BUJAN

Côtes de Bourg 2014

Le vignoble de Pascal Méli ne semble pas avoir trop souffert des conditions pluvieuses de l'été 2014 sur la rive droite. Son vin n'a peut-être pas l'étoffe des meilleures années, mais il s'avère très rassasiant par sa mâche tannique compacte, sa vigueur et son fruit. Une année de repos en bouteille a par ailleurs permis aux parfums boisés de se fondre à l'ensemble. À boire dès maintenant et jusqu'en 2022.

862086 21,05$ ★★★ ½ ② ♥

3 358251 220003

CHÂTEAU CAILLETEAU BERGERON

Blaye – Côtes de Bordeaux 2015, Prestige

Pour sa cuvée Prestige, cette propriété de Blaye a l'habitude de ne pas lésiner sur le bois, qui marque souvent le vin de parfums torréfiés. D'habitude, le résultat me laisse plutôt tiède, mais il faut dire qu'à la faveur d'un beau millésime comme 2015, le vin a un certain pouvoir de séduction. Flatteur, pas réellement concentré, mais suave et harmonieux. On le boit dès maintenant avec plaisir. D'autant plus que le prix n'est pas exagéré.

919373 18,25$ ★★★ ½ ② ♥

3 760035 962113

CHÂTEAU CAILLETEAU BERGERON

Blaye – Côtes de Bordeaux 2015, Tradition

Ample, plein en bouche et fort rassasiant dans sa version 2015. Les tanins sont mûrs et charnus, le fruit est croquant et le vin laisse une sensation fraîche et digeste en finale. Pour le prix, rien à redire, sinon bravo.

10388601 16,50$ ★★★ ½ ② ♥

3 760035 961130

CHÂTEAU DE RICAUD

Cadillac – Côtes de Bordeaux 2012

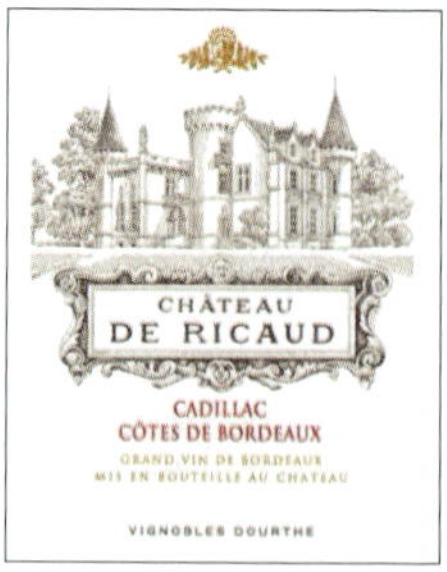

En 2012, cette propriété de Cadillac a produit un bordeaux de forme plus stricte et dépouillée que ne le sont habituellement les vins du groupe Dourthe. Fruit d'un assemblage de merlot (90%), de cabernet sauvignon et de petit verdot, il n'affiche pas tant la rondeur du premier que les jolis parfums de poivrons rouges du second. Simple, mais sincère; à boire jusqu'en 2021.

11556901 19,55$ ★★★ ②

3 258691 504155

France

CHÂTEAU LA CAUSSADE

Cadillac – Côtes de Bordeaux 2014

La famille Armand, en plus de produire de très bons vins liquoreux d'appellation Sainte-Croix-du-Mont, élabore un très bon rouge sur le terroir voisin de Cadillac. Au premier nez, des parfums torréfiés font craindre un vin boisé. Or, la bouche est harmonieuse, assez solide, mais sans rudesse, avec une bonne dose de fruit. On voudra le revoir vers 2019-2021.

12901551 20,10$ ★★★→? ③

3 480597 040240

CHÂTEAU LAGARETTE

Côtes de Bordeaux 2010, Cuvée Cyrus

Adeptes de la viticulture biologique depuis 1998, Olympe et Yvon Minvielle sont convertis à la biodynamie depuis 2003. Des vinifications peu interventionnistes donnent des vins à la personnalité affirmée, dont cet excellent cabernet franc, vinifié et élevé en cuves d'inox. Séduisant dès le premier nez, dont les parfums de champignons annoncent un vin à point. Loin de décevoir, la bouche offre encore plus de plaisir par son tissu tannique velouté et son large spectre de saveurs, mises en relief par une pointe d'acidité volatile. Un vin élégant, racé et complexe qui termine son parcours en bouche en une longue finale vaporeuse aux parfums de sous-bois. À ce prix, faites-en provision!

12848501 25,95$ ★★★★ ½ ② ♥

3 683080 119120

CHÂTEAU PUY LANDRY

Castillon – Côtes de Bordeaux 2015

Le vignoble de Régis et Sébastien Moro (aussi au Vieux Château Champs de Mars) est conduit en agriculture biologique depuis 2005. Ce vin essentiellement composé de merlot séduit par sa souplesse, ses bons goûts de fruits mûrs et sa finale empreinte d'une agréable sensation de fraîcheur. Très bon bordeaux de tous les jours, vendu à un prix attrayant.

852129 15,60$ ★★★ ② ♥

3 760086 380027

CHÂTEAU SUAU

Côtes de Bordeaux 2014

Vin issu de l'agriculture biologique misant davantage sur l'expression du fruit que sur la puissance et le bois. Souple et rond; servir autour de 15 °C.

10395149 16,50$ ★★★ ②

3 371231 975038

CHÂTEAU BEAU-SITE

Saint-Estèphe 2012

Longtemps endormi, ce domaine de Saint-Estèphe appartenant à la famille Castéja – Lynch Moussa à Pauillac, Trotte Vieille à Saint-Émilion et Domaine de l'Église à Pomerol – a retrouvé son lustre il y a une dizaine d'années et offre souvent un très bon rapport qualité-prix. C'est le cas du 2012, qui n'accuse aucune verdeur ni dilution, malgré les conditions météo difficiles dans le Médoc cette année-là. Déjà ouvert et prêt à boire; le fruit laissant place peu à peu à des parfums de sous-bois et de cuir. Pas aussi complet que l'excellent 2010 décoré d'une Grappe d'or l'an dernier, mais savoureux sur un mode plus dépouillé.

3 249990 000622

10696021 39,75$ ★★★ ½ ②

CHÂTEAU BLAIGNAN

Médoc 2010

Bien qu'il soit élaboré dans le style rond et flatteur qu'affectionne l'œnologue Hubert de Bouärd (Angélus), ce vin du médoc se distingue avant tout par l'empreinte du cabernet sauvignon, avec sa droiture tannique et son goût séveux. Rien de complexe, mais un vin rassasiant, à prix accessible.

3 251091 313150

12956405 22,65$ ★★★ ½ ②

CHÂTEAU CHANTEMERLE

Médoc 2012

Ce cru bourgeois, produit par la famille Cruchon depuis 2005, repose sur un assemblage classique de cabernet sauvignon, de merlot, de cabernet franc et de petit verdot, auquel un élevage de 12 mois en fûts apporte des notes rôties et fumées. Le vin s'articule autour de tanins ronds et tendres, la texture est à la limite du crémeux, sans verser dans la lourdeur. Bon bordeaux de facture moderne.

3 760070 370126

11572776 24,55$ ★★ ½ ②

CHÂTEAU DE BATAILLEY

Pauillac 2014, Lions de Batailley

Ce cinquième cru classé appartient à la famille Castéja, qui dirige aussi la maison de négoce Borie-Manoux. Étonnamment souple et accessible pour un vin si jeune et composé à 61 % de cabernet sauvignon. L'élevage en barriques apporte étoffe, rondeur et notes torréfiées, sans masquer les saveurs de fruits noirs. Belle bouteille à laquelle il manque cependant un peu de poigne et de profondeur pour valoir pleinement son prix. À boire entre 2018 et 2022.

3 249990 025861

13200503 69,50$ ★★★→? ③

CHÂTEAU HAUT-BAGES MONPELOU

Pauillac 2014

Le 2014 est riche en fruit et relevé de notes de cuir et de tabac très engageantes, mais aussi solide et boisé, s'appuyant sur un cadre tannique passablement étoffé. Sans avoir la profondeur des meilleurs vins de Pauillac, il a un très joli grain et beaucoup de fruit en avant-plan. Encore trop jeune pour être apprécié à sa juste valeur. Les plus patients voudront le laisser en cave au moins jusqu'au milieu des années 2020.

12918370 49,25$ ★★★→★ ③

3 249990 013769

CHÂTEAU HAUT-BRETON LARIGAUDIÈRE

Margaux 2012

En 2012, ce cru bourgeois de Margaux a produit un très bon vin structuré à souhait – ses 90 % de cabernet sauvignon y sont sans doute pour beaucoup – et mis en valeur par un élevage très bien maîtrisé. Les tanins serrés et le fruit sont réunis dans de bonnes proportions et le vin s'avère déjà très satisfaisant. Tenue et fraîcheur exemplaires. Un *claret* authentique à boire jusqu'en 2024.

732065 38$ ★★★→★ ③

3 491871 010279

CHÂTEAU LOUDENNE

Médoc 2012

Ce domaine avec vue sur l'estuaire héberge une magnifique chartreuse datant du XVIIIe siècle. La propriété a été rachetée par des intérêts chinois en 2013. Comme toujours, un très bon cru bourgeois à dominante de merlot et donc plus souple, ouvert et fruité qu'un rouge cabernet classique du Médoc. On voudra boire ce 2012 au cours des cinq prochaines années.

102210 30,75$ ★★★ ②

3 563680 100424

CHÂTEAU RAHOUL

Graves 2012

Cette propriété des Graves appartenant aux Vignobles Dourthe donne un vin ample, mûr et bien en chair, gorgé de saveurs de fruits noirs et d'épices. Aucun excès ni dans le bois ni dans la concentration. Tanins déjà bien polis; bon à boire dès maintenant.

12391387 29,85$ ★★★ ② ▼

3 258691 463780

CHÂTEAU DES LAURETS

Puisseguin Saint-Émilion 2013

Cette propriété de Puisseguin produit régulièrement un très bon rouge mettant en relief l'essence fruitée gourmande du merlot, dont il est composé à 80%. Pur et équilibré, sa souplesse exerce un charme immédiat, sans que le vin ne verse dans la facilité. À moins de 20$, il reste très recommandable.

371401 19,50$ ★★★ ½ ② ♥

3 309470 000983

CHÂTEAU GUIBEAU

Puisseguin Saint-Émilion 2012

Ce vin maintenant certifié biologique compte régulièrement parmi les bons achats de cette appellation secondaire de la rive droite. Une texture fine et des tanins tendres, un élevage bien maîtrisé en fûts de chêne et une juste concentration. Excellent rapport qualité-prix! À boire maintenant et dans les quatre ou cinq prochaines années.

10259833 19,95$ ★★★ ½ ② ♥

3 760037 650643

CHÂTEAU LA COURONNE

Saint-Émilion Grand cru 2012

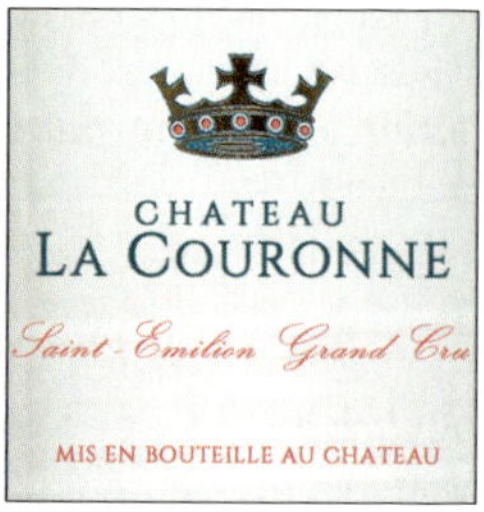

Sans surprise, on retrouve dans ce 2012 le caractère frais et digeste habituel, avec même un supplément de profondeur. Un vin sobre et épuré, plus vigoureux que souple et flatteur comme le sont devenus tant de saint-émilion depuis une dizaine d'années. Le bois est joué en sourdine, laissant paraître une expression fruitée franche, qu'une sensation minérale tire en longueur. Beaucoup de relief et de plaisir à moins de 30$.

913905 27,40$ ★★★★ ② ♥

3 612170 012966

CHÂTEAU LA FLEUR DU CASSE

Saint-Émilion Grand cru 2014

La famille Garzaro qui a su bien tirer son épingle du jeu malgré les pluies de 2014 et a produit un vin mûr et bien en chair, dans lequel le bois joue un rôle de faire-valoir, sans masquer le naturel fruité du merlot. La bouche n'est pas très puissante, mais le vin est équilibré et s'appuie sur des tanins soyeux qui le rendent déjà agréable à boire. Prix convenable.

10901321 38,75$ ★★★ ½ →? ③

3 379870 003259

CHÂTEAU LANGLAIS

Puisseguin Saint-Émilion 2010

La famille Dupuy n'a pas attendu que le bio ait la cote pour appliquer une philosophie respectueuse de l'environnement sur sa propriété de Puisseguin. Goûté pour la première fois en septembre 2017, un bon vin maintenant ouvert, à la couleur soutenue et aux senteurs relevées de cuir, de fruits noirs et d'épices douces. Trame tannique vigoureuse, accentuée par une franche acidité; simple, mais net et savoureux. À boire entre 2018 et 2022.

12847583 35$ ★★★ ②

3 593021 221518

CHÂTEAU LA PAPETERIE

Montagne Saint-Émilion 2011

Bon vin produit dans la commune de Montagne, à 5 km au nord de Saint-Émilion. Une expression typée du merlot, assez souple, coulant et ponctué de goûts de fruits secs. Prix tout à fait correct pour un vin à point.

866400 27,20$ ★★★ ½ ②

3 760041 211069

CHÂTEAU MONTAIGUILLON

Montagne Saint-Émilion 2014

Invariablement, beau temps, mauvais temps, le vin de la famille Amart demeure une valeur sûre de cette appellation satellite de Saint-Émilion. Un 2014 très réussi, par son nez, son attaque en bouche à la fois nerveuse et assez charnue, la pureté de son fruit et son équilibre d'ensemble. Plaisir immédiat assuré à prix modéré.

864249 23,35$ ★★★ ½ ② ♥

3 760070 900040

CHÂTEAU VIRAMIÈRE

Saint-Émilion Grand cru 2012

Bon saint-émilion à la fois charnu, flatteur et offrant un minimum de tenue. Rien de complexe ni de bien corsé, mais une longueur appréciable et une sensation fraîche en fin de bouche.

972422 28,95$ ★★★ ②

3 192040 487891

CHARTIER – CRÉATEUR D'HARMONIES

Fronsac 2014

Bien qu'il soit un peu moins charnu et étoffé que le 2012 commenté l'an dernier, ce fronsac s'avère tout à fait recommandable. Pour moins de 20$, l'amateur de merlot y trouvera la souplesse et la rondeur fruitée habituelle, sans maquillage boisé ni extraction inutile. Très bon vin taillé pour la table.

12068070 18,05$ ★★★ ②

0 814299 000043

CHÂTEAU CHANTALOUETTE

Pomerol 2011

Deuxième vin du Château de Sales, la plus vaste propriété de Pomerol dont la superficie couvre près de 50 hectares. Un très bel exemple des vins sobres et élégants qu'a donné le millésime 2011, surtout à Pomerol. Des parfums de champignons et de sous-bois montrent déjà une belle évolution, mais la bouche est loin d'être sur le déclin, encore fraîche et joliment fruitée, ponctuée de notes de fenouil et de menthe qui ajoutent à sa dimension aromatique. Longueur appréciable; très bon vin ouvert et à point.

12127279 44,75$ ★★★ ½ ②

3 700063 500482

CHÂTEAU GARRAUD

Lalande de Pomerol 2012

Ce terroir secondaire de Pomerol a donné un 2012 aux riches parfums de crème de cassis. La bouche a une ampleur moyenne, mais elle s'appuie sur une charpente assez solide pour un merlot issu d'un millésime de peu d'envergure. On pourra même le laisser mûrir quelques années. Belle bouteille à prix accessible.

978072 31$ ★★★ ½ →? ③

3 391262 012014

CHÂTEAU GAZIN

Pomerol 2010, L'Hospitalet de Gazin

L'Hospitalet est le second vin du Château Gazin, une propriété de 26 hectares située dans la partie nord-est du plateau de Pomerol, entre Pétrus et Lafleur-Gazin. Déjà passablement ouvert comme l'annonce sa couleur légèrement tuilée et ses parfums de champignons séchés. Tanins suaves, caressants, mais encore assez serrés; finale vaporeuse aux parfums d'anis et de kirsch, à laquelle une salinité apporte une sensation de fraîcheur.

13214147 76,25$ ★★★★ ② ▼

3 700114 602714

France

FLEUR DE CLINET
Pomerol 2014

Cette propriété familiale du plateau de Pomerol a progressé considérablement depuis quelques années. Le deuxième vin du domaine déploie en bouche tout le charme fruité et la suavité du merlot de Pomerol, à défaut de concentration. La pluie de la fin de l'été 2014 y est sans doute pour beaucoup. Un vin tout à fait agréable et qui laisse en finale une sensation de fraîcheur. N'empêche, pour le prix, je reste un peu sur ma soif.

3 760066 831365

12917406 54,75$ ★★★→? ③

GOMBAUDE-GUILLOT
Pomerol 2008

Situé sur le plateau de Pomerol, le vignoble tenu par Claire Laval et son fils Olivier Techer est certifié biologique et en voie d'être certifié biodynamique. En 2008, Claire Laval a produit un vin d'une grande finesse, fluide et gracieux auquel certains reprocheront peut-être son manque de puissance. Bien au contraire, j'apprécie sa grâce et sa fraîcheur très sophistiquées. Un vin de charme, sans maquillage – on sent à peine l'élevage en fûts de chêne, neufs à 50 % – et d'autant plus digeste qu'il est maintenant à point. Un excellent pomerol à boire au cours des quatre ou cinq prochaines années.

En primeur

13480605 82,75$ ★★★★ ②

GOMBAUDE-GUILLOT
Pom'N'Roll 2014

Création d'Olivier Techer, le fils de Claire Laval, Pom'N'Roll se veut une interprétation du terroir de Pomerol, façon vin de soif. La proposition a le mérite d'être originale et elle est plutôt bien réussie. Le 2014 offre tout le fruit du merlot et la vigueur du malbec et du cabernet franc – tous trois issus de l'agriculture. Les saveurs sont pures, dépourvues d'artifices boisés et le vin termine son parcours en bouche sur une note fraîche et croquante qui n'est pas sans rappeler les bonnes barberas du Piémont. Je doute cependant qu'il comble les attentes des amateurs de pomerol classique.

En primeur

13446079 54,75$ ★★★ ½ ②

BOURGOGNE

La qualité des vins de la Bourgogne a longtemps été hétérogène, trop hétérogène. Deux vins d'une même appellation – sinon d'une même parcelle – pouvaient aussi bien vous tirer des larmes que vous faire regretter amèrement votre investissement. Car oui, être amateur de Bourgogne a un coût. Et celui-ci est de moins en moins doux, avec les aléas météo qui ont engendré de plus faibles récoltes, la spéculation et la flambée des prix qui en découle.

Heureusement, la qualité n'a jamais été aussi élevée. La constance aussi. Grâce à l'arrivée de nombreux jeunes vignerons, soucieux de tirer le meilleur de terroirs secondaires, il est désormais possible de boire de très bons vins bourguignons, sans faire les frais des premiers et des grands crus. Pour les «aubaines», cherchez du côté d'appellations moins connues comme Marsannay, Auxey-Duresses, Chorey et Savigny-lès-Beaune.

Plusieurs grandes maisons de négoce empruntent aussi la voie de la qualité. Les pages suivantes foisonnent de recommandations de bonnes bouteilles pour explorer le charme et la profondeur quasi énigmatique des vins de cette grande région viticole.

Situé tout au sud de la Bourgogne, juste au nord de Lyon, le Beaujolais est l'un des plus beaux vignobles de France. Les meilleurs terroirs des crus septentrionaux et des Terres Dorées, au sud, peuvent donner des vins purement délicieux, aptes à la garde et le plus souvent abordables. Si ce n'est déjà fait, en 2018, il vous faut découvrir le Beaujolais!

CHABLIS

De l'avis de plusieurs, le chablis est la quintessence du cépage chardonnay. Grâce à leur acidité naturelle et à leur équilibre, les meilleurs peuvent être conservés plusieurs années.

CÔTE DE NUITS

Le morcellement du vignoble bourguignon a commencé dès la Révolution française et s'est poursuivi au fil des siècles et des successions familiales. Deux siècles plus tard, il n'y a toujours qu'un seul Clos de Vougeot, mais il est partagé entre 70 vignerons qui produisent autant de vins différents selon leur savoir-faire et leur rigueur.

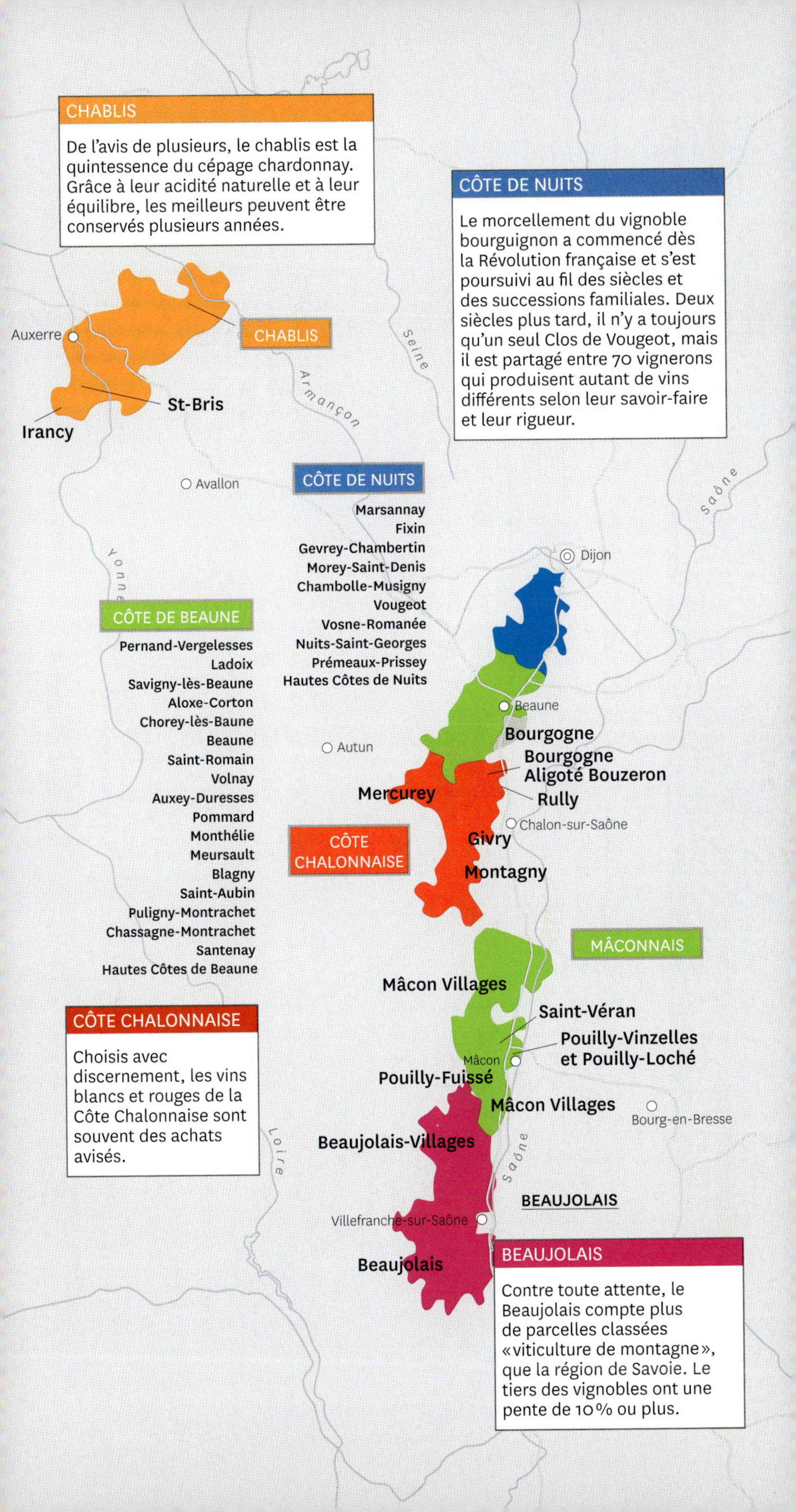

CÔTE CHALONNAISE

Choisis avec discernement, les vins blancs et rouges de la Côte Chalonnaise sont souvent des achats avisés.

BEAUJOLAIS

Contre toute attente, le Beaujolais compte plus de parcelles classées «viticulture de montagne», que la région de Savoie. Le tiers des vignobles ont une pente de 10 % ou plus.

Bourgogne rouges Côte d'Or

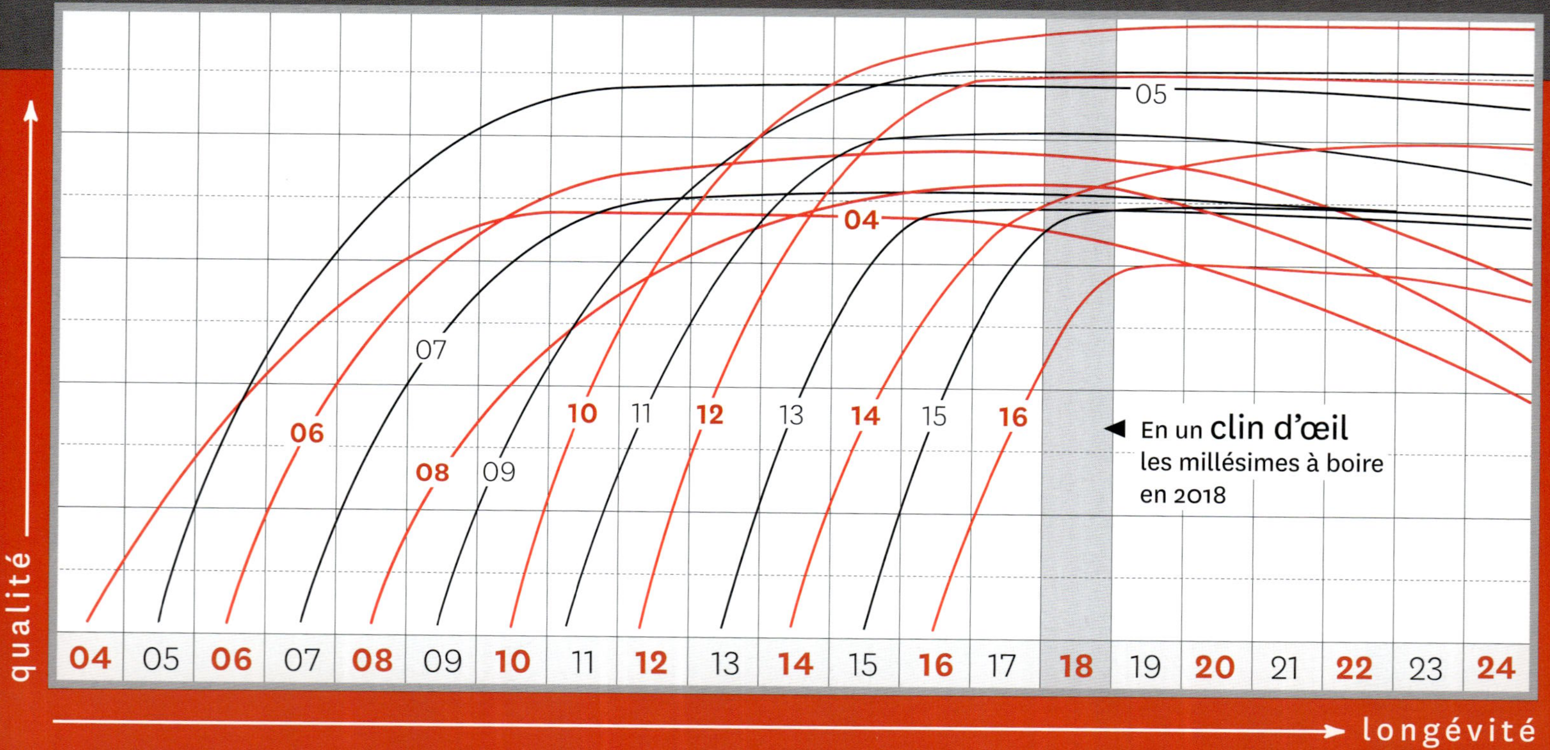

LES DERNIERS MILLÉSIMES

2016
L'année de toutes les intempéries : gels printaniers, pluie et froid en mai et juin qui ont compromis la floraison, puis un peu de soleil, enfin. Ceux qui ont réussi à récolter des raisins ont produit de bons rouges souples à apprécier en jeunesse. Les blancs de la Côte d'Or et du Mâconnais sont juteux, frais et faciles à boire ; le peu produit à Chablis est bon, quoique parfois dilué. Vivement 2017 !

2015
En Côte d'Or, des vins rouges très concentrés, semblables, dit-on, à ceux de 2005. Plusieurs vins blancs présentent une richesse atypique, frôlant parfois la lourdeur. Même ceux de Chablis. Les meilleurs producteurs du Beaujolais ont produit des vins gourmands et joufflus, mais on trouve aussi beaucoup de vins capiteux.

2014
Récolte un peu plus abondante, après trois années déficitaires. Vins rouges de densité moyenne, mais sans verdeur ; des vins blancs d'envergure, à la fois élégants et concentrés. Récolte hâtive et excellent potentiel à Chablis ; idem pour le Beaujolais qui a connu sa meilleure récolte depuis 2011.

2013
Moins concentré que 2012. Pluie abondante au moment des vendanges. La date de la récolte et le tri de la vendange ont été des facteurs qualitatifs déterminants. Malgré tout, on trouve des vins rouges très fins et élégants qui plairont à l'amateur de bourgognes classiques.

2012
Des mauvaises conditions météorologiques au printemps ont nui à la floraison et donné une très petite récolte. Les vins rouges sont pour la plupart très concentrés et auront encore besoin de quelques années de repos.

2011
Autre année de faibles rendements et de vendange hâtive. La peau des raisins de pinot noir était relativement épaisse, ce qui pourrait donner des vins un peu plus structurés. Récolte plus abondante en blanc. Troisième millésime d'excellente qualité dans le Beaujolais.

2010
Dans les meilleurs domaines, les vins rouges s'annoncent charnus et riches en tanins. Souvent dotés d'une acidité notable, les vins blancs semblent de qualité variable. Conditions plus favorables à Chablis ainsi que dans le Beaujolais.

Bourgogne blancs Côte d'Or

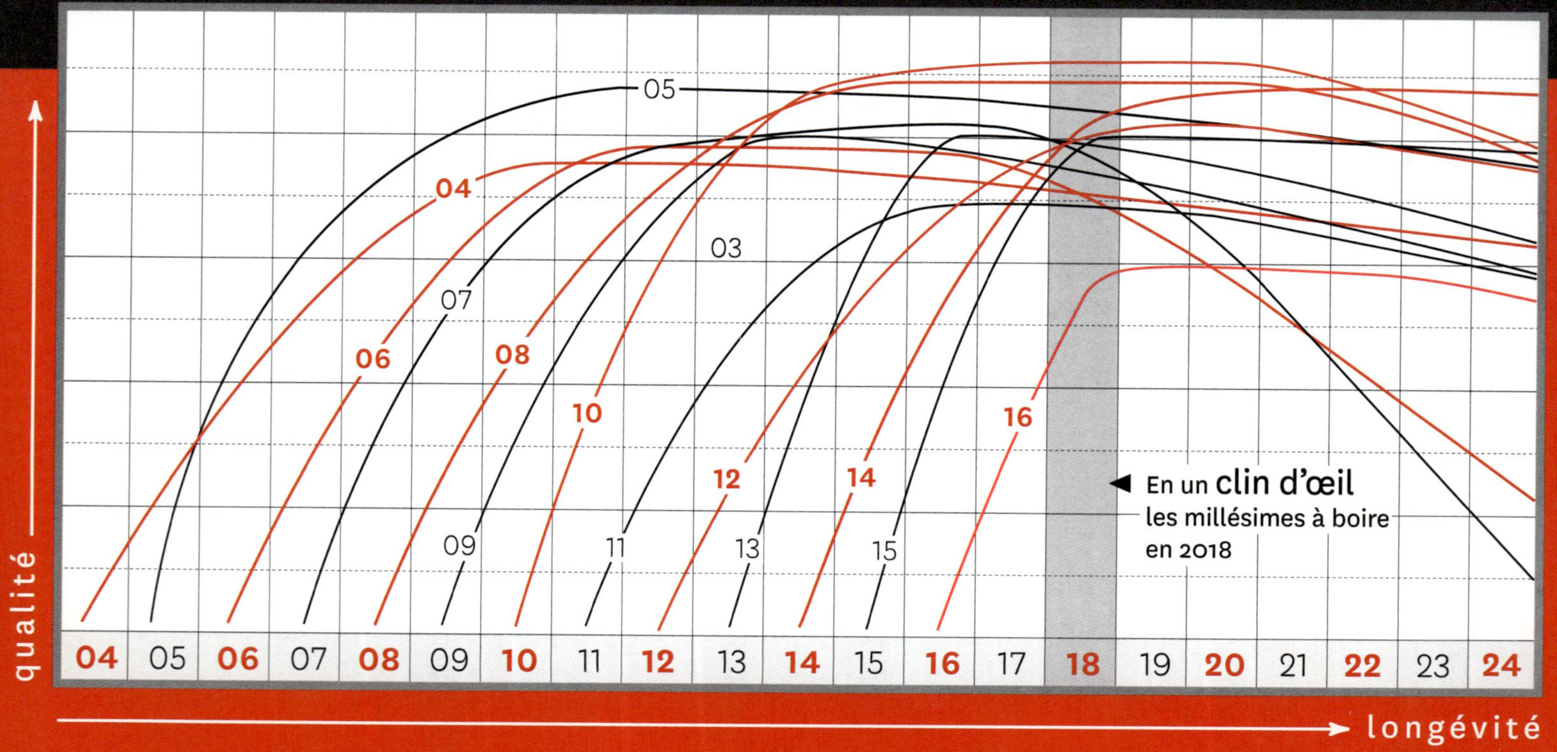

France

2009
Très bon millésime favorisé par un mois d'août chaud, ensoleillé et sec. Des vins rouges de nature assez souple, et destinés à s'ouvrir plus rapidement que les 2005. Nourris et charmeurs, mais parfois faibles en acidité, les vins blancs devraient évoluer rapidement. Excellent millésime dans le Beaujolais; des vins colorés, riches et savoureux.

2008
Quantité réduite de vins blancs apparemment de qualité plus homogène, autant en Côte d'Or qu'à Chablis. Millésime difficile et irrégulier dans le Beaujolais.

2007
Une faible récolte de vins rouges, souples et à boire jeunes.

2006
Un bon millésime, en particulier en Côte de Nuits où les pluies ont été moins pénalisantes. Qualité hétérogène des vins rouges. Des vins blancs généralement plus satisfaisants. Bons vins charmeurs, mais parfois atypiques à Chablis.

2005
Sur toute la Côte d'Or et en Côte Chalonnaise, des vins classiques, à la fois riches et bien équilibrés. Excellent millésime à Chablis.

2004
Plusieurs réussites en Côte de Nuits malgré des conditions hostiles; succès plus aléatoires en Côte de Beaune. Qualité irrégulière des vins blancs, souvent handicapés par des rendements excessifs. Bon millésime à Chablis, mais certains vins sont dilués.

2003
Le millésime de la canicule. En Côte d'Or – et surtout en Côte de Nuits –, beaucoup de vins rouges nourris et solidement construits, quoique souvent atypiques. Les vins blancs sont puissants, mais parfois un peu mous et à court d'acidité. Même chose à Chablis, où les vins n'ont pas leur vigueur caractéristique.

2002
Récolte abondante de bons vins rouges purs et bien équilibrés. Splendide année de vins blancs, riches et soutenus par une acidité idéale. Millésime de rêve à Chablis.

2001
Météo froide et chagrine; le temps frais et pluvieux de septembre a causé des problèmes de pourriture. Des vins rouges de qualité disparate; à défaut de puissance, les meilleurs ont une finesse appréciable. De bons vins blancs en Côte de Beaune. Qualité moyenne à Chablis.

BROCARD, JEAN-MARC

Chablis Premier cru Montmains 2015

Les vignes de la famille Brocard dans le cru Montmains profitent d'une exposition idéale sud-sud-est qui, conjuguée aux largesses de 2015, donne un vin plein et vineux, dont la texture est soutenue par une trame minérale et une salinité qui font saliver. Ne lui manquait qu'un peu de longueur pour mériter quatre étoiles.

3 436802 100414

12178818 30,75$ ☆☆☆ ½ ♥

BROCARD, JEAN-MARC

Chablis Premier cru Vau de Vey 2014

La famille Brocard a produit un très bon 2014 sur ce premier cru situé à la sortie du village de Chablis, en route vers Auxerre. Le vignoble est orienté vers l'est et donne ici un vin assez tendu, mais qui ne manque pas de volume en bouche. Les transformations malolactiques aident par ailleurs à atténuer la sensation acide, tout en lui conférant de délicates notes de beurre. Excellent dans sa catégorie et vendu à un prix encore accessible.

3 436802 170417

11589666 32$ ☆☆☆☆ ② ♥

CHÂTEAU DE MALIGNY

Chablis Premier cru Fourchaume 2015

Vif, citronné, pas très minéral ni vraiment profond. Un peu plus ample et nourri que les millésimes précédents. La nature généreuse de l'été 2015 y est sans doute pour beaucoup. À boire entre 2018 et 2021.

3 379681 000140

480145 36,50$ ☆☆☆ ②

CHÂTEAU DE MALIGNY

Chablis Premier cru l'Homme Mort 2015

L'an dernier, je n'avais pas été tendre avec ce 2015 provenant d'un sous-climat de Fourchaume et élaboré par le plus important producteur (en volume) de Chablis. La bouteille goûtée m'avait paru simple, le vin bourré de soufre. Suis-je tombée sur une mauvaise journée? Toujours est-il que je me ravise... On a ici un bon chablis d'envergure moyenne, pas le plus concentré ni le plus complexe, mais dont la légèreté et les notes de cire d'abeille ne manquent pas de charmer.

3 379681 010187

872986 36$ ☆☆☆ ②

CHÂTEAU DE MALIGNY

Chablis Premier cru Montée De Tonnerre 2015

Plus complet que le Fourchaume du même millésime, il me semble. Sec, vibrant, «tendu» pour reprendre l'expression à la mode. De fines notes de cire d'abeille en finale et une salinité qui accentue la fraîcheur en bouche. Belle réussite!

895110 36,50$ ☆☆☆ ½ ②

3 379681 000164

DOMAINE LAROCHE

Chablis Premier cru Les Fourchaumes 2014, Vieilles vignes

Pour plusieurs, Fourchaume – avec ou sans «s», on peut écrire les deux – est la bonne affaire à Chablis. Avec raison peut-être, puisque ce vaste premier cru est situé juste au nord de la ligne des grands crus, sur la rive-droite du Serein. Celui-ci semble d'autant plus avantageux qu'il est issu de vieilles vignes et d'un excellent millésime dans le vignoble chablisien. Une expression pure et raffinée d'un beau site viticole, mariage d'intensité et d'élégance, une fraîcheur exquise en bouche et une longue finale minérale.
On pourra le boire jusqu'en 2014.

13178490 39,75$ ☆☆☆☆ ③

3 292060 100579

DOMAINE LAROCHE

Chablis Premier cru Les Montmains 2015

Ce domaine majeur de Chablis appartient au groupe Advini (ex Jeanjean). Bien que plutôt discret au nez, le Montmains s'avère expressif en bouche. Vif, de bonne tenue, pas très long, mais laissant en finale une agréable sensation de minéralité. Quelques années de repos lui permettront sans doute de gagner en nuances.

13047641 38,75$ ☆☆☆→? ③

3 292060 105451

MOREAU, LOUIS

Chablis Premier cru Vaulignot 2015

Vous ne trouverez pas de parfums beurrés dans les chablis de Louis Moreau. Cet héritier d'une famille de vignerons chablisiens depuis 1814 préfère produire des blancs vifs et tranchants, dont la forme épurée permet d'apprécier les nuances minérales caractéristiques de l'appellation. Même en 2015, millésime marqué par un été chaud et sec, son Vaulignot reste droit. À boire sans se presser jusqu'en 2023.

480285 27,35$ ☆☆☆ ②

3 452460 002242

France

BERSAN, P-L & J-F

Bourgogne Côtes d'Auxerre 2015

Bon vin blanc sec qu'on pourrait décrire comme stylistiquement près d'un chablis, sans la sensation minérale propre à l'appellation. N'empêche, cette interprétation fraîche et saline du chardonnay ne manque pas d'attraits.

11890942 21,45$ ☆☆☆ ② ▼ 3 760194 450049

BILLAUD-SIMON

Chablis 2015, Tête d'Or

Ce domaine classique de Chablis a été racheté par la maison Faiveley en 2014. En plus d'excellents vins sur les terroirs de crus, le vinificateur du domaine, Olivier Bailly, élabore aussi un très bon chablis «tout court», dont la constance au fil des années mérite d'être signalée. Le 2015 est impeccable: doté d'une pureté aromatique exemplaire, mûr et assez gras, mais soutenu par une trame minérale qui ajoute à son caractère digeste. Ne lui manque qu'un peu de longueur.

10517046 33,50$ ☆☆☆ ½ ② 3 525135 301510

BROCARD, JEAN-MARC

Chablis 2015, Les Vieilles vignes de Sainte-Claire

Cette importante maison familiale de Chablis est aujourd'hui menée par Jean-Marc Brocard et son fils Julien, qui a introduit l'agriculture biologique et biodynamique sur une partie (60 hectares) des vignobles de la propriété. Cette cuvée issue de vignes âgées en moyenne de 70 ans est tout à fait à la hauteur des attentes. Plus gras que l'excellent 2014 décoré d'une Grappe d'or l'an dernier, mais non moins classique de son appellation, le vin porte la minéralité proverbiale de Chablis, en plus d'une excellente tenue en bouche. Servez-le frais, mais pas froid, pour apprécier pleinement sa texture. Tellement bon qu'il mérite bien une Grappe d'or, cette année encore.

11589658 29,95$ ☆☆☆☆ ② ♥ 3 436803 100413

CHÂTEAU DE MALIGNY

Chablis 2015, Vigne de la Reine

Chablis «tout court» de facture conventionnelle; sec, nerveux et ponctué de goûts de citron et de pomme verte. Pas très profond, mais conforme aux attentes que commande un chablis d'entrée de gamme.

560763 23,45$ ☆☆☆ ② 3 379680 000066

France

DOMAINE DE PISSE-LOUP

Petit-Chablis 2015

Sauf erreur, une première à la SAQ pour les vins de ce domaine familial d'une dizaine d'hectares, en conversion vers la culture biologique. Le petit-chablis a toutes les qualités recherchées dans ce type de vin: frais, délicatement citronné, léger et désaltérant, sans pour autant manquer de caractère. Une sensation minérale en fin de bouche lui donne même une certaine profondeur. Super belle découverte! Si vous manquez le 2015, surveillez de près les prochains arrivages...

3 760127 253525

13232599 22,50$ ☆☆☆☆ ② ♥ ▼

DOMAINE LAROCHE

Chablis 2016, Saint-Martin

La cuvée emblématique du Domaine Laroche est l'un des bons chablis inscrits au répertoire de la SAQ. Le 2016 est particulièrement vif et tendu, plutôt représentatif d'un millésime de disette dans le vignoble chablisien. Net et droit, à défaut d'ampleur ou de longueur.

3 292060 010045

114223 25,90$ ☆☆ ½ ②

POMMIER, ISABELLE ET DENIS

Chablis 2016

Partis de deux petits hectares en 1990, Isabelle et Denis Pommier en cultivent aujourd'hui une dizaine dont quelques parcelles de premier cru, d'autres de village, dont ils tirent régulièrement un très bon chablis «tout court». L'échantillon de ce 2016 goûté en août 2017 avait été pris sur cuve. Un bon chablis net et franc, peut-être moins minéral que d'habitude, mais bien réussi, dans le contexte du millésime.

3 760149 610023

11890900 29,40$ ☆☆☆ ①

POMMIER, ISABELLE ET DENIS

Petit-Chablis 2015

La dénomination Petit-Chablis regroupe des vins issus de terroirs qui, lors du classement, ne se qualifiaient pas pour l'appellation Chablis «tout court» – ou village, si vous préférez. La plupart des vignobles sont situés dans la partie nord de la région, près de Maligny et de Lignorelles, mais d'autres parcelles, comme la Ferme de Couverte – qui compose le tiers de ce vin – jouxtent la ligne des grands crus, en haut de coteaux. Et le vin? Savoureux! Net, pur et frais, mais aussi passablement gras, bien nourri par les conditions chaudes et sèches de l'été 2015. Son arrivée à la SAQ en prévue vers la mi-novembre 2017.

En primeur

13386176 24,95$ ☆☆☆☆ ② ♥

France

BOISSET, JEAN-CLAUDE

Nuits-Saint-Georges 2015, Les Charbonnières

Ce nuits-saint-georges village provient d'une parcelle adjacente au premier cru Aux Corvées. Dégusté alors qu'il n'avait pas encore deux ans, le 2015 portait toujours l'empreinte de l'élevage en fûts partiellement neufs (40%), mais il s'appuie sur une matière tannique assez solide – 50% de grappes entières – et il a l'étoffe nécessaire pour soutenir l'élevage. Un bon vin de facture moderne dont il faudra surveiller l'évolution jusqu'en 2023.

13303730 80,25$ ★★★ ½ →? ③

3 260980 022387

CHEVALIER PÈRE & FILS

Côte de Nuits-Villages 2014

L'essentiel du vignoble de la famille Chevalier est situé dans la Côte de Beaune, mais Claude Chevalier a aussi acquis quelques vignes en Côte de Nuits, dont trois parcelles dans la commune de Corgoloin, qui donnent un très bon bourgogne secondaire. L'apport boisé est encore perceptible, mais sert bien le vin. De la fraîcheur et de la mâche; les notes terreuses se mêlent à la cerise et aux accents torréfiés, qui persistent en bouche. Très belle réussite!

12899869 41$ ★★★ ½ ② ▼

3 590700 814115

CHEVALIER PÈRE & FILS

Gevrey-Chambertin 2014

Encore très jeune lorsque goûté en mai 2017, ce Gevrey présentait de délicates notes de torréfaction au nez. En bouche cependant, on retrouve l'empreinte de fruits noirs et toute l'étoffe de l'appellation. Grain tannique tendre, texture charnue, bien servie par l'élevage, solide, mais pas brutal et très bon équilibre entre les éléments. Ne reste plus qu'à attendre que le temps fasse son œuvre. On devrait pouvoir l'apprécier vers 2022. Arrivée en décembre 2017.

12899893 74$ ★★★→★ ③

4 000128 998933

FOUGERAY DE BEAUCLAIR

Côte de Nuits-Villages 2015

Millésime de générosité dans la plupart des régions de France, 2015 a donné des vins dont le fruit est souvent à l'avenant, comme ce très bon côte de nuits-villages. Rien de très profond, mais une matière passablement dense, du fruit mûr et un bon équilibre. Arrivée en décembre 2017.

10865294 38,25$ ★★★ ②

3 527941 120613

France

FOUGERAY DE BEAUCLAIR

Fixin 2015, Clos Marion

Fondé en 1978 par Jean-Louis Fougeray, ce domaine réputé de la Côte de Nuits est aujourd'hui dirigé par son gendre, Patrice Ollivier, qui a fait preuve de sagesse dans la conduite des vinification en 2015. Tous les éléments sont réunis dans l'abondance, la matière est généreuse et les tanins présents, mais pas trop extraits. Bien que déjà charmeur, ce vin plein et bourré de fruit devra attendre encore au moins six ou sept ans avant d'atteindre son plein potentiel et de retrouver sa fibre bourguignonne. Si vous n'avez pas la patience d'attendre, il serait avisé de le laisser s'ouvrir pendant au moins deux heures en carafe. Arrivée en décembre 2017.

872952 50,50$ ★★★→★ ③

3 527941 110812

FOUGERAY DE BEAUCLAIR

Marsannay 2013, Les Favières

Le millésime 2013 n'ayant pas été encensé par la critique internationale – pour ne pas dire américaine –, plusieurs ont boudé les vins de cette année qui a pourtant donné des trésors de pureté et surtout, des vins authentiquement bourguignons. Prenez celui-ci par exemple, plutôt qu'une explosion de saveurs fruitées en bouche, on retrouve la finesse et les notes terreuses propres à la Bourgogne. Les tanins sont fins, juste assez granuleux pour donner du relief. Pas vraiment long, mais il donne beaucoup de plaisir dans l'immédiat. Arrivée prévue en février 2018.

736314 34,50$ ★★★ ½ ②

3 527941 111710

LATOUR, LOUIS

Marsannay 2014

Sans être le plus complexe des vins de Marsannay, ce 2014 a un joli fruit et la souplesse habituelle de l'appellation et du millésime. Pas spécialement riche en extraits, mais des saveurs nettes et toute la chair fruitée voulue. À boire au cours des quatre ou cinq prochaines années.

12575012 35,50$ ★★★ ②

3 566921 142191

MURAT, HERVÉ

Hautes Côtes de Nuits 2012, Les Herbues

En 2005, après avoir travaillé pendant quelques années aux côtés d'Anne-Françoise Gros, Hervé Murat a développé sa propre affaire à Concoeur, dans les Hautes Côtes de Nuits, où il produit notamment ce très bon rouge frais et digeste, qui n'a rien de massif, contrairement à bien des 2012. Encore jeune, nerveux, un peu austère même aux premiers abords, mais il s'avère agréable à table. Tout à fait recommandable à 30$.

12511297 30,50$ ★★★ ②

3 760215 780025

BOISSET, JEAN-CLAUDE

Bourgogne Hautes Côtes de Beaune 2015

Sous l'étiquette Jean-Claude Boisset, cette société propose désormais une gamme complète de vins de la Côte d'Or. Les vins sont élaborés par Grégory Patriat, qui s'approvisionne en raisins auprès de viticulteurs apparemment triés sur le volet si on en juge par la qualité de ce très bon vin, pourtant issu d'une appellation secondaire. Tendre et velouté, nourri de goûts de fruits à parfaite maturité, mais conservant une saine acidité, garante de sa fraîcheur et de son équilibre, et une mâche rassasiante qui offre un plaisir immédiat. L'amateur de pinot se régalera à bon prix.

13293375 30$ ★★★ ½ ②

3 260980 005519

BOUCHARD PÈRE & FILS

Savigny-lès-Beaune 2014

Un exemple modeste, discret, peut-être même un peu ténu, de vin de Savigny. Les parfums boisés l'emportent sur le fruit à l'ouverture, mais les éléments se fondent au terme d'une longue aération. Pas spécialement inspiré, mais honnête.

13293341 28,35$ ★★ ½ ②

3 337690 166714

CHENU, LOUIS & FILLES

Savigny-lès-Beaune Premier cru Aux Clous 2014

Les sœurs Juliette et Caroline Chenu veillent sur le vignoble familial, qu'elles ont converti à l'agriculture biologique il y a quelques années. Bien qu'encore jeune, ce 2014 issu d'un terroir de bas de coteaux est déjà ouvert et agréable à boire par sa trame tannique fine et sa chair fruitée mûre et croquante, sous laquelle se dessine une sensation minérale assez typée des bons rouges de l'appellation. Pur, élégant, digeste; tout y est, mais rien n'est en trop. Excellent! Arrivée à la mi-décembre 2017.

12876106 44$ ★★★★ ②

3 762541 000235

DOMAINE CHEVALIER PÈRE & FILS

Ladoix blanc 2015

Aussi charmeur et invitant soit-il au premier nez, ce blanc élaboré par Chloé Chevalier se démarque avant tout par sa structure, qui traduit toute la richesse des meilleures parcelles de la commune de Ladoix, sur les versants de la colline de Corton. Une matière dense et une sensation très minérale forment un très heureux mariage avec le bois et les parfums de beurre des malo. Excellent vin blanc de terroir, apte à se bonifier jusqu'en 2023, au moins.

12598644 44,75$ ☆☆☆☆ ②

3 590700 315117

GAY, FRANÇOIS

Chorey-lès-Beaune 2014

Le nez de ce vin donne presque autant faim qu'il donne soif. Très typé de ses origines bourguignonnes par ses odeurs de terre humide et ses goûts de cerise. La bouche est à la fois nerveuse et délicate, avec un grain tannique juste assez rugueux pour donner du relief et accentuer la sensation de fraîcheur. La vraie belle Bourgogne dépourvue d'artifice et vendue à un prix accessible. Je ne demande pas mieux.

3 760087 220018

917138 35,75$ ★★★★ ② ♥

GAY, FRANÇOIS

Savigny-lès-Beaune 2011

Maintenant ouvert et à point, ce savigny déploie des parfums de raisins secs, de fumé et de champignon porcini séché, mais il n'accuse aucune maigreur en bouche. Rien de très puissant, mais si vous êtes sensible au charme discret de la Bourgogne dans sa forme pure et dépouillée d'artifices, alors vous aimerez ce vin de Savigny. Arrivée en janvier 2018.

3 760087 220070

12582773 39,75$ ★★★ ½ ①

POTEL, NICOLAS

Chorey-lès-Beaune 2014

Au nez, des accents de cannelle m'ont fait craindre un vin approximatif au boisé maladroit. Heureusement, le vin s'avère plus satisfaisant en bouche, avec une belle matière fruitée, sans verdeur ni rusticité. Modeste certes, mais plus satisfaisant que mes dernières expériences avec les vins de cette marque appartenant à Labouré-Roi, lui-même racheté par la maison jurassienne Henri Maire.

3 477602 586312

12613728 29,60$ ★★ ½ ②

BICHOT

Bourgogne blanc 2015, Secret de famille

L'amateur de chardonnay gras et beurré sera bien servi par ce 2015 de la maison Bichot. Peu de tenue, mais une bonne ampleur en bouche et des parfums généreux de poire en sirop, de vanille et de caramel. Facile et prévisible; techniquement bien tourné.

0 087113 111342

12848279 25$ ☆☆ ½ ①

BOISSET, JEAN-CLAUDE

Pouilly-Fuissé 2016

Grégory Patriat a produit un blanc, qui s'inscrit dans l'esprit du millésime 2016: frais, nerveux et juteux, pas très gras ni beurré – qui s'en plaindra? – mais gorgé de bons goûts de poire et hautement désaltérant. À moins de 25$, un très bon vin blanc de Bourgogne, largement disponible dans le réseau de la SAQ.

3 260980 001573

11675708 24,45$ ☆☆☆ ½ ② ♥

BROCARD, JEAN-MARC

Bourgogne Chardonnay 2015, Jurassique

En plus de leurs cuvées chablisiennes, les Brocard élaborent aussi un bourgogne générique issu de l'agriculture biologique et produit à l'extérieur de la zone d'appellation chablis, sur les sols riches en sédiments marins de la période du jurassique, d'où le nom. Le 2015 est excellent, encore jeune tant par ses arômes que par sa vitalité en bouche. Sec, à la fois droit et assez gras, non boisé et ponctué de notes crayeuses qui se mêlent à la poire. Excellent rapport qualité-prix.

3 436806 200318

11459087 22,35$ ☆☆☆☆ ② ♥

CHÂTEAU DE MIRANDE

Mâcon-Villages 2016, Jean Loron

Bon mâcon produit par une importante maison du Beaujolais. Rien de transcendant, mais un bon vin net et acidulé, aux jolies nuances de beurre, de poire et de caramel. Modeste, mais bien fait dans un style classique et assez typé de son appellation.

3 298660 029630

13133953 22,75$ ☆☆☆ ②

DROUHIN, JOSEPH

Saint-Véran 2015

La maison Drouhin a beau générer d'importants volumes de vin, elle ne semble pas lésiner sur la qualité pour autant. Ce vin du Mâconnais est frais et expressif, se faisant avant tout valoir par la pureté de son fruit, enrobé d'une texture juste assez grasse, sans lourdeur. Bon bourgogne blanc authentique et savoureux.

13266174 24,95$ ☆☆☆ ½ ② ♥

0 012086 540608

MAILLET, NICOLAS

Macon-Verzé 2015

À mi-chemin de Beaune et de Lyon, le Mâconnais a longtemps été considéré comme le parent pauvre de la Bourgogne, mais une poignée de vignerons y ont insufflé une énergie nouvelle et la région jouit d'une certaine notoriété depuis une quinzaine d'années. Le vignoble de Nicolas Maillet est certifié Écocert et donne un vin pur et cristallin dans la commune de Verzé. C'est peut-être d'ailleurs la viticulture biologique qui a permis à la vigne de composer avec les excès d'un été chaud et aride, puisque le 2015 n'accuse aucune lourdeur. Au contraire, le vin est nerveux, savoureux, plein de fruit et une salinité aide à maintenir une sensation fraîche en bouche.

11634691 29,40$ ☆☆☆☆ ② ♥

3 760215 990011

MOILLARD

Bourgogne blanc 2015, Tradition

Ce bourgogne générique nouvellement inscrit au répertoire n'a pas beaucoup de tenue, mais il compense par sa rondeur et ses goûts fruités qui se mêlent à la vanille du bois. Un vin blanc simple et flatteur, taillé pour plaire.

13260005 22,50$ ☆☆ ½ ②

En primeur

MONTANET, VALENTIN

Bourgogne blanc 2016, Sœur Cadette

La région de Vézelay – tout au nord de la Bourgogne, dans le département de l'Yonne – ne semble pas avoir subi aussi durement les aléas météos de l'été 2016. Du moins, à en juger par ce vin qui présente certes une certaine dilution par rapport aux millésimes «normaux», mais qui s'avère tout de même satisfaisant. Saveurs fruitées discrètes, mais pures, bouche franche, soulignée par une salinité fine. Arrivée prévue vers la mi-novembre 2017.

11460660 25,15$ ☆☆☆ ①

0 895958 000970

PACALET, CHRISTOPHE

Beaujolais blanc 2016

Les vignes de blanc de Christophe Pacalet n'ont visiblement pas été touchées par le gel printanier de 2016 puisqu'il a produit un vin au fruit parfaitement mûr et d'une exquise pureté. Plus qu'un simple mariage de gras, de fruit et de goût de beurre, ce vin offre une expression fine du chardonnay. Ses notes crayeuses en finale ajoutent à sa complexité. À boire entre 2018 et 2022.

13112870 28,50$ ☆☆☆☆ ②

3 766995 801257

BOISSEAUX-ESTIVANT

Bourgogne Pinot noir 2015, Réserve de la Chèvre Noire

Magnifié par la générosité de 2015. Satisfaisant. Plus ample, fruité, généreux. Un léger côté animal et un mini reste de gaz lui donnent un air rustique, mais dans l'ensemble, un bon vin.

3 700061 600207

237875 21,40$ ★★★ ②

BOISSET, JEAN-CLAUDE

Bourgogne Pinot noir 2015, Nature d'Ursulines, Bourgogne

Ce bourgogne rouge générique m'a paru nettement plus harmonieux dans sa dernière mouture. Le prix est élevé, mais on le lui pardonne puisque la qualité est au rendez-vous. De la matière, une trame tannique veloutée, sans extraction inutile, et un heureux usage du bois dont les parfums accompagnent le fruit, plus qu'ils ne le masquent. Il sera intéressant de surveiller son évolution d'ici 2022.

3 260980 029904

13297940 30,80$ ★★★ ½ →? ③

DROUHIN, JOSEPH

Bourgogne Pinot noir 2015

Encore jeune et fringant lorsque goûté en août 2017, ce 2015 s'est avéré tout à fait satisfaisant. Rien de profond, mais il a le mérite d'offrir ce qui fait défaut à trop de rouges génériques de Bourgogne: du fruit, tout simplement. Souple, coulant, assez charnu pour être rassasiant et sans artifice inutile. Ne lui manquait qu'un peu de longueur.

0 012086 494963

12157451 25$ ★★★ ②

FAIVELEY

Mercurey 2014, La Framboisière

Après deux belles réussites en 2012 et 2013, ce 2014 vient confirmer le retour de Faiveley sur la voie de la qualité. Depuis son arrivée en poste en 2008, Julien Bordet a remis les vignobles de Mercurey en ordre. La famille Faiveley a investi 3 millions d'euros pour la rénovation du cuvier. Autant de détails qui se traduisent par une nette progression qualitative. Le 2014 présente une attaque en bouche vive, mais non moins charnue, suffisamment fruitée et de longueur appréciable. Le vin est d'autant plus agréable qu'on a eu la sagesse de laisser parler le terroir et le millésime, plutôt que chercher à trop extraire ou à trop boiser. Pas très profond, mais ponctué de jolis arômes de terre humide et doté d'une assez bonne longueur. Allez, une Grappe d'or cette année encore.

3 351001 441215

10521029 36,25$ ★★★★ ②

JADOT, LOUIS

Bourgogne Pinot noir 2014, Couvent des Jacobins

Nez très typé de son cépage et de ses origines. La bouche est pure, franche, joliment fruitée et portée par des tanins assez fins, qui laissent toutefois en finale une légère sensation d'astringence. Toujours parmi les bons bourgognes génériques à la SAQ.

3 535923 060000

966804 24,40$ ★★★ ②

POTEL, NICOLAS

Bourgogne Pinot noir 2015, Vieilles vignes

Depuis que Nicolas Potel a vendu sa marque éponyme à Labouré-Roi, j'ai rarement été pleinement satisfaite par la qualité des vins de cette maison autrefois si fiable. Le 2015 m'a cependant fait meilleure impression que les derniers millésimes goûtés. Honnête et assez satisfaisant dans un registre simple et fruité.

3 760041 970751

719104 22,55$ ★★ ½ ②

VIGNERONS DE BUXY

Bourgogne Côte Chalonnaise 2013, Buissonnier

Bien tourné et fidèle à l'esprit du millésime 2013, ce bourgogne issu de raisins provenant de la côte chalonnaise est plus fringant que gourmand, dépourvu de verdeur et offrant en bouche un heureux mariage de notes fruitées et terreuses. Une occasion abordable pour découvrir le pinot noir dans sa forme authentiquement bourguignonne.

3 330540 202204

13061494 20$ ★★★ ½ ② ♥

VIGNERONS DE BUXY

Givry Premier cru Clos Jus 2014

Les vins de cette appellation de la Côte chalonnaise sont avant tout connus pour être appréciables en jeunesse, toujours un peu plus souples que ceux de sa voisine, Mercurey. L'exception à la règle est le Clos Jus, dont les sols de calcaire rouge et d'argile peuvent donner des vins charnus, aptes à la garde. Sans avoir l'envergure de celui de François Lumpp, celui de la cave de Buxy est tout à fait agréable par sa fraîcheur doublée de vigueur tannique et ses goûts de fruits rouges, de terre humide et d'épices douces. À boire idéalement d'ici 2021.

3 330548 000604

12568242 31,25$ ★★★ ②

DESCOMBES, GEORGES

Morgon 2014, Vieilles vignes

Les morgons de Georges Descombes sont souvent un peu plus nourris que ceux de Foillard et de Lapierre. C'est le cas de cette cuvée Vieilles vignes, qui paraît un peu austère aux premiers abords. Une petite demi-heure d'aération suffit pour qu'il s'ouvre, révélant ainsi tout son charme fruité et ses saveurs florales. Digeste et délicieux. Il aura besoin d'encore quelques années avant d'atteindre son plein potentiel.

3 765551 980016

13112933 35,50$ ★★★→★ ③

DUBŒUF, GEORGES

Morgon 2015

Une expression polie et commerciale du terroir de Morgon. Nez exubérant de jujube à la framboise, bouche structurée, nerveuse, presque sévère et tombant plutôt court en finale. Le prix est doux, mais le résultat, quoique techniquement correct, suscite peu d'excitation.

3 516500 002767

12073952 17,95$ ★★ ½ ①

FOILLARD, JEAN

Morgon 2015

Comme nombre de vignerons de la région, Jean Foillard, acteur de premier plan de l'appellation Morgon, s'est inspiré des travaux de Jules Chauvet sur les vinifications «sans soufre». Quoique un peu plus étoffé et compact en 2015, son vin reste élégant et ne manque pas de fougue. À défaut du caractère glou-glou habituel, on pourra faire provision pour la cave de ce morgon qui me semble promis à un très bel avenir. Les plus patients voudront l'attendre jusqu'en 2022, au moins.

3 765210 040006

11964788 27,75$ ★★★→★ ③

FOILLARD, JEAN

Morgon 2015, Corcelette

Les Foillard possèdent 5 hectares sur le terroir de Corcelette, voisin de Chiroubles, qui est connu pour donner des vins abordables en jeunesse, plus fruités que charnus. Le moût est vinifié de façon traditionnelle, avec les grappes entières, et à basse température, pour éviter d'extraire l'amertume de la rafle. En 2015, cela donne un morgon particulièrement gourmand. Le vin est animé d'un très léger reste de gaz et tapisse la bouche d'une chair fruitée très riche, qui laisse en finale une sensation capiteuse, relevée de goûts de kirsch. Atypique certes, mais non moins séduisant.

3 762994 151010

12201643 39,25$ ★★★→★ ③

LAPIERRE, M & C

Morgon 2016

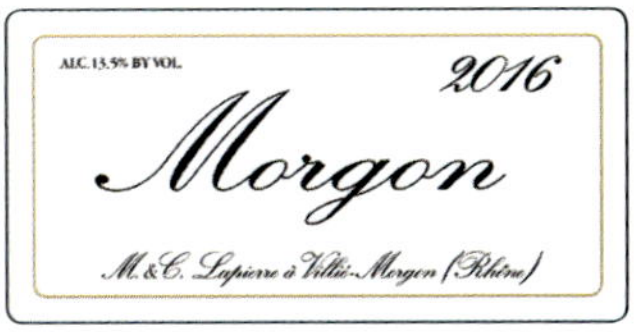

Marcel Lapierre – précurseur des vinifications sans soufre – est mort en octobre 2010. Un peu plus de sept ans après le changement de garde, le domaine, aujourd'hui entre les mains de Mathieu et de Camille Lapierre, demeure la référence en matière de morgon. Avec raison! Le 2016 est franchement savoureux; tout en légèreté, tissé de tanins fins et soyeux et pourtant haut en nuances et en saveurs. Aucune rusticité dans ce vin auquel on accole une étiquette «nature». En revanche, quelle pureté! On peut déjà le boire avec un plaisir gourmand, mais les vins de ce domaine ont depuis longtemps prouvé leur aptitude au vieillissement.

11305344 32,25$ ★★★★ ②

3 760196 820017

LORON, JEAN

Morgon 2015, Côte du Py

Si vous jugez les beaujolais trop légers et trop faciles, goûtez ce vin coloré et musclé, qui puise sa sève dans les sols volcaniques de la Côte du Py, à Morgon. Le 2015 est riche en extraits et doté d'une concentration inhabituelle pour la région, mais sa générosité et son enveloppe tannique ont un certain charme. Austère et concentré, il aura besoin d'encore quatre ou cinq ans pour «se faire».

En primeur

35$ ★★★→? ③

PIRON, DOMINIQUE

Morgon 2015, La Chanaise

Un morgon coloré et assez plein en bouche, soutenu par des tanins charnus et compacts, enrobés d'une matière fruitée bien mûre. Un brin rustique et bourru pour l'heure, mais non moins recommandable. Il est préférable de le passer une heure en carafe avant de le servir.

10272966 22,20$ ★★★ ②

3 493399 010915

CHÂTEAU CAMBON

Brouilly 2016

Les fans du Château Cambon voudront surveiller de près l'arrivée – vers la fin du mois de novembre – de ce brouilly, produit pour la première fois en 2016. Un peu bourru lorsque goûté en août 2017, en raison d'une légère réduction qui lui conférait une allure austère et sauvage. La bouche est dense et substantiellement plus charnue que celle du beaujolais de Cambon; une bonne tenue et tout le fruit souhaité. Quelques mois de repos seront certainement venus à bout de la réduction. Sinon, une petite demi-heure en carafe fera l'affaire.

En primeur

13385931 27,75$ ★★★ ½→? ③

CHÂTEAU DE PIERREUX

Brouilly 2015

Propriété de la maison Mommessin, elle-même acquise par le géant Boisset en 1997. Un gamay surdimensionné, dont l'attaque semble presque sucrée tant le fruit est mûr; plein en milieu de bouche, musclé et pulpeux. La finale chaleureuse au goût de jujube à la framboise fait bien sentir ses 14,5% d'alcool, sans que le vin ne bascule dans la lourdeur. Fort séduisant dans un registre atypique.

3 264380 065418

10754421 21,10$ ★★★ ½ ②

DESCOMBES, GEORGES

Brouilly 2015

Les adeptes de vins «nature» gourmands et copieusement fruités seront en terrain connu avec ce brouilly élaboré par Georges Descombes, qui adhère à la même philosophie que les Lapierre, Foillard, Breton, etc. Le 2015 donne l'impression de croquer à pleines dents dans la cerise mûre, tant par ses saveurs que par sa texture charnue, nettement plus étoffée que la moyenne des vins de l'appellation Brouilly. Un vin de plaisir à savourer sans complexe ni retenue.

3 765551 980009

12494028 25,90$ ★★★★ ② ♥

DOMAINE DU VISSOUX

Fleurie 2016, Poncié

Martine et Pierre-Marie Chermette signent un très bon vin sur le terroir de Fleurie, juste au nord de l'appellation Morgon. Avec son nez bien mûr de fruit noir et de violette, le 2016 rappelle la syrah du nord du Rhône. La bouche est charnue, tissée de tanins tendres et veloutés, enrobée d'un fruit dodu et généreux, avec une jolie finale aux parfums de fraise des bois. Un peu plus de longueur et c'était quatre étoiles.

8 026080 001067

10837314 27,20$ ★★★ ½ ②

JADOT, LOUIS

Brouilly 2015, Sous les Balloquets

Même s'il est plus charnu et plus concentré que d'habitude, ce 2015 reste fidèle au caractère de l'appellation Brouilly: nerveux, juteux et gorgé de saveurs de fruits. Sa constance qualitative mérite d'être signalée.

515841 21,25$ ★★★ ②

3 535923 010005

LORON, JEAN

Juliénas 2016, Domaine de la Vieille Église

Un juliénas séduisant, au nez comme en bouche. Plutôt que de rechercher l'extraction de tanins et la robustesse, Jean-Pierre Rodet mise sur la générosité fruitée que génère la macération semi-carbonique. Assez de tenue, des saveurs florales et des tanins veloutés. Pas spécialement long, mais très bien pour le prix.

13108133 21,75$ ★★★ ②

3 298660 029623

PACALET, CHRISTOPHE

Chiroubles 2016

En 2016, les conditions météo ont compliqué la tâche des vignerons à Chiroubles, mais cela n'a pas empêché Christophe Pacalet de produire un excellent vin. Moins concentré que le 2015 commenté l'an dernier, mais non moins savoureux; nerveux, léger en alcool et riche d'une foule de nuances. De loin le meilleur vin de Chiroubles goûté cette année.

12847831 27,95$ ★★★★ ② ♥

3 767476 190006

PACALET-LAPIERRE

Juliénas 2016, Cousins, Collection réZin

Ce Juliénas est si guilleret et pimpant qu'on a l'impression qu'il gambade en bouche. L'attaque est ample, bourrée de fruit, puis déroule en bouche une foule de nuances épicées, florales, minérales. Pas très complexe en apparence, mais il a plus de profondeur qu'il n'y paraît. Et quel plaisir à boire!

13286802 29,20$ ★★★★ ② ▼

3 764201 892013

PIRON, DOMINIQUE

Chiroubles 2015

Charnu, compact et concentré. Confiture de framboise. Joli, affriolant, misant à fond sur le naturel fruité et la nervosité du gamay. Fraise et rhubarbe, à laquelle il emprunte aussi l'acidité et le côté terreux.

11299183 21,65$ ★★★ ②

3 493399 240916

CHÂTEAU CAMBON

Beaujolais 2016

En 1995, par Marie Lapierre (Domaine M. Lapierre) et Jean-Claude Chanudet (Domaine Chamonard) ont acquis ce vignoble situé entre les crus de Morgon et de Fleurie, au cœur de la zone des crus. Élaboré en macération semi-carbonique à la beaujolaise, sans ajout de levures sélectionnées et avec très peu de soufre, le 2016 est l'exemple parfait du gamay de soif. Soyeux et plein de vitalité; tellement coulant et facile à boire qu'on oublie de s'arrêter pour apprécier ses nuances aromatiques, entre les fleurs, les fruits noirs et le poivre. Excellent beaujolais!

12454991 22,95$ ★★★★ ② ♥

3 767143 350115

CHÂTEAU DE VAURENARD

Beaujolais supérieur 2009, Quintessence

Si vous avez l'habitude de boire votre beaujolais dans l'année, sous prétexte que ces vins ne peuvent pas vieillir, vous serez agréablement surpris par la fraîcheur et la vigueur de ce 2009. Les saveurs primaires ont fait place à des notes de fumée, de fleurs séchées et de champignon, mais le fruit est loin d'être «mort». La bouche est par ailleurs suffisamment charnue et s'avère tout à fait rassasiante. Une interprétation élégante et singulière du gamay.

12100017 28,55$ ★★★ ½ ① ▼

3 760014 060045

COQUELET, DAMIEN

Beaujolais-Villages 2016, Fou du Beaujo

Le beau-fils de Georges Descombes est encore tout jeune et il a vite compris comment faire du bon vin qu'on a soif de boire. En 2016, sa cuvée Fou du Beaujo offre un nez compact, une bouche pleine, généreuse et néanmoins fraîche. Une finale ample et savoureuse aux accents de violette lui donne de petits airs de syrah. On croque dans le fruit et on en redemande.

12604080 21,55$ ★★★★ ② ♥

3 683080 083476

France

DUBŒUF, GEORGES

Beaujolais-Villages 2014

Parfums bien nets de fraise des champs, au nez comme en bouche. Vif, généreusement fruité et somme toute modeste, mais bien fait dans un style commercial.

122077 13,95$ ★★ ½ ②

3 351650 000078

FOILLARD, JEAN

Beaujolais 2015

Issu de l'agriculture biologique et vinifié sans ajout de levures, avec un apport minimal en soufre, le vin est nourri par la nature généreuse de l'été 2015, sans sacrifier la vitalité et la fraîcheur du gamay. Juteux, coulant et dangereusement facile à boire, mais aussi doté d'une agréable tenue en bouche et d'une certaine profondeur.

12454958 24,05$ ★★★ ½ ②

3 765682 220029

JADOT, LOUIS

Beaujolais-Villages 2015, Combe aux Jacques

Particulièrement charnu et rassasiant en 2015. Aucune lourdeur, mais une dose généreuse de fruit, des saveurs de fraise compotée, de fleurs et de poivre; assez long, gourmand et équilibré. J'en ferais bien mon vin des soirs de semaine.

365924 16,75$ ★★★ ½ ② ♥

3 535923 001003

LAPIERRE, M & C

Raisins Gaulois 2016, Vin de France

Le gamay de négoce de Camille et Mathieu Lapierre est commercialisé en Vin de France, mais il est l'archétype du beaujolais «tout court». Nez affriolant de poivre et de cerise; bouche juteuse, légère, mais non moins rassasiante par son fruit, sa vitalité et sa finale florale. L'exemple même du bon vin de soif qu'on boit à lampée.

11459976 21,30$ ★★★ ½ ② ♥

3 760196 820031

MOMMESSIN

Beaujolais-Villages 2015, Grandes Mises

Sous cette étiquette, Mommessin commercialise des vins plus sérieux, qui mettent de l'avant les terroirs du Beaujolais. Celui-ci provient d'une parcelle de 1,5 hectare dont les vignes ont près de 40 ans et s'enracinent dans les sols sablonneux de la commune de Blacé. Le 2015 a plus de tenue que la moyenne de l'appellation; charnu, relevé et riche en saveurs, reposant sur un grain suave et juste assez compact. Vraiment un très bon rapport qualité-prix.

13212213 19,50$ ★★★ ½ ② ♥

3 264380 080015

ALSACE

Le SAVIEZ-VOUS?

Certains producteurs laissent une dose perceptible de sucre résiduel dans leurs vins. Quelques maisons ont commencé à donner des informations relatives aux taux de sucre et d'acidité sur la contre-étiquette, mais cette pratique demeure assez marginale. Pour acheter des vins secs, retenez les noms de Beyer, Hugel, Ostertag et Trimbach.

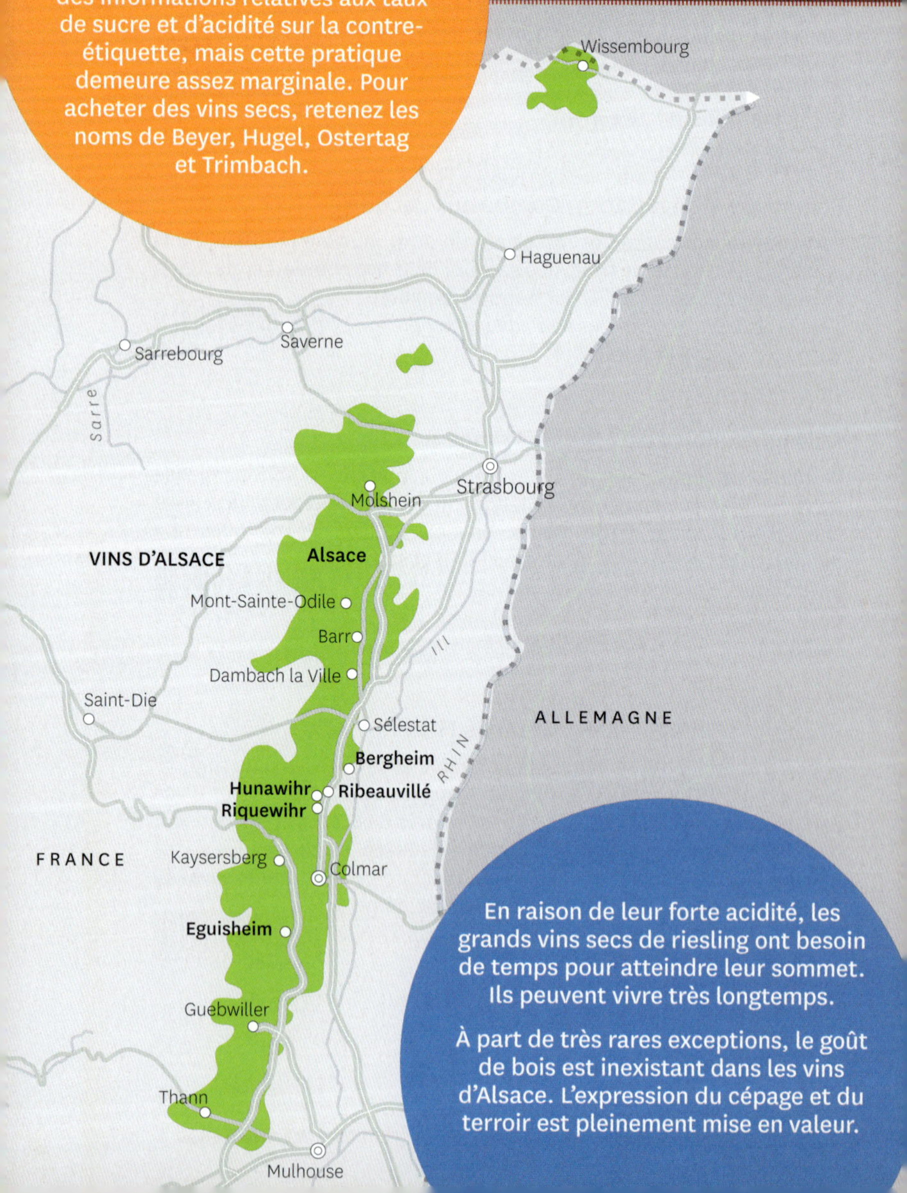

En raison de leur forte acidité, les grands vins secs de riesling ont besoin de temps pour atteindre leur sommet. Ils peuvent vivre très longtemps.

À part de très rares exceptions, le goût de bois est inexistant dans les vins d'Alsace. L'expression du cépage et du terroir est pleinement mise en valeur.

Pour comprendre l'Alsace et ses vins, il faut se pencher sur l'histoire de cette région du nord-est de la France. Séparée de l'Allemagne par le Rhin et du reste de la France par le massif des Vosges, l'Alsace a longtemps été disputée par ces deux pays frontaliers.

Peut-être en raison de l'héritage écolo de leurs ancêtres germaniques, les Alsaciens ont développé plus tôt que le reste de la France une certaine sensibilité environnementale. Aujourd'hui, environ 300 viticulteurs alsaciens sont dédiés à la culture biologique et près de 15 % du vignoble est certifié ou en voie de l'être. C'est presque le double de la moyenne nationale qui s'établissait à 8,7 % en 2015.

Première source française de vins blancs d'appellation, l'Alsace mise sur une poignée de cépages et sur une multitude de sols. Chaque sol a son cépage et chacun contribue à exprimer, de manière différente, la complexité du terroir alsacien. L'un des plus grands terroirs à vins blancs de France.

LES DERNIERS MILLÉSIMES

2016

Après un printemps particulièrement humide, la vigne a souffert d'un stress hydrique dans certains secteurs, en raison d'un mois de juillet chaud et très sec. Les quantités récoltées sont satisfaisantes et la qualité s'annonce très bonne. Peu de vins botrytisés.

2015

Un été de grande chaleur. On peut espérer d'excellents vins secs de riesling et de pinot gris, surtout dans les vignobles situés en haut de coteaux. Qualité plus hétérogène pour les gewurztraminer et muscat. Peu ou pas de vins liquoreux.

2014

Un été en dents de scie a donné des résultats hétérogènes. Le mois d'août a été passablement pluvieux, mais la chaleur en septembre aura permis de récolter une vendange saine.

2013

Excellente année pour le riesling. Millésime alsacien classique. De manière générale, des vins blancs très fins, élégants, dotés d'une saine acidité et d'une franche minéralité.

2012

Quelques parallèles à faire avec 2010 en ce qui a trait au style de vins, qui s'annoncent plutôt concentrés. Rendements limités. L'été a tardé à venir, mais de superbes conditions météorologiques en août et en septembre ont permis une récolte de qualité.

2011

Un été chaud, avec des précipitations abondantes en juillet et en août. L'arrière-saison s'est prolongée jusqu'en octobre et a permis une longue maturation des fruits à ceux qui ont eu la patience d'attendre pour vendanger.

BEYER, LÉON

Riesling 2015, Réserve, Alsace

À Eguisheim, la tradition familiale des Beyer se transmet depuis 1580. Aujourd'hui menée par Marc Beyer et son fils, Yann-Léon, la maison reste fidèle à l'idée du vin alsacien pur et tranchant. Même s'il s'avère un peu plus plein en 2015, le riesling entrée de gamme du domaine reste parfaitement sec, net et vigoureux; presque tannique même tant il m'a paru structuré. Un achat avisé pour l'amateur de riesling sec.

81471 18,25$ ☆☆☆ ½ ② ♥

3 499057 541005

DEISS, MARCEL

Riesling 2015, Alsace

Ce grand domaine de la viticulture alsacienne est conduit en biodynamie par Jean-Michel Deiss et son fils Mathieu, qui croient fermement aux vertus de la complantation. Leur riesling est élevé en cuves d'acier inoxydable pour préserver la pureté du fruit. Le contact avec les lies apporte un certain gras, mais le vin est sec et soutenu par une saine acidité qui le rend particulièrement digeste. Équilibre, bonne tenue et finale minérale, ponctuée de notes de menthe.

3 568212 103195

11777392 31,75$ ☆☆☆☆ ②

HUGEL

Riesling 2015, Alsace

Les Hugel ont su bien composer avec la chaleur du millésime et produire un riesling on ne peut plus sec et digeste. Les saveurs sont mûres certes, mais pas surmûries, et le vin tapisse la bouche d'une texture svelte et droite, soutenue par une franche acidité.

42101 17,85$ ☆☆☆ ①

3 300370 190033

France

OSTERTAG

Riesling 2015, Heissenberg, Alsace

Ce riesling provient du village de Nothalten et du cru Heissenberg, qui signifie «montagne chaude», en raison de son exposition plein sud, ainsi que de la faible circulation d'air. Or, le 2015 m'a paru particulièrement tendu lorsque goûté au courant de l'été 2017, s'exprimant en hauteur et en longueur, beaucoup plus qu'en largeur. Salin, minéral, vibrant et riche d'une foule de nuances aromatiques, allant du tilleul à la lime, de la pêche blanche au thé oolong. Excellent et apte à se bonifier encore d'ici 2023.

739813 39,75$ ☆☆☆☆ ③ ▼

3 760047 090682

OSTERTAG

Riesling 2015, Muenchberg Grand cru, Alsace

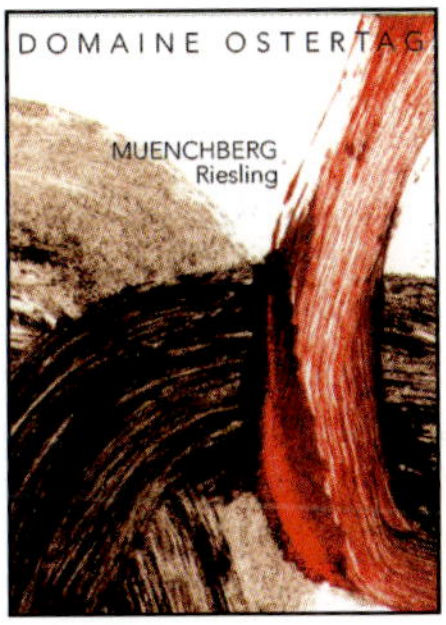

Dans ce millésime de grande richesse, l'un des plus arides des dernières décennies, André Ostertag a su tirer le meilleur du grand cru Muenchberg, où le riesling plonge ses racines dans des sols de sédiments volcaniques et de grès rose. Un vin d'envergure qui s'impose en bouche avec autorité autant qu'avec grâce. L'attaque est vive et serrée, puis le vin se déploie, large et pourtant aérien, les saveurs vont crescendo et culminent en une finale longue, pénétrante et saline… La marque des grands terroirs. À boire sans se presser jusqu'au milieu des années 2020, au moins.

739821 60,25$ ☆☆☆☆→? ③

3 760047 090729

TRIMBACH

Riesling 2014, Alsace

L'archétype du bon riesling franc, sec et vivifiant par son acidité autant que par ses saveurs très fraîches qui évoquent la lime, la pomme verte et les fleurs blanches. Un léger reste de gaz apporte un tonus supplémentaire et donne de l'élan à ses parfums de miel en finale. Très bien!

11305547 24,05 $ ☆☆☆ ½ ②

0 087000 301351

France

BARMÈS BUECHER

Pinot gris 2014, Rosenberg, Alsace

Difficile de dire si c'est en raison de son élevage de 16 mois – dont 10 mois en demi-muids – ou parce que le pinot gris est un proche parent du chardonnay, mais, à vue de nez, ce vin m'a donné l'impression d'un bourgogne blanc de très bon terroir. En bouche, le vin est sec, mais enrobé d'un beau gras et doté d'une salinité qui lui donne une dimension supplémentaire. Un peu plus de longueur et c'était quatre étoiles. Arrivée prévue vers la fin de novembre.

3 760161 040617

11655811 33,25$ ☆☆☆ ½ ②

BARMÈS BUECHER

Trilogie 2016, Alsace

Sophie et Maxime Barmès ont pris la relève du domaine familial et signent une belle gamme de crémant et de vins tranquilles, dont cet assemblage de riesling, de pinot gris et de pinot blanc, créé exclusivement pour le marché québécois. Tout aussi savoureux que le 2014 commenté l'an dernier, affriolant avec son nez floral qui rappelle le *gewurz*. Sec et de bonne tenue, il fait preuve d'une longueur tout à fait satisfaisante pour le prix.

12254420 21,45$ ☆☆☆ ½ ② ♥

3 760161 041010

DOMAINES SCHLUMBERGER

Cuvée S, Alsace

Assemblage de pinot noir, de pinot gris et de pinot blanc, cette cuvée est en quelque sorte l'edelzwicker ou le gentil des domaines Schlumberger. « Edel » signifie noble, « Zwicker » assemblage. Un vin friand et aromatique, arrondi d'un léger reste de sucre qui n'apporte aucune lourdeur, mais qui s'avérera très agréable à table avec des mets pimentés ou des fromages à pâte coulante, comme le munster ou l'époisse. Très bien fait dans son style.

10789869 21,25$ ☆☆☆ ②

3 185231 002225

DOPFF & IRION

Sylvaner 2016, Cuvée René Dopff, Alsace

Le sylvaner, qui occupait avec le chasselas près de 40 % de la surface cultivée en 1969, représente aujourd'hui moins de 7 % de l'encépagement d'Alsace. Par sa nature vigoureuse, m'expliquait cette année Thierry Fritsch du Conseil Interprofessionnel des Vins d'Alsace, le sylvaner offre des rendements naturellement plus élevés, ce qui permet de produire des vins plus abordables. À moins de 15$, il faut souligner la qualité tout à fait convenable de ce vin léger, juste assez aromatique, droit et agréable à boire. Tout à fait recommandable.

3 039122 200019

13190018 13,95$ ☆☆☆ ① ♥

JOSMEYER

Pinot blanc 2016, Mise du Printemps, Alsace

À force d'être malmené et soumis à de gros rendements, le pinot blanc a acquis la réputation d'être un peu drabe et sans personnalité. Or, loin de distiller l'ennui, ce pinot blanc élaboré par la famille Meyer est vibrant et riche d'une foule de nuances aromatiques. Les saveurs se succèdent, portées par une trame grasse, tout en restant élégante et digeste, presque aérienne, grâce à une acidité finement dosée. Ajoutons à cela une irrésistible sensation minérale en finale et vous avez le portrait rêvé d'un vin blanc d'apéro.

12604063 23,70$ ☆☆☆☆ ② ♥

3 760087 573824

OSTERTAG

Pinot gris 2015, Fronholz, Alsace

Cultivé en biodynamie, comme toutes les vignes du domaine, le terroir de Fronholz est un terrain de jeu rêvé pour le pinot gris, où il profite d'une exposition sud-ouest, un fait rare en Alsace. Cette année encore, le vin est solide et savoureux; un mariage exquis de plénitude et de finesse, de vinosité et de vibrance. Aérien et bien ancré dans les sols de sable de quartz et d'argile où il puise sa sève et sa salinité. Excellent et il a encore de belles années devant lui.

924977 45$ ☆☆☆☆ ③

3 760047 090910

TRIMBACH

Pinot blanc 2015, Alsace

Dans son domaine de Ribeauvillé, la famille Trimbach propose d'année en année un très bon pinot blanc sec, pur et délicat. Le 2015 est toujours aussi désaltérant et aérien, quoiqu'il m'a paru un peu plus ample et gras que d'habitude. Effet millésime?

89292 19,95$ ☆☆☆ ②

0 087000 301344

CABELIER

Pinot noir 2011, Arbois

Nez très discret, légers relents de poussière. Attaque en bouche souple, goûts de fraises cuites. Bien, mais sans grande profondeur.

11194681 20,35$ ★★ ½ ②

3 570590 108419

DOMAINE DE LA BORDE

Naturé 2015, Foudre à Canon, Arbois-Pupillin

Ce vin élaboré par Julien Mareschal est issu de savagnin cultivé en coteau, à 400 m d'altitude, sur des marnes grises et bleues, couronnées de schistes. Élevé sans voile, il déploie la pureté et l'élégance fruitée propres à ce cépage de la famille des traminers. Un peu plus riche que le 2014, le Naturé 2015 repose sur une texture grasse, mais il est aussi doté d'une certaine structure, qui porte le vin en bouche et l'élève. Long, dense, complexe et racé. Très belle découverte!

12886566 39$ ☆☆☆☆ ②

3 351021 511950

DOMAINE DE LA BORDE

Terre du Lias 2014, Arbois-Pupillin

Goûté pour la première fois au cours de la dernière année, ce chardonnay de Julien Mareschal fleure la pomme verte et la crème fraîche. La bouche est vive en attaque, grasse et pleine en milieu de bouche, et termine sur une note un peu austère, ce qui n'est pas un défaut. Au contraire, cela ajoute à son relief et à sa longueur. Peut-être un peu moins structuré que le Côte de Caillot – épuisé au moment d'écrire ces lignes – mais conçu pour une longue garde. On pourra l'apprécier dès maintenant en prenant soin de l'aérer pendant deux ou trois heures en carafe.

3 351021 511271

12886494 40,25$ ☆☆☆☆ ③ ▼

DUGOIS, DANIEL

Trousseau 2013, Grevillières, Arbois

Très bon vin rouge produit par la famille Dugois, dans la commune d'Arbois. Issu des vieilles vignes, ce vin s'avère une interprétation particulièrement étoffée du cépage trousseau. Le 2013 présente de légers accents d'acidité volatile (acétique) au nez, ce qui ne gêne cependant pas l'expression du fruit. La bouche est pleine, la matière dense et mûre, à la fois veloutée et compacte. Un peu timide et dans sa coquille en septembre 2017, mais très bien tourné. N'hésitez pas à l'aérer en carafe.

12210419 26,10$ ★★★→? ③

3 760228 960018

GANEVAT, ANNE ET JEAN-FRANÇOIS

Chardonnay 2015, Les Compères

Attention, amateur de chardonnay, vous entrez en zone sauvage. Ce vin joue dans un tout autre registre aromatique que, par exemple, votre mâcon de facture classique. D'abord, un nez de bouillon de poulet et de levures qui rappelle la manzanilla, puis une bouche à la fois grasse et nerveuse, ponctuée de saveurs de pomme verte, de thé vert et de fenouil. Un très bon vin, somme toute, mais à aborder avec l'esprit ouvert. L'échantillon dégusté en juillet 2017 était peut-être secoué par le transport. Il sera intéressant de le goûter de nouveau dès son arrivée, à l'automne.

11544003 29,05$ ☆☆☆→? ②

3 770000 076011

VAL DE LOIRE

PAYS NANTAIS

Le muscadet est sans doute l'un des vins blancs de France dont la réputation a le plus souffert de la vague de produits industriels commercialisés au cours des dernières décennies. Entre de bonnes mains, le melon de bourgogne – cépage de l'appellation – donne pourtant des vins savoureusement désaltérants qui n'ont rien à envier à d'autres bons vins blancs de France.

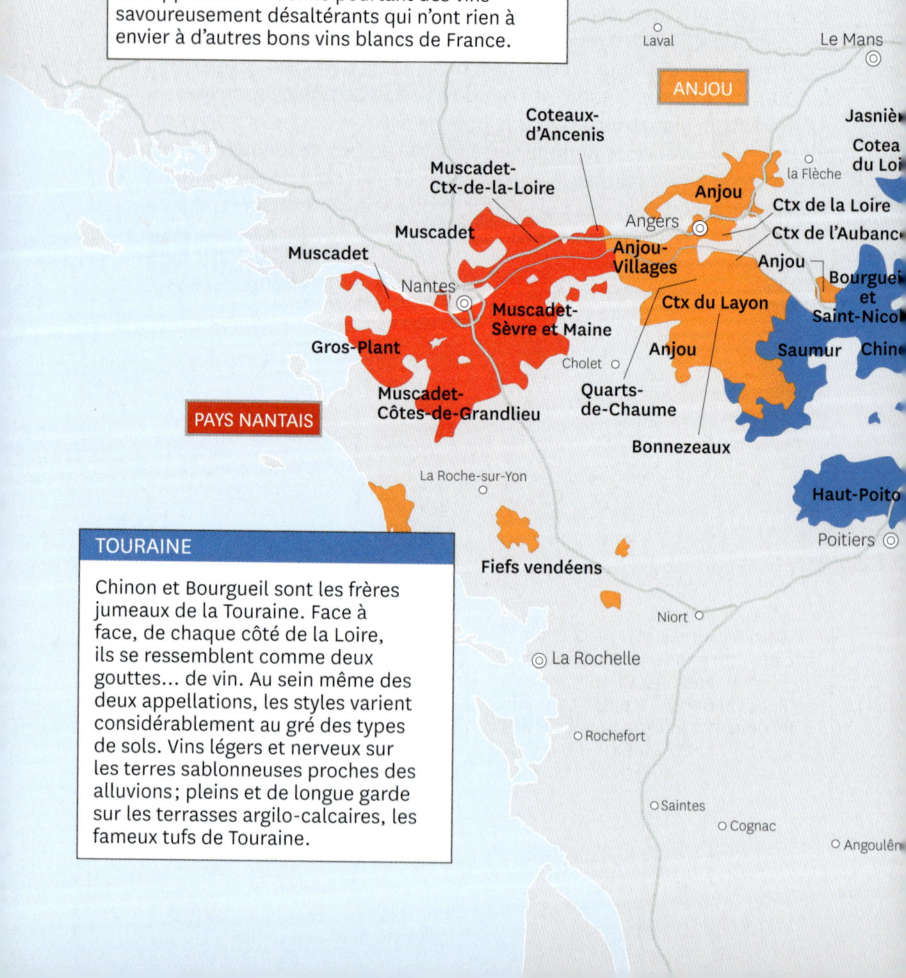

TOURAINE

Chinon et Bourgueil sont les frères jumeaux de la Touraine. Face à face, de chaque côté de la Loire, ils se ressemblent comme deux gouttes... de vin. Au sein même des deux appellations, les styles varient considérablement au gré des types de sols. Vins légers et nerveux sur les terres sablonneuses proches des alluvions; pleins et de longue garde sur les terrasses argilo-calcaires, les fameux tufs de Touraine.

Entre le massif Central et l'océan Atlantique, de part et d'autre du long fleuve auquel il doit son nom, le vignoble du val de Loire est le plus diversifié de France. Le vin s'y décline en plusieurs temps : rouge, rosé, blanc, sec, moelleux, liquoreux, tranquille, mousseux. On a souvent dit de ses crus qu'ils étaient les plus français de tout l'Hexagone.

Le caractère hautement digeste des vins rouges et blancs de la Loire explique sans doute leur popularité croissante. Comment ne pas succomber au charme discret d'un bon cabernet franc, à la légèreté proverbiale d'un muscadet, à la singularité d'un cour-cheverny ou à la minéralité d'un grand vouvray?

La tentation est d'autant plus grande que la SAQ diversifie maintenant ses sources d'approvisionnement, souvent au profit de vignerons talentueux, dédiés à leurs terroirs, et que les prix, malgré la hausse de l'euro, demeurent accessibles.

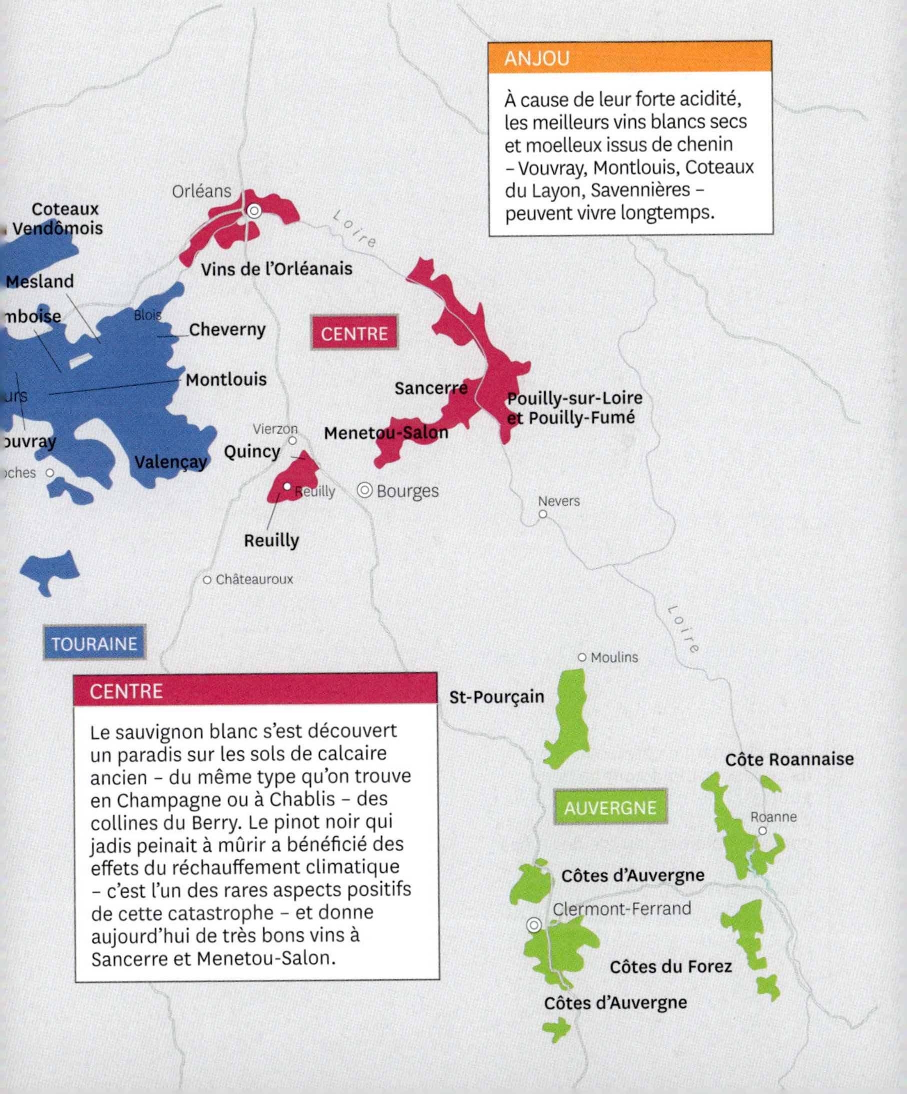

ANJOU

À cause de leur forte acidité, les meilleurs vins blancs secs et moelleux issus de chenin – Vouvray, Montlouis, Coteaux du Layon, Savennières – peuvent vivre longtemps.

CENTRE

Le sauvignon blanc s'est découvert un paradis sur les sols de calcaire ancien – du même type qu'on trouve en Champagne ou à Chablis – des collines du Berry. Le pinot noir qui jadis peinait à mûrir a bénéficié des effets du réchauffement climatique – c'est l'un des rares aspects positifs de cette catastrophe – et donne aujourd'hui de très bons vins à Sancerre et Menetou-Salon.

LES DERNIERS MILLÉSIMES

2016
Un millésime désastreux avec une récolte amputée du tiers. Vers la fin avril, une vague de gel a compromis la saison de plusieurs vignerons en Touraine et en Centre-Loire (surtout à Menetou). Ensuite, il y a eu les inondations, le mildiou, etc. Sancerre a apparemment été épargné.

2015
Un été chaud et sec, jusqu'aux violents épisodes de pluie de la fin août et de la mi-septembre. Très bonne qualité escomptée, tant en rouge qu'en blanc, excepté pour le Muscadet, qui a souffert des pluies d'août.

2014
Un autre millésime sauvé par une météo plus clémente pendant les mois de septembre et octobre. Résultats exceptionnels dans le Muscadet. Ailleurs, on a pu produire de bons vins blancs secs et amener les cépages rouges à maturité. Rendements en baisse un peu partout, à l'exception du Centre-Loire (Sancerre, Menetou-Salon, etc.).

2013
Un autre petite récolte et un millésime compliqué qui comportait de nombreux défis pour les vignerons: pourriture, taux de sucre faibles et acidité élevée. Peu de vins de longue garde.

2012
Une année très difficile et une petite récolte. De bons résultats en Muscadet, Sancerre et Menetou-Salon. Les variétés tardives comme le cabernet franc et le chenin blanc ont parfois souffert des pluies de la fin de l'été qui ont engendré de la pourriture.

2011
Une année un peu étrange et un millésime de vigneron. Printemps exceptionnellement chaud et floraison hâtive; temps frais en juillet et en août, et vagues de chaleur en septembre et en octobre. Le travail à la vigne a été un facteur déterminant, surtout pour les rouges.

2010
Résultats variables très satisfaisants dans le Muscadet, en Anjou ainsi qu'à Sancerre. De très bons vins rouges de cabernet franc en Touraine. Dans les Coteaux du Layon, à Vouvray et à Montlouis, pluies et pourriture ont compliqué la vie des vignerons.

2009
En dépit d'épisodes de sécheresse en Anjou et en Touraine, la qualité d'ensemble des rouges et des blancs donne satisfaction. Grêle à Sancerre.

2008
Millésime classique avec de très bons vins blancs secs – notamment dans le Muscadet – et des vins rouges charpentés en Anjou et en Touraine. Peu de vins liquoreux, en raison d'un mois de novembre pluvieux. Beaucoup de bons vins aromatiques à Sancerre et à Pouilly-Fumé.

France

BAHUAUD, DONATIEN

Muscadet Sèvre et Maine 2013, Le Master

Maintenant âgé de 4 ans, le vin affiche une couleur jaune paille et sent bon la pêche mûre. En bouche, on trouve le profil salin caractéristique du muscadet, enrobé d'une texture vineuse. Pas très long, mais bien tourné.

3 174140 368010

12562545 19,85$ ☆☆☆ ②

CHÉREAU CARRÉ

Muscadet Sèvre et Maine 2016

Plus aromatique en 2016 il me semble, avec des accents de fruits tropicaux. Pas très vif, mais un reste perceptible de gaz apporte une sensation de fraîcheur. Bien, dans un registre un peu atypique.

0 642268 000981

365890 14,35$ ☆☆☆ ① ♥

DOMAINE DE L'ÉCU

Muscadet Sèvre et Maine 2015, Granite

Maintenant entre les mains de Frédéric Niger Van Herck, le Domaine de l'Écu demeure l'une des références du Muscadet. Des trois cuvées – Gneiss, Orthogneiss et Granite – celle-ci me semble toujours être la plus achevée. Loin d'y faire exception, le Granite 2015 est encore plus précis et ciselé que d'habitude, portant la minéralité proverbiale du muscadet à un échelon supérieur. Léger comme une plume et pourtant c'est l'expression la plus achevée du muscadet qu'on puisse trouver à la SAQ. Par conséquent, une note presque parfaite.

0 829190 100679

10282873 24,45$ ☆☆☆☆ ½ ② ♥

LANDRON

Muscadet Sèvre et Maine 2015, Amphibolite

Joseph Landron a beaucoup contribué à redonner au muscadet ses lettres de noblesse. Ses vignobles sont cultivés en biodynamie. Difficile de nier l'influence maritime sur les vignobles du Muscadet quand on plonge le nez dans un verre de cet Amphibolite. Le vin embaume la coquille d'huître et le bord de mer. Tout léger (11,5% d'alcool), mais loin d'être dilué et encore moins banal, le vin a du relief et laisse en bouche une sensation hautement minérale. À savourer sans retenue, avec des huîtres.

3 423170 297525

12741084 23,75$ ☆☆☆☆ ② ♥

France

BRÉDIF, MARC

Vouvray 2016

Bon vouvray demi-sec d'envergure, de profondeur et de longueur moyennes. Le fruit joue en sourdine, caché derrière des relents soufrés, mais l'équilibre sucre-acide est réussi. Il gagnera peut-être en nuance et en complexité au cours des cinq prochaines années.

10267809 20,10$ ☆☆ ½ →? ③

CARÊME, VINCENT

Vouvray Sec 2015

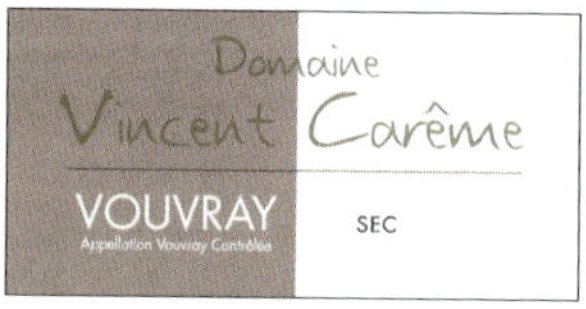

Vincent Carême excelle dans l'art d'élaborer des demi-secs d'une élégance et d'un équilibre exemplaires à Vouvray, mais il ne semble pas pour autant manquer de doigté avec les vins secs. Son 2015 s'inscrit dans la continuité des derniers millésimes: archisec, pur et tranchant, avec tout ce qu'il faut d'extrait pour structurer la bouche et laisser une sensation rassasiante. Large spectre de saveurs, qui persistent en bouche pour notre plus grand plaisir. Déjà excellent, mais on pourra l'apprécier jusqu'en 2023, au moins.

11633612 27,10$ ☆☆☆☆ ② ♥

CHÂTEAU YVONNE

Saumur 2015

Sous l'impulsion de son créateur, l'éditeur suisse Jean-François Lamunière, cette propriété de Saumur est devenue une référence dans l'art d'élaborer des vins blancs à forte personnalité. Le vignoble est certifié biologique. Dans chaque millésime, je redécouvre ce saumur blanc et retombe sous son charme. Je ne sais faire autrement, il est presque irrésistible! Des saveurs riches de poire et de lanoline, une texture ample, un fruité croquant et un fil d'acidité qui élève la matière et agit comme colonne vertébrale. À la fin du repas avec des fromages: un régal!

10689665 29,70$ ☆☆☆☆ ② ♥

DOMAINE DES HUARDS

Cour-Cheverny 2013, Romo

Jocelyne et Michel Gendrier signent d'excellents vins blancs à Cour-Cheverny, une minuscule appellation qui s'étend sur à peine 50 hectares au nord-est de la Touraine. Cultivé en biodynamie, le romorantin est profondément enraciné dans les sols argilo-calcaires de la région et donne un vin blanc doté d'une tenue et d'une fougue à faire pâlir des rouges. Faible en alcool (12%), mais vif et haut en saveurs d'ananas et de fleurs, ce n'est certes pas le plus nourri des romorantins, mais ce vin est doté d'une grande buvabilité et d'un haut potentiel de plaisir à table. Pour toutes ces raisons, il vaut bien quatre étoiles... et une Grappe d'or!

12476401 21,95$ ☆☆☆☆ ② ♥

3 494980 001107

DOMAINE DE ST-JUST

Saumur 2013, Coulée de St-Cyr

Très sec, relevé de goûts de cire d'abeille, de poire anjou, de lanoline et de... chenin! On ne peut plus représentatif du cépage avec sa structure acide, sa densité phénolique et son caractère tranchant. Une belle bouteille à apprécier sans se presser jusqu'en 2023.

10272608 27,25$ ☆☆☆ ½ ②

3 760188 290095

MARCEL MARTIN

Chenin blanc 2015, Saumur

J'étais sceptique, mais je dois avouer que ce chenin blanc vendu à petit prix a certains mérites. N'y cherchez pas l'élégance d'un vouvray ni la structure d'un anjou, mais appréciez l'originalité de ses saveurs qui changent du chardonnay et du sauvignon blanc.

13188794 14,55$ ☆☆ ½ ①

3 176780 036427

MOULIN TOUCHAIS

Coteaux du Layon 2005

Maintenant âgé de 12 ans, ce vin révèle l'intensité aromatique et l'onctuosité des bons liquoreux d'Anjou. Sa douceur est équilibrée par l'acidité et malgré sa richesse, le vin conserve une saine fraîcheur. Certes, ce n'est pas le plus profond – ni le plus cher – des coteaux du layon, mais il s'avère satisfaisant.

13210613 62$ ☆☆☆ ①

3 591420 200509

BOULAY, GÉRARD

Sancerre 2014, La Côte

Cette cuvée provient du terroir de La Grande Côte, l'un des trois crus les plus réputés de Chavignol. Le sauvignon puise dans les sols kimméridgiens une expression très singulière qui lui donne des allures de chablis. Particulièrement en 2014, il me semble. Le vin est jeune, animé d'une tension minérale, aussi long que profond et d'autant plus recommandable qu'il pourrait gagner en profondeur au cours des cinq ou six prochaines années.

13133822 58$ ☆☆☆☆→? ③ Ⓢ ▼

CHÂTEAU DE SANCERRE

Sancerre 2015

En 2017, le Château de Sancerre a été racheté par la Maison Ackerman. On peut souhaiter que ce changement de garde s'accompagne d'un virage qualité pour les vins de cette entreprise qui vend annuellement près de 100 000 bouteilles au Québec. Les deux bouteilles ouvertes en août 2017 présentaient de fortes odeurs de soufre ; le fruit était terne et les saveurs approximatives. Rien de bien excitant.

164582 24,55$ ☆☆ ½ ①

DELAPORTE, VINCENT

Sancerre 2016

Sur les sols de silex, qui constituent la moitié du vignoble, Jean-Yves Delaporte et son fils Matthieu produisent un vin particulièrement mûr en 2016, moins marqué par les odeurs de buis, et aussi plus salin. Un très bon sancerre. Seul bémol : des odeurs de soufre et de réduction qui masquent l'expression du fruit, mais qui s'estompent après une heure en carafe.

11349021 28,10$ ☆☆☆ ② ⏃

DOMAINE FOUASSIER

Sancerre 2015, Les Chasseignes

Au début des années 2000, la dixième génération de la famille Fouassier, puis biodynamique. Si vous craignez les vins de sauvignon blanc pour leur caractère parfois végétal, vous devez goûter ce sancerre. J'ignore s'il s'agit de l'effet de la biodynamie, mais le vin conserve une fraîcheur exemplaire, malgré l'apparente maturité à laquelle sont récoltés les raisins. Profondeur et structure, goûts de miel et de fruits blancs dans lequel on a l'impression de mordre tant le vin est nourri et gourmand. À boire entre 2018 et 2023.

12582247 28,20$ ☆☆☆☆ ② ♥

MELLOT, ALPHONSE

Sancerre 2014, Edmond

Il faudra se montrer patient avec cette cuvée élaborée à partir des vieilles vignes de La Moussière, âgées de 40 à 87 ans et cultivées en biodynamie sur les caillottes et les kimméridgiens. Car le vin, même âgé de 3 ans, est encore au berceau. Un sancerre hors catégorie, de ceux qui peuvent aisément vieillir pendant une quinzaine d'années. Vif, tranchant et nerveux, mais issu de fruits à parfaite maturité, sans la moindre verdeur. Une structure immense qui laisse en bouche une sensation quasi tannique, fait plutôt rare à Sancerre. Excellente longueur, race et profondeur. L'expression est galvaudée, mais celui-ci la mérite largement : grand vin!

3 273390 006069

13265024 72,75$ ☆☆☆☆ ½ ④

MELLOT, ALPHONSE

Sancerre 2016, La Moussière

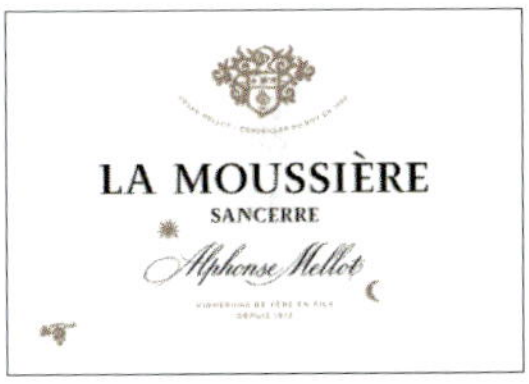

Je le répète chaque année (peut-être parce que c'est vrai), la Moussière ne cesse de gagner en précision. Des saveurs pures, ciselées, sans verdeur; une structure, une tension et un gras qui laissent en bouche une sensation irrésistible de plénitude. Minéral, avec des couches de saveurs fruitées et florales et structure rare dans les blancs de sauvignon. Vraiment, le Sancerre d'Alphonse Mellot est un vin à prendre au sérieux.

3 273390 552054

33480 28,85$ ☆☆☆☆ ② ♥

MILLÉRIOUX, GEORGES

Sancerre 2015

Une première au Québec pour ce sancerre élaboré par Jean-Claude Millérioux et son fils Nicolas. S'il n'a rien de bien complexe, le 2015 offre une expression fruitée et sincère de son terroir d'origine. Saveurs nettes d'agrumes, ampleur et tenue en bouche.

En primeur

13386441 24,95$ ☆☆☆ ②

PRIEUR, PAUL ET FILS

Sancerre 2016

On dit que Sancerre a été épargné par les aléas météo de 2016. En goûtant ce blanc qu'élabore la famille Prieur, à Verdigny, je serais portée à le croire. Délicatement fumé au nez, sec, vif et tranchant comme il se doit en bouche, mais sans verdeur ni minceur. Les saveurs de melon et d'écorce d'agrumes sont tirées en finale par une amertume noble, qui lui donne d'ailleurs un supplément de caractère. Excellent!

3 760074 671106

11953245 26,20$ ☆☆☆☆ ② ♥

BOURGEOIS, HENRI

Sauvignon blanc 2015, Petit Bourgeois, Vin de Pays du Val de Loire

Bon vin blanc tout-aller dont la netteté des saveurs variétales du sauvignon mérite d'être signalée. Aucune surprise ici, mais un blanc techniquement bien fait, expressif et généreusement parfumé.

3 365910 009145

13072302 17,45$ ☆☆ ½ ①

DOMAINE BELLEVUE

Sauvignon Touraine 2016

Belle expression mûre du sauvignon blanc. Plutôt que la verdeur trop souvent décrite comme caractéristique du cépage, on trouve ici de bons goûts de fruits tropicaux, sur une pointe de gazon fraîchement tondu. Très bon dans un style commercial misant sur la rondeur du fruit. Il pourrait avoir un peu plus de tenue, mais à ce prix…

3 760090 860058

10690404 14,90$ ☆☆☆ ①

DOMAINE DE LA CHARMOISE (HENRY MARIONNET)

Sauvignon Touraine 2016

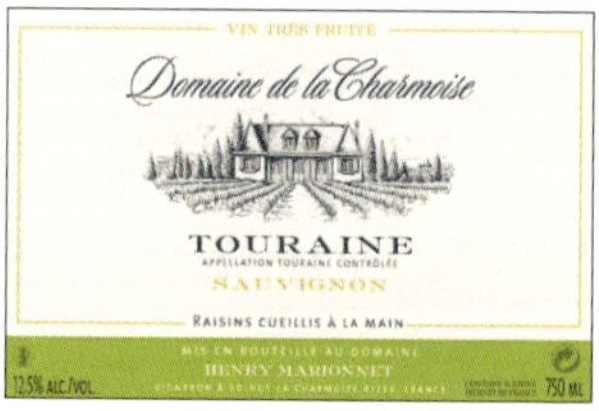

En plus de ses gamays, la famille Marionnet produit aussi un savoureux sauvignon au caractère aromatique à la fois très explicite et distingué. Vineux et savoureux, vif, mais sans dureté, croquant par l'intensité et la rondeur de son fruit aux accents tropicaux. Dans sa catégorie, il mérite bien quatre étoiles. À ce prix, vous l'aurez compris, c'est un très bon achat.

3 510170 000023

12562529 18,25$ ☆☆☆☆ ① ♥

DOMAINE DE REUILLY

Reuilly 2014, Les Pierres Plates

Au même titre que celui de Claude Lafond, le domaine Denis Jamain est une référence à Reuilly, une petite appellation située à l'ouest de Bourges. Le vignoble est conduit selon les principes de la biodynamie. Le 2014 est nerveux et salin, avec de délicates notes de citron, de thé vert et de pêche et toute la fougue et le nerf associés au sauvignon blanc. Fin de bouche vibrante et assez persistante. Excellent!

3 546120 000256

11463810 24,70$ ☆☆☆☆ ② ♥

France

DOMAINE DES FINES CAILLOTTES

Pouilly-Fumé 2015

Nez assez classique de Pouilly-Fumé, avec des odeurs de silex. La bouche est plus mûre que la moyenne des vins de l'appellation, agrémentée de notes de fruits tropicaux et de pamplemousse. L'élevage sur lies apporte du gras et une certaine sucrosité en fin de bouche. Recommandable, même si le style est un peu convenu.

3 281769 875017

963355 26,30$ ☆☆☆ ②

DOMAINE PELLÉ

Menetou-Salon 2015, Morogues

Monument de l'appellation Menetou-Salon, le domaine de la famille Pellé compte un vignoble d'une quarantaine d'hectares, situé essentiellement dans le secteur prisé de Morogues, dont les coteaux escarpés ont la réputation de donner des vins blancs particulièrement fins. Anne Pellé et son fils Paul-Henry signent un 2015 au caractère minéral épanoui. Vraiment distingué, tout en fraîcheur et de bonne tenue; juste ce qu'il faut d'extraits secs pour assurer sa structure en bouche. Des notes iodées et une fine amertume rehaussent les saveurs de zeste de citron et de poivre blanc en finale. Le vin idéal pour accompagner une salade au fromage de chèvre.

3 453560 101002

852434 23,45$ ☆☆☆☆ ② ♥

LAFOND, CLAUDE

Reuilly blanc 2016, Le Clos des Messieurs

La petite appellation de Reuilly couvre à peine 185 hectares à l'ouest de Sancerre et de la ville de Bourges. Claude Lafond y élabore un bon vin blanc de facture classique, qui m'a paru un peu plus discret en 2016: attaque en bouche plutôt grasse, goûts de miel et de citron, pointe végétale et fin de bouche saline, aux accents crayeux. Très bel exemple du genre.

3 526320 000416

11495272 22,75$ ☆☆☆ ½ ②

MÉRIEAU, JEAN-FRANÇOIS

Sauvignon blanc 2016, Touraine, L'Arpent de Vaudon, Domaine des Bois Vaudons

Le nez de buis et de pamplemousse annonce un vin vif et nerveux. Or, la bouche est mûre, dépourvue de verdeur et le vin s'avère plus ample que celui de Marionnet, sans en avoir la structure. Un bon sauvignon riche en saveurs de fruits tropicaux, tout en rondeur et doté d'une longueur appréciable. Retour en succursales en février 2018.

3 760129 630317

12564233 20,30$ ☆☆☆ ½ ②

France

AMIRAULT, YANNICK

Bourgueil 2015, La Coudraye

Le bourgueil d'entrée de gamme de Yannick Amirault est une porte d'entrée abordable et accessible pour explorer les vertus du cabernet franc dans la Loire. Biologique, aussi attrayant au nez qu'il est savoureux en bouche, le vin présente des parfums originaux d'épices douces, repose sur des tanins soyeux et s'avère hautement digeste. La fin de bouche présente une légère dilution – peut-être en raison des pluies importantes de la fin de l'été. Cela dit, il demeure un très bon vin dont on a soif.

10522401 23,40$ ★★★ ½ ②

CHÂTEAU DE FESLES

Anjou 2015, Vieilles vignes

Joli nez de cabernet franc récolté à maturité. Saveurs de fruits noirs, de poivre et de cannelle; tanins dodus, croquants et texture soyeuse. Pas spécialement long, mais rassasiant et tout à fait recommandable à moins de 20$.

710442 18,30$ ★★★ ②

CHÂTEAU DE LA GRILLE

Chinon 2011

J'ignore si on doit y voir le signe d'un changement de cap pour ce domaine ayant passé aux mains d'un nouveau propriétaire en 2008, mais ce 2011 ne m'a pas paru à la hauteur de la réputation de La Grille. Un nez rustique évoquant davantage le caoutchouc que le fruit; une bouche acerbe et une finale asséchante. Creux de vague? Mauvais lot de bouteille? L'avenir nous le dira.

11440175 29,95$ ★★→? ③

CHÂTEAU YVONNE

Saumur-Champigny 2015, La Folie

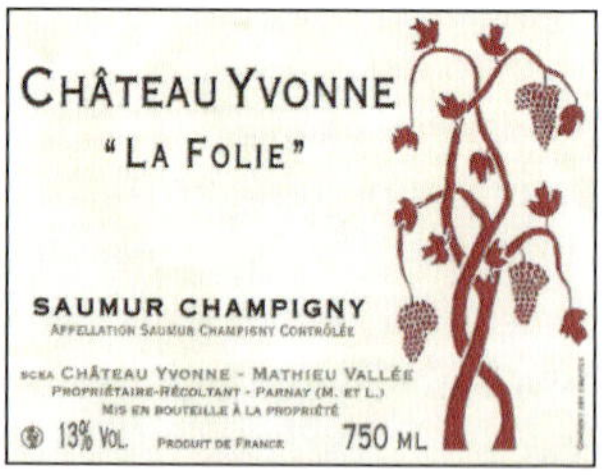

Le cabernet franc s'épanouit à merveille sur les sols calcaire de Saumur-Champigny. Et Mathieu Vallée y produit un vin particulièrement achevé, qui n'est pas sans rappeler de bons rouges de Bourgogne. D'abord, par son nez frais et élégant de fruits rouges, puis par son grain tannique hyper fin, qu'une saine acidité souligne, nous faisant saliver. Du corps et de la matière qui perdure en finale, mais qui se décline avec retenue. Vraiment, la seule folie à laquelle on s'expose ici, c'est celle de finir la bouteille trop vite...

11665534 27,30$ ★★★★ ② ♥

France

DOMAINE LANGLOIS-CHATEAU

Saumur 2015

Ce domaine appartenant à la maison champenoise Bollinger propose une version modeste, mais techniquement correcte du cabernet franc à Saumur. Les parfums de cannelle dominent, au nez comme en bouche, le vin est assez charnu. Recommandable à moins de 20$.

3 382250 000243

710426 16,45$ ★★ ½ ①

GERMAIN, THIERRY (TGS)

Saumur-Champigny 2015, Cep by Cep

TGS est le nom de la société de négoce qu'ont fondée Thierry Germain – Domaine des Roches Neuves – et son frère Philippe. Accents de poivrons rouges grillés sur un généreux fond de fruits noirs; matière élégante, finale relevée et fraîcheur tannique qui fait saliver et qui donne soif d'un second verre. Tout y est, et à bon prix. Si bon qu'on lui pardonne même le jeu de mots douteux qui lui tient lieu de nom. Surveillez l'arrivée du 2016 en novembre 2017.

3 760177 960787

12424767 20,20$ ★★★★ ② ♥

LORIEUX, ALAIN ET PASCAL

Chinon 2012, Thélème

Nettement plus complet que le 2011 commenté l'an dernier, ce 2012 ne manque pas d'aplomb. Le nez témoigne d'une certaine évolution, entre le sous-bois et le sofrito, le tabac, la terre et le poivre, et les tanins ont été polis par le temps, ce qui ajoute à son élégance. Très bon vin à point et ouvert qu'on prendra plaisir à boire à table.

3 760089 870150

917096 26,20$ ★★★ ½ ②

LORIEUX, ALAIN ET PASCAL

Chinon 2015, Expression

Ce chinon est encore une fois très bon en 2015, quoique plus délié que les millésimes précédents. Le fruit s'exprime plus timidement et le vin est un peu ténu; souplesse et fraîcheur sont ses principaux atouts. À boire jeune, autour de 15 °C.

3 760089 874103

873257 18,90$ ★★★ ②

LORIEUX, ALAIN ET PASCAL

St-Nicolas de Bourgueil 2015, Maugueret-Contrie

Le millésime 2015 m'a semblé peut-être un peu plus léger et un peu moins mûr en raison de ses notes de poivron et d'une acidité plus prononcée. Néanmoins, il présente lui aussi une belle texture, du fruit et une certaine élégance. Bon vin à boire jeune.

3 760089 870259

872580 22,45$ ★★★ ②

GILBERT, PHILIPPE

Menetou-Salon 2013

Ancien dramaturge, Philippe Gilbert a repris le domaine familial en 1998 et l'a ensuite converti à la culture biologique, puis biodynamique. Choyé par une longue période végétative – les vendanges ont commencé le 7 octobre... –, le pinot noir 2013 embaume le bois de santal et les épices indiennes en rétro. Le tissu tannique est soyeux, sans extraction inutile, mais sans pour autant manquer de chair ni de poigne et laisse en finale une sensation fraîche et tonique. Une expression gracieuse et toute singulière du pinot noir sur les sols du kimméridgien.

11154988 26,95$ ★★★★ ② ♥

3 496330 000020

LES DEUX CLOCHERS

Saint-Pourçain 2015

Curiosité provenant d'une petite appellation située dans l'Allier, entre Moulins et Clermont-Ferrand. Gamay pour les trois quarts, pinot noir pour le reste. Plus nourri que d'habitude, il me semble. Effet millésime? Qu'importe, on ne s'en plaindra pas. Un nez de pinot, une bouche de gamay; souple, mais suffisamment goûteux, gorgé de fruit et facile à boire. À ce prix, rien à redire. À boire d'ici 2019.

895953 15,75$ ★★★ ½ ♥

3 257731 214702

MARIONNET, HENRY

Gamay Touraine 2015, Première vendange

Un peu moins convaincue par cette cuvée dont le nez sent la patate crue et les céréales. En bouche par contre, le fruit est au rendez-vous, pur et frais, ponctué de délicates notes de poivre. Très charmeur, bien qu'on souhaiterait y trouver un peu plus de longueur et de profondeur.

12517875 23,35$ ★★★ ②

3 510170 000092

MARIONNET, HENRY

Gamay Touraine 2015, Renaissance

En plus de provenir d'une parcelle de vignes non greffées, la cuvée Renaissance est vinifiée sans ajout de soufre. En 2015, cela donne un vin d'une grande pureté, amplement fruité, mais qui se distingue surtout par son grain tannique serré et son relief. Une expression inaltérée du cépage gamay dans le Loire. Déjà excellent, mais il n'est pas exclu que quelques années de repos en cave lui soient bénéfiques.

13196815 28,80$ ★★★★ ③ ▼

3 510170 000276

MARIONNET, HENRY

Gamay Touraine 2016, Domaine de la Charmoise

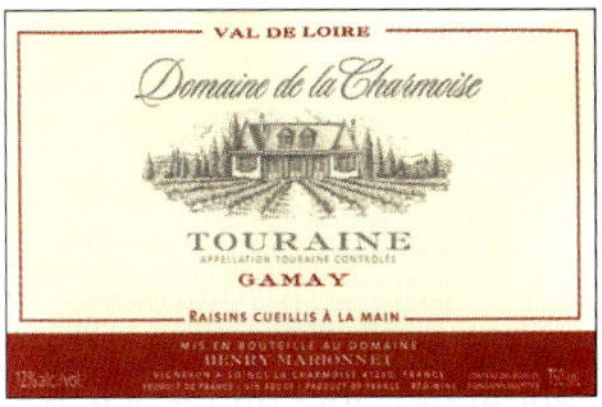

Le gamay de Marionnet reste l'exemple parfait du bon vin-boisson pur et authentique. On aime y revenir pour ses saveurs affriolantes de gamay, son attaque nerveuse et sa matière charnue qui tapisse la bouche. Le vin m'a paru plus étoffé en 2016, avec un relief de saveurs encore plus intéressant. Gorgé de fruit, sans verser dans la facilité. À ce prix, on serait fou de s'en passer. Pour sa constance et pour ses « loyaux services » depuis une vingtaine d'années, sinon plus, il mérite bien une Grappe d'or.

329532 16,75$ ★★★★ ② ♥

3 510170 000030

MELLOT, ALPHONSE

Sancerre 2014, Les Herses

Depuis qu'ils ont pris les rênes du domaine familial, Alphonse Mellot Junior et sa sœur Emmanuelle ont réussi à porter encore plus haut et plus loin la qualité de ses vins de Sancerre qui jouissaient déjà d'une excellente réputation. Ils ont aussi créé de nouvelles cuvées, comme Les Herses. Celle-ci puise dans des sols de silex une sève et une profondeur digne des vrais bons pinots de terroir. Nez de fruits rouges et de betterave; bouche mûre, fine et juste assez charnue, bien servie par l'élevage. Pas très puissant, mais combien charmeur et savoureux. Très belle bouteille à boire sans se presser jusqu'en 2024.

13302737 48,50$ ★★★→★ ③ Ⓢ

3 273390 120277

VALLÉE DU RHÔNE

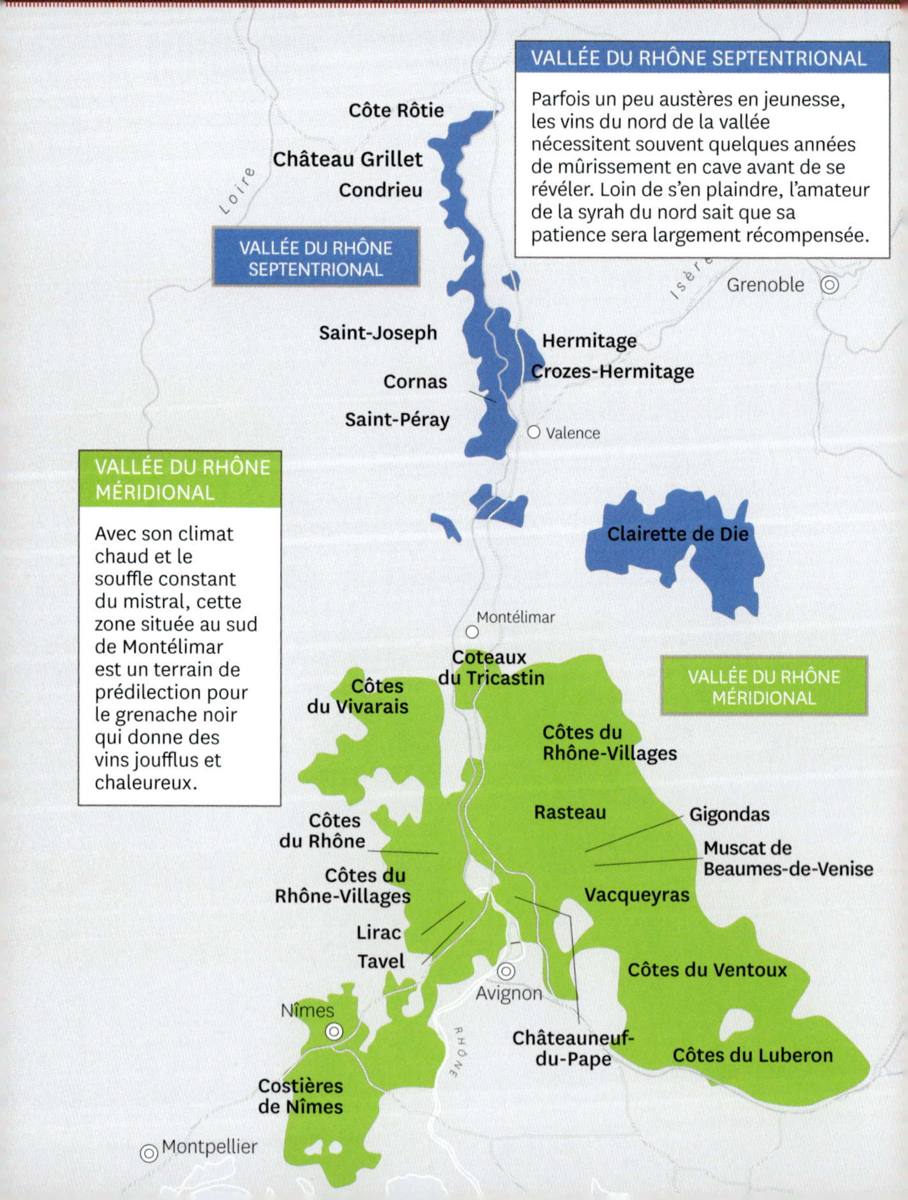

VALLÉE DU RHÔNE SEPTENTRIONAL

Parfois un peu austères en jeunesse, les vins du nord de la vallée nécessitent souvent quelques années de mûrissement en cave avant de se révéler. Loin de s'en plaindre, l'amateur de la syrah du nord sait que sa patience sera largement récompensée.

VALLÉE DU RHÔNE MÉRIDIONAL

Avec son climat chaud et le souffle constant du mistral, cette zone située au sud de Montélimar est un terrain de prédilection pour le grenache noir qui donne des vins joufflus et chaleureux.

Le vignoble de la vallée du Rhône est scindé en deux zones distinctes : le sud et le nord. Le sud de la vallée (Rhône méridional) est la source de 90 % de la production vinicole de la région. C'est un jardin fertile où une foule de cépages s'épanouissent sous le soleil. Les paysages sont méditerranéens, avec la garrigue, les oliviers, les terres chaudes et arides.

Le nord, parce qu'il reçoit plus de précipitations, est beaucoup plus vert. Son vignoble est davantage soumis à l'effet du millésime que son voisin du sud. Les vignobles, souvent de petite taille, sont aménagés à flanc de coteaux, profitant d'un climat continental et d'une longue période végétative, favorable à l'élaboration de vins raffinés. Seul cépage autorisé pour les appellations rouges, la syrah trône en reine. Elle a quand même la bonté de partager un peu de son royaume avec quelques sujets : les viognier, roussanne et marsanne, qui donnent vie à des vins blancs à la fois substantiels et raffinés.

LES DERNIERS MILLÉSIMES

2016

Un mois de septembre radieux a permis de produire de bons, voire très bons, vins dans le nord de la vallée. Sans être un millésime de garde, on peut escompter des rouges et des blancs purs, équilibrés et harmonieux. Le sud de la vallée a été un peu plus choyé ; les attentes sont élevées pour Châteauneuf où les rouges promettent d'être riches, denses et de bonne longueur. Excellente année aussi pour les blancs. Faites des réserves !

2015

De manière générale, un excellent millésime. Les blancs sont parfois capiteux, mais les vins rouges du nord de la vallée sont denses et frais à la fois, et les quelques bouteilles goûtées jusqu'à présent annoncent un avenir très prometteur. Les meilleurs crus de Côte Rôtie, Hermitage et Cornas ont encore 15, sinon 20 belles années devant eux. Le sud a produit des vins rouges et blancs pleins, séduisants et de bonne tenue. Les meilleurs châteauneufs vivront jusqu'en 2025.

2014

Un millésime exceptionnel pour Condrieu a donné des vins blancs à la fois denses et empreints de fraîcheur. En revanche, les cépages rouges ont atteint la maturité de justesse et donneront des vins classiques. Dans le sud de la vallée aussi, une réussite plus convaincante pour les blancs que pour les rouges. À Châteauneuf, d'importants volumes sur le grenache occasionneront peut-être une certaine dilution ; meilleurs résultats pour les syrahs et mourvèdres.

Rhône septentrional

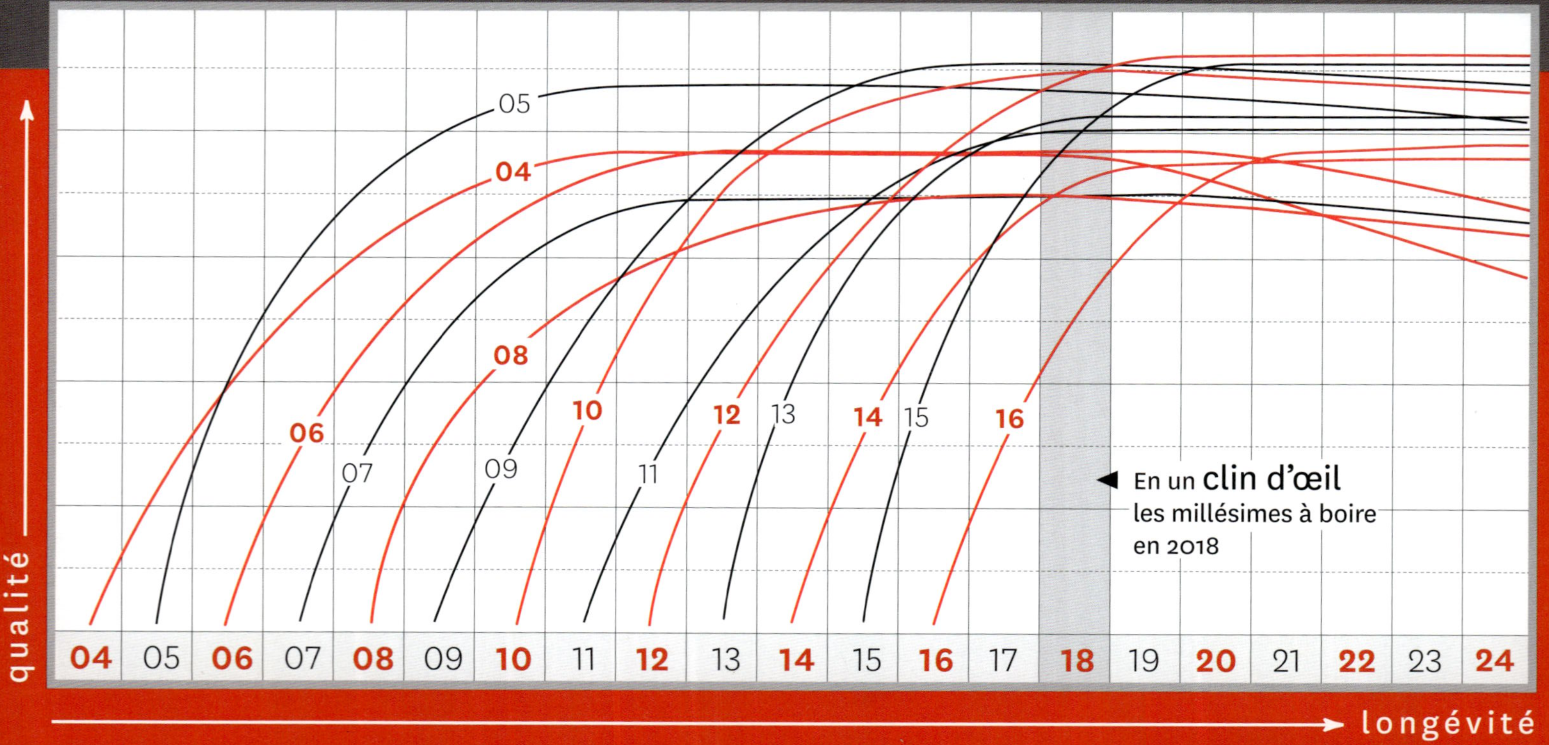

2013

Une année compliquée dans le Nord qui devrait donner des vins rouges assez solides. De belles réussites à Condrieu. Dans le Sud, de très faibles rendements pour le grenache et des degrés d'alcool plus modérés.

2012

Un millésime classique dans le Nord a donné des vins rouges concentrés, très longs et structurés, qui auront besoin de temps avant de se révéler. Millésime tout aussi favorable aux appellations méridionales ; les rouges sont généralement plus étoffés que les 2011, avec un supplément de tonus. Les vins blancs des deux régions présentent un équilibre irréprochable.

2011

Au nord comme au sud, un millésime qui ne passera pas à l'histoire. Peu de vins de longue garde dans la partie septentrionale. À retenir pour des rouges souples et fruités et de bons vins blancs empreints de fraîcheur.

2010

Une récolte déficitaire et de très bons vins de Côte Rôtie à Châteauneuf-du-Pape. Dans le Nord, des rendements faibles ont donné des vins rouges concentrés, mais néanmoins harmonieux ; condrieus très fins et équilibrés. Plusieurs réussites aussi dans le Sud : vins rouges nourris et charnus.

2009

Millésime très satisfaisant, en particulier dans le Nord où la syrah a donné des vins profonds et de longue garde. Été exceptionnellement sec et récolte déficitaire dans la partie méridionale ; plusieurs vins amples et puissants à Châteauneuf-du-Pape.

2008

Des conditions précaires dans toute la vallée. Au mieux, des vins souples et fruités destinés à être consommés dans leur jeune âge. La qualité des vins blancs est plus homogène.

2007

Qualité variable dans le Nord ; au mieux, des vins rouges de qualité satisfaisante et d'évolution rapide. Scénario plus favorable dans le Sud où les mois d'été ont été chauds et ensoleillés, et où grenache et mourvèdre ont bénéficié de conditions idéales ; une récolte abondante de vins rouges sphériques, charnus et généreux.

2006

Quatrième succès consécutif. Un mois d'août très sec et une récolte généreuse de vins rouges riches, solides et généralement d'une saine acidité. À Châteauneuf-du-Pape, les vins rouges sont nourris, puissants et bien équilibrés.

CUILLERON, YVES

Viognier 2016, Les Vignes d'à Côté, Collines Rhodaniennes

Les blancs d'Yves Cuilleron ont beaucoup gagné en précision depuis quelques années. Pour preuve, ce très bon viognier commercialisé en vin de pays, le vin n'a rien de bien profond ni complexe, mais on a su éviter les excès pommadés pour privilégier la texture. Très bien.

12535395 26,40$ ☆☆☆ ② 3 512050 000710

GAILLARD, PIERRE

Condrieu 2016

Cette appellation prestigieuse qui chevauche Saint-Joseph au nord est le terrain de jeu du cépage viognier. L'amateur de condrieu classique appréciera ce 2016, qui marque un retour à la normale après un 2015 très opulent. Encore tout jeune et marqué par de légers parfums de réduction qui s'estompent après une demi-heure en carafe, le 2016 s'exprime en retenue plutôt qu'en exubérance. Fringant, ponctué de délicates notes d'abricot et soutenu par une fine minéralité. À laisser reposer idéalement jusqu'en 2020.

12423932 59,25$ ☆☆☆→☆ ③ 3 760088 372808

GAILLARD, PIERRE

Saint-Joseph blanc 2015

La roussanne a semblé bénéficier des largesses de 2015, contrairement au viognier, qui accuse une certaine lourdeur à Condrieu. Elle donne ici un vin blanc sérieux, plein et structuré, aux parfums très nets de fleurs blanches. Peu d'acidité, mais une bonne dose d'extraits secs et une finale minérale assurent sa fraîcheur en bouche. Franchement savoureux! À boire entre 2018 et 2022.

11219606 38,50$ ☆☆☆☆ ② 3 760088 374093

GAILLARD, PIERRE

Saint-Péray 2015

La plus méridionale des appellations du nord est très peu connue: elle couvre à peine 89 hectares. Nouveau à la SAQ, celui de Pierre Gaillard est issu de vignes de marsanne et de roussanne âgées d'une trentaine d'années. Le 2015 présente des notes de fumée, d'herbe et de cire d'abeille, sur une texture grasse et compacte, quasi tannique. Excellent et abordable.

13387312 26,75$ ☆☆☆☆ ② ♥

En primeur

GERIN, JEAN-MICHEL

Condrieu 2015, La Loye

Dans un registre complètement différent de celui de Pierre Gaillard, un condrieu ample et gras, auquel un élevage poussé en fûts de chêne neufs confère pour le moment des accents de caramel. Ce 2015 n'accuse aucune mollesse; serré, contenu, voire austère, avec sa trame minérale doublée d'une amertume noble. Longueur et plénitude. Un excellent vin blanc en devenir qu'on pourra commencer à apprécier vers 2021.

12691081 68$ ☆☆☆→☆ ③

4 000126 910814

PILON, JULIEN

Condrieu 2016, Lône

Lors d'un voyage dans la vallée du Rhône, en avril 2017, j'ai pu goûter l'ensemble du portfolio de ce jeune vigneron-négociant très talentueux, dont cet excellent vin de Condrieu, qui sera mis en marché cet automne à la SAQ. Un 2016 distingué et équilibré; gras et onctueux en bouche, sans aucune mollesse ni ce penchant parfois capiteux de condrieu. Impeccable, fin et harmonieux, avec une amertume noble qui tire les saveurs d'abricot et d'amande fraîche en finale. Excellent!

12737835 63,25$ ☆☆☆☆ ②

3 451740 580067

VERNAY, GEORGES

Condrieu 2015, Les Chaillées de L'Enfer

Celui qu'on surnommait le «pape de Condrieu» s'est éteint en mai 2017, à l'âge de 92 ans, mais son œuvre lui survivra, puisque sa fille Christine assure déjà avec brio la relève du domaine. Bien qu'il soit issu d'un terroir exposé plein sud et réputé pour être chaud – d'où son nom! –, ce 2015 est un monument d'élégance. L'attaque en bouche est à la fois ample, grasse et vibrante, puis le vin se resserre, terminant sur une finale irrésistiblement fraîche aux accents poivrés singuliers. Grand vin!

13057321 155,75$ ☆☆☆☆→? ③

4 000130 573210

VINS DE VIENNE

Crozes-Hermitage blanc 2015

Composé à 100% de marsanne, un très bon vin blanc assez plein en bouche et plus élégant que gras. On a manifestement usé de prudence et de retenue lors de l'élevage sur lies, et c'est tant mieux. Les saveurs sont soutenues en finale par une amertume noble qui rappelle les amandes fraîches; le vin est sec, délicat, agréable à boire.

12034275 34,75$ ☆☆☆ ½ ②

3 760098 150021

GAILLARD, PIERRE

Côte-Rôtie 2015

Le millésime 2015 a été couronné de succès, surtout pour les vins de l'Hermitage et de Côte-Rôtie. Il n'est donc pas étonnant que ce vin, d'ordinaire assez ample et plantureux, le soit encore davantage cette année. Les éléments - acidité, tanins, chair fruitée - sont toutefois concentrés dans une égale mesure, ce qui permet au vin de conserver un équilibre exemplaire. Même s'il est hautement agréable à boire dès maintenant, il serait dommage de ne pas le laisser atteindre son apogée. Soyez patient, laissez-lui jusqu'en 2023, au moins.

3 760088 373003

12448179 73 $ ★★★→★ ③

GERIN, JEAN-MICHEL

Champin Le Seigneur 2014

Pour la première fois en 2014, Jean-Michel Gerin a inclus une petite proportion de viognier à l'assemblage de cette cuvée. Ce vin n'en demeure pas moins solide et imposant, porté par des tanins assez fins, mais tricotés très serrés. Le bois joue ici un rôle de faire-valoir, sans gommer la nature du cépage ou du lieu. Déjà très rassasiant par sa mâche tannique, il gagnera en nuances d'ici 2021-2024.

4 000130 042037

13004203 73 $ ★★★→★ ④

PERRIN, NICOLAS

Côte-Rôtie 2014

Très bon vin de Côte-Rôtie, dont l'attaque en bouche à la fois nerveuse et gorgée de fruit exerce un charme immédiat. Le grain tannique est dense et les saveurs animales et fumées persistent en finale, mais le vin accuse un léger creux en milieu de bouche. Très bon, sauf qu'à 70 $, on souhaiterait un peu plus de tenue et d'envergure.

0 631470 007833

12062145 70,25 $ ★★★ ②

VINS DE VIENNE

Côte-Rôtie 2014, Les Essartailles

Au nord de l'appellation Côte-Rôtie, les micaschistes ferreux de la Côte brune sont connus pour leurs vins plus compacts, destinés à la garde, tandis que les gneiss et les granites de la Côte blonde donneront des vins relativement souples, charmeurs et accessibles en jeunesse. Celui-ci est le fruit d'un assemblage des deux terroirs. Un vin sombre au parfum unique de viande fumée et de violette; la bouche est bien proportionnée, nette et dodue, avec des tanins serrés et une amertume fine. Ne lui manque qu'un peu de tenue en fin de bouche. À boire d'ici 2021.

3 760098 153176

11600781 75,25$ ★★★→? ③

VINS DE VIENNE

Héluicum 2014, Collines Rhodaniennes

L'Héluicum est le petit frère du Sotanum, commenté ci-après. Déjà ouvert et expressif, le 2014 embaume l'encens et la violette. Très typé des syrahs du Nord, le vin est croquant, succulent et les tanins se déroulent en bouche comme un tapis de velours. Du grain, des saveurs juteuses. À boire jusqu'en 2023.

3 760098 153091

11635896 41,75$ ★★★ ½ ②

VINS DE VIENNE

Sotanum 2014, Collines Rhodaniennes

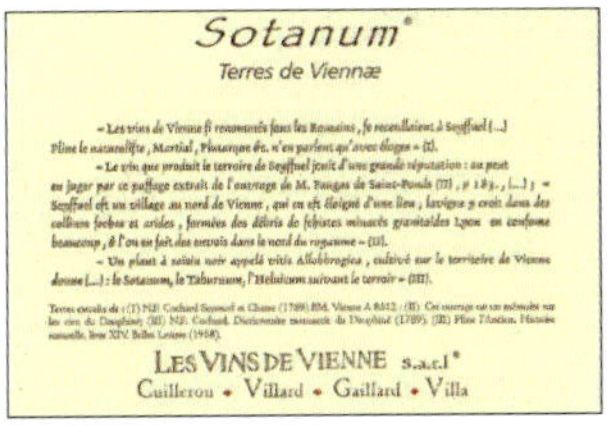

Ce vin de pays est produit à Seyssuel, sur les lieux du vignoble historique ressuscité par les Vins de Vienne. En 2014, le Sotanum illustre à merveille cette combinaison assez unique de finesse et de chaleur qu'ont les meilleures syrahs du nord du Rhône. Le 2014 est coloré, le nez est un peu plus volubile que l'an passé à pareille date et la bouche est pure et vibrante de jeunesse, soutenue par des tanins fins, droits et élégants. Un vin large, profond et déjà très rassasiant, qui mériterait de mûrir jusqu'en 2022.

3 760098 130191

894113 63,75$ ★★★→★ ③

FARGE, GUY

Saint-Joseph 2015, Terroir de Granit

Jadis limitée à six communes et moins d'une centaine d'hectares, la zone de Saint-Joseph a été multipliée par 12 (!) depuis la fin des années 1960. Cette expansion ne s'est pas faite sans dommages collatéraux. Pour éviter les déceptions, mieux vaut opter pour des vins produits près du cœur de l'appellation, située autour de la commune de Mauves, comme celui-ci, issu des sols granitiques de la commune de Saint-Jean-de-Muzols. Le 2015 est l'archétype du bon saint-joseph: poivré, compact, mais pas austère, et tellement harmonieux qu'on pourrait déjà le boire avec grand plaisir. Cela dit, aussi agréable soit-il en jeunesse, ce vin a assez d'étoffe pour affronter les années. Une bouteille ouverte depuis trois jours ne montrait aucun signe de fatigue et avait conservé une fraîcheur aromatique impressionnante. Un signe qui ne ment pas. À boire sans se presser jusqu'en 2025.

12474158 28,80$ ★★★★ ② ♥

3 770001 795010

GAILLARD, PIERRE

Saint-Joseph 2015, Clos de Cuminaille

Le terroir de Chavanay, qui chevauche celui de Condrieu, est situé tout au nord de Saint-Joseph. Il constitue l'exception à la règle qui veut que les vins les plus sérieux de l'appellation proviennent des six communes – situées autour de Mauves, dans le Sud – qui formaient le noyau original de l'appellation de Saint-Joseph. C'est là, sur ces sols de granits exposés à l'est, que se trouve le Clos de Cuminaille de Pierre Gaillard. Son 2015 a beaucoup de volume en bouche, comme la plupart des rouges de ce vigneron, sans verser dans les excès crémeux. Ample et chaleureux, ponctué de notes de terreau et de fumée, et d'une longue finale vaporeuse aux parfums de réglisse. Déjà ouvert et apte à se bonifier jusqu'en 2023.

11231963 40,25$ ★★★★ ②

3 760088 373171

GAILLARD, PIERRE

Syrah 2015, La Dernière Vigne, Collines rhodaniennes

Dans la commune de Ternay, à 20 km au sud de Lyon, Pierre Gaillard cultive avec grand soin cette minuscule parcelle plantée de syrah, qui a survécu à l'essor démographique de la deuxième ville de France. Plutôt vif et ténu en avril 2017, ce vin semble avoir « pris du coffre » au cours des derniers mois. Une chair fruitée mûre et potelée, des parfums rôtis et torréfiés sur un fond de confiture de framboise. Simple, mais tout à fait satisfaisant pour l'amateur de syrah.

3 760088 370743

10678325 23,85$ ★★★ ½ ②

GERIN, JEAN-MICHEL

Syrah 2015, La Champine, Collines Rhodaniennes

Très bonne syrah commercialisée comme vin de pays (IGP), mais qui a au moins autant d'étoffe que bien des petits crozes sur le marché. Un vin riche en fruit et en extraits, large et assez long en bouche, ponctué de notes viandées et torréfiées. Beaucoup de mâche, de caractère et de plaisir pour le prix.

3 760000 000079

11871240 24,75$ ★★★★ ② ♥

VILLARD, FRANÇOIS

Syrah 2014, L'appel des Sereines, Vin de France

Cette syrah commercialisée en Vin de France provient essentiellement de vignobles du nord de la vallée, près des zones de Condrieu et de Saint-Joseph. Exemple parfait de syrah du nord, le vin est croquant, droit et relevé de notes de poivre et d'olive noire; pas très ample en bouche, mais offrant toute la fraîcheur escomptée. À servir frais, d'ici 2020.

3 760090 460333

12292670 19,85$ ★★★ ½ ② ♥

VINS DE VIENNE

Saint-Joseph 2014

Pierre Gaillard, Yves Cuilleron et François Villard ont développé une activité de négoce haut de gamme dans le nord de la vallée du Rhône. Leur saint-joseph 2014 a beaucoup de volume en bouche, sans lourdeur ni sucrosité. Guère plus de 12,5% d'alcool, mais une attaque mûre et caressante, des tanins suaves qui se resserrent en fin de bouche. Bonne longueur, savoureux!

3 760098 130313

10783310 31$ ★★★ ½ ②

BOUTIN, J.

Crozes-Hermitage 2015, Les Hauts Granites

Fruit d'une grande année dans le nord du Rhône, ce crozes déploie une intensité remarquable. Très coloré, le vin s'ouvre sur un nez compact de poivre et de fruits noirs; la bouche suit, dense, chargée de saveurs fruitées mûres, sans être surmûries et dotée d'un équilibre exemplaire. Mâche, relief, caractère et longueur dignes de mention. Rapport qualité-prix-plaisir impeccable. D'autant plus qu'il pourra tenir la route aisément jusqu'en 2022-2025.

12584453 30,25$ ★★★★ ③ ▼

3 760165 372479

CHAVE, J.L. SÉLECTION

Crozes-Hermitage 2015, Silène

Ce crozes est particulièrement intense et nourri dans sa mouture 2015. Plus viandeux et torréfié que floral et poivré, mais soutenu par un grain tannique élégant fidèle à l'esprit Chave. On note tout de même un supplément de matière, qui le rend encore plus rassasiant. On pourra le boire sans se presser jusqu'en 2024. Excellent!

12950281 28,40$ ★★★★ ②

3 760046 003157

COMBIER, LAURENT

Crozes-Hermitage 2016, Cuvée Laurent Combier

En plus de mener avec beaucoup de succès ce vignoble familial aujourd'hui conduit en agriculture biologique, Laurent Combier se consacre au Trio Infernal, dans le Priorat. En 1999, il a créé cette cuvée issue d'un achat de raisins chez ses voisins, ainsi que des jeunes vignes du domaine. Le vin est vinifié et élevé en cuve de béton, et mise à fond sur le caractère croquant et fruité de la syrah. Le 2016 marque un retour à une forme pure et délicate, après un 2015 plus costaud. Nez affriolant de violette, bouche légère, le vin est guilleret et si léger (12,5% d'alcool) et digeste qu'on sifflerait la bouteille en un rien de temps. Attention, danger!

11895065 28,50$ ★★★★ ② ♥

3 550036 420022

DELAS

Crozes-Hermitage 2014, Les Launes

Propriété de la société champenoise Deutz depuis 1977 – elle-même dans le giron du groupe Roederer –, cette maison possède une trentaine d'hectares dans le nord de la vallée, en plus de mener une activité de négoce dans le sud de la vallée. Ce 2014 est assez bien tourné dans un style moderne. Nez de poivre et de violette, bouche suave, tanins polis, bien servis par l'élevage en fûts. Pas le plus complexe des crozes, mais séduisant.

11544126 25,45$ ★★★ ② ▼

3 359950 279811

DOMAINE COMBIER

Crozes-Hermitage 2015

Le domaine de la famille Combier célébrera bientôt le 50e anniversaire de sa conversion en bio. Ce vin est issu de vignes âgées en moyenne d'une trentaine d'années, vinifié puis élevé en barriques de chêne neutre (de 3 à 7 ans). Un vin compact, un peu sur la réserve lorsque goûté en avril et en août 2017. Long, profond et complexe, avec des saveurs pénétrantes de fruits noirs, de viande et d'épices. Déjà excellent, mais on pourra le boire aisément jusqu'en 2022.

11154890 35,50$ ★★★★ ②

3 550036 420008

GUIGAL

Crozes-Hermitage 2013

Comme tout le reste de la gamme de la famille Guigal, ce crozes se signale par une constance exemplaire. Le 2013 était dans une phase un peu plus timide en mars 2017, les saveurs fruitées jouant en sourdine. N'empêche, la texture en bouche de ce vin classique du nord du Rhône a tout ce qu'il faut pour plaire. Frais, élégant, équilibré.

739243 26,65$ ★★★ ½ ②

3 536650 801003

VINS DE VIENNE

Crozes-Hermitage 2015

À sa couleur violacée, on ne s'y trompe pas : c'est bien de la syrah. Les arômes et la texture sont tout aussi typés. Les parfums de violette se déploient sur un tapis de tanins veloutés et compacts. Une longueur et un volume satisfaisants ; prix attrayant. Une autre belle réussite pour Cuilleron, Villard et Gaillard.

10678229 26,45$ ★★★ ½ ② ♥

3 760098 130214

CHÂTEAU DE NAGES

Costières de Nîmes blanc 2014, Vieilles vignes

Fruit d'un assemblage méridional (roussanne, viognier, grenache blanc et clairette), un vin aromatique, ponctué de notes florales et débordant de fruit; à la fois sec, gras et animé d'un léger reste de gaz qui le rend très rafraîchissant. À boire au cours des deux ou trois prochaines années.

12764921 19,95$ ☆☆☆ ½ ②

0 690604 000140

CHÂTEAU MONT-REDON

Lirac blanc 2016

L'an dernier, je n'avais pas raffolé du Lirac blanc 2015, le trouvant un peu mou et à court de nuances. Or, le 2016 m'a paru nettement plus harmonieux. Peu d'acidité, comme bien des blancs du sud, mais une structure, une salinité et un très léger reste de gaz qui assurent une présence en bouche fraîche, digeste et désaltérante. Beau relief aromatique et longueur tout à fait satisfaisante. Bravo!

12258973 24,04$ ☆☆☆☆ ②

3 379935 215313

CHÂTEAU MOURGUES DU GRÈS

Costières de Nîmes blanc 2016, Les Galets Dorés

Même s'il est parfaitement méridional par sa bouche vineuse, chargée de saveurs mûres, ce blanc composé de grenache blanc, de roussanne, de vermentino, de marsanne et de clairette conserve un caractère frais et désaltérant. Finale plutôt persistante aux arômes d'ananas et d'écorce de citron. Très bon achat à ce prix.

11095877 17,65$ ☆☆☆ ½ ② ♥

3 760087 400069

CHÂTEAU MOURGUES DU GRÈS

Terre d'Argence 2015, Pont du Gard

Viognier, roussanne et... petit manseng. Un assemblage inusité dont le résultat étonne par sa tenue ainsi que par la sensation saline et minérale qui reste en fin de bouche. Une partie est vinifiée sous bois, sans que cela ne masque les arômes fruités primaires. Structure et élégance.

11874264 22,55$ ☆☆☆☆ ② ♥

3 760087 400045

CHÂTEAU PÉGAU

Côtes du Rhône blanc 2016, Cuvée Lône

En plus d'une vaste gamme de rouges de Châteauneuf et d'appellations secondaires, Laurence Féraud commercialise ce blanc méridional assez typé, peu aromatique, plus terrien que fruité. Sec, il offre une bonne tenue en bouche, à défaut d'avoir la sève des rouges du domaine.

12131489 20,95$ ☆☆☆ ②

0 873922 008849

DOMAINE DE BEAURENARD

Châteauneuf-du-Pape blanc 2016

Les frères Daniel et Frédéric Coulon sont restés attachés à la tradition des vins du Rhône fins et authentiques. Leur vignoble, qui s'étend sur une trentaine d'hectares à Châteauneuf-du-Pape et sur 25 hectares à Rasteau, est certifié Demeter (biodynamie). En plus d'être une rareté – les blancs ne représentent que 7% de l'appellation –, ce châteauneuf est purement somptueux en 2016. Autant cet assemblage de clairette, de roussanne, de bourboulenc et de grenache blanc tapisse le palais d'une texture grasse et ample, autant il est empreint de fraîcheur. Structuré et aussi long que large en bouche, il laisse en finale une exquise sensation minérale. Sans nul doute un vin à fort potentiel de garde. En matière de châteauneuf blanc, on frôle la perfection. À laisser dormir jusqu'en 2024-2026 et à servir autour de 12 °C.

918235 47,75$ ☆☆☆☆ ½ ②

3 368881 316014

MEFFRE, GABRIEL

Côtes du Rhône blanc 2015, Laurus

Une proportion de viognier n'est pas étrangère à la texture grasse et au profil aromatique de ce côtes du rhône blanc. Un vin d'ampleur et de longueur moyennes, dont les parfums plairont certainement aux fans de ce cépage rhodanien. Simple, mais recommandable à moins de 20$.

13113952 19,95$ ☆☆☆ ①

3 142920 715415

CHÂTEAU DE LA GARDINE

Châteauneuf-du-Pape 2013

Comme toujours, un bon châteauneuf d'envergure moyenne. Couleur grenat, nez mûr et expressif de raisins gorgés de soleil; rond et chaud en bouche, avec des saveurs de fruits confits, des accents de garrigue et d'épices. Après toutes ces années, il reste l'une des valeurs sûres à la SAQ.

3 552510 012006

22889 37,50$ ★★ ½ ②

CHÂTEAU MONT-REDON

Châteauneuf-du-Pape 2012

Le châteauneuf de Mont-Redon est toujours plus frais que la moyenne des vins de l'appellation et ce 2012 n'y fait pas exception. Tanins serrés, élégance et retenue; nuances qui vont au-delà du fruité primaire - thé noir, terre humide, feuille morte. Déjà bien ouvert, mais il a encore de la matière en réserve pour les quatre ou cinq prochaines années. Un peu plus de longueur et c'était quatre étoiles.

3 379931 111312

856666 44,25$ ★★★ ½ ②

CLOS DE L'ORATOIRE DES PAPES

Châteauneuf-du-Pape 2015

Ce domaine ancien était tombé en désuétude avant son rachat par Jeanjean au courant des années 1990; une démarche de conversion à l'agriculture biologique a été entamée il y a quelques années. L'échantillon brut de cuve du 2015 goûté en août 2017 m'a paru à la hauteur de l'excellente réputation du millésime 2015. Puissant et concentré, sans être chaud; relevé de bons goûts de cerise confite et de viande fumée; profond, intense et de bonne longueur. Tout à fait satisfaisant, et il n'a pas dit son dernier mot...

0 714320 142509

11407990 49$ ★★★ ½ ③

CLOS DU MONT-OLIVET

Châteauneuf-du-Pape 2014

À Châteauneuf, le millésime 2014 a donné, de manière générale, des vins plus fins, à apprécier pour leur relief, plus que pour leur puissance. C'est exactement le profil qu'adopte celui de ce domaine appartenant à la famille Sabon. Séveux, élégant, tissé de tanins granuleux et riche d'une foule de détails aromatiques qui évoquent tantôt la garrigue, tantôt les étals d'épices dans le souk. Tout le contraire des bombes fruitées unidimensionnelles qui ont sévi dans les années 1990 et 2000. Et cette longue finale vaporeuse... Un châteauneuf qu'il fait bon boire.

3 760108 000056

11726691 43,75$ ★★★★ ③

DOMAINE DE BEAURENARD

Châteauneuf-du-Pape 2013

Issu d'un millésime jugé atypique en raison d'une faible récolte de grenache, qui a été touché par des problèmes de coulure. Conséquemment, les syrah, mourvèdre et autres cépages occupent une plus grande proportion de l'assemblage cet année. Le vin est très frais, digeste et élégant, au point où on sent à peine ses 14,5% d'alcool. Pas le plus plein ni le plus imposant des derniers millésimes, mais il compense par la générosité de son fruit, de même que sa vitalité doublée d'élégance. Belle bouteille à ouvrir vers 2022. Certifié Demeter (biodynamie).

3 368881 113019

11692612 47,50$ ★★★★ ③

LE VIEUX DONJON

Châteauneuf-du-Pape 2015

Déjà savoureux et étonnamment agréable à boire, bien qu'il soit à peine âgé d'à peine 2 ans, ce vin n'a jamais rien de spectaculaire, mais il exprime toute la profondeur du terroir de Châteauneuf, sans maquillage inutile. Des tanins soyeux et compacts et des couches de saveurs de kirsch, de cacao et d'olive noire qui persistent en finale. D'autant plus recommandable que les vins du Vieux Donjon ont depuis longtemps prouvé qu'ils vieillissent avec grâce.

4 000119 668807

11966880 59,25$ ★★★★ ③

BONPAS

Vacqueyras 2015, Silbertus, Grande Exception

À défaut de l'étoffe et de la profondeur des meilleurs vacqueyras, ce 2015 déploie en bouche une matière veloutée et caressante, et les bons goûts de cacao et de cerise du grenache noir. À apprécier à table avec des côtelettes de porc grillées.

3 260980 027658

11676655 24,35$ ★★★ ②

DOMAINE DE LA MONARDIÈRE

Vacqueyras 2015, Les 2 Monardes

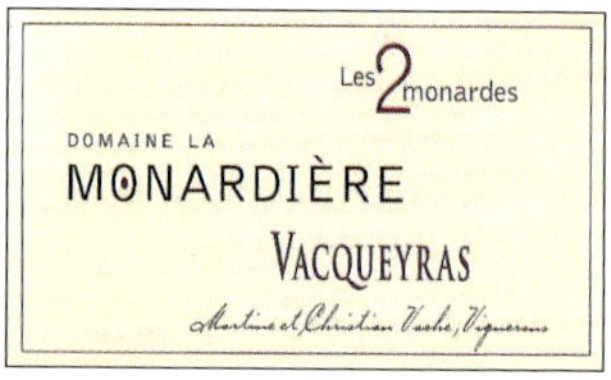

Le domaine de Christian Vache est un digne représentant de Vacqueyras. Sa cuvée Les 2 Monardes est assez solidement constituée pour tenir la route. Les amateurs de vins du Rhône apprécieront la concentration fruitée et les tanins ronds et caressants de ce 2015. Long, équilibré et assez profond, avec des notes de poivre et de cuir. Vin sérieux, à laisser mûrir encore deux ou trois ans.

6 968050 010490

11682932 28,90$ ★★★→★ ③

FERME DU MONT, LA

Gigondas 2015, Jugunda

Stéphane Vedeau (Clos Bellane, à Valréas) produit des vins de fine mouture dans le sud de la vallée du Rhône. Issu d'un assemblage de grenache (80%), de syrah et de mourvèdre cultivés dans le secteur des Dentelles de Montmirail, son Gigondas fait preuve d'un équilibre impeccable. Une chair fruitée gourmande, soutenue par des tanins de qualité, juste assez compacts pour garantir le tonus en bouche; tout y est et rien ne dépasse. Authentique et excellent!

3 760165 372301

13280777 29,25$ ★★★ ½ ②

GUIGAL, E.

Gigondas 2012

Connue avant tout pour ses Côte-Rôtie, la famille Guigal produit aussi de très bons vins de négoce dans le sud de la vallée. Comme ce gigondas de facture classique, velouté et caressant, avec juste la fermeté nécessaire en finale. Un bon vin ouvert, encore assez fruité et ponctué de goûts d'olive noire; il a assez de matière pour tenir jusqu'en 2021.

3 536650 601009

334615 38,75$ ★★★ ½ ②

MONTIRIUS

Vacqueyras 2014, Le Village

Dans les appellations Vacqueyras et Gigondas, le vignoble de Christine et Eric Saurel est conduit en agriculture biodynamique certifiée depuis 1999. Plutôt discret au nez avec une pointe de fines herbes, le 2014 se révèle surtout en bouche et séduit vite le palais par sa suavité doublée de vitalité. Mâche tannique rassasiante, chair gourmande et sensation hyper digeste en finale. Vraiment, il a tout pour se faire aimer. Une Grappe d'or bien méritée!

3 338693 320028

872796 21,65$ ★★★★ ② ♥

PERRIN

Vacqueyras 2013, Les Christins

Ce 2013 n'a ni l'envergure ni l'étoffe tannique des meilleurs vacqueyras, mais le vin est franc et droit, relevé de saveurs nettes de poivre et de petits fruits rouges. Déjà ouvert et prêt à boire.

3 296180 006063

872937 24,30$ ★★ ½ ②

VINS DE VIENNE

Gigondas 2014, Les Pimpignolles

Pimpignolle est le nom donné à la coccinelle en patois local. Un nom bien mignon pour un vin large d'épaules, mais qui mise tout de même plus sur la vigueur tannique et la tension, que sur la puissance et la richesse alcoolique. Étoffé et vibrant de jeunesse, le vin termine son parcours en bouche sur des parfums de framboise, d'épices et de lavande, qui lui confèrent une certaine élégance. Joli vin!

3 760098 130726

13211878 33,50$ ★★★ ½ ③

BALME, ÉLODIE

Côtes du Rhône-Villages Roaix 2015, Champs Libres

Depuis son premier millésime en 2006, les vins de cette ancienne «stagiaire» de Marcel Richaud ne cessent de s'affiner et de gagner en profondeur. Son premier vin vendu à la SAQ provient de Roaix, une petite dénomination (143 ha) au sein des côtes du rhône-villages. Son 2015 étonne par son intensité pourtant dépourvue de force et de puissance. Le vin déroule en bouche un tapis de tanins ronds et veloutés dans lesquels on a envie de croquer, et regorge de goûts de cerise, de cacao, d'olive noire, de garrigue. Délicieux et hautement digeste, compte tenu surtout du millésime. Beaucoup de vin pour le prix!

0 895958 000178

12474131 24,55$ ★★★★ ② ♥

CHÂTEAU MONT-REDON

Lirac 2015

En plus de leur châteauneuf, les familles Abeille et Fabre signent un très bon vin rouge de Lirac. Le 2015 présente des parfums de torréfaction, sans doute attribuables à un élevage partiel (le tiers) en pièces bourguignonnes de 228 litres. Charpente, fruit, vitalité; tout y est, mais le vin aurait besoin de quelques mois de repos, le temps que les éléments se fondent.

3 379935 114319

11293970 24,75$ ★★★→? ③

DOMAINE LES HAUTES-CANCES

Côtes du Rhône-Villages Cairanne 2014, Tradition

Anne-Marie Astart a troqué la médecine pour la viticulture en 1992 lorsqu'elle a repris une partie du vignoble appartenant à sa famille. Avec l'aide de son conjoint Jean-Marie, elle l'a converti à l'agriculture biologique dès 1995 et elle en a doublé la superficie. Au premier nez, des parfums exubérants de cassis m'ont fait craindre un vin épais. Or, aussi intense, dense et compact soit-il en bouche, ce 2014 n'accuse aucune lourdeur. Bel exemple de ce que le terroir de Cairanne peut donner comme vin solide et substantiel, sans verser dans l'excès. Si vous aimez vos rouges jeunes et vigoureux, vous pouvez déjà l'apprécier après 30 minutes en carafe, mais il a encore de la matière en réserve pour les cinq ou six prochaines années.

0 894510 001752

12194711 22,90$ ★★★→★ ③ ♥

France

DOMAINE SAINT ANDÉOL

Cairanne 2015, Prestige

En exclusivité dans les succursales SAQ Dépôt, un cairanne d'envergure moyenne, dont le prix me semble justifié. D'autant plus que le 2015 est particulièrement mûr et charnu, gorgé de saveurs de fruits compotés et d'olive noire. À servir à table, avec un rôti de bœuf ou une tourtière de millet.

11459837 17,95$ ★★★ ②

3 760047 790124

RICHAUD, MARCEL

Cairanne 2015

Le vignoble de Marcel Richaud est en conversion à la biodynamie et les vinifications sont conduites avec un minimum de soufre. Sans surprise, il signe une fois de plus un cairanne hors norme. Tout le contraire des gros rouges massifs qui sont devenus la «norme» depuis une vingtaine d'années, le 2015 gambade sur la langue, tout léger, tout guilleret. Un large spectre de saveurs se succède en bouche, entre l'écorce d'orange, la pivoine, le kirsch et les épices douces; des tanins soyeux, mais serrés et une impression générale aérienne. Un modèle pour redéfinir le genre.

12711037 38,75$ ★★★★ ½ ② ▼

4 000127 110374

VIGNERONS D'ESTÉZARGUES (LES)

Côtes du Rhône-Villages Signargues 2016, La Montagnette

Cette petite cave rhodanienne, créée en 1965, regroupe à peine une dizaine de vignerons qui ont à cœur de produire des vins de terroirs. Elle compte aujourd'hui parmi les plus en vue de France. Le nez de ce 2016 est vraiment très attrayant: pimpant de jeunesse, gorgé de fruits noirs. La bouche est nerveuse, fraîche et ponctuée d'épices. À ce prix, difficile de trouver un rouge qui offre autant de tenue, de matière et de relief aromatique.

11095949 16,40$ ★★★★ ② ♥

3 760038 251214

CHÂTEAU DE SAINT COSME

Côtes du Rhône 2014, Les Deux Albion

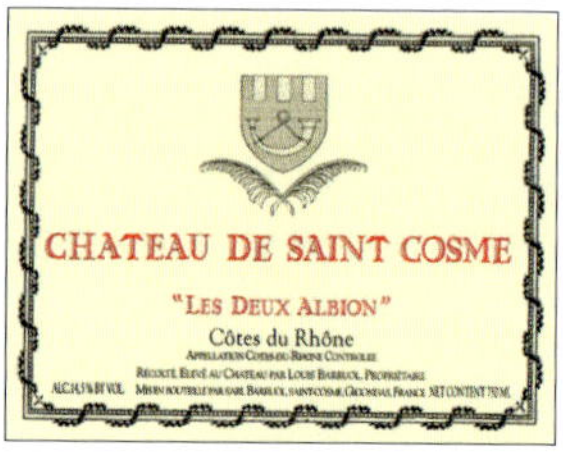

Rarement un vin m'aura-t-il donné si faim! Le nez embaume les épices, les herbes séchées et la viande braisée, lui conférant un petit côté sauvage. En bouche, le vin offre une bonne longueur et ses tanins gommeux sont soutenus par une saine acidité qui sera un atout à table. Le vin parfait pour accompagner les plats mijotés d'hiver.

11369090 25,60$ ★★★★ ② ♥

3 483812 500000

CHÂTEAU PÉGAU

Côtes du Rhône 2014, Cuvée Sétier

Très séduisant au nez, où il déploie un large spectre de parfums de fruits noirs, d'épices, et de fleurs séchées. La bouche suit, savoureuse et élégante, avec des notes d'herbes séchées et de cuir; les tanins sont juste assez granuleux et ajoutent à son tonus en finale. Un peu plus de longueur et c'était quatre étoiles.

13095230 22,50$ ★★★ ½ ② ♥

3 760229 570148

DOMAINE CHARVIN

Côtes du Rhône 2015

La propriété de Laurent Charvin s'étend sur le nord de l'appellation Châteauneuf-du-Pape, mais l'essentiel des vignobles est classé en Côtes du Rhône. Ce vin non filtré peut avoir l'air un peu rustique aux premiers abords, mais il fait surtout preuve d'une profondeur indéniable pour le prix. Un nez très floral trahit la présence de syrah – qui ne compte pourtant, selon le site de la SAQ, que pour 10 % de l'assemblage. Pour le reste, ce vin met avant tout en valeur la patine sensuelle et veloutée du grenache, qui s'exprime ici avec retenue et authenticité. L'un des bons côtes du rhône génériques sur le marché.

11766618 24,95$ ★★★★ ② ♥

0 873922 007767

France

DOMAINE DE LA VIEILLE JULIENNE

Côtes du Rhône 2015, Lieu-dit Clavin

Issu d'une petite parcelle plantée de vieilles vignes de grenache, ce vin est toujours à retenir parmi les plus complets des côtes du rhône génériques. Son 2015 est riche, charnu et assez large d'épaules, nourri de goûts intenses de fruits noirs, d'herbes et d'épices. Un peu massif et taillé d'un seul bloc pour le moment, mais sa matière dense et sa finale vaporeuse aux parfums de kirsch lui confèrent déjà un charme indéniable.

10919133 28,65$ ★★★★ ③ ♥

3 760169 470782

GUIGAL, E.

Côtes du Rhône 2013

Bouche pleine et généreuse, dont il émane cependant une sensation de fraîcheur. Grain mûr et dense, bonne longueur et saveurs nettes. Remarquable par sa longueur en bouche et sa grande constance au fil des ans.

259721 19,25$ ★★★ ½ ② ♥

3 536650 501002

J.L. CHAVE SELECTION

Côtes du Rhône 2015, Mon cœur

Une forte proportion de syrah dans l'assemblage de ce côtes du rhône n'est pas étrangère au profil aromatique un peu animal et sanguin de ce 2015, de même qu'à sa densité tannique. L'attaque est souple, mais les tanins se resserrent en milieu de bouche et laissent un fini tannique un peu austère. À table par contre, cette même austérité devient un atout. Particulièrement si le vin s'accompagne de viande rouge, comme un magret de canard. Très bonne longueur, finale poivrée. Excellent dans sa catégorie!

10330433 23,30$ ★★★★ ② ♥

3 760046 002150

OGIER

Côtes du Rhône 2015, Héritages Grenache-Syrah

À moins de 15$, difficile de trouver un côtes du rhône générique qui en offre autant. Nez fruité affriolant; attaque en bouche très mûre, quasi sucrée tant elle est ample et gourmande, mais néanmoins équilibrée et harmonieuse.

535849 14,45$ ★★★ ½ ② ♥

0 714320 135006

VINS DE VIENNE

Côtes du Rhône 2015, Les Cranilles

Dans le style gourmand et moderne, misant avant tout sur la pure expression du fruit, Les Cranilles est un modèle du genre. Du grain, de la vigueur et un goût franc, net et sans maquillage. Toujours très bon et vendu à prix juste.

722991 19,65$ ★★★ ②

3 760098 130375

CHÂTEAU DE NAGES

Costières de Nîmes 2013, Cuvée JT rouge

Au nez, moins marqué par l'élevage que les derniers millésimes, ce qui permet d'apprécier ses nuances de menthe et de framboise. Tanins caressants, bouche ample et pleine; finale savoureuse et rassasiante aux accents d'eau-de-vie de framboise.

0 690604 000041

567115 25,95$ ★★★ ②

CHÂTEAU DES TOURELLES

Costières de Nîmes 2012, La Cour des Glycines

Cette cuvée commercialisée par la famille Durand, aussi partenaire dans l'Orpailleur au Québec, mise sur une dominante de syrah. Le nez du 2012 embaume le cassis. Pour le reste, un bon vin au tempérament méridional, par ses arômes de cerise confite et de cacao; plein, charnu. Prix attrayant pour un 2012 maintenant ouvert et prêt à boire.

3 760034 420089

919225 18,70$ ★★★ ½ ② ♥

CHÂTEAU LA TOUR DE BÉRAUD

Costières de Nîmes 2015

Cet assemblage de carignan, de marselan, de grenache et de syrah est en quelque sorte une étiquette secondaire du Château Mourgues du Grès. Nez affriolant de fleurs et de cacao, attaque en bouche à la fois leste et charnue, riche en fruit et en goûts d'épices. Finale chaleureuse et persistante aux accents de kirsch et d'épices.

3 760087 400106

12102629 18,05$ ★★★ ½ ② ♥

CHÂTEAU MOURGUES DU GRÈS

Costières de Nîmes 2013, Terre d'Argence

La couleur de ce 2013 montre un début d'évolution. Le nez est compact et parfumé de cerise, de cuir et de cacao. La bouche est droite, portée par des tanins de qualité, mais le vin est un peu moins volubile et nuancé qu'on ne le souhaiterait. Il gagnera peut-être en profondeur d'ici quelques années. En attendant, on pourra se rabattre sur son petit frère, commenté ci-après.

3 760087 400076

11659927 22,95$ ★★★→? ③

France

CHÂTEAU MOURGUES DU GRÈS

Costières de Nîmes 2015, Les Galets Rouges

Biologique et composé de syrah à 60% – ce qui est plutôt atypique pour le sud de la vallée. Le vin n'en est pas moins agréable, au contraire. À la fois gourmand, plein de petits fruits des champs et soutenu par un grain tannique plus compact. Souple et agréable à boire, il fait même preuve d'une certaine élégance. À boire d'ici 2020 pour profiter de son fruit.

3 760087 400038

10259753 17,15$ ★★★ ½ ② ♥

CHÂTEAU PESQUIÉ

Ventoux 2015, Quintessence

Peu d'affinités pour cette cuvée ambitieuse dans laquelle le terroir du Ventoux joue un rôle secondaire, au profit de la barrique. Attaque en bouche crémeuse, relents vanillés sur un fond de confiture de framboise. Je préfère de loin la sincérité des deux petites cuvées.

3 760149 591520

969303 23,50$ ★★ ½ ②

CHÂTEAU PESQUIÉ

Ventoux 2015, Terrasses

De style un peu plus rustique que la cuvée Prestige en raison de ses notes animales et de sa vivacité, ce vin de grenache et de syrah s'appuie sur des tanins carrés. Bien construit, sans être une aubaine.

3 760149 591032

10255939 17,20$ ★★ ½ ②

CHÂTEAU PESQUIÉ

Ventoux 2016, Prestige – Édition 1912 m

Si j'en juge par la qualité de l'échantillon brut de cuve goûté en juillet 2017, le millésime 2016 sera porteur pour les vins du Ventoux. Un nez exubérant, affriolant; une attaque en bouche quasi sucrée tant le fruit est mûr, joufflu, délicieux. Rien de profond, mais une expression gourmande et croquante du grenache et de la syrah.

3 760149 592145

743922 15,55$ ★★★ ② ♥

SUD DE LA FRANCE

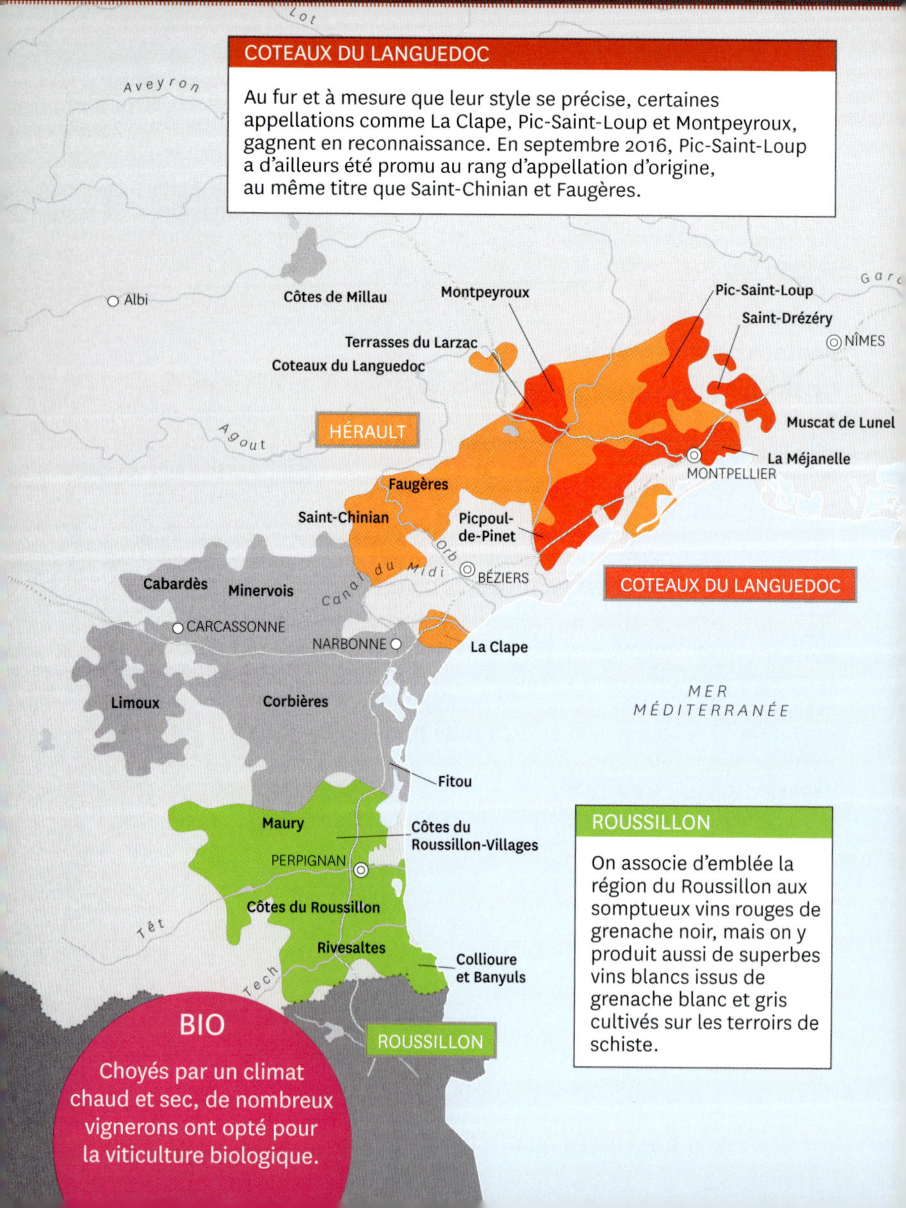

COTEAUX DU LANGUEDOC

Au fur et à mesure que leur style se précise, certaines appellations comme La Clape, Pic-Saint-Loup et Montpeyroux, gagnent en reconnaissance. En septembre 2016, Pic-Saint-Loup a d'ailleurs été promu au rang d'appellation d'origine, au même titre que Saint-Chinian et Faugères.

ROUSSILLON

On associe d'emblée la région du Roussillon aux somptueux vins rouges de grenache noir, mais on y produit aussi de superbes vins blancs issus de grenache blanc et gris cultivés sur les terroirs de schiste.

BIO

Choyés par un climat chaud et sec, de nombreux vignerons ont opté pour la viticulture biologique.

Ce vaste croissant qui s'étend de la frontière espagnole à la vallée du Rhône n'a plus à pâlir devant les vins de régions prestigieuses de France. Misant désormais à fond sur les multiples facettes de leurs terroirs, les vignerons du Languedoc et du Roussillon redécouvrent les qualités de cépages autrefois considérés comme «roturiers», comme le carignan et le cinsault, dont les vieilles vignes peuvent donner des vins racés et étonnamment digestes.

La course à la puissance et à la concentration semble d'ailleurs chose du passé. La plupart des domaines qui ont la cote cherchent avant tout à produire des vins – rouges, comme blancs – frais, authentiques et originaux. La Provence, elle, mise plus que jamais sur la popularité du rosé, qui représentait près de 88% de la production régionale en 2015. Bien que marginale, la palette de rouges et de blancs produits de Marseille à Nice est loin d'être banale.

Enfin, je dois dire que la qualité des vins du Midi dégustés au courant de l'été 2017, en préparation de ce guide, m'a semblé exceptionnellement élevée. Il y avait bien quelques bouteilles moyennes dans le lot, mais il y avait surtout assez de vins méritoires pour remplir 16 pages! Une nouvelle d'autant plus réjouissante que la plupart sont vendus à moins 25$...

LES DERNIERS MILLÉSIMES

2016

Une saison estivale très sèche s'est traduite par une faible récolte, dont la qualité s'annonce toutefois satisfaisante. Les vins des zones les plus chaudes accuseront peut-être une certaine lourdeur en alcool.

2015

Une année classique, avec juste ce qu'il faut de pluie au printemps pour renflouer les réserves et permettre à la vigne de s'épanouir pendant la saison estivale. Une récolte de très beaux fruits qui devrait donner des vins plus élégants que puissants.

2014

Dure année pour le midi de la France. Le secteur de La Clape et le Minervois ont été touchés par des épisodes de grêle. Ceux qui ont réussi à vendanger avant les pluies torrentielles de septembre ont pu sauver la mise. La Provence a connu 65 jours de précipitation, contre 50 sur une année normale. On peut anticiper une certaine dilution.

2013

De mauvaises conditions printanières ont nui à la floraison. Cette situation a donné une vendange certes très tardive, mais de raisins sains qui pourraient potentiellement donner des vins rouges et blancs équilibrés.

CHÂTEAU COUPE-ROSES

Minervois 2016, Schiste

D'ordinaire composé à 100 % de roussanne, ce vin mise plutôt sur un assemblage de roussanne et de marsanne en 2016. La couleur dorée annonce d'emblée un vin blanc d'intensité peu aromatique, mais mûr, nourri et presque tannique tant il a de la structure. Plein et rassasiant, quoique j'aurais aimé y trouver un peu plus de fraîcheur.

894519 23 $ ☆☆☆ ②

DOMAINE CAZES

Muscat-Viognier 2016, Le Canon du Maréchal, Côtes catalanes

La vue des mots «muscat» et «viognier» pourrait vous faire craindre le pire. Surtout si, comme moi, vous êtes trop souvent tombé sur ces vins blancs lourds et pommadés qui vous font regretter le plus insipide des vinho verde. Or, ce blanc issu de la biodynamie fait plutôt preuve d'une retenue qui le rend fort agréable. Les nuances florales sont certes présentes, mais tout en nuance, et la bouche est à la fois ample, fraîche et saline. À moins de 20 $, on achète sans hésiter.

10894811 17,05 $ ☆☆☆ ½ ② ♥

DOMAINE DE FENOUILLET

Faugères blanc 2016, Hautes Combes

Les vins blancs ne représentent que 2 % de la production de Faugères. Plus qu'une curiosité, ce vin composé de marsanne et de roussanne, qui s'enracinent à 300 m d'altitude sur des pentes de schistes, est simplement délicieux. À la fois intense et élégant, gras et désaltérant, le vin offre de bons goûts fruités qui donnent l'impression de croquer dans une pêche mûre. Savoureux, original et abordable. Que demander de mieux?

11956850 19,60 $ ☆☆☆☆ ② ♥

DOMAINE DE MOUSCAILLO

Limoux 2014

D'année en année, le blanc de ce minuscule domaine qui ne compte que 5 hectares de vignes est un régal de fraîcheur. Le 2014 n'y fait pas exception. Sec, net, précis, avec des arômes de poire mûre et de lanoline qui se dessinent sur un fond minéral évoquant la craie. Sa finale saline est garante de fraîcheur. Impeccable!

10897851 23,85 $ ☆☆☆☆ ② ♥

France

DOMAINE LAFAGE

Côtes du Roussillon 2014, La Grande Cuvée Blanc

Plutôt que de miser sur le bois, ce blanc met l'accent sur le fruit et la fraîcheur aromatique des cépages grenache gris, grenache blanc et macabeu. Sec, de bonne tenue, assez plein en bouche et plutôt savoureux.

13233751 26,60$ ☆☆☆ ½ ②

3 760031 473118

DOMAINE LAFAGE

Côtes du Roussillon 2015, Centenaire

Grenache gris, grenache blanc et roussanne. Sec, tendu, quasi tannique, avec un bel équilibre entre les éléments texturaux. Seul bémol: les parfums floraux très intenses de la roussanne du sud qui le font paraître un peu caricatural.

13227845 19,80$ ☆☆ ½ ②

3 760031 473408

MAS JULLIEN

Pays d'Hérault 2015

Pour des blancs vifs, fruités et faciles qui exercent un charme instantané, il faudra aller voir ailleurs. Les vins d'Olivier Jullien parlent à l'âme, racontent une histoire et invitent au recueillement. Son blanc est l'exemple même de ce que les Italiens nomment *vino da meditazione*. Goûté à quelques reprises sur une période de cinq jours, il ne cessait d'évoluer, se révélant chaque fois sous un jour nouveau. Le nez n'a rien d'exubérant, mais déploie tout de même un large spectre aromatique; la bouche est vibrante, structurale et se révèle avec une intensité contenue qui le rend irrésistible. Grand blanc de texture qui n'atteindra son apogée que vers le milieu des années 2020. Et encore...

13020369 48,50$ ☆☆☆☆ ½ ③ Ⓢ

4 000130 203698

PAUL MAS

Côté Mas Blanc de Méditerranée 2016, Vin de France

Bon blanc du Midi, assez gras et aromatique, qui conjugue les vertus complémentaires des cépages grenache blanc, chardonnay, vermentino et sauvignon blanc. Bon équilibre entre l'acidité et la structure. À ce prix, vraiment rien à redire.

13289510 11,45$ ☆☆☆ ① ♥

3 760040 426464

BERGERIE DE L'HORTUS

Coteaux du Languedoc – Pic-Saint-Loup 2015, Classique

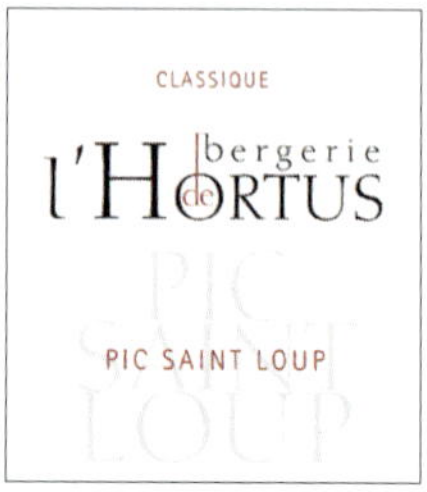

Le domaine de Jean Orliac est un nom connu de Pic-Saint-Loup. Moins exubérant que d'autres vins de l'appellation, son 2015 déploie au nez comme en bouche une trame de saveurs caractéristiques des vins de la garrigue, portée par des tanins un peu carrés, qui font bon mariage avec la chair fruitée et mûre. Gourmand, mais surtout très digeste. Un excellent vin dans sa catégorie.

3 760016 290013

427518 21,70$ ★★★★ ② ♥

DOMAINE CLAVEL

Pic-Saint-Loup 2015, Bonne Pioche

En plus des vins qu'il produit sur le terroir de La Méjanelle, Pierre Clavel signe un excellent rouge qui puise sa sève et son originalité dans le terroir de Pic-Saint-Loup. Composé de syrah (65%), de mourvèdre et de grenache issus de l'agriculture biologique, le vin est compact et étoffé, mais s'exprime avec une certaine retenue. La matière est ample, nourrie de jolies nuances florales, appuyée sur une charpente solide, et le vin offre une bonne longueur. Déjà très bon, il sera encore meilleur dans trois ou quatre ans, quand les éléments se seront fondus. Biologique.

3 545590 020252

11925658 24,25$ ★★★→★ ③

DOMAINE DU CAUSSE D'ARBORAS

Terrasses du Larzac 2014, La Faille

L'altitude des vignobles (320 m) et le climat continental (journées chaudes, nuits fraîches) semblent bien réussir à la syrah, dont cette cuvée est composée à 75%. Aussi complet en attaque, qu'en milieu et en fin de bouche, le vin laisse une sensation très rassasiante par sa mâche tannique substantielle et son relief aromatique ponctué de notes animales et fumées. Un excellent vin en devenir, qu'il faudrait revoir idéalement dans trois ou quatre ans. Biologique.

3 186127 858216

12881984 25$ ★★★→★ ③ ♥

DOMAINE DU CAUSSE D'ARBORAS

Terrasses du Larzac 2015, La Sentinelle

Le vignoble de ce domaine appartenant à la famille Jeanjean s'étend juste en haut du village médiéval d'Arboras, sur les flancs du mont Saint-Baudille. Les grenache noir, syrah et mourvèdre adoptent sur les sols d'argile rouge du domaine une allure très gourmande en 2015. Le nez embaume la garrigue et les petits fruits sauvages; la bouche est pleine, charnue, mais surtout sphérique et de très bonne longueur. Arrivée prévue en début d'année 2018.

12882477 24,95$ ★★★★ ② ♥

LES VIGNES OUBLIÉES

Terrasses du Larzac 2015

À Saint-Privat, sur les contreforts du Larzac, Jean-Baptiste Granier donne une seconde vie à de très vieilles parcelles qui étaient condamnées à l'arrachage. L'altitude (400 m) à laquelle sont cultivés les grenache, syrah et carignan n'est sans doute pas étrangère à la fraîcheur ressentie dans ce 2015. Les parfums de la garrigue apportent une touche locale aux notes rôties et animales de la syrah; le grain tannique est rugueux, enrobé d'un fruit à parfaite maturité, sans excès et le vin laisse une impression d'ensemble fort harmonieuse. Excellent, cette année encore.

11460651 26,90$ ★★★★ ② ♥

MAS JULLIEN

Terrasse du Larzac 2014, Autour de Jonquières

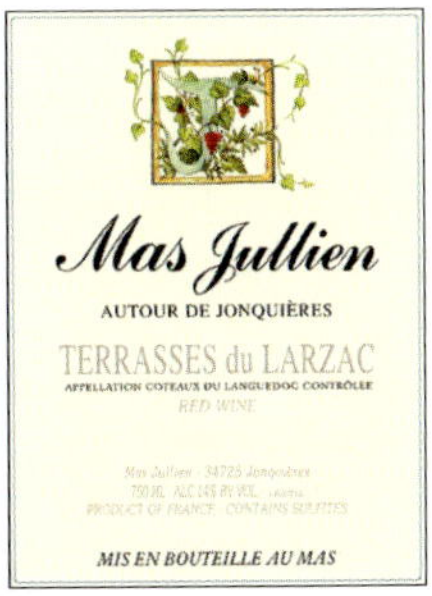

Je n'ai pas encore eu la chance de rencontrer Olivier Jullien, mais après une quinzaine d'années à goûter ses vins – soyons honnêtes: à les boire, j'ai presque l'impression de connaître celui qui les façonne. Qu'ils soient jeunes et polis par les années, ses rouges et ses blancs témoignent d'une grande sensibilité et d'un désir sincère de traduire l'essence d'un lieu. Son 2014 se distingue par son relief fruité et sa retenue dans la puissance. Après une longue aération (deux jours en bouteille, sans protection), le nez était encore très frais; la bouche suave, aussi terrienne que fruitée, terminant sur une longue finale vaporeuse. Déjà excellent, mais ces vins d'auteur ont depuis longtemps prouvé qu'ils tiennent dans le temps. On pourra aisément l'oublier en cave jusqu'en 2024.

12941094 48,75$ ★★★★→? ③

CHÂTEAU PECH REDON

L'Épervier 2013, Coteaux du Languedoc - La Clape

Ce vignoble est situé dans le secteur de La Clape, non loin de la Méditerranée. Christophe Bousquet le conduit en agriculture biologique. Cette cuvée issue d'un assemblage de syrah, de grenache, de mourvèdre et de carignan s'impose d'emblée par son nez puissant, aux notes d'épices orientales, de cuir et de goudron, sur un fond d'acétone. La bouche suit, corsée, assise sur une solide charpente tannique et marquée par des notes animales. Bien que j'aie peu d'affinités naturelles avec ce style de vin, je dois avouer qu'il est plutôt bien construit. Quelques années de repos en cave aideront peut-être à dompter la bête...

10507286 24,65$ ★★★→? ③

3 760074 721207

CHÂTEAU ROUQUETTE SUR MER

Cuvée Amarante 2014, Languedoc – La Clape

À l'est de Narbonne, dans le prolongement des Corbières maritimes, le secteur de La Clape a accédé au statut d'appellation à part entière en juin 2015. Monsieur Boscary y élabore un excellent rouge hautement séduisant par son nez de cacao, de garrigue et de cerise mûre. La texture est ronde, veloutée, caressante, presque dépourvue d'aspérités tanniques. Bonne longueur et finale vaporeuse aux accents de kirsch et de garrigue.

713263 18,65$ ★★★★ ② ♥

3 438190 004015

DOMAINE CLAVEL

Coteaux du Languedoc 2015, Les Garrigues

À quelques kilomètres à l'est de Montpellier, le terroir de la Méjanelle est à plus basse altitude que le reste des coteaux du Languedoc. Pierre Clavel y façonne ce très bon vin qui s'exprime davantage en élégance qu'en puissance en 2015. Les tanins sont fins, sans que le vin ne manque d'étoffe et le spectre aromatique est assez large. Un peu plus de longueur et il méritait quatre étoiles.

874941 21,30$ ★★★ ½ ②

3 545590 021167

DOMAINE D'AUPILHAC

Lou Maset 2015, Languedoc

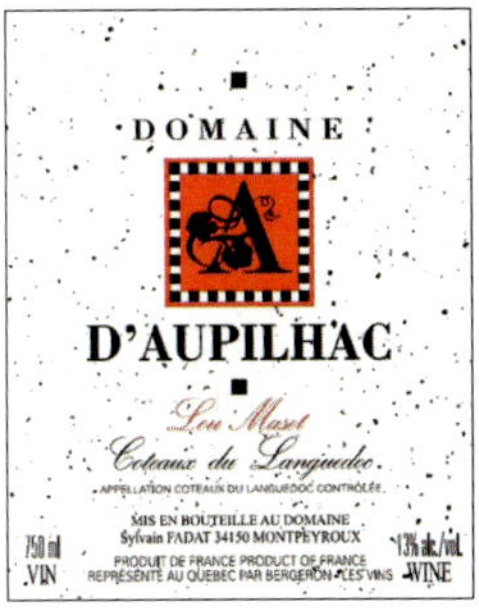

J'ai fait connaissance avec Lou Maset, le « petit vin » de Sylvain Fadat, au courant de l'été 2009, dans la foulée des dégustations pour *Le guide du vin 2010*. Il était tout frais, gorgé de fruit, mais bien languedocien par sa vigueur tannique. Dès sa mise en marché quelques mois plus tard, je m'étais ruée en succursales pour aller en faire provision à la caisse. Huit ans plus tard, sa qualité reste inchangée et le 2015 conserve le même caractère volubile et guilleret, avec juste ce qu'il faut d'étoffe, de vigueur tannique et de notes de menthe qui lui confèrent une agréable sensation de fraîcheur. Si bon que, encore aujourd'hui, j'en achèterais à la caisse.

3 760087 640021

11096116 17,05$ ★★★★ ② ♥

JOLY, VIRGILE

Le Joli Rouge 2015, Languedoc

Virgile Joly n'est pas issu d'une famille de vignerons. Son vignoble de Saint-Saturnin de Lucian, juste à côté de Montpeyroux, s'est construit peu à peu, avec de modestes moyens financiers. Et il porte aujourd'hui de beaux fruits si j'en juge par la qualité de ce 2015, fraîchement arrivé à la SAQ. S'il vous faut une autre preuve que le midi de la France peut donner des vins purs, croquants et empreints de fraîcheur, goûtez ce vin issu d'un assemblage de syrah, de grenache, de cinsault et de carignan certifiés biologiques. Assez charnu, mais avant tout fruité et très agréable à boire, surtout s'il est servi autour de 15 °C.

3 760198 020040

12879198 18,35$ ★★★ ½ ② ♥

CAVE DE ROQUEBRUN

Saint-Chinian 2015, Terrasses de Mayline

Retour à une forme plus harmonieuse en 2015 pour ce saint-chinian vendu à prix doux. On a mis de côté les artifices boisés pour miser à fond sur l'expression fruitée des cépages syrah, grenache, carignan et mourvèdre. Rien de compliqué, mais une attaque en bouche juteuse et une finale assez persistante aux accents de fines herbes qui évoquent la garrigue.

552505 13,55$ ★★★ ② ♥

3 379430 000674

CLOS BAGATELLE

Saint-Chinian 2016

Cette année encore, Christine Deleuze produit un très bon vin dans lequel le caractère floral de la syrah – assemblée au grenache, au carignan et au mourvèdre – s'exprime avec retenue et subtilité. Rond, gourmand et fruité, il a par ailleurs beaucoup plus de nuances et de longueur que la moyenne des vins de ce prix.

12824998 12,55$ ★★★ ½ ② ♥

0 659264 115489

DOMAINE COTTEBRUNE

Faugères 2014, Transhumance

Ce vin de Faugères est élaboré par Pierre Gaillard, vigneron dans le nord de la vallée du Rhône. Bien enracinés dans les schistes bruns des communes de Cabrerolles et de Caussiniojouls, les syrah, grenache et mourvèdre donnent un vin suave et sphérique, aux arômes exubérants de cerise confite, de cuir et d'épices. Un peu moins étoffé que les derniers millésimes goûtés, mais tout à fait séduisant.

10507307 24,65$ ★★★ ½ ②

3 760088 370460

DOMAINE DE FENOUILLET

Faugères 2014, Combe Rouge

« Faugères, c'est tout petit, on n'a que 2000 hectares », disait Brigitte Jeanjean à la presse spécialisée lors d'un passage à Montréal au courant de l'été 2017. Petit à l'échelle Languedoc certes, mais 2000 hectares, c'est quand même la taille du vignoble jurassien... Cela dit, le vin est bon, misant avant tout sur l'expression fruitée de la syrah, du grenache et du carignan. Saveurs compactes et assez longues, auxquelles des notes anisées apportent une agréable fraîcheur.

3 186127 760304

881151 18,75$ ★★★ ½ ② ♥

LA MADURA

Saint-Chinian 2014, Classic

J'ai beaucoup de respect pour la démarche et pour le travail de Nadia et Cyril Bourgne. D'autant plus que, depuis son arrivée sur le marché québécois en 2002, leur vin fait preuve d'une qualité irréprochable. Le 2014 tapisse la bouche de tanins veloutés; les parfums de garrigue, de fruits rouges et de menthe débordent du verre et le vin s'avère une fois de plus très rassasiant. L'attaque est ample et chaleureuse, mais les tanins se resserrent en finale, laissant la bouche fraîche. Excellent rapport qualité-prix-plaisir!

3 760054 340312

10682615 18,95$ ★★★★ ② ♥

MAS DES CAPITELLES

Faugères 2015, La Catiède

Une capitelle est une cabane en pierre sèche – construite sans mortier – dans les garrigues du Languedoc. Disponible depuis peu à la SAQ, cette cuvée porte d'ailleurs l'empreinte aromatique de la garrigue environnante. La bouche est pleine, gorgé de fruit, de bonne tenue et le vin est fort séduisant avec ses parfums exubérants de cassis et de menthe. Très bon faugères authentique et abordable. Retour en succursales prévu en janvier 2018.

3 760086 330145

12798742 17,95$ ★★★ ½ ② ♥

CHÂTEAU COUPE-ROSES

Minervois 2014, Granaxa

Cette cuvée vendue à la SAQ depuis une dizaine d'années déçoit rarement. Composé à 100 % de grenache, sur des sols argilo-calcaires recouverts de gros galets, le vin présente au nez des parfums exubérants de fruits noirs et de cacao ; la bouche est vibrante, saline et riche d'une foule de détails aromatiques, très près de la garrigue. Beaucoup de relief et une forme un peu plus élégante que le 2012 commenté l'an dernier. Excellent !

862326 25,35 $ ★★★★ ② ♥

CHÂTEAU COUPE-ROSES

Minervois 2016, Les Plots

Au cœur du Minervois, dans la commune de La Caunette, Françoise Le Calvez produit d'année en année un très bon minervois. Son 2016 est amplement fruité et porté par des tanins assez fermes et vigoureux, qui lui donnent un air un peu bourru pour le moment. Le vin était peut-être secoué par le transport lorsque goûté en juillet 2017. Quelques mois de repos lui seront sans doute bénéfiques.

914275 19,65 $ ★★★→? ③

CHÂTEAU DU GRAND CAUMONT

Corbières 2014

La famille Rigal reste fidèle au style classique qui a contribué au succès populaire de ses vins. Le plaisir du vin de soleil dans toute sa jeunesse ; une couleur violacée, un nez poivré regorgeant de fruit, une bouche juteuse et croquante. Simple, mais plein d'élan et de fraîcheur.

316620 12,65 $ ★★★ ② ♥

CHÂTEAU DU GRAND CAUMONT

Corbières 2015, Impatience

Cette cuvée haut de gamme mise sur la sève de vignes de carignan âgées de plus de 75 ans, complétées de syrah et de grenache. Beaucoup de fruit et de mâche, une ampleur moyenne en bouche, mais une bonne tenue et des tanins qui se resserrent en finale, laissant une sensation rassasiante. À boire entre 2016 et 2021.

978189 18,55 $ ★★★ ②

CHÂTEAU OLLIEUX ROMANIS

Corbières 2015

La vaste propriété de Jacqueline et François Bories est la source d'un vin passablement riche en 2015. Les tanins et la masse fruitée sont très mûrs, au point où le vin paraît presque sucré. Puissant, mais un peu monolithique pour le moment; il gagnera peut-être à reposer en cave encore un an ou deux.

3 418230 003390

12875197 19,05$ ★★★→? ③

VIGNOBLE DU LOUP BLANC

Les Trois P'tits C 2013, Val de Cesse

Alain Rochard, Nicolas Gaignon, Carine et Laurent Farre ont acquis la propriété qui allait devenir le Vignoble du Loup Blanc en 2002. Installés au pied de la montagne Noire, dans le secteur des Causses, au nord-est du Minervois, les quatre associés ont vite converti le vignoble à l'agriculture biologique, puis à la biodynamie. Cet assemblage de tempranillo, de grenache, de carignan et d'alicante s'ouvre d'abord sur des parfums de réduction, qui s'estompent à l'aération. La bouche est tissée de tanins charnus, dotée d'une certaine profondeur et laisse en finale une sensation fraîche et désaltérante. Très bel exemple de rouge du Midi.

3 760119 324011

10528239 24,80$ ★★★ ½ ②

VIGNOBLE DU LOUP BLANC

Minervois 2015, Le Régal

Le quatuor franco-québécois élabore aussi ce très bon rouge dans l'appellation Minervois. Le 2015 séduit d'abord par son attaque en bouche ample et sa charge fruitée, puis le vin se resserre, laissant en finale une sensation un peu austère, ce qui n'est pas un défaut en soi. Quelques mois de repos lui permettront de s'épanouir et de gagner en nuances. En attendant, la carafe s'impose.

3 760119 322048

10405010 21,10$ ★★★→? ③

CLOS DES FÉES

Côtes du Roussillon 2016, Les Sorcières du Clos des Fées

Bien qu'il n'ait pas l'envergure de la cuvée Vieilles vignes commentée à la page 128, le vin d'entrée de gamme d'Hervé Bizeul exerce un charme certain. Issu d'une sélection de vieilles vignes de grenache et de carignan de 40 à 80 ans, ainsi que de jeunes vignes de syrah, le 2016 est éclatant de jeunesse. Juteux, gorgé de fruit et authentiquement roussillonnais, il offre une longueur remarquable pour moins de 20$.

11016016 18,50$ ★★★★ ② ♥

3 569840 208016

DOMAINE CAZES

Côtes du Roussillon 2016, Marie-Gabrielle

Syrah (50%), grenache et mourvèdre, cultivés selon les principes de la biodynamie. Encore très jeune, marqué par des arômes fermentaires. Attaque en bouche mûre, ronde et veloutée. Plein et charnu en milieu, à la fois chaleureux, mais aussi rassasiant de fraîcheur en finale, grâce à une pointe de salinité. Un excellent achat à moins de 20$.

851600 18,50$ ★★★★ ② ♥

3 248840 303098

DOMAINE DE MAJAS

Côtes Catalanes 2016

Sauf erreur, c'était la première fois que je goûtais ce vin délicieux qu'Agnès et Alain Carrère produisent en collaboration avec le Sud-Africain Tom Lubbe (Domaine Matassa). Issu de l'agriculture biologique et manifestement vinifié avec peu d'intrants – ça se sent –, le vin offre une expression pure et vibrante du carignan et du grenache dans le Roussillon. Un très bon rouge de soif, nerveux et guilleret, presque léger; à des lieues des vins puissants et chargés de tanins qui ont longtemps sévi dans le sud. Très bel ajout au répertoire de la SAQ.

13105910 20,50$ ★★★★ ② ♥

0 895958 000499

DOMAINE LAFAGE

Grenache noir 2015, Cuvée Nicolas, Côtes catalanes

Ce vin traduit bien la rondeur, les goûts chocolatés et l'opulence caractéristiques du grenache. Sa bouche mûre et capiteuse fait bien sentir sa richesse alcoolique à 15% d'alcool, sans que le vin ne soit brûlant pour autant.

12211366 19,80$ ★★★ ② 3 760031 472999

FERRER-RIBIÈRE

Carignan 2014, Côtes catalanes

Ce vin issu de vignes centenaires de carignan, profite d'une macération carbonique avant d'être vinifié de manière traditionnelle. Bien qu'il soit éminemment rassasiant par sa trame tannique charnue et vigoureuse, ce vin gorgé de soleil n'accuse pas la moindre lourdeur. Même goûté par une journée de canicule en août 2017, le vin laissait en bouche une sensation fraîche et désaltérante. Beaucoup de relief et une longueur digne de mention, surtout à ce prix!

12212182 21,35$ ★★★★ ② ♥ 3 481260 000172

FERRER-RIBIÈRE

Côtes du Roussillon 2015, Tradition

La cuvée Tradition que produisent Denis Ferrer et Bruno Ribière ou sud-ouest de Perpignan offre toujours beaucoup de consistance pour le prix. Une trame tannique tendre et ronde en attaque, serrée en milieu et en finale. Un peu austère à l'ouverture, il gagne à respirer en carafe pendant une demi-heure; il révèle alors de riches arômes de fruits confits, de garrigue, d'anis et de menthe, laquelle accentue la sensation de fraîcheur en bouche. Si vous manquez l'arrivage d'octobre à la SAQ, surveillez de près celui de février 2018.

11096271 19,50$ ★★★★ ② ♥ ⧍ 3 481260 001070

MAS LAS CABES

Côtes du Roussillon 2015

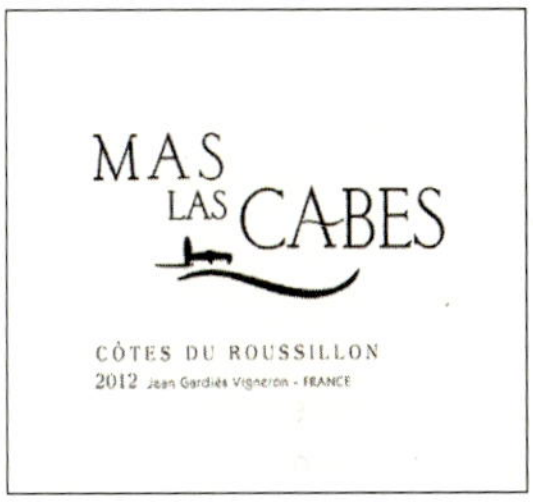

Jean Gardiès a pris les rênes du domaine familial en 1990. Le vignoble est maintenant conduit en agriculture biologique et donne de très beaux fruits, si j'en juge par l'excellente qualité de ce 2015. On est vite séduit par l'attaque en bouche juteuse, offrant une profusion de saveurs de petits fruits rouges et de fines herbes; gourmand, fidèle à ses origines roussillonnaises et très digeste, en dépit de ses 14,5% d'alcool et très typé de sa région. Décidément, le Roussillon est aussi un terroir fertile en aubaines.

11096159 18,40$ ★★★★ ② ♥ 3 760039 380463

CLOS DES FÉES

Côtes du Roussillon-Villages 2014, Vieilles vignes

Hervé Bizeul est vite devenu une star du Roussillon, notamment pour sa Petite Sibérie, un vin culte vendu à plus de 300 $. Sans en avoir la profondeur, cette cuvée issue de vieilles vignes est taillé du même bois. On y trouve les parfums torréfiés habituels et une forme pleine, solide et large d'épaules, sans que le vin soit puissant ni capiteux outre mesure. Sérieux, de bonne envergure, il laisse en fin de bouche une sensation minérale. On voudra le laisser dormir encore jusqu'en 2022.

3 569840 308013

11177240 41 $ ★★★→★ ③

DOMAINE CAZES

Maury sec 2015, Castell d'Agly

Un excellent vin composé de vignes centenaires de grenache noir et de carignan, qui s'enracinent dans les terrasses de schistes de la haute vallée de l'Agly. Au nez, on jurerait être en présence d'un vin liquoreux de Maury tant les saveurs de fruits confits et de chocolat s'expriment avec intensité. La bouche est capiteuse (15,5 % d'alcool), clairement marquée par l'empreinte aromatique du grenache, dont elle affiche aussi la texture velours. Un vin original qu'on croque presque autant qu'on boit tellement il est rassasiant. Retour prévu en début d'année 2018.

3 248847 696940

12882021 20 $ ★★★★ ② ♥

DOMAINE GARDIÈS

Côtes du Roussillon-Villages 2013, Clos des Vignes

Beaucoup de mâche et de concentration dans ce vin biologique issu de vignes de grenache noir et de carignan âgées de près de 70 ans et dont les rendements sont limités à 25 hl/ha. Le vin se dessine pourtant en bouche avec élégance ; suave, assise tannique compacte et chair fruitée bien mûre. Il aura besoin de quelques années avant de se révéler pleinement.

3 760039 380500

10781445 34,25 $ ★★★→★ ③

LA TOUR VIEILLE

Collioure 2016, La Pinède

En plus d'exceller dans la production de Banyuls, Vincent Candié élabore un rouge particulièrement savoureux en 2016. Composé pour les trois quarts de vignes de grenache noir âgées d'une trentaine d'années et de vieilles vignes de carignan, le vin embaume le cacao, la menthe et le kirsch. La bouche est fraîche et saline, gorgée de saveurs de fruits noirs et de fleurs ; portée par une texture suave qui caresse le palais et rend le vin hyper séduisant. L'une des belles réussites des dix dernières années.

3 760087 610048

914267 24,95$ ★★★★ ② ♥

MAS DE LA DEVÈZE

Côtes du Roussillon-Villages 2015, Pandore

Sur un mode plus musclé et puissant que les autres vins du Roussillon commentés dans ces pages, cet assemblage de mourvèdre, de grenache et de carignan est plein en attaque, riche en saveurs de confiture, mais laisse une sensation un peu creuse en milieu et en fin de bouche. Imposant, mais sans la profondeur des meilleurs.

3 770004 425006

12731530 22,50$ ★★★ ②

MAS JANEIL

Côtes du Roussillon 2016, Le Petit Pas

François Lurton a racheté cette propriété de la vallée de l'Agly en 2008, après l'avoir exploitée en fermage avec son frère Jacques pendant une dizaine d'années. Ce vin qui provient de parcelles situées sur les terroirs de Tautavel et de Maury est plutôt juteux en attaque, mais se resserre dans une fin de bouche un peu austère. Un peu court, mais tout à fait recommandable.

0 635335 378908

12561198 18,05$ ★★★ ②

France

CHÂTEAU LA LIEUE

Coteaux Varois en Provence 2015

Le vignoble des Coteaux Varois en Provence s'étend autour de la petite ville de Brignoles et jouit d'un climat continental, ce qui se traduit par des journées chaudes et des nuits fraîches. Ce rouge disponible à l'année à la SAQ est composé essentiellement de grenache et de mourvèdre, issus de l'agriculture biologique. Le millésime 2015 marque un retour à la normale pour ce vin. Parfums de cuir, de fruits noirs et d'épices; léger, facile et digeste.

605287 13,25$ ★★★ ①

3 760015 200013

CHÂTEAU LA TOUR DE L'EVÊQUE

Côtes de Provence 2013

De toute évidence, Régine Sumeire n'excelle pas seulement dans l'art du rosé. Le rouge qu'elle élabore dans son domaine de Pierrefeu est tout aussi savoureux que son célèbre Pétale de Rose. Une interprétation élégante et digeste de la syrah et du cabernet sauvignon; finale harmonieuse et excellente longueur. Dans sa catégorie, il mérite quatre étoiles. Biologique.

440123 23,40$ ★★★★ ② ♥

3 458200 002305

CHÂTEAU LA TOUR DE L'EVÊQUE

Côtes de Provence 2015

On reconnaît les vins blancs provençaux à leurs tonalités salines qui les rendent désaltérants. Celui-ci repose sur un assemblage de rolle – nom local du vermentino – et de sémillon. Ce dernier apporte au vin de l'ampleur et du gras, sans l'alourdir. Le 2015 n'est pas très acide, comme la plupart des vins de la région, mais sa structure et sa trame minérale lui procurent une agréable fraîcheur. Un très bon blanc pour accompagner les huîtres.

972604 22,30$ ☆☆☆ ½ ② ♥

3 458200 003203

CHÂTEAU REVELETTE

Coteaux d'Aix-en-Provence 2014

Les vins de Peter Fischer sont issus de l'agriculture biologique et vinifiés sans intrant, sinon une petite dose de soufre à la mise en bouteille. Encore tout jeune, son 2014 présente un léger nez de réduction, qui s'estompe à l'aération. Beaucoup de mâche et un très joli spectre de saveurs qui oscillent entre les petits fruits noirs et le fenouil, le poivre et la violette. Toute la structure voulue, mais aucune lourdeur, entre autres, grâce à un léger reste de gaz qui donne beaucoup de tonus à l'ensemble. Difficile de résister à tant d'authenticité.

10259737 21,35$ ★★★★ ② ♥

3 760087 281224

DOMAINE DU CLOS DE LA PROCURE

Côtes de Provence 2014, Dupéré Barrera

Le vignoble de la Québécoise Emmanuelle Dupéré et du Français Laurent Barrera est certifié biologique. Leur 2014 a beaucoup de relief, de vivacité et de caractère; la trame tannique est serrée et empreinte d'élégance. Solide, bien provençal et marqué par le caractère austère du mourvèdre, ce qui n'est pas un défaut. Vin distinctif, à laisser mûrir jusqu'en 2022.

10783109 27,05$ ★★★★ ③

DOMAINE LA LIEUE

Chardonnay 2015, Var

Issu de l'agriculture biologique, ce blanc se distingue du lot de chardonnays sur le marché par la pureté de ses arômes, par son gras doublé de vitalité et par sa finale saline, qui laisse la bouche fraîche.

10884655 18,15$ ☆☆☆ ②

DUPÉRÉ BARRERA

Nowat 2014, Côtes de Provence

Cette cuvée Nowat est issue d'achat de raisins et des vieilles vignes du clos de la Procure, certifiés biologiques. Le vin était un peu bourru lorsque goûté en septembre 2017, mais très bien tourné, charnu et de bonne longueur; relevé de notes fumées et animales, sur un fond de fruits noirs. Encore jeune, on devrait le laisser dormir quelques années.

10783096 27,25$ ★★★→? ③

GROS'NORÉ

Bandol 2013

J'ai toujours bien aimé les vins d'Alain Pascal, même si je les trouvais parfois un peu trop costauds. Or, ce 2013 n'a rien de massif et fait même preuve d'une grande finesse. Je ne saurais dire s'il s'agit d'un effet millésime ou de changements effectués dans le chai, mais la texture m'a parue plus leste et soyeuse, comme si on avait mis la pédale douce sur l'extraction. Le vin ne manque pourtant pas de matière et s'avère très rassasiant; vont crescendo et culminent en une finale à la fois vaporeuse, profonde et digeste. Chapeau, monsieur Pascal!

10884583 38,25$ ★★★★→? ③

SUD-OUEST

PAYS BASQUE

Le cabernet franc est originaire du Pays basque espagnol. On raconte qu'il aurait migré de l'autre côté des Pyrénées grâce à l'initiative de quelques pèlerins, sur le chemin du retour de Saint-Jacques-de-Compostelle. Moins tannique et coloré que d'autres cépages du Sud-Ouest, il s'adapte bien aux terroirs frais, comme celui de Chinon dans la Loire. Il est également le père du cabernet sauvignon et du merlot.

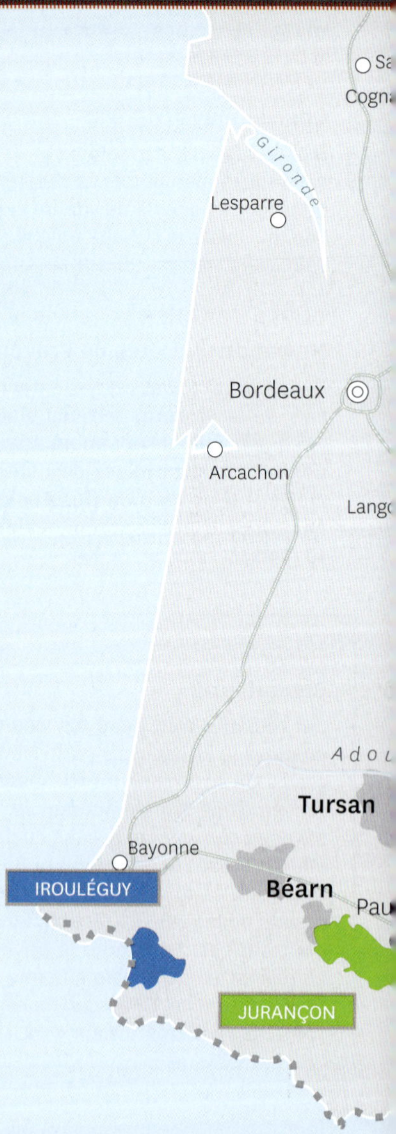

JURANÇON

Les nombreux vins liquoreux du Sud-Ouest – jurançon, pacherenc du vic-bilh, gaillac, monbazillac – sont autant de solutions de rechange abordables au sauternes.

Les vins du Sud-Ouest n'ont jamais été aussi connus et appréciés. Ceux de Jurançon, de Gaillac, de Fronton, d'Irouléguy et de Marcillac piquent la curiosité et font la joie des amateurs à la recherche de goûts différents. Quant aux vins de Cahors et de Madiran, ils sont maintenant réhabilités, après un long passage du côté obscur de la force.

On trouve bien quelques ceps de merlot, de cabernet et de sauvignon blanc dans certaines zones, mais le Sud-Ouest est avant tout un jardin ampélographique dédié à des variétés anciennes, le plus souvent uniques à cette vaste région. Plantés sur les terroirs appropriés, les cépages négrette, mauzac, duras, manseng, courbu, auxerrois, fer servadou, tannat, malbec et autre abouriou sont les cartes maîtresses qui préservent l'originalité des vins du Sud-Ouest. Ça et le travail des vignerons, évidemment.

MARCILLAC

Dans l'Aveyron, à l'est de Cahors, l'appellation Marcillac couvre à peine 200 hectares, plantés essentiellement de mansois, un cépage local également nommé fer servadou.

MADIRAN

Même si quelques rares vins rouges rudes et abrasifs sévissent encore, la plupart des vignerons réussissent à maîtriser la force tannique du tannat pour en tirer des vins plus harmonieux.

CAHORS ET MADIRAN

LES DERNIERS MILLÉSIMES

2016
L'hiver dans le Sud-Ouest de la France a été doux, mais très humide, tout comme le printemps. Ces conditions ont retardé la floraison et les vignerons ont dû composer avec des maladies, en plus d'averses de grêle. Quantités en baisse, malgré un été chaud et sec.

2015
À part quelques vignerons malchanceux, touchés par la grêle et les orages, un excellent millésime en perspective, qui devrait rivaliser avec 2014 pour les vins de Cahors et de Madiran.

2014
Contre toute attente, un excellent millésime qui a donné des vins de facture classique à Cahors et Madiran. Une belle fin de saison aura permis de récupérer le retard occasionné par un été en dents de scie. Qualité exceptionnelle pour les liquoreux.

2013
Autre année de disette, avec un été parsemé de grêle, de problèmes de pourriture. Seul note positive : des vendanges sous le soleil.

2012
Du gel, de la grêle et un temps généralement froid et pluvieux. 2012 aura été l'année de toutes les intempéries dans le Sud-Ouest. La récolte fut petite, mais de qualité satisfaisante, grâce, entre autres, à de bonnes conditions météorologiques à compter du 15 septembre.

2011
Grande réussite pour les vins blancs ! Le meilleur millésime depuis 2005. Des vins rouges concentrés à Madiran et à Cahors, certains affichant un degré alcoolique relativement élevé.

2010
Des conditions misérables au printemps ont entraîné de fréquents problèmes de coulure. Résultat : une récolte réduite de vins parfois sauvés par une fin de saison favorable.

2009
L'un des bons millésimes des dernières années. Dans les deux appellations, les vins s'annoncent solides et structurés.

2008
Récolte déficitaire en bien des endroits. Après un été frais, une belle fin de saison laisse présager plusieurs bons vins.

2007
Millésime ingrat ; ses vins ne passeront pas à l'histoire. Quelques producteurs ont su tirer profit du beau temps de l'arrière-saison. Qualité irrégulière.

France

CHÂTEAU JOLYS

Jurançon 2014, Cuvée Jean

Le vignoble de la famille Latrille est le second plus vaste de Jurançon. On y produit un très bon vin liquoreux issu à 100% de petit manseng; onctueux et fruité, avec de délicates notes de champignon. Fraîcheur à défaut de puissance et de profondeur. Prix très accessible pour une bouteille de bon vin de dessert.

913970 22,80$ ☆☆☆ ②

3 433813 002003

CLOS UROULAT

Jurançon 2014

Charles Hours élabore des vins secs et liquoreux parmi les plus sérieux de l'appellation Jurançon. Issu de petit manseng, comme c'est la coutume dans le Sud-Ouest, ce jurançon moelleux nous transporte dans un monde de parfums, navigant entre les épices douces, la confiture d'abricot, les fines herbes, jusqu'au chanvre et aux agrumes. La bouche est onctueuse, mais surtout structurée et l'équilibre sucre-acide est si bien maîtrisé qu'on sent à peine sa richesse. Une grande année pour le Clos Uroulat et un excellent rapport qualité-prix, comme toujours. Retour prévu en succursales d'ici la fin de l'année 2017.

709261 18,95$ ☆☆☆☆ ② ♥

3 760091 251213

CRU BARRÉJATS

Sauternes 2004

Au terme d'une longue bataille juridique, Mireille Daret a finalement pu reprendre les parcelles de cette propriété du Haut-Barsac, située non loin de Château Climens. À compter du millésime 2010, les vins porteront le nom de Cru Barréjats-Daret. Les vins sont toujours élaborés sans chaptalisation. Peut-être moins onctueux que le 2001 vendu il y a quelques années, mais néanmoins très fin et parfaitement équilibré. Sa richesse en sucre ne fait pas obstacle à la fraîcheur ressentie en bouche ni à la subtilité de ses arômes qui se déroulent avec beaucoup de nuances. Compte tenu de sa qualité et de son âge, son prix me paraît on ne peut plus justifié.

En primeur

12958881 49$ (500 ml) ☆☆☆☆ ½ ②

BRUMONT, ALAIN

Gros Manseng-Sauvignon blanc 2016, Gascogne

Le vin blanc courant d'Alain Brumont conserve la même «recette». Un vin amplement parfumé, plein de fraîcheur et de vitalité.

548883 12,65$ ☆☆☆ ① ♥

3 372220 000243

LURTON, FRANÇOIS

Sauvignon blanc 2016, Les Fumées blanches, Côtes de Gascogne

L'un des premiers vins blancs du Sud-Ouest à avoir misé à fond sur le pouvoir de séduction du sauvignon. L'exemple même du bon blanc moderne, sec, nerveux et relevé des parfums d'agrumes. Belle bouteille abordable et coiffée d'une capsule vissée. Également disponible en format 3 litres – vin en boîte (vinier) à la SAQ.

11714181 46,40$

643700 13,95$ ☆☆☆ ① ♥

0 635335 961957

PRODUCTEURS PLAIMONT

Écho Indigo 2016, Côtes de Gascogne

Cette cuvée nouvellement inscrite au répertoire de la SAQ remplace Les Vignes Retrouvées, un très bon blanc sec qui, en dépit d'une qualité impeccable, n'a jamais été adopté par les consommateurs québécois. Dommage... Celui-ci devrait plaire à l'amateur de sauvignon blanc avec ses notes herbacées et citronnées, sa vigueur et sa légèreté.

13189834 12,05$ ☆☆ ½ ① ♥

3 270040 307095

PYRÈNE

Beau manseng 2016, Côtes de Gascogne

La paire parfaite, avec la Cuvée Marine commentée ci-après. Un peu moins guilleret, mais aussi plus sérieux et assez vineux pour être apprécié à table, ce vin composé à 100% de gros manseng – d'où son nom – est ponctué d'une fine amertume qui tire les saveurs en fin de bouche, laissant une impression d'ensemble fort rassasiante.

13188778 15,20$ ☆☆☆ ½ ② ♥

PYRÈNE

Cuvée Marine 2016, Côtes de Gascogne

Je m'attarde rarement à l'aspect marketing du vin et à l'esthétisme des étiquettes, mais je dois avouer que mon œil a vite été séduit par le petit look rétro des nouvelles étiquettes de la marque Pyrène. En plus, le vin est bon! Légèrement perlant, pas du tout édulcoré et même doté d'une fine salinité, un attribut rare dans cette gamme de prix, d'où ses quatre étoiles. Impeccable!

11253564 12,30$ ☆☆☆☆ ① ♥

VIGNERONS DE BRULHOIS (LES)

Carrelot des Amants 2016, Côtes de Gascogne

Déjà hyper abordable l'an dernier, ce blanc élaboré par Les Vignerons de Brulhois, une cave coopérative qui regroupe une quarantaine de vignerons au nord-ouest de Toulouse est vendu sous la barre des 10$, depuis que la SAQ a révisé ses prix à la baisse. Composé de sauvignon et de gros manseng, le 2016 offre beaucoup de plaisir pour un prix dérisoire. Les saveurs sont nettes et le vin est sec et vif, ce qui n'exclut pas le volume en bouche. Dans cette catégorie, difficile de trouver mieux.

11675871 9,85$ ☆☆☆ ½ ① ♥

BRUMONT, ALAIN

Pacherenc du Vic-Bilh 2014, Torus

Cette cuvée bien connue sur le marché québécois est issue de petit courbu – le cépage blanc de prédilection d'Alain Brumont – et de gros manseng, provenant des jeunes vignes des châteaux Montus et Bouscassé. Très bon 2014 particulièrement fringant et tonique, avec une tenue digne de mention pour le prix et un caractère bien affirmé. À apprécier autant à table qu'à l'apéro.

11098314 17,95$ ☆☆☆ ½ ② 3 372220 000380

CAMIN LARREDYA

Jurançon sec 2016, La Part Davant

Ancien joueur professionnel de rugby devenu vigneron, Jean-Marc Grussaute veille sur le vignoble familial qu'il conduit selon les principes de la biodynamie. À première vue et au premier nez, on serait presque porté à douter de la mention « sec » sur l'étiquette tant la couleur de son vin est dorée et son nez riche. La bouche est pourtant parfaitement droite, structurée même. Les parfums de réduction présents à l'ouverture s'estompent après quelques minutes dans le verre, laissant place à de jolies nuances de poire et d'amande fraîche. Juste assez de gras pour enrober l'acidité et beaucoup d'envergure. On pourra le boire sans se presser jusqu'en 2025.

12233434 28,40$ ☆☆☆☆ ③ ▼ 3 573349 960016

CAUSSE-MARINE

Gaillac 2016, Les Greilles

Ce blanc de Gaillac n'est jamais banal, même dans les moins bonnes années. En 2016, Virginie Magnien et Patrice Lescarret ont tiré des cépages len de l'el, mauzac, ondenc et muscadelle un blanc absolument superbe. Au nez autant qu'en bouche, on perçoit un très large spectre de saveurs mariant le melon aux herbes fraîches, le miel aux épices et aux accents de miso, qui accentuent la sensation *umami* en finale. Peu d'acidité ressentie, mais beaucoup de fraîcheur, de relief et de profondeur. Difficile de rester insensible à un vin doté d'une si forte personnalité. Retour en succursales prévu en décembre 2017.

860387 24$ ☆☆☆☆ ② ♥ 3 760086 250016

DOMAINE DU TARIQUET

Côté 2016, Côtes de Gascogne

Cet assemblage unit le gras du chardonnay et l'expression aromatique du sauvignon blanc. La vivacité est enrobée d'un reste perceptible de sucre qui le rend un peu trop flatteur à mon goût. Bon vin grand public, techniquement correct.

561316 18,95$ ☆☆ ½ ①

3 359880 700058

DOMAINE DU TARIQUET

Réserve 2015, Côtes de Gascogne

Sans être vraiment inspiré, cet assemblage de gros manseng, de chardonnay, de sauvignon blanc et de sémillon a de belles qualités: des senteurs de pêche, du fruit et un bon équilibre en bouche, grâce à un reste perceptible de gaz. Un peu à court de substance, mais bien fait.

11556320 18$ ☆☆☆ ② ♥

3 359880 200015

HOURS, CHARLES

Jurançon sec 2014, Cuvée Marie

La couleur dorée et le nez de cire d'abeille de ce jurançon annoncent un vin d'envergure. L'exemple même du blanc de texture, dans lequel l'acidité joue un rôle structurant, comme une colonne vertébrale qui le porte vers le haut. Bien que les parfums témoignent déjà d'une certaine évolution, il ne faut pas douter de la capacité de ce vin à se bonifier avec les années. La Cuvée Marie a maintes fois prouvé qu'elle sait résister à l'usure du temps. Excellent!

896704 24,70$ ☆☆☆☆ ② ♥

3 760091 250018

OSMIN, LIONEL

Jurançon sec 2015, Cami Salié

Tout fraîchement arrivé sur les tablettes lorsque goûté en septembre 2017, le 2015 déployait de délicates notes végétales au nez. En bouche, le vin est très aromatique et expressif, doté d'une intensité fruitée irrésistible, le tout soutenu par une saine acidité, qui assure sa tenue. Bon équilibre, bonne longueur, bon prix.

13402316 24,50$ ☆☆☆ ½ ②

3 760201 500200

CHÂTEAU DU CÈDRE

Cahors 2013

Les frères Verhaeghe ont bien su tirer leur épingle du jeu en 2013, une année marquée par les aléas météo et la pourriture. Leur vin n'est peut-être pas le plus corsé des derniers millésimes, mais s'avère fort élégant. Forme leste et tanins veloutés, mais assez charnus; finale savoureuse aux parfums de cerise. À boire d'ici 2021.

3 516483 796257

972463 27,15$ ★★★ ½ ②

CHÂTEAU DU CÈDRE

Cahors 2015, Chatons du Cèdre

Version souple, friande et accessible du vin de Cahors. De jolis parfums de cannelle et de poivre, une belle trame fruitée et juste ce qu'il faut d'appui tannique en bouche. Très bon achat!

3 750026 020014

560722 13$ ★★★ ① ♥

CHÂTEAU EUGÉNIE

Cahors 2013, Réservée de l'Aïeul

La famille Couture est profondément enracinée dans les terroirs du Causse, où elle produit des vins de qualité impeccable. Sauf erreur, c'est la première fois que je goûtais ce vin issu des plus vieilles vignes de la propriété, plantées par le grand-père des actuels propriétaires, sur les troisièmes terrasses du Lot. Encore très jeune en juillet 2017, le 2013 avait une belle structure, aucune concentration excessive, mais beaucoup de tenue et de longueur. Il faudra le revoir dans cinq ou six ans.

3 558503 001002

12723046 24$ ★★★→★ ③ ♥

CHÂTEAU EUGÉNIE

Cahors 2014, Tradition

Toujours parmi les bons Cahors à petit prix, la cuvée Tradition est la preuve que tous les rouges de l'appellation n'ont pas besoin de vieillir en cave pour être appréciés. Fringant, tonique, vigoureux et riche en saveurs de fruits noirs, de poivre et de viande fumée. Toute la tenue souhaitée, mais aucune dureté. Très bon!

3 558501 001004

721282 15,30$ ★★★ ½ ② ♥

France

CLOS LA COUTALE

Cahors 2015

Ce domaine d'une cinquantaine d'hectares situé dans la partie occidentale de l'appellation – comme le Château du Cèdre – produit un Cahors de qualité très régulière. Même s'il ne pèse guère plus de 12,4 %, ce 2015 a une bouche ronde, charnue et amplement fruitée. La générosité du millésime y est sans doute pour quelque chose... Impeccable pour le prix.

857177 14,45 $ ★★★ ② ♥

3 499290 000017

COSSE-MAISONNEUVE

Cahors 2014, Combal

Le Combal est particulièrement élégant en 2014. L'attaque en bouche est suave, mais l'enveloppe est solide et sa structure compacte rappelle un peu les vins du Médoc. Le fruit joue en sourdine à l'ouverture, mais l'équilibre en bouche est impeccable. Après une heure d'aération, le vin développe des nuances sanguines, fruitées et florales, soutenues par une amertume noble. Excellent cahors authentique et digeste; beaucoup de matière pour le prix.

10675001 19,65 $ ★★★★ ② ♥

3 760037 012069

COSSE-MAISONNEUVE

Cahors 2014, Les Laquets

Depuis une dizaine d'années, les vins de ce domaine me donnent l'impression d'être toujours un peu plus achevés. Les Laquets atteint d'ailleurs un nouveau sommet en 2014, excellent millésime à Cahors. Entre les mains de Catherine Maisonneuve et de Mathieu Cosse, le cépage malbec fait preuve d'une grâce rare et s'exprime en longueur et en hauteur, beaucoup plus qu'en largeur. Les tanins sont polis, sur une trame de fond vigoureuse et vibrante de jeunesse; les arômes de pivoine embaument le palais et vont crescendo. Déjà exquis, et il est loin d'avoir atteint son apogée.

10328587 42 $ ★★★★ ½ ③

3 760074 070039

COSSE-MAISONNEUVE

Cahors 2015, La Fage

Issu de vignes de malbec âgées d'une trentaine d'années, sur les troisièmes terrasses du Lot, La Fage est toujours le plus ouvert et le plus gourmand des trois vins du domaine offerts à la SAQ. Pas plus d'alcool que d'habitude (13 %), mais il donne l'impression d'être issu de fruits plus mûrs... Des saveurs affriolantes de fruits noirs, de fleurs, de poivre noir, des tanins ronds, une bouche joufflue et néanmoins pleine de vitalité. Servir frais autour de 15 °C.

10783491 26,50 $ ★★★★ ② ♥

3 760037 012113

CHÂTEAU BOUSCASSÉ

Madiran 2006, Vieilles vignes

Au cours des 30 dernières années, personne n'a fait autant qu'Alain Brumont pour remettre le Madiran sur la carte. Les Vieilles vignes de la propriété familiale de Bouscassé donnent un vin sérieux et complexe. Déjà ouvert, comme l'annoncent ses senteurs de champignon, de fruits secs et de terre humide; les tanins, assouplis par les années, sont veloutés et élégants, sans la moindre sécheresse. Pas très long, mais profond, séduisant et vendu à un prix attrayant.

3 372220 060025

904979 35,25$ ★★★★ ① ♥

CHÂTEAU BOUSCASSÉ

Madiran 2012

D'ordinaire, les vins de Bouscassé ont une facture plus classique, moins flamboyante que ceux du Château Montus, le triomphe de Brumont. Or, j'ignore s'il y a eu un changement quant à l'élevage, mais le 2012 dégageait de fortes odeurs de torréfaction en septembre 2017, au point de ressembler à un rouge moderne de la Rioja. Certains aiment ce style tapageur, dessiné à gros traits. Moi, je m'en lasse vite. J'attendrai donc le prochain millésime.

3 372220 110003

856575 19,95$ ★★ ½ →? ③

CHÂTEAU MONTUS

Madiran 2006, La Tyre

La Tyre mérite une mise en contexte. Dans la région de Madiran, les vignes de tannat sont traditionnellement orientées vers le sud. Alain Brumont, afin d'obtenir des raisins à pleine maturité, a plutôt entrepris de le planter sur un terroir en pente, exposé plein ouest, profitant ainsi de la lumière et de la chaleur intenses du couchant. Les raisins de tannat mûrs et concentrés sont ensuite vinifiés « façon Brumont », avec les plus grandes ambitions: macérations très longues (pour extraire un maximum de couleur et de tanins), puis élevage en barriques (neuves à 100%) pendant plus ou moins 15 mois. Ce 2006 était déjà âgé d'une dizaine d'années lorsque goûté au courant de l'été 2017, mais il ne montrait aucun signe de faiblesse. Le fruit frais commençait à céder la place aux parfums de terre et de champignon, sans se retirer complètement, et le bois était bien intégré. Un madiran de grande envergure – comme son prix – qu'on pourra apprécier jusqu'en 2022. Arrivée prévue en début d'année 2018.

En primeur

12932411 193$ ★★★★ ½ ② Ⓢ

CHÂTEAU MONTUS

Madiran 2009, Cuvée Prestige

Dès son premier millésime, en 1985, la Cuvée Prestige avait propulsé Alain Brumont au firmament du madiran, lui attirant une légion de fidèles qui apprécient le style opulent et bien ficelé de ses vins. Le 2009 avait beau être déjà âgé de 8 ans, il en menait encore large en bouche en septembre 2017. Plein, rassasiant et riche d'une foule de détails aromatiques; les tanins sont veloutés, mais tissés très serrés et le vin laisse en finale une sensation minérale qui traduit sa profondeur. À boire vers 2022.

12215914 70,25$ ★★★★ ②

3 372220 090039

CHÂTEAU MONTUS

Madiran 2012

Le 2012 joue sur le thème de la torréfaction et de la concentration. Un vin noir comme de l'encre, riche en tanins et en saveurs mûres. Un peu trop jeune pour être apprécié à sa juste valeur, mais sa poigne tannique d'enfer et son équilibre en bouche sont garants d'un bon potentiel de vieillissement.

705483 28,85$ ★★★→? ③

3 372220 110010

PRODUCTEURS PLAIMONT

Madiran 2014, Maestria

Cette cave dirigée par Olivier Bourdet-Pees mène parallèlement des recherches visant la restauration de vieux cépages locaux. Le Maestria est un peu austère dans sa mouture 2014. On a au moins eu la sagesse de ne pas gommer la nature du cépage avec du bois. Cela dit, le vin pourrait prendre un peu plus de chair autour de l'os.

10675271 18,50$ ★★★ ②

3 270040 107657

VIGNERONS DE BRULHOIS (LES)

Le Vin noir 2011, Brulhois

Le Québec est un marché de première importance pour cette cave coopérative installée entre Toulouse et Bordeaux. Les vignes de tannat (50%), de merlot et de cabernet franc qui composent cette cuvée puisent leurs racines dans des terroirs de graves, de part et d'autre de la Garonne et donnent un bon vin rouge, nettement moins puissant et costaud que son nom le suggère. Le 2012 met en relief la fermeté naturelle du tannat; un bon vin plutôt austère et un peu sec, qui offre tout de même une dose satisfaisante de fruit.

11154822 17,40$ ★★★ ② ♥

3 586610 001721

CAUSSE-MARINE

Gaillac 2015, Peyrouzelles

Ce vin mise essentiellement sur le braucol, la syrah et le duras, mais il est possible qu'on y trouve un peu d'alicante, de prunelart et de jurançon. Décoré d'une Grappe d'or l'an dernier, le 2015 n'est pas le plus concentré des derniers millésimes, mais l'élégance de son grain tannique et la pureté de son fruit ont peu d'égal à Gaillac. Un an plus tard, le vin était toujours aussi gourmand et encore plus savoureux. Servez-le frais autour de 15 °C.

709931 22,55$ ★★★★ ② ♥ 3 760086 250030

DA ROS, ELIAN

Côtes du Marmandais 2013, Chante Coucou

Élian Da Ros a rejoint le domaine familial de Cocumont après un passage en Alsace. Quelques années lui ont suffi pour insuffler un dynamisme sans précédent aux Côtes du Marmandais. Son Clos Baquey est un monument. Bien qu'il n'ait pas la même envergure, le Chante Coucou est fait du même bois. Le nez du 2013 est discret; c'est surtout en bouche qu'on peut saisir la finesse, la singularité et la profondeur de ce vin composé majoritairement de merlot. Des tanins soyeux caressent le palais, avant de se resserrer en une finale charnue et tonique. Une réussite d'autant plus remarquable dans le contexte du millésime 2013…

12723142 31,25$ ★★★★ ② ♥ 3 760195 920176

DA ROS, ELIAN

Côtes du Marmandais 2015, Le Vin est une Fête

Cette cuvée porte si bien son nom: vin de soif et de plaisir, sans prétention et taillé pour la fête. Une interprétation hautement originale des merlot et cabernet franc, auxquels s'ajoutent 20% d'abouriou. Le 2015 est encore nerveux et animé par la fougue de la jeunesse, il laisse en bouche une sensation fraîche et tonique. Surveillez l'arrivée du 2016 au début de l'année 2018.

11793211 21,90$ ★★★★ ② ♥ 3 760195 920169

DOMAINE DU CROS

Marcillac 2015, Lo Sang del Païs

Philippe Teulier produit un excellent vin rouge qui met en relief l'originalité du cépage mansois, le nom local donné au fer servadou. Frais et vivifiant comme l'air des montagnes, c'est l'exemple même du rouge qui se boit sans soif. Des saveurs franches, des tanins légèrement granuleux lui donnent un petit air rustique, mais combien sympathique!

743377 16,80$ ★★★ ½ ② ♥ 3 760086 290012

DOMAINE MATHA

Marcillac 2013, Cuvée Laïris

Jean-Luc Matha est un acteur important de Marcillac. Un cran plus mûr en 2013, son Laïris a des airs de cabernet franc de la Loire avec sa vigueur tannique et ses saveurs de poivrons rouges qui rappellent la piperade. Nerveux et pourtant empreint d'une certaine élégance. Un bon vin authentique qu'on servira légèrement rafraîchi, autour de 15 °C.

10217406 19,95 $ ★★★ ½ ②

3 760087 460018

GROSBOIS, NICOLAS

Gaillac 2016, La Cuisine de ma mère. En vacances... à Gaillac...

Derrière le nom étrange de cette cuvée se cache la triste histoire d'un millésime désastreux dans la vallée de la Loire. En avril 2016, les vignes de Nicolas Grosbois à Chinon ont été prises d'assaut par une vague soudaine de froid qui lui a fait perdre 80 % de sa récolte. Pour se refaire, il est allé s'approvisionner en raisins biologiques chez ses confrères vignerons de Gaillac. Sa cuvée « édition spéciale » a été nommée ainsi en référence à l'originale : La Cuisine de ma mère. De toute évidence, Grosbois a trouvé des fruits de qualité à Gaillac puisque le vin est savoureux. Pas très profond, mais parfumé, tissé de tanins veloutés et doté d'un bon équilibre d'ensemble. À 20 $, c'est un très bon achat.

13349800 20,50 $ ★★★★ ② ♥

3 770001 475165

OSMIN, LIONEL

Marcillac 2015

La petite appellation viticole de Marcillac couvre à peine 200 hectares, mais elle offre une vue époustouflante, avec ses vignobles en terrasses et ses sols de couleur rouge, riches en oxyde de fer. Lionel Osmin en tire un bon vin rouge souple et velouté, à la fois nourri par la générosité de 2015 et animé par la fougue habituelle du mansois. Pas très long, mais original avec ses accents d'épices douces.

11154558 17,20 $ ★★★ ②

3 384529 121017

ITALIE

Entre la fraîcheur des montagnes au nord et les régions chaudes et arides au sud, en passant par les Apennins au centre, le pays regroupe une multitude de sols et de climats, et bénéficie également d'une immense diversité biologique, avec près de 400 cépages indigènes!

Depuis le début des années 1980, l'Italie a vécu les années les plus fertiles de sa longue histoire viticole. Après des décennies de viticulture *all'improvviso*, le pays est entré dans la modernité, aussi bien en matière d'ampélographie que d'agriculture et d'œnologie. Cette grande révolution donne aujourd'hui de très beaux fruits.

Les chianti, barolo et barbaresco n'ont jamais été aussi bons et de partout surgissent des vins délicieux, d'appellations et de cépages obscurs dont on ignorait jusqu'alors l'existence. Et avec les projets de délimitation et de classification de terroirs qui se poursuivent en ce moment dans les appellations Barolo, Barbaresco, Montalcino et maintenant Chianti Classico et Vino Nobile di Montepulciano, parions que l'avenir sera tout aussi captivant.

Bien sûr, tout n'est pas parfait. Le manque de constance et d'hétérogénéité qualitative au sein d'une même appellation est l'un des défis auxquels les consommateurs doivent faire face lorsque vient le moment d'acheter un vin italien. Prenez les vins de Soave, par exemple. De vraies montagnes russes! Un monde de différences sépare les petits blancs industriels vifs et dilués des meilleurs blancs, fins et minéraux, élaborés par des vignerons sérieux. Pourtant, le meilleur et le pire portent tous deux le nom Soave. Comment s'y retrouver?

C'est là tout l'intérêt de ce livre: vous guider et épargner au passage vos portefeuilles... et vos papilles. Heureusement, les pages suivantes foisonnent de bonnes bouteilles, vendues à des prix souvent avantageux. La route des vins italiens est riche. Partez à sa découverte.

PIÉMONT

La profondeur des vins de Barolo et Barbaresco réside, entre autres, dans les coteaux escarpés et vallonnés, qui fournissent au vignoble une multitude de microclimats. Mais les locaux vous diront que le mystère du vin est dans la terre d'Alba, également mère de la fameuse truffe blanche.

TOSCANE

La Toscane est le royaume du sangiovese. Des plus légers (chianti classico, chianti colli senesi, etc.) aux plus costauds et boisés (chianti classico riserva, brunello di Montalcino), tous font de merveilleux compagnons de table.

SICILE

Bien qu'elle soit avant tout connue pour ses gros rouges charnus et chaleureux, la Sicile produit également de très bons vins rouges légers, friands et désaltérants – dans l'appellation Cerasuolo di Vittoria, au sud de l'île, ainsi que sur les flancs du mont Etna.

Italie Piémont

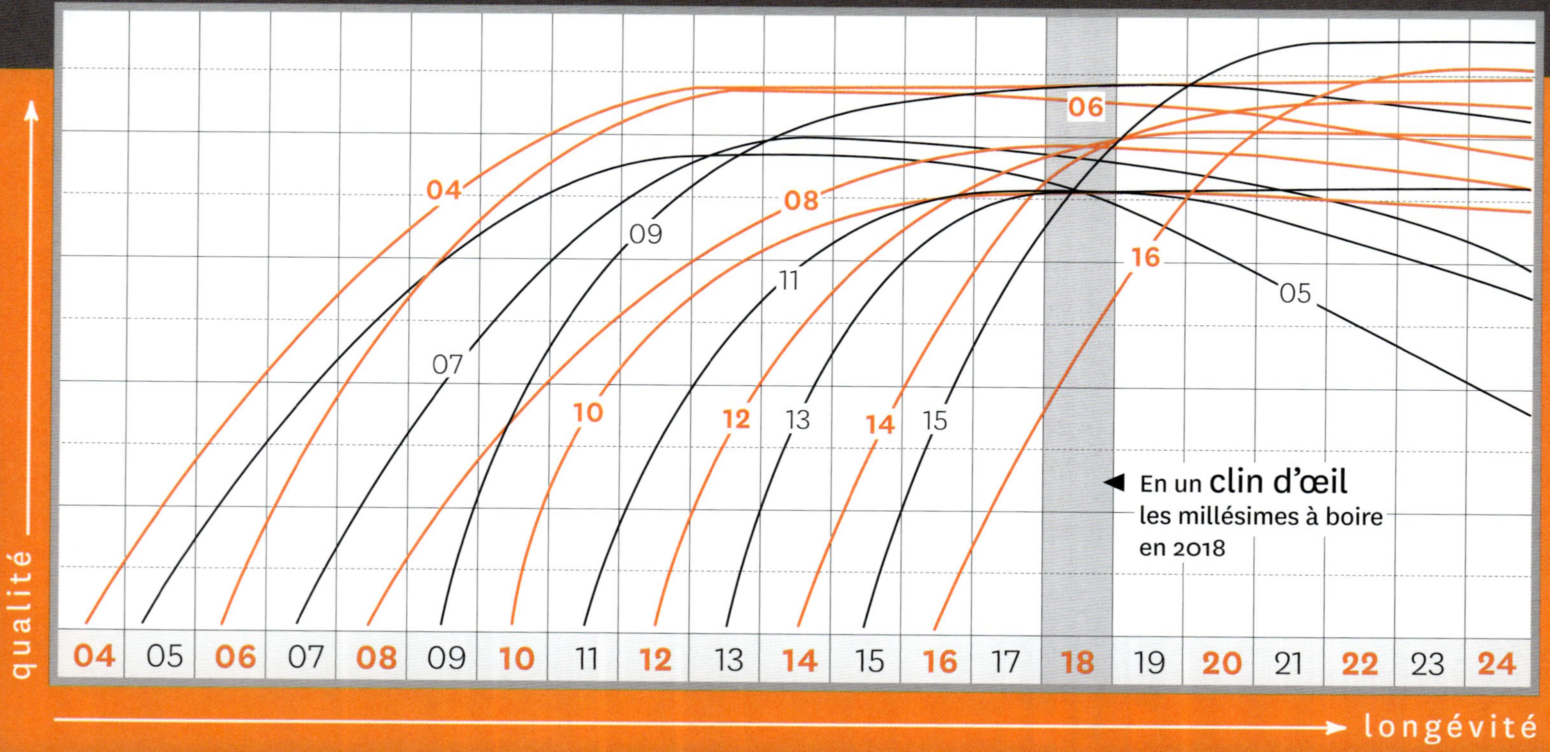

LES DERNIERS MILLÉSIMES

2016
Qualité aussi satisfaisante que la quantité dans le Piémont ; potentiellement un très bon millésime pour toute la région. En Vénétie, une vague de chaleur a donné de gros rouges puissants et des blancs parfois un peu mous. Top qualité aussi en Toscane, tant au centre que sur la côte ; les chiantis et les brunellos devraient bien vieillir. Les Marches et les Abruzzes ont été moins choyés, le froid et la pluie ayant donné des résultats hétérogènes. Un printemps froid a retardé la floraison en Campanie et dans le Basilicate, mais un été chaud a sauvé la donne.

2015
Grande année pour les vins rouges du Piémont. Les barolo et barbaresco devraient vivre longtemps. En attendant, on pourra boire les dolcetto et barbera, eux aussi, très bien réussis. Qualité en hausse pour l'Amarone après le désastreux millésime 2014. En Toscane, le printemps pluvieux a permis à la vigne de faire ses réserves avant un été chaud et sec. La qualité s'annonce excellente pour les vins de Chianti et de Montalcino. Tout comme pour les vins rouges des Marches, des Abruzzes et des régions du sud du pays.

2014
Un été humide et très frais, voire froid dans certains secteurs, a donné du fil à retordre aux vignerons du nord de l'Italie. Un millésime à oublier pour l'amarone. En revanche, dans le Piémont, les variétés tardives comme le nebbiolo pourraient donner des vins d'un équilibre classique. Récolte assez abondante en Toscane, mais qualité incertaine. Dans les Abruzzes, les vignobles d'altitude ont connu un meilleur sort, tout comme les vins blancs des Marches.

2013
Floraison et récolte tardives dans le Piémont ; peu de vins de longue garde. Très bonne année pour les vins de Soave. En Toscane, un mois de septembre ensoleillé a permis de sauver la récolte. Peu de grandes réussites, mais quelques bonnes bouteilles de consommation rapide.

2012
Une petite récolte et des vins de très bonne qualité dans le Piémont. Sécheresse et canicule en Vénétie et en Toscane. Quelques Valpolicella accusent une certaine lourdeur et un excès d'alcool. En Toscane, un mois de septembre plus frais a néanmoins permis de maintenir un équilibre classique. Les cépages du Sud – l'aglianico en particulier – ont mieux supporté les excès de température.

Italie Toscane

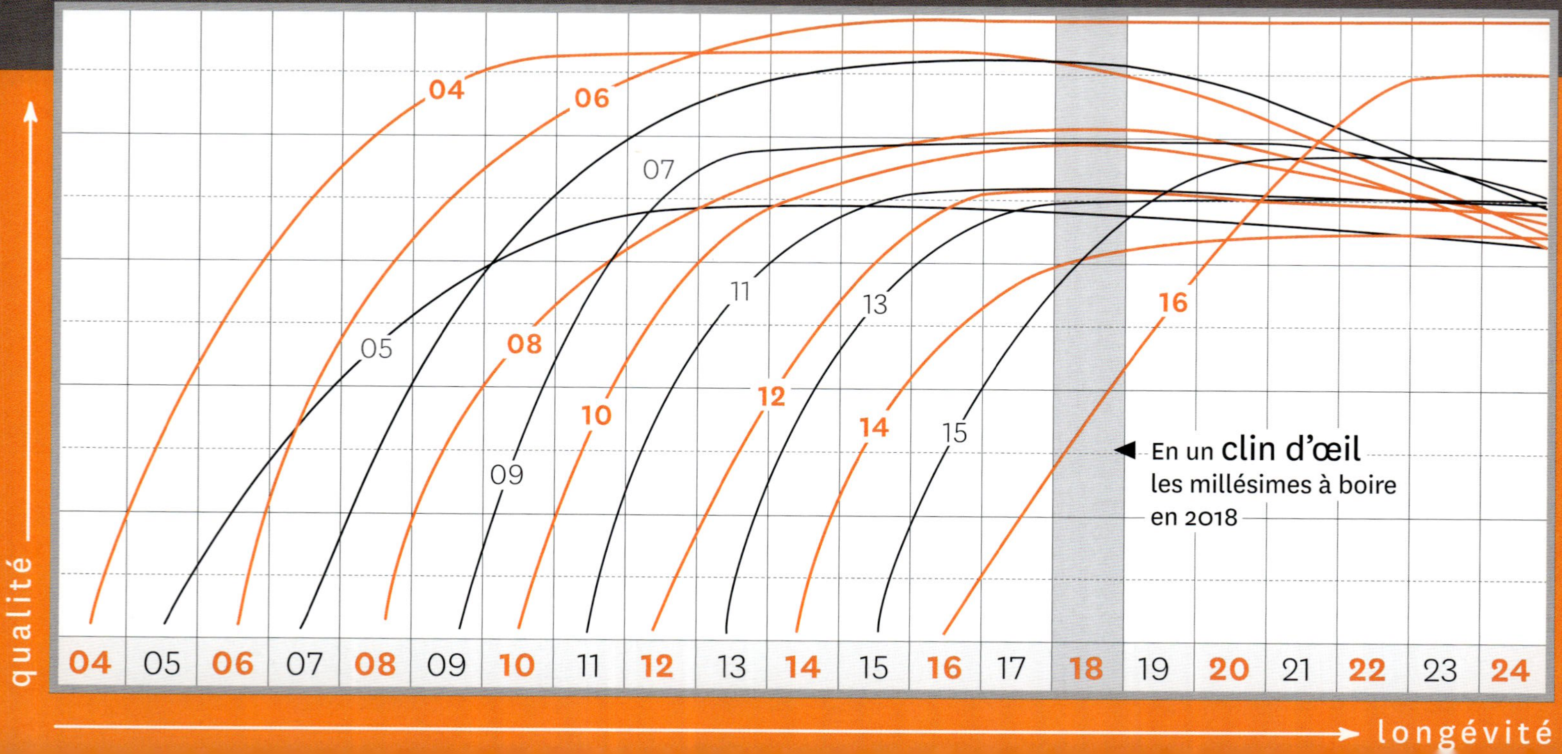

2011
Un millésime de chaleur dans le Piémont et en Toscane a donné des vins parfois capiteux. Qualité variable, surtout en Toscane où certains vins de sangiovese ont souffert d'un stress hydrique, occasionnant des saveurs végétales. La réputation du producteur fait toute la différence. Grande année pour l'amarone.

2010
Récolte déficitaire et qualité hétérogène dans le Piémont; la signature du producteur sera un critère de choix. Même scénario en Toscane – y compris Bolgheri – où des problèmes de pourriture ont causé des soucis à plusieurs. La région de Montalcino semble avoir profité de conditions plus propices. En Vénétie, les vins rouges de Valpolicella joueront – à défaut de puissance – la carte de la légèreté et de l'équilibre; les bons amarones seront rares.

2009
Dans l'ensemble, bon millésime dans tout le nord du pays. Été très chaud dans le Piémont et récolte très satisfaisante de nebbiolo ayant donné beaucoup de bons vins. Grand succès annoncé dans le Valpolicella. Très belle fin de saison en Toscane; qualité générale prometteuse.

2008
Un été chaud et sec dans le Piémont; des barolos et des barbarescos apparemment de fort belle qualité. Chaleur et sécheresse en Toscane ont aussi conduit à un troisième succès d'affilée, après 2007 et 2006. En Vénétie, des conditions idéales pour le valpolicella et l'amarone.

2007
Grand succès dans le Piémont; une récolte de vins structurés, déficitaire d'environ 25 % (grêle à Barolo). Dolcetto et barbera ont aussi donné des vins très satisfaisants. Excellent millésime en Toscane, que plusieurs comparent à 2004 et à 2001. Grand succès aussi à Bolgheri, où le cabernet sauvignon semble avoir eu le meilleur sur le merlot. Bonne qualité en Vénétie, surtout chez les producteurs patients qui ont attendu le beau temps.

2006
Excellent millésime dans le Piémont en dépit de conditions climatiques parfois extrêmes. Grande année en Toscane. Remarquable en Vénétie, en particulier pour les amarones.

Italie

BENI DI BATASIOLO

Barolo 2013

Ce barolo a plus de nuance aromatique que le barbaresco courant de la même maison – lui aussi vendu à prix avantageux –, mais il s'avère un peu moins complet en bouche. S'appuyant sur des tanins un peu asséchants, cela laisse une impression un peu osseuse.
À boire entre 2018 et 2021.
10856777 28,55 $ ★★ ½ ②

0 632738 100013

FONTANAFREDDA

Barolo 2011, La Rosa

Évaluée à 100 millions d'euros, Fontanafredda appartient en partie à Oscar Farinetti, aussi propriétaire des supermarchés de luxe Eataly. Déjà passablement ouvert, ce 2011 déploie en bouche le spectre aromatique propre au cépage nebbiolo, entre les parfums de terre humide et de pétale de rose fanée. Charnu, mais aussi élégant et assez ample, à défaut de longueur. À boire sans se presser jusqu'en 2021.
11701689 75 $ ★★★ ②

8 000174 051121

FONTANAFREDDA

Barolo 2012, Serralunga d'Alba

Sans rien révolutionner, ce vin conjugue les qualités recherchées dans un barolo. Parfums de kirsch et de tamari, soutenus par une dose perceptible d'acidité volatile (acétique); longueur satisfaisante, saveurs de cerise noire, d'herbes, de quinine, portées par une amertume noble. Bon vin piémontais de facture classique, taillé pour la table.
12578248 42,75 $ ★★★ ②

8 000174 100027

FONTANAFREDDA

Barolo 2013

Au nez, on ne se trompe pas, on est dans le Piémont. L'attaque en bouche est fruitée et gourmande, puis les tanins se resserrent et laissent en finale une sensation asséchante, assez typée du cépage nebbiolo. Certes, ce n'est pas un grand barolo, mais il est fidèle à ses origines.
20214 28,55 $ ★★ ½ ②

8 000174 200024

FRATELLI ALESSANDRIA

Barolo 2012, Gramolere

Raisins cultivés à 100% dans la commune de Monforte d'Alba. Déjà bien expressif au nez, avec des parfums invitants de fruits rouges et d'épices. La bouche suit, ouverte, nerveuse, portée par des tanins étonnamment tendres, ronds et juteux qui le rendent accessible pour un barolo si jeune. Finale serrée, ponctuée d'accents d'herbes séchées et de noyau de cerise amère; longueur appréciable.

À boire idéalement entre 2017 et 2021.

12247684 67,75$ ★★★→★ ③ ▼

8 033286 010373

GRASSO, SILVIO

Barolo 2011

L'un des bons barolos du millésime 2011 goûtés en préparation du *Guide du vin 2018*. D'abord au nez, où le vin s'exprime avec nuance et retenue, mais surtout en bouche, où la matière fruitée joue en parfait équilibre avec la vigueur tannique du nebbiolo. Plus enrobé que d'habitude certes, il n'accuse toutefois aucune lourdeur ni rondeur excessive. Déjà très agréable, il gagnera peut-être en profondeur d'ici 2021, mais les vins de ce millésime de chaleur sont réputés pour évoluer un peu plus vite.

12287782 46,50$ ★★★★ ②

8 033286 752037

PRUNOTTO

Barolo 2011, Bussia

Le style moderne habituel de la maison Prunotto est exacerbé par la richesse du millésime 2011. Résultat: un Bussia plein et puissant, riche en goûts confits, une matière fruitée généreuse, sphérique, soutenue par un cadre tannique assez solide. Peu de nuance et de profondeur pour le moment, mais une finale capiteuse. Il faudra le revoir vers 2021.

12275925 75$ ★★★→? ③

8 016001 000163

AR-PE-PE

Rosso di Valtellina 2014

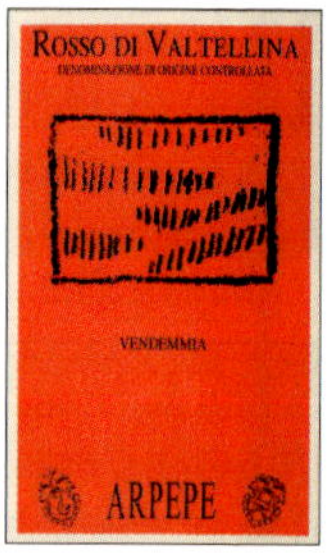

Un rouge frais, léger et aérien, provenant d'une appellation méconnue située au nord du Piémont non loin du lac Majeur, où le nebbiolo se nomme spanna. Le vin n'a pas énormément de poids en bouche ni de complexité, les saveurs sont pures, sans maquillage boisé. Pas donné, mais quel plaisir digeste! Un peu plus de longueur et c'était quatre étoiles.

12257997 38$ ★★★ ½ ② ▼

8 033315 730234

AR-PE-PE

Valtellina Superiore Riserva 2011, Inferno, Fiamme Antiche

Ar-Pe-Pe pour Arturo Pelizzatti Perego, fondateur de ce domaine dont les vignobles grimpent sur les flancs des collines de Valtellina, en Lombardie. En plus d'un rouge léger commenté ci-haut, la famille Perego produit cette cuvée plus ambitieuse, au sens pécuniaire du terme. Compact, riche en fruits rouges, salin, affriolant et vraiment savoureux. Très ouvert lorsque goûté au printemps 2017, le vin n'avait pas l'austérité habituelle du nebbiolo, mais il se déclinait avec élégance.

13185577 65$ ★★★★ ② Ⓢ

8 033315 730487

BENI DI BATASIOLO

Barbaresco 2013

Barbaresco en mode ouvert et accessible, produit par la famille Dogliani. L'ossature tannique du nebbiolo est enrobée d'une chair fruitée mûre qui le rend particulièrement rassasiant. À moins de 30$, l'amateur de nebbiolo en aura pour son argent.

13111842 27,10$ ★★★ ②

0 632738 100310

PRODUTTORI DEL BARBARESCO

Nebbiolo 2015, Langhe

Particulièrement savoureux et ouvert lorsque goûté en août 2017, ce vin qui s'est vite imposé comme un classique piémontais à la SAQ propose une fois de plus une interprétation juteuse, gourmande et accessible du nebbiolo. Gorgé de saveurs de cerises et tout guilleret en attaque, le vin se resserre en fin de bouche pour laisser un fini juste assez tannique et austère, mais pas trop. Plaisir assuré à table avec des *pasta al ragù*.

11383617 24,90$ ★★★★ ② ♥

8 025022 005002

PRUNOTTO

Barbaresco 2014

Un barbaresco ouvert et volubile, étonnamment même pour un vin si jeune. Les saveurs caractéristiques de cerise et de pétale de rose fanée sont présentes, les tanins du nebbiolo sont enrobés d'une masse fruitée généreuse. On pourra l'apprécier dès maintenant et jusqu'en 2022.

12361170 39,75$ ★★★ ②

8 016001 000026

PRUNOTTO

Nebbiolo d'Alba 2014, Occhetti

Le profil moderne des vins de ce domaine appartenant à la famille Antinori se perçoit assez bien dans ce nebbiolo ample et rond, au nez exubérant de cassis. La bouche est étonnamment mûre et accessible, gorgée de saveurs de confiture, sans les aspérités tanniques propres au nebbiolo. Bien fait, mais un peu racoleur.

En primeur

13491241 24,95$ ★★★ ②

SAFFIRIO, JOSETTA

Nebbiolo 2015, Langhe

En 1975, alors qu'elle enseignait la viticulture et l'œnologie à Alba, Josetta Saffirio a décidé de reprendre le vignoble familial de Castelletto di Monforte d'Alba. Épaulé par son mari, Roberto Vezza, et sa fille Sara, elle signe aujourd'hui un excellent nebbiolo structuré et chaleureux, ferme et très appuyé par les tanins quasi rugueux propres à ce cépage, avec en prime une sensation minérale, qui lui donne un supplément d'âme. Son relief et sa profondeur aromatiques s'expriment davantage après une aération d'une heure en carafe. Très bien tourné, il a assez d'étoffe pour se bonifier jusqu'en 2020, au moins. Arrivée prévue en novembre 2017.

En primeur

13478281 27,50$ ★★★★ ② ♥

TRAVAGLINI

Gattinara 2012

Les amateurs de nebbiolo de facture traditionnelle apprécieront ce vin ferme, reposant sur des tanins granuleux, tout à fait représentatif du cépage et d'un millésime plutôt frais. La couleur est pâle et les arômes témoignent déjà d'une certaine évolution, sans que le vin ne soit fatigué ni décharné. Pour l'apprécier pleinement, on le servira avec un plat délicat, comme des pâtes au lapin.

10839694 28,70$ ★★★ ②

8 033406 220101

CHIARLO, MICHELE

Barbera d'Asti 2014, Le Orme, 16 mois

J'ai souvent été assez sévère avec les vins de cette maison qui tendent parfois vers un caractère racoleur, mais je dois avouer que cette barbera a beaucoup de qualités. Le nez est net et franc, typé de la barbera. En bouche, on retrouve la vivacité caractéristique du cépage, avec de bons goûts de cerise, une poigne tannique juste assez ferme pour encadrer le tout. Bon équilibre, très bon rapport qualité-prix.

8 002365 026109

356105 15,15$ ★★★ ② ♥

CHIARLO, MICHELE

Barbera d'Asti 2015, Cipressi

Bien qu'un peu moins satisfaisant, à mon avis, que Le Orme commenté ci-haut, cette barbera conserve une agréable fraîcheur et un enrobage fruité généreux, qui apporte du volume en bouche.

8 002365 032100

12383934 16,55$ ★★ ½ ①

FONTANAFREDDA

Barbera d'Alba 2016, Raimonda

L'exemple même d'une barbera pimpante, tout en jeunesse et en fruit. Cerise noire acidulée, épices douces, trame tannique ronde et mûre, à laquelle une acidité prononcée apporte le tonus nécessaire. Court, mais équilibré.

8 000174 180029

11905606 15,55$ ★★★ ② ♥

GRASSO, SILVIO

Barbera d'Alba 2015

Remarquable barbera, de tout évidence nourrie par une belle saison végétative. L'attaque en bouche fruitée, charnue et croquante exerce un charme immédiat, tandis qu'une acidité vive apporte le soutien nécessaire à son équilibre et à sa buvabilité. Belles saveurs à la fois florales, fruitées et animales; pas très complexe, mais délicieux!

11580080 24$ ★★★★ ② ♥

8 033286 752013

OLIM BAUDA

Barbera d'Asti 2015, La Villa

Dans le secteur d'Asti, la famille Bertolino s'applique depuis longtemps à la mise en valeur du barbera, dont elle tire ici un bon vin juteux, aux goûts de confiture de framboise. Pas très complexe, mais nourri et assez rassasiant dans un style dodu et moderne.

8 032601 420019

11863231 21,85$ ★★★ ②

PRUNOTTO

Barbera d'Asti Superiore Nizza 2013, Costamiole

De manière générale, les barberas provenant du secteur d'Asti sont plus nerveuses et acidulées que celles d'Alba. Celles produites dans le secteur de Nizza et commercialisées sous la dénomination Barbera d'Asti Superiore Nizza (ou simplement Nizza) sont toutefois reconnues pour avoir plus d'étoffe et de profondeur. Hélas, cette barbera affiche l'empreinte de l'œnologie moderne (et du bois) à un point où il est difficile d'y reconnaître quelque notion de terroir. Le nez embaume le sirop de cassis, la bouche est à la fois vive, chaleureuse et très tannique. Imposant, à défaut de finesse et de nuances. Arrivée prévue vers la fin de l'automne 2017.

8 016001 000354

13198669 46$ ★★★→? ③

PUNSET

Barbera d'Alba 2015

Les vins de ce domaine ont toujours une allure un peu vieillotte, au sens positif du terme. Le nez de cette barbera présente des parfums singuliers d'épices indiennes, sur un fond de cerise. L'attaque en bouche est pointue et dépouillée, les tanins assez anguleux, sans verser dans la rusticité. Très bon vin conçu pour la table.

8 032771 560225

10985747 24,05$ ★★★ ½ ② ▼

BENI DI BATASIOLO

Rosso 2015, Langhe

De mémoire, le 2015 est le plus complet et le plus rassasiant des derniers millésimes pour cet assemblage de dolcetto, de barbera et de nebbiolo. Un vin mûr et joliment fruité, rond et caressant, avec juste assez d'acidité pour donner du tonus à l'ensemble. Bon rouge vendu à un prix avantageux. Idéal pour accompagner la cuisine simple des soirs de semaine.

611251 16,45$ ★★★ ① ♥

0 632738 100471

FRATELLI ALESSANDRIA

Dolcetto d'Alba 2015

Très bon dolcetto sincère et fidèle à ses origines. Attaque en bouche nerveuse, saveurs nettes et assez persistantes de fruits noirs, de poivre et de fleurs. Juteux, digeste, pimpant, facile à boire, mais loin d'être rudimentaire. Surtout, on a respecté la typicité du cépage plutôt que d'essayer de sur-extraire les tanins pour lui donner la robustesse d'un nebbiolo. Sage idée!

11580186 21,95$ ★★★★ ② ♥ ▼

8 033286 010267

PODERI COLLA

Bricco del Drago 2010, Langhe

Près de 50 ans après sa création par le docteur Degiacomi, le premier «super vin de table» du Piémont distille toujours autant de charme. De mémoire, ce 2010 est l'un des meilleurs Bricco del Drago que j'aie goûté. Goûté (et bu) à quelques reprises depuis un an, ce vin couronné d'une Grappe d'or l'an dernier n'avait pas pris une ride lorsque dégusté de nouveau en septembre 2017. Aussi élégant et racé au nez qu'en bouche, le vin conjugue au plus que parfait les cépages dolcetto et nebbiolo. Il offre un mariage exquis de fermeté et de suavité, et est tissé de tanins juste assez rugueux. Un vin riche de saveurs pénétrantes qui persistent en bouche et laissent une sensation de plénitude. Énormément de vin pour le prix.

927590 29,80$ ★★★★ ½ ② ♥

0 836951 000789

PRUNOTTO

Mompertone 2014, Monferrato Rosso

Expression mûre des cépages barbera et syrah. Comme la plupart des vins de Prunotto goûtés au cours de l'été 2017, ce 2014 présentait des goûts intenses de crème de cassis. Pour le reste, un vin rond et poli, conçu pour exercer un charme immédiat, mais un peu prévisible. Servir légèrement rafraîchi autour de 15 °C.

8 016001 000682

11669148 18,55$ ★★★ ②

SANDRONE, LUCIANO

Dolcetto d'Alba 2015

Si vous cherchez un dolcetto façon vin de soif, il faudra frapper à une autre porte. Chez Sandrone, le cépage piémontais adopte plutôt une allure robuste, avec une extraction tannique digne d'un nebbiolo. Des saveurs intenses de fruits noirs et de terre humide sont mises en relief par une saine amertume qui les porte en finale. Un dolcetto sérieux dont l'arrivée en succursales est prévue vers la fin novembre 2017.

8 022534 514756

10456440 23,50$ ★★★ ½ ②

ATTEMS

Sauvignon blanc 2015, Friuli

Ce sauvignon blanc du Frioul élaboré par la famille Frescobaldi est sec et tranchant, mais tout de même un peu plus riche dans sa version 2015, peut-être en raison des vagues de chaleur des mois de juin et juillet. Un bon vin essentiellement fruité et tropical.

12257946 21,95$ ☆☆☆ ①

LAGEDER (TENUTÆ)

Chardonnay 2014, Lowengang, Alto Adige

Dans les montagnes qui tiennent lieu de frontière avec l'Autriche, la famille Lageder excelle dans l'élaboration de vins blancs purs et racés. Vinifié avec grand soin en fûts de chêne, le Lowengang est l'un des meilleurs chardonnays d'Italie. Cultivé selon les principes de la biodynamie, le cépage bourguignon s'exprime ici avec retenue. Tout le contraire du chardonnay gras, dominé par des parfums boisés; le vin est un peu fermé au premier nez, mais s'ouvre ensuite sur de fines notes de fruits blancs et de camomille, avec une trame de fond minérale. Élégant, profond et apte à se bonifier jusqu'en 2022. Mise en marché prévue dans le Courrier Vinicole.

En primeur

13451046 58,75$ ☆☆☆→☆ ③

LAGEDER (TENUTÆ)

Chardonnay 2015, Gaun, Alto Adige

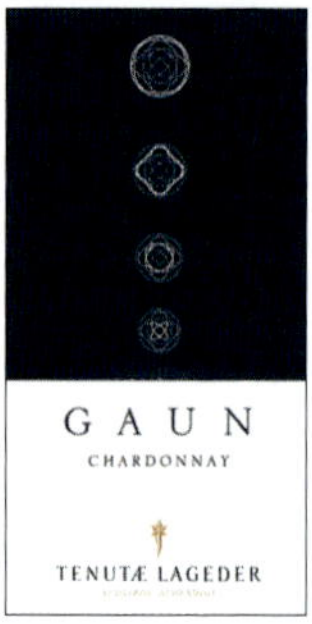

Légèrement en recul par rapport au millésime 2014, lauréat d'une Grappe d'or dans la dernière édition du *Guide*. Le vin présente des odeurs de réduction à l'ouverture, ainsi qu'une légère verdeur. Sec, pur et dépourvu de goût boisé, mais sans la minéralité habituelle.

742114 26,35$ ☆☆☆ ②

Italie

LAGEDER, ALOIS

Gewurztraminer 2016, Alto Adige

Chez Lageder, aucun sucre résiduel dans les vins. Alors que beaucoup de vins de gewurztraminer tombent dans les excès pommadés, celui-ci est parfaitement sec et droit, avec une exquise pureté aromatique. Le 2016 s'inscrit dans le même esprit d'élégance et de retenue ; sec, relevé de saveurs précises de fruits tropicaux, de fleurs et d'épices. Un peu plus de longueur et il méritait quatre étoiles.

8 000395 111000

12345671 26,60 $ ☆☆☆ ½ ②

LAGEDER, ALOIS

Sauvignon blanc 2016, Alto Adige

Issu du commerce de négoce de la famille Lageder, un très bon vin blanc frais et léger, acidulé, bien équilibré mais qui n'affiche pas le caractère herbacé et végétal souvent associé au cépage sauvignon. Plutôt des saveurs mûres, quasi tropicales et une impression d'ensemble tout à fait digeste.

8 000395 110607

12383686 24,80 $ ☆☆☆ ①

VIETTI

Roero Arneis 2016

Vietti, l'une des rares maisons piémontaises – sinon la seule – à posséder des vignes dans chacune des 11 communes de l'appellation Barolo, a été rachetée en 2016 par la société américaine Kum & Go. En plus des rouges, Luca Currado y élabore cet excellent vin blanc auquel le cépage arneis confère de délicats parfums de tilleul et de pêche. La bouche est tout aussi fine, ponctuée de citronnelle et de miel, la texture est svelte et élégante ; l'acidité y joue un rôle structurant et élève le vin en bouche. Excellent arneis, à boire d'ici 2022.

8 030198 002595

12098201 28 $ ☆☆☆☆ ② ♥

ATTEMS

Pinot grigio 2015, Friuli

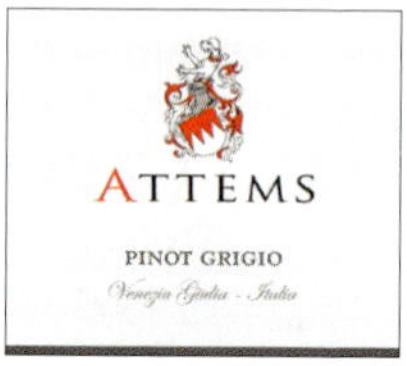

La famille Frescobaldi s'est aventurée hors de sa Toscane natale et a acquis la propriété historique du comte Douglas Attems, dans le Frioul. Ce grigio offre un minimum de personnalité et de substance, grâce, entre autres, à un travail sur lies fines qui apporte du gras. À boire d'ici 2020.

11472409 18,60$ ☆☆☆ ①

8 007425 101246

JERMANN

Pinot grigio 2016, Venezia Giulia

Le pinot grigio de la maison Jermann est significativement plus cher que la moyenne, mais sa qualité est aussi supérieure. Sans être très profond, le vin repose sur une texture grasse qui le situe plus près d'un pinot gris d'Alsace que d'un petit grigio du Veneto. Saveurs pures, volume appréciable en bouche, bon équilibre.

11865851 32,75$ ☆☆☆ ②

8 033324 035122

LAGEDER, ALOIS

Pinot bianco 2016, Dolomiti

Dans l'océan de pinot bianco du nord de l'Italie, celui d'Alois Lageder se distingue par sa tenue en bouche. Saveurs fines de poire et de thé oolong, grande fraîcheur et sensation minérale qui accentue son caractère désaltérant. Dans la catégorie des pinots blancs, il vaut bien quatre étoiles. D'autant plus à ce prix...

12057004 19,95$ ☆☆☆☆ ② ♥

8 000395 102008

LAGEDER, ALOIS

Pinot grigio 2016, Dolomiti

Nouveauté à la SAQ dont l'arrivée est prévue pour le mois de janvier 2018. Un grigio nettement supérieur à la moyenne, gras, mais surtout élégant, sobre et distingué, aux délicats parfums de fleur et de fruits tropicaux, acidulé et fort plaisant. Une réussite dans le genre.

En primeur

13274131 19,95$ ☆☆☆ ½ ①

LAGEDER (TENUTÆ)

Pinot grigio 2016, Porer, Alto Adige

Le vin goûté en juillet 2017 était un échantillon pris sur fûts. Il est donc possible que le produit final diffère quelque peu, mais *a priori*, on a là un excellent pinot gris dont la profondeur et la dimension aromatique ne font aucun doute. La texture est grasse, mais pourtant aérienne, et le fruit blanc se mêle à des goûts *umami* qui confèrent au vin une complexité certaine. Élégant, délicieux et biologique.

10248712 28,75$ ☆☆☆☆ ② ♥

MEZZACORONA

Pinot grigio 2016, Trentin

Sans rien révolutionner, ce pinot grigio du Trentin est un bel exemple du genre. Léger, facile et peu aromatique, mais net et équilibré.

302380 14,55$ ☆☆☆ ①

RIFF

Pinot grigio delle Venezie 2016

En plus de ses vins du Haut-Adige, la famille Lageder a mis sur pied il y a une dizaine d'années une entreprise de négoce en Vénétie. Bon pinot gris essentiellement fruité, mais sec, net et relevé par une franche acidité. Bien ficelé et vendu à prix avantageux. Arrivée en janvier 2018.

En primeur

16,95$ ☆☆☆ ① ♥

BAROLLO

Frank! 2013, Veneto

Cette année encore, ce vin propose une expression mûre et généreuse du cépage cabernet franc. Les notes torréfiées du bois de chêne occupaient l'avant-scène lorsque dégusté en septembre 2017, sans toutefois éclipser les saveurs intenses de fruits confits et d'épices. Un vin solide et puissant qui devrait dormir en cave jusqu'en 2021.

8 033844 000051

12717851 24,95$ ★★★→? ③

FORADORI

Teroldego Rotaliano 2014

Elisabetta Foradori est à l'origine de la renaissance du cépage teroldego, dans les collines du Trentin. Le vignoble est conduit selon les principes de la biodynamie depuis 2002. Le teroldego courant du domaine se présente sous un jour un peu bourru en 2014, animé d'un reste important de gaz carbonique. Pour le reste, le vin est relativement léger en alcool (12,5%), affriolant et savoureux avec ses goûts de cerise aigrelette, mais il accuse un léger creux en milieu et en fin de bouche. Un peu plus de longueur et c'était quatre étoiles.

8 029627 152147

12825835 32,50$ ★★★ ½ ②

JERMANN

Blau & Blau 2014, Rosso delle Venezie

Une originalité locale composée de franconia – nom donné au cépage blaufränkisch dans le nord de l'Italie – et d'une pointe de pinot noir. Un peu fermé au moment d'écrire ces lignes en septembre 2017, le 2014 se présentait sous un jour austère, le fruit jouant en sourdine. On y décèle toutefois les notes de fruits confits et d'épices. Dans l'immédiat, l'idéal serait de l'aérer pendant une heure en carafe.

8 033324 034620

11035823 39,50$ ★★★→? ③

Italie

JERMANN

Pinot nero 2014, Red Angel on the Moonlight, Venezia Giulia

Originaire d'Autriche, la famille Jermann prend racine dans le Frioul depuis 1881. Une petite proportion de merlot explique peut-être la rondeur fruitée de ce vin. Aucun excès, mais une attaque en bouche mûre, des goûts de fumée et de fraise compotée, des tanins souples et ronds, servis par un élevage en fûts. Bien, quoique j'aurais souhaité y trouver un peu plus de nerf et de tonus.

11035786 34,75$ ★★★ ②

8 033324 034569

LAGEDER, ALOIS

Cabernet 2014, Riserva, Alto Adige

Un peu fermé lorsque goûté en juillet 2017, ce vin composé de cabernet sauvignon et de cabernet franc n'en était pas moins séduisant. Saveurs franches et mûres, trame tannique souple et polie, sur un fond compact. Bon équilibre et tout le tonus espéré dans un rouge de région septentrionale.

12400896 25,80$ ★★★→? ③

8 000395 165003

MEZZACORONA

Pinot noir 2015, Dolomiti

La force de Mezzacorona réside dans l'élaboration de bons vins simples et abordables. Sans doute aidé par la nature généreuse de l'été 2015, on a produit un pinot noir à la fois mûr et plein de vitalité; souple et gorgé de fruit. L'un des bons pinots noirs à petit prix sur le marché.

10780311 14,55$ ★★★ ② ♥

8 004305 000057

MEZZACORONA

Teroldego Rotaliano Riserva 2013

Cette cave maintient une constance exemplaire malgré un volume annuel de 25 millions de bouteilles. Ce teroldego affiche une couleur foncée et un nez très frais; la bouche est à la fois juteuse, riche en goûts de confiture de framboise et de fines herbes. Un vin de montagne assez charnu et bien servi par un élevage de 12 mois en fûts de chêne de l'Allier et du Tronçais.

964593 17,40$ ★★★ ½ ②

8 004305 000071

ANSELMI

San Vincenzo 2016

Plus que jamais en 2016, le vin blanc d'entrée de gamme de Roberto Anselmi porte l'empreinte aromatique du sauvignon blanc, avec des parfums dominants de buis et de pamplemousse. Bonne tenue de bouche, soutenue par une saine acidité.

0 687004 000610

585422 16,20$ ☆☆☆ ①

CAMPAGNOLA

Chardonnay 2016, Veneto

Très bel exemple de chardonnay qui mise avant tout sur le goût du fruit. Abordable, gorgé de saveurs de poire en sirop, mais sec, digeste et désaltérant. Tout aussi recommandable en 2016.

8 002645 651069

12382851 12,25$ ☆☆☆ ① ♥

CORTE SANT'ALDA

Soave 2016

Je suis d'abord tombée sous le charme de ce domaine admirablement mené par Marinella Camerani à travers ses valpolicella et amarone. Goûtés lors d'un voyage de presse en Vénétie, ces rouges – d'ordinaire reconnus pour leur puissance – m'avaient éblouie par leur caractère hautement digeste et vibrant. Il semble que Mme Camerani réussit aussi dans l'art d'élaborer des vins blancs cristallins et minéraux, comme cet excellent soave qui puise sa sève dans les sols argilo-calcaires de Val di Mezzane. Vendu à la SAQ pour la première fois cet automne, le vin offre un heureux mariage de gras et de tension et porte l'empreinte de son lieu d'origine. Excellent et issu de la biodynamie!

En primeur

13487575 24,95$ ☆☆☆☆ ② ♥

INAMA

Soave Classico 2016

Stefano Inama signe régulièrement un bon vin nerveux et légèrement perlant, fin et délicatement aromatique, ni dilué comme tant de petits vins de Soave ni sucré, comme tant de blancs modernes de Vénétie.

908004 20,95$ ☆☆☆ ½ ②

8 029001 000149

MONTE DEL FRA

Ca' del Magro 2014, Custoza Superiore

Assemblage de garganega, de trebbiano, de tocai friulano, de cortese et de chardonnay. Bon vin blanc sec aux parfums de fruits tropicaux; pas spécialement complexe, mais du gras et de la matière. Bien fait dans un style technologique et prévisible.

12717560 20,80$ ☆☆☆ ②

0 838547 000050

PRÀ

Soave Classico 2016, Otto

La famille Prà s'applique à redonner au garganega et à l'appellation Soave leurs lettres de noblesse. Le Otto ne semble pas avoir souffert des températures chaudes de l'été 2016. Peu d'acidité – comme la plupart des vins de Soave – mais une bonne dose d'extraits secs et une trame minérale qui lui confèrent une sensation irrésistible de fraîcheur. Très bel exemple de vin blanc de terroir. Excellent!

11587134 18,70$ ☆☆☆☆ ② ♥

8 032601 850014

SANT'ANTONIO

Soave 2016, Fontana

Des odeurs de soufre se dissipent avec l'aération; suivent des notes de fleurs, de menthe et de citron. Sans l'ampleur ni le relief des meilleurs soaves, mais assez bien tourné et vendu à un prix accessible. Arrivage prévu en mars 2018.

16,95$ ☆☆☆ ①

En primeur

ALLEGRINI

Valpolicella 2015, Corte Giara

Bien que ces vins de pays (La Poja, La Grola et Palazzo della Torre) connaissent un succès certain, la famille Allegrini est avant tout reconnue pour ses valpolicellas. Celui-ci, issu de corvina et de rondinella, goûte bon les fruits sauvages. Le vin présente un léger reste de sucre (6 g/l), mais il a la vigueur nécessaire pour conserver un bon équilibre.

13190317 15,60$ ★★★ ①

8 015822 010078

BERTANI

Novarè 2015, Verona

Ce vin composé à 100% de corvina est un brin facile, mais il exerce un certain charme par sa rondeur fruitée, ponctuée de notes de cannelle et autres épices douces. Bien fait, mais issu du même moule que tant d'autres rouges modernes de Vénétie.

12469341 22,05$ ★★½ ②

8 008326 181153

MONTRESOR

Capitel della Crosara 2015, Rosso Verona

Dans la continuité du dernier millésime goûté, un vin typique de sa région: plein, rond et généreux, mais sans la forte teneur en sucre qui afflige tant de rouges de Vénétie. Saveurs gourmandes de fruits noirs et d'épices, texture charnue et bon équilibre.

13189711 16,30$ ★★★ ② ♥

8 003503 017508

MONTRESOR

Corvina 2015, Verona

Nerveux, encore très jeune, plutôt vif que rond et élaboré sans aucun excès. Un heureux vent de fraîcheur dans le paysage des rouges du Veneto.

12990081 12,30$ ★★★ ② ♥

8 003503 017171

SCAIA
Corvina 2015, Veneto

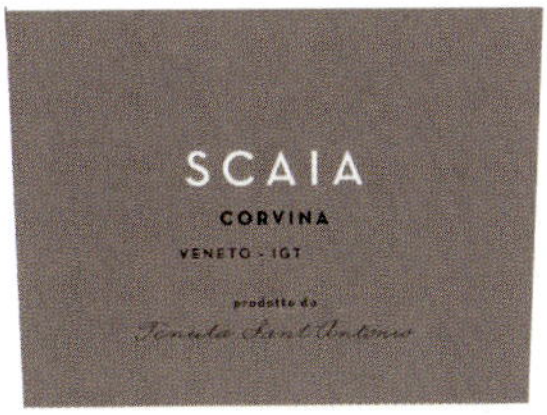

Arrivée prévue au début de l'année 2018 pour ce vin de corvina mis à déshydrater pour en concentrer les jus. Le fruit noir, la charpente tannique et l'acidité sont réunies dans de bonnes proportions et le vin est assez substantiel pour le prix. Abstraction faite de parfums de cannelle (l'usage de copeaux de bois, sans doute) qui masquent l'expression du fruit, un bon vin.

En primeur

12693035 14,95$ ★★★ ② ♥

TEDESCHI
Nicalo 2015, Rosso delle Venezie

Nez réduit, comme en témoignent ses odeurs animales. Couleur déjà évoluée, tanins un peu secs ; moins sucré que d'autres et de facture plutôt austère, il se révélera à sa juste valeur à table, avec des pâtes sauce bolognaise. Beaucoup de style et de caractère pour le prix.

11028156 16,55$ ★★★ ½ ♥

8 019171 000155

TEDESCHI
Valpolicella Superiore 2013, Maternigo

Le nez compact aux accents de fruits confits et de viande fumée annonce un vin solide et concentré. Attaque en bouche très mûre, quasi sucrée ; la déshydratation des baies a aussi permis de concentrer les tanins et l'acidité, donnant un vin charpenté et intense, mais bien proportionné. Même en n'étant pas *fan* de ce type de vin, j'ai du mal à ne pas succomber à son équilibre naturel et à sa longue finale aux arômes d'herbes séchées. Quatre étoiles pour un vin fort achevé. À boire sans se presser jusqu'en 2023.

12968748 29,95$ ★★★★ ② ♥

8 019171 001435

CESARI, GERARDO

Valpolicella Ripasso 2015, Mara

Le terme «Ripasso» fait référence à un ancien procédé qui consiste à faire refermenter le Valpolicella sur des lies d'Amarone. Le style du Mara est donc à mi-chemin entre un valpolicella classique, dont il a le fruit, et un amarone, auquel il emprunte la puissance. Le 2015 met en relief du fruit confit et des herbes séchées, sur un fond vanillé; les tanins sont ronds, offrant tout de même un minimum de poigne.

10703834 18,80$ ★★★ ②

8 000834 312005

MONTRESOR

Amarone della Valpolicella 2013

Bien qu'il soit vendu à prix abordable pour son appellation, il faut aussi noter que cet amarone a moins d'envergure et d'intensité que certains valpolicella ripasso. Net, équilibré et offrant un minimum de corps, mais sans la profondeur des meilleurs.

240416 32,35$ ★★★ ②

8 003503 000555

NICOLIS

Valpolicella Ripasso 2015, Seccal

Le Seccal offre en bouche cette vigueur tannique doublée d'acidité qui manquent cruellement à tant de Ripasso. Pour le reste, les saveurs sont pleines, la bouche joufflue et gourmande, sans la moindre mollesse. Un très bel exemple de ripasso conçu pour être apprécié à table, plutôt que pour s'imposer dans les concours. Authentique et vendu à bon prix.

11027807 23,75$ ★★★ ½ ②

8 957570 000058

SANT'ANTONIO

Amarone 2012, Campo dei Gigli

Des raisins ultramûrs apportent beaucoup de chaleur à ce vin dont la force alcoolique ne manque pas de faire son effet. Un poids lourd néanmoins distingué, ayant une belle harmonie et des goûts de fruits confits généreux, sur un fond boisé encore bien senti. Le prix est lui aussi costaud! Arrivée en décembre 2017 dans les succursales SAQ Signature.

12777861 79,75$ ★★★ ½ ③ Ⓢ

En primeur

Italie

SANT'ANTONIO

Amarone Selezione 2013

Exemple typique d'Amarone, un gros vin riche en alcool, doté de toute l'épaisseur et des goûts confits presque sucrés qui caractérisent cette spécialité véronaise. Une sensation de salinité et une amertume noble s'ajoutent au fruit, laissant en finale une impression un peu plus complexe. À boire entre 2018 et 2023.

10704984 39,75$ ★★★→? ③

0 832841 821229

TEDESCHI

Amarone della Valpolicella 2013

Un vin riche et plantureux dont la couleur vive et l'expression fruitée témoignent encore d'une pleine jeunesse. Puissant et concentré, sphérique, mais aussi solidement encadré par des tanins fermes. Aussi savoureux que satisfaisant, avec une belle finale épicée et généreuse.

522763 41,35$ ★★★ ½ ③

8 019171 000070

TEDESCHI

Valpolicella 2015, Ripasso, San Rocco

Régulièrement parmi les bons ripasso sur le marché. Jamais trop racoleur ni sucré. Saveurs franche de fruits confits et d'épices, d'herbes séchées aussi. Charpente tannique assez solide pour encadrer la masse fruitée.

972216 21,10$ ★★★ ½ ②

8 019171 000056

BADIA A COLTIBUONO

Chianti Classico 2014

Le vignoble de cette propriété réputée de Gaiole in Chianti est conduit en agriculture biologique et donne un très bon vin misant avant tout sur la pureté aromatique et la rondeur fruitée du sangiovese, plutôt que sur le bois ou l'extraction tannique. Tanins soyeux, chair fruitée rassasiante, présence en bouche fraîche et digeste.

8 008483 000502

10985931 27,30$ ★★★ ½ ②

BARONE RICASOLI

Chianti Classico 2015, Brolio

La vaste propriété (1400 hectares) des barons Ricasoli est le berceau historique du chianti. Le domaine a été repris par Francesco Ricasoli en 1993 après une vingtaine d'années de production industrielle sous l'empire Seagram. Même s'il est produit à grand volume – 800000 bouteilles par an –, ce chianti fait preuve d'une constance qualitative admirable. Le 2015 est assez simple et s'appuie sur des tanins rugueux, mais il est très bien ficelé dans un style classique.

0 618109 027516

3962 23,55$ ★★★ ②

FONTALPINO

Chianti Classico 2014, Gioia e Filippo Cresti

En 2014, ce domaine familial de Castelnuovo Berardenga – tout au sud de la zone du Chianti Classico – élabore un excellent vin élégant, tissé de tanins soyeux, mais compacts. Il déploie en bouche les parfums caractéristiques de terre et de cuir des bons chiantis, avec en prime, des saveurs nettes de cerise noir qui persistent en finale. Une valeur sûre depuis son arrivée sur le marché et un très bon achat à moins de 25$.

8 032584 135061

10969747 24,25$ ★★★★ ② ♥

LA MASSA

Toscana 2014, Giampaolo Motta

Le 2014 de Giampaolo Motta mise sur une chair fruitée généreuse, riche en nuances confites, que des tanins solides encadrent. Une saine acidité est garante de fraîcheur et le vin conserve un bon équilibre. L'accord parfait pour un plat de pâtes à la saucisse, avec une sauce tomate maison.

0 839343 000497

10517759 26,70$ ★★★ ½ → ? ③

LE MICCINE

Chianti Classico 2014, Antico Podere

Élaboré par l'œnologue québécoise Paula Papini Cook, dans la commune de Gaiole in Chianti. Encore jeune, le 2014 déploie au nez de jolis parfums de fines herbes qui laissent d'emblée une impression de fraîcheur. La bouche suit, nette et franche, soutenue par un cadre tannique juste assez solide. Un vin équilibré, taillé pour la table.

0 805534 970030

12257559 22,90$ ★★★ ½ ② ♥

MAZZEI

Chianti Classico 2014, Fonterutoli

Sans surprise, un 2014 coloré qui s'inscrit dans la continuité des derniers millésimes chez Fonterutoli. Passablement riche en extraits tanniques et marqué par l'empreinte du bois de chêne. Imposant, très charnu et offrant aussi une belle concentration fruitée, mais un peu bourru pour le moment. Laissons-le reposer jusqu'en 2020.

8 016118 121058

856484 24,45$ ★★★→? ③

SAN FELICE

Chianti Classico 2015

Cette année encore, un bon chianti d'entrée de gamme, conçu pour être apprécié en jeunesse. Plus rond que les derniers millésimes, mais il demeure fidèle à l'esprit d'un bon chianti classique.

0 709067 107096

245241 18,55$ ★★★ ②

VOLPAIA

Chianti Classico 2014

Sous la gouverne de Giovannella Stianti, ce domaine de Radda a participé étroitement à la renaissance du chianti au cours des années 1980. Même dans un millésime moyen comme 2014, le vin s'impose par son grain, sa texture et sa forme très classique. Tout en élégance, en intensité et en puissance contenue, il combine à merveille le fruit, la structure tannique, l'ampleur et la longueur. L'exemple même du chianti qu'il fait bon boire.

8 015923 101316

10858262 26,05$ ★★★★ ② ♥

ANTINORI

Chianti Classico Riserva 2013, Villa Antinori

Nez de sous-bois; attaque en bouche fruitée, sur une trame de fond compacte, marquée d'une légère astringence. Un vin de facture moins moderne que la plupart des cuvées d'Antinori, auquel une année de repos a manifestement permis de gagner en nuances. Pas donné, mais très bien tourné.

12629666 29,95$ ★★★ ½ ②

8 001935 005407

ANTINORI

Chianti Classico Riserva 2014, Marchese Antinori

Dans un millésime pas spécialement glorieux, ce chianti classico offre une bonne ampleur et une solide assise tannique, mais aucune sécheresse. Le vin s'ouvre sur des arômes classiques de fruits noirs et de tabac; à mi-chemin entre la droiture des chiantis et l'envergure d'un supertoscan – les fruits proviennent de la Tenuta Tignanello... Encore jeune, mais promis à un bel avenir.

11421281 40$ ★★★→★ ③

8 001935 115403

CASTELLI DEL GREVEPESA

Chianti Classico Gran Selezione 2011, Lamole

Nettement plus convaincant que la bouteille de 2010 goûtée l'an dernier. Une matière fruitée pleine et gourmande, des tanins charnus et un bon dosage de la barrique, qui ajoute de l'étoffe, sans dénaturer le vin. Déjà agréable, mais apte à vieillir en beauté jusqu'en 2022, au moins.

12724196 37,50$ ★★★ ½ ②

0 766181 091960

MAZZEI

Chianti Classico Riserva 2013, Ser Lapo

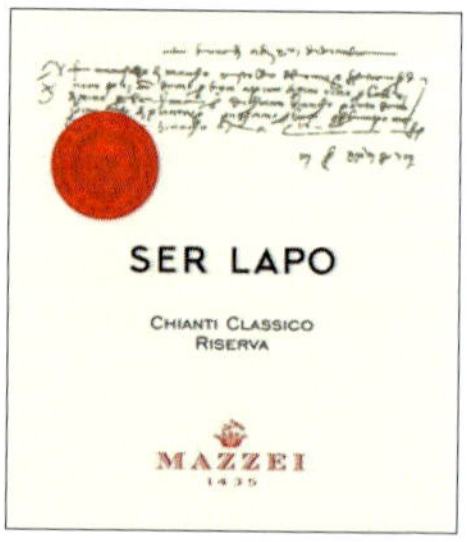

Très bon chianti de facture moderne, produit dans le secteur de Castellina in Chianti. Coloré, un nez ample et mûr, une texture ronde et de riches saveurs de fruits noirs confits, auxquels des accents de menthe apportent une agréable fraîcheur. Sa mâche tannique, conjuguée à son acidité, donne envie de manger une assiette de spaghetti bolognaise. Miam! Arrivée en succursales en janvier 2018.

En primeur

13485959 23,45$ ★★★★ ② ♥

ROCCA DELLE MACÌE

Chianti Classico Riserva 2012

Cette propriété de Castellina in Chianti a été rachetée par le réalisateur de western-spaghetti Italo Zingarelli. Le vignoble est aujourd'hui géré par son fils Sergio, qui y produit un bon chianti d'envergure et de profondeur moyennes, s'appuyant sur des tanins charnus et assez élégants. Le 2012 montre déjà un début d'évolution, il vaudrait mieux le boire d'ici 2020.

10324543 22,90$ ★★★ ½ ②

8 002305 008271

SAN FELICE

Chianti Classico Gran Selezione 2013, Il Grigio

Le nez, d'abord fermé, se développe rapidement avec l'aération. On découvre alors des parfums de bois de santal qui donnent au vin une allure exotique. La bouche est fluide et coulante, reposant sur des tanins suaves, déjà fondus par quelques années d'élevage. Pas le plus charnu ni le plus puissant des chiantis riserva, mais il compense par sa finesse et par sa finale distinguée aux accents de thé noir et de tabac. À boire entre 2018 et 2022.

12480291 46,50$ ★★★→? ③

0 709067 111109

SAN FELICE

Chianti Classico Riserva 2013, Il Grigio

Bien qu'il m'ait paru un peu moins complet cette année – 2013 était une année plutôt hétérogène en Toscane –, ce vin reste fidèle au style authentique et dépouillé qui fait son charme. La bouche est ronde, tissée de tanins fins et gorgée de bons goûts de cerise. On pourra le boire entre 2018 et 2021.

703363 26,35$ ★★★ ②

0 709067 110096

VOLPAIA

Chianti Classico Riserva 2013, Castello di Volpaia

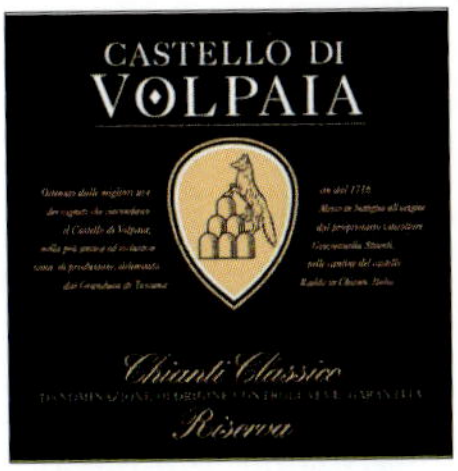

Un chianti de facture plutôt traditionnelle, vieilli pendant deux ans dans de grands foudres de chêne de Slavonie, une région du nord-est de la Croatie. Ce 2013 se déploie en longueur et en hauteur, plutôt qu'en largeur. Riche en saveurs de fruits noirs aussi et marqué par la vigueur proverbiale du sangiovese; beaucoup de mâche, de consistance et une finale très longue, relevée de notes d'herbes et de cerise confite. Excellent, mais laissez-le dormir jusqu'en 2020-2021.

730416 35,75$ ★★★★ ③

8 015923 201313

FATTORIA DEI BARBI

Brunello di Montalcino 2010, Vigna del Fiore

La famille Colombini est imperméable au vent de modernisme qui a gagné Montalcino depuis une dizaine d'années et continue de produire des brunellos dans un esprit traditionnel et dépouillé. Dégusté en juillet 2015, le 2010 m'avait laissé une très bonne impression. Deux ans plus tard, le vin est toujours aussi complet. Des odeurs de bolets séchés, sur fond de cerise, annoncent un vin déjà ouvert, mais ayant encore du fruit en réserve. Les tanins sont d'abord soyeux, puis se resserrent en milieu de bouche; les saveurs sont longues, portées en finale par une amertume noble. La carafe s'impose si vous l'ouvrez avant 2020.

8 008003 939817

10217300 78,50$ ★★★★ ③

FRESCOBALDI

Brunello di Montalcino 2012, Castelgiocondo

Le 2012 marque un retour à des formes épurées et plus classiques pour ce brunello élaboré par la famille Frescobaldi dans le petit village de Castelgiocondo, au sud-ouest de Montalcino. Issu d'un millésime de sécheresse, « sauvé par les pluies de septembre » dit-on, le vin n'est ni trop noir ni trop mûr, mais il a toute la fougue et la vigueur du sangiovese, avec des tanins légèrement asséchants et des parfums de cuir. Très bon vin de facture classique, long en bouche, racé et élégant. Une Grappe d'or pour saluer un pas dans la bonne voie.

8 002366 089264

10875185 48,35$ ★★★★ ②

PIAN DELLE VIGNE

Brunello di Montalcino 2012

Comme d'habitude, le brunello de la famille Antinori est riche, musclé et imposant, comme s'il était taillé sur mesure pour plaire à la presse américaine. Plutôt que la droiture et la vigueur tannique du sangiovese, ce 2012 offre une attaque en bouche capiteuse, presque sucrée tant le fruit est mûr. Techniquement impeccable; les amateurs de sensation forte en auront pour leur argent.

8 001935 000280

12008288 53,75$ ★★★ ②

Italie

PIAN DELLE VIGNE

Brunello di Montalcino Riserva 2010, Vignaferrovia

À vue de nez, cela ne fait aucun doute: on a affaire à un vin ambitieux, élaboré avec sérieux. L'élevage en fûts et en bouteille a aussi permis d'assouplir les angles tanniques du sangiovese; la chair est ample et ronde, relevée de parfums de cuir et de terre humide, de fruits secs et de tabac. Encore très solide et apte à se bonifier jusqu'en 2022, au moins.

12986129 148,50$ ★★★→★ ③

4 000129 861298

SAN GIORGIO

Brunello di Montalcino 2009, Ugolforte

Le nez paraît étonnamment jeune pour un brunello âgé de presque 8 ans. En bouche, les tanins sont déjà bien fondus et le fruité primaire a fait place à des notes fumées et animales. Bon vin de longueur et d'envergure moyenne, ouvert et prêt à boire.

12393155 54$ ★★★ ②

0 835821 008511

VAL DI SUGA

Brunello di Montalcino 2011

Les parfums de confiture de framboise et l'attaque en bouche quasi sucrée traduisent tous deux la générosité de l'été 2011, qui a donné plusieurs vins chauds et puissants à Montalcino. Tanins secs enrobés par une chair fruitée potelée; finale vaporeuse aux goûts de réglisse. Bien, mais on s'attend à plus de profondeur d'un vin de cette gamme de prix. Reste à souhaiter que le temps arrange les choses...

897017 51,50$ ★★★→? ③

8 000087 115316

ALTESINO

Rosso di Montalcino 2014

Particulièrement exubérant dans sa mouture 2014, ce rosso de Montalcino embaume le cassis au nez comme en bouche. Les tanins sont compacts, mais enrobés d'une chair mûre et le vin laisse une impression d'ensemble assez rassasiante. Bon à boire dès maintenant et jusqu'en 2020.

11472345 26,45$ ★★★ ②

8 016763 300037

ANTINORI

Vino Nobile di Montepulciano 2014, La Braccesca

Très satisfaisant sur un mode gourmand et plein de fruit. Manifestement issu de sangiovese à parfaite maturité, le vin regorge de saveurs de cerise confite qui donnent l'impression de croquer dans le fruit. Bon usage du bois; tanins assez fermes sur fond juteux. Atypique comme vino nobile, mais bien tourné dans un style moderne.

11324895 25,95$ ★★★ ②

8 001935 001133

BADIA A COLTIBUONO

Cancelli 2015, Toscana

En 2015, ce domaine a produit un autre très bon vin de tous les jours, composé de sangiovese, de canaiolo, de colorino et de ciliegiolo. Saveurs fruitées pures, de la chair, de la tenue et une acidité qui laisse la bouche fraîche. Très bien!

12277138 17,15$ ★★★ ½ ② ♥

8 008483 000106

BARONE RICASOLI

Chianti 2016

Bien que la mention DOCG suggère le contraire, l'appellation Chianti – sans le classico – demeure modeste et souvent sans intérêt. Cela dit, celui des Barone Ricasoli s'avère significativement plus nourri, charnu et rassasiant que la moyenne. Souple, rond et sans grande profondeur, mais tout à fait rassasiant; bon vin à boire jeune pour en apprécier le fruit.

13188858 15,55$ ★★★ ②

0 618109 447512

CAPARZO

Rosso di Montalcino 2014

Au nez, on est vite séduit par les parfums de griottes du sangiovese. La bouche est à l'avenant, les tanins sont polis et compacts, laissant sur le palais un fini suave avec de fines aspérités. Pas très long ni profond, ce qui ne l'empêche pas de procurer un plaisir certain. Très bel exemple d'un sangiovese qu'on boira à lampée en attendant que les brunellos arrivent à maturité. Excellent rapport qualité-prix.

713354 19,50$ ★★★ ½ ② ♥

8 004012 000036

FATTORIA DI SAMMONTANA

Chianti 2015

Vous souvenez-vous du *fiasco*, le flacon trapu recouvert de paille et rempli de chianti râpeux qui avait la cote dans les années 1960? Si vous êtes de ma génération, il y a de bonnes chances que vous n'ayez connu la fameuse bouteille que sous sa forme décorative – vide et recouverte de cire. Âmes nostalgiques, vous voudrez donc absolument mettre la main sur l'une de ces fiasques en format magnum. D'autant plus que le contenu est savoureux! Un vin souple, juteux et gourmand, auquel le sangiovese apporte de jolis parfums de griotte et de terre humide, ainsi qu'une délicate astringence qui lui donne du nerf. Vraiment, on peut difficilement imaginer meilleur vin rouge pour la période des fêtes.

En primeur

13476171 33,25$ (1,5 litre) ★★★★ ② ♥

FRESCOBALDI

Chianti Rufina Riserva 2014, Nipozzano

Nez de cèdre, de cannelle et de tabac. Bouche vive, enrobée d'une chair fruitée et mûre, mais laissant en finale une légère sensation d'astringence. Sincère, mais un peu rudimentaire.

8 007425 000181

107276 22,25$ ★★ ½ ②

SAN VALENTINO

Sangiovese di Romagna Superiore 2015, Scabi

Chaque année, ce sangiovese d'Émilie-Romagne comble mes attentes. Le 2015 n'y fait pas exception: gourmand et gorgé de fruit, une matière mûre et dodue qui donne l'impression de croquer dans une poignée de cerises chauffées par le soleil. Un heureux mariage de chaleur et de vigueur tannique, une finale poivrée et un ensemble franchement délicieux. À ce prix, sautez là-dessus!

8 032869 822020

11019831 17,30$ ★★★★ ② ♥

ANTINORI

Botrosecco 2015, Le Mortelle, Toscana

Assemblage de cabernet sauvignon (60 %) et de cabernet franc, produit dans le secteur de Castiglione della Pescaia, dans la province de Grosseto. Tissu tannique mûr, rond et charnu ; bon usage du bois. Tenue et longueur dignes de mention pour le prix. Tout à fait recommandable.

12025344 23,60 $ ★★★ ½ ②

8 001935 005056

ARGENTIERA

Poggio ai Ginepri 2015, Bolgheri

Bon 2015 marqué par le goût du cabernet et ses notes de cuir et de fruits noirs. Une consistance moyenne, mais un bel équilibre d'ensemble. Une bonne note pour la finale franche empreinte de fraîcheur et de fruit. Excellent bolgheri dans cette gamme de prix. À boire maintenant.

11161299 22,25 $ ★★★★ ② ♥

8 032937 583105

ARGENTIERA

Villa Donoratico 2015, Bolgheri

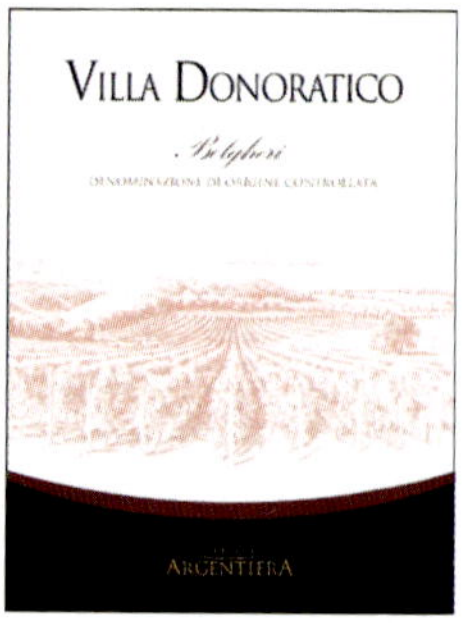

Le second vin de cette propriété de Donoratico, au sud de Bolgheri offre une splendide interprétation des cabernet sauvignon, cabernet franc, merlot et petit verdot en terre toscane. Le 2015 a le même profil à la fois strict et généreux, imposant par sa charpente tannique, qu'on n'a pas tenté « d'édulcorer » à coup de bois neuf. De la chair autour de l'os, une puissance contenue et une finale qui égrène les arômes de cèdre, de graphite et de noyau de cerise. Bien qu'il procure déjà beaucoup de plaisir, il devrait mûrir encore au moins deux ou trois ans.

12936471 31,50 $ ★★★★ ③

8 032937 582108

CHARTIER - CRÉATEUR D'HARMONIES

Toscana Rosso 2010

Les sangiovese, le merlot et le cabernet sauvignon proviennent du secteur côtier de Maremma et profitent d'un élevage de 12 mois en foudre. Maintenant ouvert et à point ; tanins mûrs et rondeur fruitée. Assez typé et recommandable à moins de 20 $.

12068109 18,70 $ ★★★ ②

0 814299 000029

I GREPPI

Bolgheri Rosso 2015

Cabernet sauvignon, merlot et cabernet franc donnent un vin plutôt exubérant, aux goûts de petits fruits noirs acidulés. Le grain tannique est serré en milieu de bouche, mais lâche en finale et le vin se déploie davantage en largeur qu'en longueur. Finale chaleureuse qui goûte bon la cerise confite et la liqueur amère.

8 033210 761555

11191826 20,55$ ★★★ ②

MONTETI

Caburnio 2013, Toscana

Très original par son profil aromatique mi-atlantique, mi-méditerranéen, cet assemblage de cabernet sauvignon, d'alicante bouschet et de merlot était un peu sur la réserve lorsque goûté en juillet 2017. Cela dit, le vin a tout le fruit et la tenue souhaités ainsi qu'un bon équilibre. Quelques mois de repos ou une aération en carafe lui permettront de se révéler à sa juste valeur.

8 033269 000018

11305580 21,05$ ★★★ ½ ② ♥ ⏃

ORNELLAIA (TENUTE DELL')

Le Volte 2015, Toscana

Les Québécois ont apparemment adopté le vin courant d'Ornellaia. Il est vrai que cet assemblage de merlot, de sangiovese et de cabernet sauvignon possède un certain charme avec sa bouche mûre et pleine, servie par un usage calculé du bois de chêne. N'empêche, je persiste à croire qu'on trouve sur le marché des dizaines de vins qui offrent plus de plaisir et de sincérité, à prix moindre.

0 818201 020006

10938684 29,95$ ★★★ ②

SETTE PONTI

Crognolo 2014, Toscana

La propriété de la famille Moretti Cuseri sur la côte toscane est entre autres la source de cet assemblage de sangiovese et de merlot. Un vin plein et solaire, stylistiquement à mi-chemin entre la droiture d'un bordeaux et la force d'un californien. Techniquement impeccable.

8 033011 200529

11915038 27,85$ ★★★ ½ ②

ANTINORI

Tignanello 2014, Toscana

Comme d'habitude, ce supertoscan se distingue par sa concentration doublée d'élégance. Manifestement issu de raisins bien mûrs, le 2014 déploie en bouche une texture ample et veloutée, sans la vigueur tannique souvent associée au sangiovese. Un peu timide et fermé lorsque goûté en juillet 2017. On gagnera à le laisser dormir en cave pendant au moins cinq ans. Arrivée en succursales le 7 décembre 2017.

10820900 104$ ★★★ ½ →? ③

BRANCAIA

Ilatraia 2013

En 2013, Barbara Widmer et son équipe ont su tirer le meilleur du millésime et ont produit un excellent supertoscan. Composé de cabernet sauvignon, de sangiovese et de petit verdot, le vin affiche une couleur sombre et riche. Le nez est dense, séveux et épicé; la bouche serrée et pourtant veloutée tant la matière est riche et les tanins mûrs; sans dureté ni sécheresse. À mon avis, ce 2013 réunit toutes les qualités des meilleurs vins modernes de Toscane. À apprécier entre 2020 et 2024.

10483317 68,25$ ★★★★ ③

BRANCAIA

Tre 2014, Toscana

Propriété suisse depuis 1981, Brancaia produit de très bons vins modernes, dont cette cuvée issue de trois cépages (sangiovese, merlot et cabernet sauvignon), provenant de trois propriétés, deux situées dans la zone du Chianti Classico (Radda et Castellina), l'autre dans Maremma. Le 2014 porte la fraîcheur de son millésime, nerveux, vigoureux, enrobé d'une chair mûre et ponctué de notes de vanille. Pas très long, mais assez charnu. À boire d'ici 2021.

10503963 21,15$ ★★★ ②

FRESCOBALDI

Mormoreto 2013, Toscana

Produit au Castello di Nipozzano et composé majoritairement de cabernet sauvignon, le Mormoreto a longtemps fait partie des meilleurs supertoscans. Particulièrement étoffé en 2013, le vin affiche une couleur sombre, un nez boisé aux accents de vanille et de fumée et une bouche ample et riche en tanins. De l'envergure, mais aucun excès, et encore beaucoup de matière en réserve. Il faudra le revoir vers 2023.

8 007425 121701

864512 65$ ★★★→★ ③

LUCE DELLA VITE

Luce 2014, Toscana

Les vins de cette propriété appartenant à la famille Frescodaldi auraient apparemment la cote auprès de oligarques russes, une clientèle qui carbure aux vins flatteurs et passablement boisés. Dans la continuité des derniers millésimes, le 2014 est séduisant par ses arômes distingués de fruits noirs et sa texture soyeuse. Bon équilibre entre la vigueur du sangiovese et la rondeur du merlot; large et charnu sans être exagérément concentré ni trop boisé. Arrivée en succursales le 7 décembre 2017.

8 002366 131048

12547450 114,25$ ★★★ ②

LUCE DELLA VITE

Lucente 2014, Toscana

Le second vin de Luce est majoritairement composé de merlot, complété de sangiovese, puis élevé en fûts (55% neufs) de chênes français et américain. Attaque en bouche veloutée, mais faisant bien sentir l'apport boisé, qui apporte un certain poids et des notes torréfiées. Quelques années de repos permettront aux éléments de se fondre.

8 002366 100938

860627 33,35$ ★★★ ②

ROCCA DELLE MACIE

Roccato 2010, Toscana

Sangiovese et cabernet sauvignon. Nez d'un vin maintenant ouvert et à parfaite maturité. Tanins suaves et polis par le temps, saveurs de fruits secs, de tabac et de cuir. À défaut d'y trouver la complexité des meilleurs, on appréciera le charme dépouillé d'un bon vin à point.

8 002305 009162

10254514 43,75$ ★★★ ②

ANTINORI

Poggio alle Nane 2013, Le Mortelle

La suavité tannique du cabernet franc – dont il est composé à 60% – donne à ce vin un caractère fort séduisant. Un élevage de 14 mois en fûts permet d'arrondir les angles du cabernet sauvignon et apporte des nuances chocolatées et une texture vaguement crémeuse. Bien, même s'il manque un peu de profondeur pour le moment. À revoir dans trois ans?

12108772 57,25$ ★★★→? ③

8 001935 005674

ARGENTIERA

Giorgio Bartholomaus 2012, Bolgheri Superiore

Depuis son premier millésime en 2006, j'ai toujours bien aimé ce vin précis et très bien structuré, au fruité compact; long en bouche et plein de caractère, avec une sorte de puissance contenue qui le rend particulièrement séduisant. Plus qu'une bombe de concentration et de bois de chêne, ce vin semble porter l'empreinte de son lieu d'origine, avec un profil bien méditerranéen. Le 2012 est profond, additionnant les couches de saveurs en bouche; son grain est velouté, mais aussi compact, avec juste ce qu'il faut d'angles tanniques pour donner du mordant. Sa longue finale vaporeuse laisse aussi en bouche une sensation minérale particulièrement séduisante. Excellent vin à revoir vers le milieu des années 2020.

11900223 195$ ★★★★→? ③ Ⓢ

8 032937 584102

GUADO AL TASSO

Bolgheri 2013, Cont'Ugo

Sans surprise, le second vin de Guado al Tasso me laisse la même impression que le premier vin. Fruits confits, ampleur, tanins ronds et parfums boisés; tout y est, dans l'opulence, l'équation boisé-fruité est réussie. Techniquement bien fait, mais a-t-il la profondeur escomptée d'un vin de ce prix?

12269808 54,25$ ★★½→? ③

8 001935 005575

GUADO AL TASSO

Bolgheri Superiore 2012, Matarocchio

J'ai habituellement peu d'affinités pour les vins de cette propriété de Bolgheri appartenant à la famille Antinori. En revanche, je dois avouer que cette cuvée, composée exclusivement de cabernet franc, m'a fait une excellente impression. Produit en quantités limitées, seulement dans les très bons millésimes, le Matarocchio déploie des parfums pénétrants de poivrons grillés qui évoquent la cuisine du nord de l'Espagne. Le vin est tissé de tanins fins et soyeux, soutenus par une saine acidité qui accentue les angles et laisse la bouche fraîche. Sa longue finale égrène les saveurs de sofrito, de cacao et de thé Darjeeling. Pas donné, mais excellent.

8 001935 004790

11650789 300$ ★★★→★ ③ Ⓢ.

GUADO AL TASSO

Bolgheri Superiore 2014

Techniquement très bien construit, comme toujours. Un bon vin d'inspiration bordelaise par son assemblage, ample et généreusement fruité, encadré de tanins dodus et compacts; le tout est mis en valeur par un usage calculé de la barrique, qui laisse en bouche un fini légèrement crémeux. Séduisant et taillé pour plaire. Arrivée en janvier 2018.

8 001935 714507

12741498 99,75$ ★★★ ③

ORNELLAIA, TENUTA DELL'

Le Serre Nuove 2014, Bolgheri

L'année dernière, j'avais trouvé ce 2014 plutôt sévère et replié sur lui-même. J'aimerais pouvoir dire que quelques mois de repos lui ont été favorables, mais j'ai hélas eu la même impression en juillet 2017. Un vin costaud et imposant, mais qui se présente d'un bloc, sans trop de finesse ni de définition aromatique. Bien qu'il soit difficile à apprécier pour l'heure, on ne pourra certainement pas reprocher à ce second vin de manquer de force ni d'envergure.

0 877397 000254

10223574 63$ ★★→★ ④

ANTINORI

Orvieto Classico 2016, Campogrande, Santa Cristina

Un très bon vin blanc courant, offrant un joli registre de saveurs tropicales et ayant plus de caractère que ses concurrents. Techniquement impeccable et particulièrement recommandable surtout que depuis l'an dernier, son prix a baissé de 1,50$ – comme nombre de vins à la SAQ d'ailleurs.

18838 13,50$ ☆☆☆ ① ♥

8 001935 323204

ARGENTIERA

Poggio ai Ginepri bianco 2016, Toscana

Vermentino, viognier et sauvignon blanc. Blanc de profil méditerranéen, pas très acide, mais offrant une agréable fraîcheur, doublée de saveurs mûres de fruits jaunes. Salinité, belle texture. Arrivée prévue en décembre 2017.

11952015 21,20$ ☆☆☆ ½ ②

8 032937 583303

BÙ

Splendido 2016, Puglia, Constellation Brands

Le blanc italien de la sommelière Jessica Harnois mise sur un assemblage de chardonnay et de fiano (15%). Un bon vin sec, assez gras et de bonne tenue, tout indiqué pour la cuisine de tous les jours. Bouteille coiffée d'une capsule vissée, disponible à la SAQ et dans une centaine d'épiceries de la province. Tout à fait recommandable à moins de 15$.

13066703 13,30$ ☆☆☆ ① ♥

0 056049 134589

CASTELLO DI VOLPAIA

Bianco 2015, Toscana

Très bon blanc de Toscane, issu d'un assemblage de chardonnay, de malvasia istriana, de sauvignon blanc et de trebbiano. Encore jeune et fringant, avec un nez pur et une bouche soutenue, à la fois grasse, nerveuse et saline. Plus de personnalité que la moyenne des blancs de la région et une finale *umami* qui donne envie de cuisine japonaise.

13265307 19,50$ ☆☆☆ ½ ② ♥

8 015923 601618

CERVARO DELLA CELLA

Cervaro 2015, Umbria

Cette cuvée est le haut de gamme de ce domaine d'Ombrie appartenant à la famille Antinori. Parfois un peu gros et monolithique dans le passé, le Cervaro s'est affiné depuis un an ou deux. Le 2015 s'impose par l'intensité de ses saveurs; beaucoup d'ampleur et de profondeur dans les parfums, qui ne se limitent pas qu'au bois ni au caractère variétal du chardonnay. Aussi bon que bien des meursault sur le marché. À boire idéalement entre 2020 et 2025.

191049 59,75$ ☆☆☆→☆ ③

8 001935 166009

FALESCO

Est! Est!! Est!!! di Montefiascone 2016, Poggio dei Gelsi

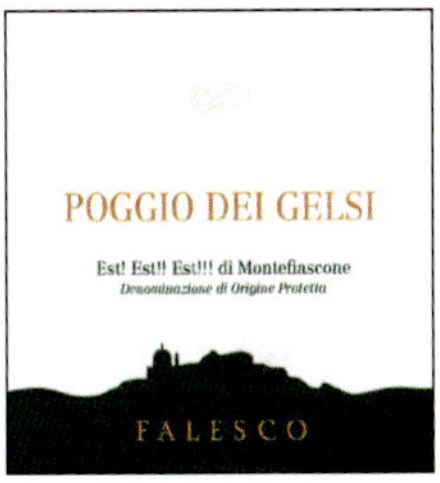

La maison Falesco produit, à ma connaissance, le meilleur exemple de cette appellation au nom étrange, située au nord-est de Rome. Assemblage de roscetto, de malvoisie et de trebbiano, ce vin m'a été particulièrement agréable lorsque goûté en juillet 2017, au milieu d'une série de gros rouges tanniques et boisés. Juste assez de gras, de légers accents de gazon frais coupé, de thé vert et d'écorce de citron, sur une trame saline. Désaltérant et vivifiant. Miam!

11952091 17,95$ ☆☆☆☆ ① ♥

8 028003 000508

FRESCOBALDI

Pomino bianco 2016

Cet assemblage de chardonnay et de pinot blanc fait partie du paysage de la SAQ depuis une trentaine d'années et le 2016 reste fidèle au style qui a rendu ce Pomino si populaire. Net, très sec, délicatement parfumé et désaltérant; tout indiqué pour l'apéro. À boire jeune.

65086 18,55$ ☆☆☆ ①

8 007425 000730

MASCIARELLI

Trebbiano d'Abruzzo 2016

Bon vin typiquement méditerranéen, vendu à un prix avantageux. Passablement structuré pour un trebbiano, le registre de saveurs va au-delà du fruit et le tout soutenu par une franche acidité. Distinctif et très satisfaisant à moins de 15$.

12635097 14,60$ ☆☆☆ ½ ① ♥

8 033140 750100

VELENOSI

Verdicchio dei Castelli di Jesi Classico 2016

Cette entreprise importante des Marches produit régulièrement un très bon vin blanc issu du cépage verdicchio. Bouche franche et délicatement citronnée, avec des goûts de pêche; assez gras et riche de 14% d'alcool, mais non moins rafraîchissant.

11155665 16,50$ ☆☆☆ ①

0 666056 000205

CAPRAI, ARNALDO

Montefalco Rosso 2014

Entre les mains de Marco Caprai et de l'œnologue consultant Attilio Pagli, les sangiovese et sagrantino s'unissent pour donner un excellent rouge authentiquement italien, tant par ses parfums de cuir, d'épices et de fruits secs, que par sa forme. Grain ferme, mais mûr, élégant et sans rusticité; très bonne tenue. À boire dès maintenant et jusqu'en 2021.

13211915 22,50$ ★★★★ ② ♥

8 019787 008941

ILLUMINATI

Montepulciano d'Abruzzo 2014, Ilico

Ce domaine situé dans le nord des Abruzzes, aux limites des Marches, est admirablement tenu par Dino Illuminati. Particulièrement réussi en 2014, le Ilico a plus de relief, de définition aromatique et de vitalité que bien des vins de l'appellation vendus plus cher. Les tanins sont carrés et un peu rustiques, marqués par la vivacité propre au cépage, et le vin est franchement très agréable à boire! Surtout avec des pâtes à la saucisse et aux rapinis...

10858123 15,65$ ★★★ ½ ② ♥

8 000268 750237

ILLUMINATI

Montepulciano d'Abruzzo 2015, Riparosso

Le cépage montepulciano – à ne pas confondre avec la petite ville de Toscane qui porte le même nom et où on produit le vino nobile di Montepulciano – est cultivé un peu partout dans le centre de l'Italie. Ce 2015 a bien mérité ses *Due bicchieri*, mention décernée par le guide italien *Gambero Rosso*. Pas spécialement profond, mais à moins de 15$, on trouve ici toute la fougue du cépage montepulciano, des tanins granuleux, juste assez rustiques pour assurer son caractère, et de bons goûts de fruits noirs et d'épices. Un très bon vin de tous les jours.

10669787 13,40$ ★★★ ② ♥

8 000268 750213

MASCIARELLI

Montepulciano d'Abruzzo 2015

Disparu prématurément il y a déjà près de 10 ans, Gianni Masciarelli était l'un des hommes forts des Abruzzes. Maintenant épaulée de ses enfants, Marina Cvetic produit ce très bon rouge d'entrée de gamme qui offre un joli relief de saveurs en bouche. Les notes fumées se mêlent aux goûts de fruits sauvages et de terre humide; le tout repose sur une trame tannique compacte, garante d'une sensation de fraîcheur. Excellent dans sa catégorie!

10863774 15,50$ ★★★★ ② ♥

8 033140 750018

PODERE CASTORANI

Montepulciano d'Abruzzo 2010, Riserva

On note une nette différence entre les vins «grand public» de Jarno Trulli et les deux cuvées hauts de gamme vendues à la SAQ. Maintenant ouvert, son Riserva 2010 déploie au nez des notes balsamiques qui évoquent une pinède. La bouche est racée, élégante et de bonne longueur, portant des notes boisées quasi bordelaises. Très bien tourné dans un style poli, à défaut d'avoir la fibre régionale authentique. Très bon vin prêt à boire, qu'on pourra garder en cave encore quelques années.

10383113 34,75$ ★★★ ½ ②

8 032790 762105

PODERE CASTORANI

Montepulciano d'Abruzzo 2012, Amorino

En 2012, l'Amorino se dessine sur un mode plus contenu, s'appuyant sur une trame tannique solide. Le vin est ponctué de parfums de cerise et de poivre. Peu de profondeur, creux en milieu et pointu en finale, mais honnête comme proposition. À boire entre 2018 et 2021.

11131778 24,15$ ★★★ ②

8 032790 768176

UMANI RONCHI

Cùmaro 2013, Conero Riserva

Surtout connu pour donner des vins gorgés de soleil dans les Abruzzes, le cépage montepulciano est aussi la source de vins rouges très étoffés de l'appellation Rosso Conero, dans les Marches. Peu volubile lorsque goûté en juillet 2017, le Cùmaro ne s'est révélé qu'après quelques heures d'aération, s'ouvrant alors sur des notes sanguines, animales, avec un fond de fruits noirs confits. On peut déjà l'apprécier pour son intensité contenue, mais il serait avisé de le laisser dormir en cave jusqu'en 2020.

710632 29,95$ ★★★→? ③

8 032853 723517

UMANI RONCHI

Medoro 2016, Sangiovese, Marche

Que demander de mieux pour le prix? Vraiment! Au fruité primaire s'ajoute le côté sanguin du sangiovese; peu de force tannique, mais une chair assez nourrie pour laisser en bouche une sensation rassasiante. Le vin de table parfait pour les soirs de semaine.

565283 8,40$ ★★★ ② ♥

8 032853 720479

CANTINA DEL TABURNO

Aglianico del Taburno 2013, Fidelis, Sannio

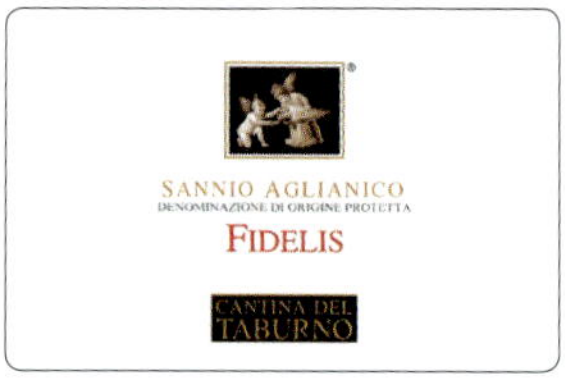

En Campanie, dans les hauteurs de Benevento, le cépage aglianico grimpe jusqu'à 650 m et plonge ses racines dans des sols argilo-calcaires. Ce vin est assez fidèle au style de Taburno, c'est-à-dire considérablement plus frais et contenu que la moyenne des aglianicos sur le marché. Les petits fruits rouges, les épices et les notes minérales défilent en bouche, portés par une pointe d'acidité volatile. Le grain tannique est très fin et le vin laisse en bouche une sensation élégante et aérienne. Et cette longue finale vaporeuse... comment résister?

8 003707 091366

12884958 22,10$ ★★★★ ② ♥

COSIMO TAURINO

Notarpanaro 2010, Salento

À regret, j'avais exclu le Notarpanaro des deux dernières éditions du *Guide du vin*, jugeant le dernier millésime commercialisé à la SAQ (2007) en dessous des attentes. Heureusement, ce creux de vague n'a été que passager et cet assemblage de negroamaro et de malvasia nera est en grande forme dans sa version 2010. Parfums d'encens, de poivre et d'herbes séchées; bouche nettement plus près de la terre que du fruit, hyper fraîche et digeste, assise sur des tanins fins, juste assez granuleux pour donner du mouvement et du tonus. Longue finale vaporeuse et distinguée. À moins de 20$, on peut en faire des réserves.

8 013417 000039

709451 19,90$ ★★★★ ② ♥

COSIMO TAURINO

Salice Salentino 2010, Rosso Riserva

Toujours le même bon vin authentique et sincère. Un peu rustique avec ses angles tanniques et ses parfums terreux, sans que ce ne soit un défaut. Au contraire, cela lui donne un supplément de caractère. Très bon rapport qualité-prix-plaisir.

8 013417 000015

411892 16,20$ ★★★ ①

Italie

GRIFALCO

Aglianico del Vulture 2013, Grifalco

Cet aglianico produit sur les pentes d'un ancien volcan éteint, le Monte Vulture, est considérablement plus charnu et charpenté que celui de Cantina del Taburno, mais son grain tannique est aussi velouté, très caressant. Un vin tout en retenue, qui se définit davantage par sa texture que par ses arômes et qui se livre petit à petit. Profondeur, longueur et une identité affirmée. Surveillez l'arrivée du 2014 au courant de l'hiver 2018.

13227896 24,25$ ★★★★ ② ♥ ▼

8 033673 752114

RIVERA

Castel del Monte Rosso Riserva 2011, Il Falcone

Produite par la famille Corato, la cuvée Il Falcone est le porte-drapeau de l'appellation Castel del Monte, à l'est de la ville de Bari, au cœur des Pouilles. À juste titre, puisque cet assemblage de nero di troia et de montepulciano est toujours savoureux. Un excellent vin typique des régions ensoleillées, rustico-élégant, avec ses parfums de cuir et de kirsch, sa mâche passablement solide et son acidité soutenue qui accentue les angles tanniques. Le vin demeure cependant élégant et il a au moins autant de profondeur que bien des vins de Toscane.

10675466 23,45$ ★★★★ ② ♥

8 000715 000502

TORMARESCA

Primitivo 2015, Torcicoda, Salento

Depuis 1998, la famille florentine Antinori a développé un vaste domaine de 600 hectares dans les Pouilles. Ce vin me laisse une impression plus authentique, moins travaillée, que les autres cuvées du domaine. Une interprétation plutôt stricte et droite du cépage primitivo, mais aussi un profil bien méridional et solaire, des goûts d'épices et de confiture de mûre. Très joli vin qui n'a certes rien de profond, mais qui est très séduisant, à sa manière.

11331631 19,95$ ★★★ ½ ② ♥

8 026530 000176

TORMARESCA

Trentangeli 2015, Castel del Monte

Ce vin d'aglianico (70%), de cabernet et de syrah est issu de l'agriculture biologique. Le vin s'appuie sur des tanins un peu secs et carrés et déploie des parfums originaux de tomate, d'herbes séchées et d'épices. Sa vigueur sera un atout à table.

12756420 19,95$ ★★★ ②

8 026530 000862

CUSUMANO

Angimbé 2016, Terre Siciliane, Tenuta Ficuzza

Ce vin, pourtant composé d'insolia et de chardonnay, déploie au nez des parfums qui rappellent le viognier. La texture en bouche est grasse, mais une pointe de gaz lui confère une agréable vitalité. Très bonne bouteille à petit prix.

11097101 13,35$ ☆☆☆ ① ♥

8 028262 000066

PLANETA

Alastro 2015

Très bon vin blanc composé de grecanico (garganega à Soave), de sauvignon blanc et de grillo, aux saveurs de poire en sirop et de fruits tropicaux. Une bouteille pleine de vitalité, dans laquelle un léger reste de gaz permet de palier la faible acidité. Sec, frais et original.

11034361 22$ ☆☆☆ ②

8 020735 002003

PLANETA

Chardonnay 2015, Sicilia – Menfi

Issu de raisins de différents secteurs, dont une parcelle plantée à 450 m d'altitude sur des sols calcaires, ce chardonnay a beaucoup gagné en vitalité et en pureté depuis quelques années. Le 2015 poursuit dans cette même lignée, alliant salinité et structure, qui agissent comme gardien de la fraîcheur. Un bon achat pour l'amateur de chardonnay enrobé, mais sans lourdeur.

855114 40$ ☆☆☆ ½ ②

8 020735 000160

PLANETA

Etna bianco 2016

Établie sur le flanc nord de l'Etna depuis 2008, la famille Planeta est maintenant active dans cinq secteurs de la Sicile. À la Feudo di Mezzo, l'œnologue d'origine hongroise, Patricia Tóth, élabore un très bon vin blanc issu de carricante, cultivé sur des sols volcaniques noirs, à 700 m d'altitude. Bien qu'il s'exprime avec plus de retenue que la moyenne des blancs de l'Etna, le 2016 déploie tout de même les saveurs généreuses de fruits jaunes et de fleurs du cépage carricante, auquel un élevage partiel en fûts apporte du gras, mais aucune lourdeur.

8 020735 030006

12473614 25$ ☆☆☆ ½ ② ♥

PLANETA

Segreta blanc 2016, Sicilia

Grecanico, chardonnay, fiano et viognier. Ce dernier, bien qu'il ne représente que 10% de l'assemblage, signe la trame aromatique dominante du 2016, avec des parfums floraux élégants. Frais, gras, digeste.

8 020735 001006

741264 15,55$ ☆☆☆ ①

TASCA D'ALMERITA

Regaleali bianco 2016, Terre Siciliane

Insolia, grecanico, catarratto et chardonnay. Nerveux, perlant même, correctement parfumé, sec et ponctué d'amers nobles en finale. Un peu plus neutre et ténu que d'habitude, mais recommandable à moins de 20$.

715086 15,90$ ☆☆☆ ①

8 001666 751031

ARGIOLAS

Monica di Sardegna 2014, Perdera

J'ai toujours bien aimé ce vin produit par une maison réputée de Sardaigne. Hélas, les trois bouteilles de 2014 goûtées au courant de l'été 2017 présentaient des relents de légumes bouillis et de carton mouillé. La bouche comporte un minimum de fruit et a une certaine étoffe, mais le vin laisse une impression d'ensemble peu flatteuse. Creux de vague? Mauvais lot? À revoir au cours des prochains mois.

8 010544 320757

424291 16,05$ ★★ ½ ②

CUSUMANO

Syrah 2016, Terre Siciliane

D'année en année, un bon vin de syrah dépourvu de parfums boisés. En bouche, le vin est sec, franc, encadré par les tanins compacts de la syrah, et déploie des notes de poivre et de viande fumée. Rassasiant et de bonne longueur. À ce prix, bravo!

8 028262 000158

10960777 13,55$ ★★★ ② ♥

GRACI

Etna rosso 2014

Bien enraciné dans les sols volcaniques entre 600 et 900 m d'altitude, le nerello cappuccio donne un vin rouge empreint d'élégance. Le 2014 m'a paru plus robuste et riche en extraits tanniques que le 2013, décoré d'une Grappe d'or l'an dernier. Les Italiens aiment bien comparer les vins rouges de l'Etna au pinot noir; celui-ci a plutôt des airs de nebbiolo. Saveurs généreuses de confiture de framboise sur tanins compacts; bon équilibre d'ensemble. Il sera intéressant de suivre son évolution d'ici 2021.

8 033609 610006

13041830 27,50$ ★★★→? ③

GULFI

Nero d'Avola 2012, Nerojbleo, Sicilia

La découverte des vins de la famille Catania a été pour moi une révélation. En fait, il y a eu un avant et un après Gulfi. Le vignoble est conduit en agriculture biologique, sans irrigation, et les raisins sont récoltés à la main. Cela peut sembler banal, mais dans le verre, ces détails se traduisent par un monde de différence. Rarement ai-je goûté des nero d'avola si vibrants, nerveux et sincères que ceux de Gulfi. Cette cuvée dont l'arrivée est prévue le 7 décembre 2017 a même des airs de nebbiolo, avec son tissu tannique compact, accentué par une saine acidité qui lui donne du mordant et rehausse ses goûts de fruits noirs et d'herbes séchées. Savoureux, minéral, racé. Un pur délice!

En primeur

13437391 24,95$ ★★★★ ② ♥

PLANETA

Etna rosso 2015

L'œnologue d'origine hongroise, Patricia Tóth, peaufine son art et sa maîtrise du cépage nerello mascalese dans chaque millésime depuis 2012. Le rouge du domaine est souple, velouté et joliment fruité. Bien mûr (14% d'alcool) et pourtant très fin et tout léger. Un peu plus de longueur et c'était quatre étoiles.

8 020735 031003

12473577 25$ ★★★ ½ ②

PLANETA

Segreta rouge 2015, Sicilia

Nero d'avola, merlot, syrah et cabernet franc. Vin rouge d'apéro et de soif qu'on servira légèrement rafraîchi, par une chaude journée d'été. Gourmand et sans prétention, mais offrant un bon rapport qualité-prix-plaisir.

898296 16,95$ ★★★ ½ ② ♥

8 020735 007008

SELLA & MOSCA

Carignano del Sulcis 2014, Terre Rare Riserva

Sauf erreur, c'est la première fois que je goûte ce carignan, produit par un acteur majeur de l'industrie viticole sarde. Le vin s'inscrit dans le style classique, un peu rustique, des autres cuvées de Sella & Mosca. Déjà passablement ouvert et évolué, comme en font foi ses parfums de cuir, de fruits secs et de fleurs séchées, mais il a encore de la chair fruitée en réserve et ne me semble pas près de s'assécher. Finale vaporeuse aux accents de kirsch et personnalité affirmée.

8 006725 100881

10675431 23$ ★★★ ½ ②

TAMI

Frappato 2016, Terre Siciliane

Sous l'étiquette Tami, Arianna Occhipinti et Francesco Trovato mettent en marché des vins souples et accessibles, issus de raisins qui proviennent du vignoble de quelques amis dans le secteur de Contrada. Son 2016 est souple, coulant, bourré de fruit, chaleureux en finale, mais aussi plein de vitalité. Il conjugue les vertus de légèreté d'un vin de soif et le caractère rassasiant des vins méditerranéens.

0 895958 000086

11635423 19,60$ ★★★ ½ ① ♥

ESPAGNE

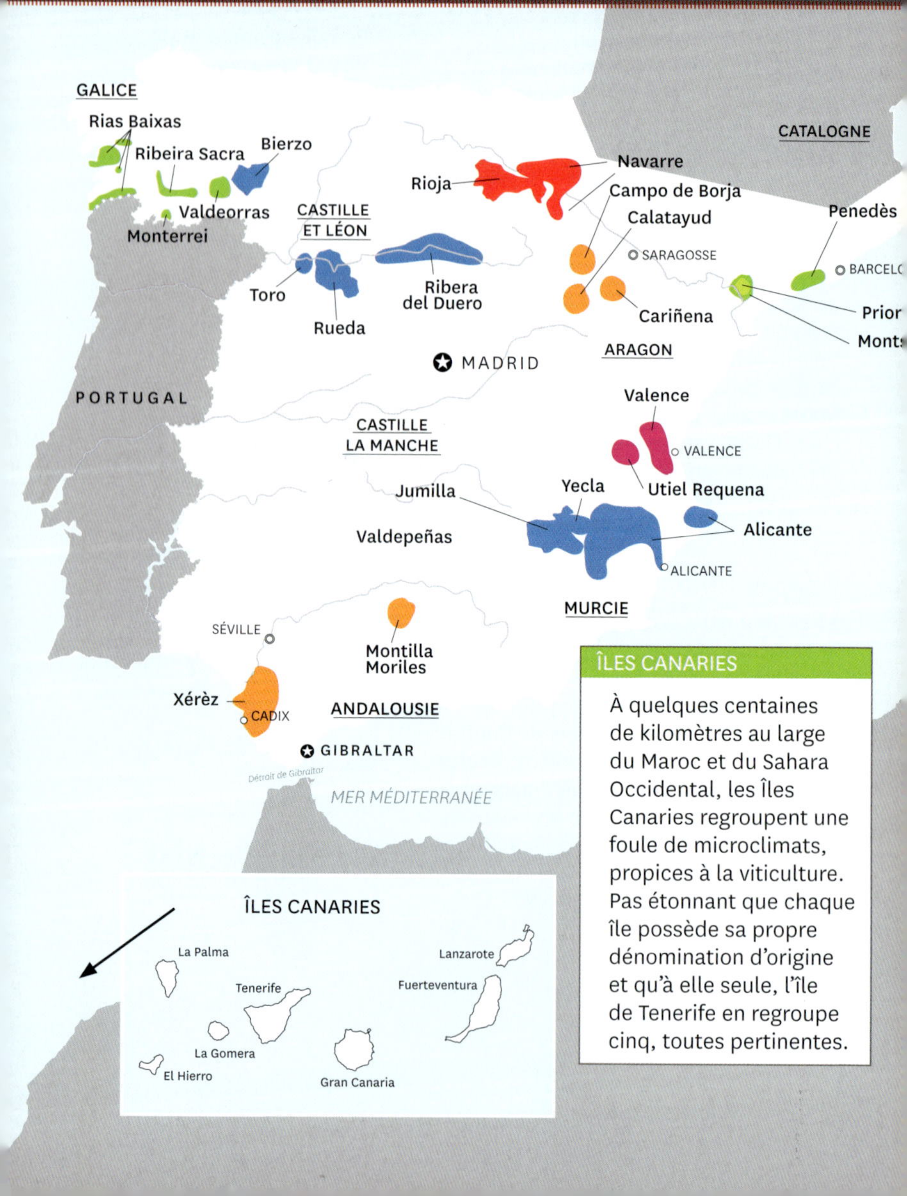

ÎLES CANARIES

À quelques centaines de kilomètres au large du Maroc et du Sahara Occidental, les Îles Canaries regroupent une foule de microclimats, propices à la viticulture. Pas étonnant que chaque île possède sa propre dénomination d'origine et qu'à elle seule, l'île de Tenerife en regroupe cinq, toutes pertinentes.

La morosité économique des dernières années a forcé les vignerons espagnols à parcourir le monde à la recherche de nouveaux marchés. Ils en ont aussi profité pour prendre le pouls d'une nouvelle génération de buveurs et adapté leurs vins en conséquence. Résultat: de manière générale, on observe une diminution significative des goûts boisés et de l'alcool, au profit du fruit et de la fraîcheur.

On voit ressurgir une foule de vieux cépages qui avaient été délaissés au profit du tempranillo et de variétés internationales. Plusieurs régions viticoles historiques sont aussi remises au goût du jour grâce à l'arrivée de jeunes vignerons qui repensent les méthodes de production et se tournent vers l'agriculture biologique. L'impact se fait sentir jusque dans la région très traditionnelle de la Rioja qui ajoute ainsi un nouveau chapitre à son histoire. Plusieurs grandes entreprises de la région cherchent encore leur style, oscillant entre tradition et hypermodernisme, mais on trouve de moins en moins de vins rustiques et maladroits sur le marché.

L'offre à la SAQ continue de se diversifier et les pages suivantes font état de plusieurs nouveaux vins de grande qualité.

- Située tout au nord de l'Espagne, en Galice et en Castille et Léon, les appellations Bierzo et Valdeorras, misent toutes deux sur le cépage rouge mencía et a le vent dans les voiles depuis une dizaine d'années. Principal outil des vignerons: le cépage mencía.
- Avant de s'appeler grenache en France, la *garnacha* fleurissait déjà dans la région d'Aragon depuis le XVIe siècle. En Espagne, il est présent partout et couvre environ 7% du vignoble national, derrière le tempranillo et le bobal. Il est aussi répandu dans le midi de la France, où il nourrit la charpente du Châteauneuf-du-Pape et joue un rôle primordial dans la profondeur des vins (secs ou liquoreux) du Roussillon. Il est aussi abondamment cultivé en Australie depuis une centaine d'années, de même qu'en Californie et en Sardaigne, où il est connu sous le nom de cannonau.

LES DERNIERS MILLÉSIMES

2016
Dans la Rioja, l'année a débuté avec un printemps compliqué, un été de grande chaleur et des vendanges sous la pluie. Difficile à ce stade précoce de prévoir comment les vins tiendront dans le temps, mais les quelques joven 2016 goûtés au cours des derniers mois étaient joliment fruités et harmonieux.

2015
Du nord au sud et de l'est à l'ouest du pays, un printemps chaud et sec a permis une bonne floraison. Et juillet 2015 passera à l'histoire comme le mois le plus chaud depuis 1880. Cette vague de canicule et de sécheresse de 26 jours a engendré un retard des maturités. Heureusement, plusieurs régions (la Rioja en particulier) ont bénéficié des mois d'août et septembre plus tempérés, avec des épisodes providentiels de pluie. Bon millésime pour les régions du nord du pays, mais il faudra s'attendre à des vins concentrés et riches en alcool.

2014
Dans la Rioja, un retour à des formes et à des quantités normales, après deux années de petites récoltes. La saison végétative a été longue, mais des pluies pendant les vendanges ont compliqué la donne dans certains secteurs.

2013
Un gel tardif en début de saison a engendré une petite récolte, puis les vendanges ont été parsemées d'épisodes de grêle et de pluie. Au mieux, on peut espérer des vins plus frais et légers en alcool.

2012
Récolte exceptionnellement faible dans la Rioja. L'une des plus petites des deux dernières décennies. Heureusement, le peu qui a été produit promet d'être excellent.

2011
Un été chaud dans la Rioja a engendré de plus faibles rendements et des vins plus concentrés qu'en 2010. L'été 2011 a été marqué par une sécheresse générale et certaines régions viticoles ont commencé la vendange dès la fin du mois de juillet!

2010
Rendements réduits dans la Rioja et dans Ribera del Duero en raison des pluies printanières; le beau temps qui a suivi permet d'anticiper des vins solides. Année fraîche dans le Priorat, et plusieurs vins particulièrement harmonieux.

PALACIOS, ALVARO

Bierzo 2015, Petalos

D'année en année, le Pétalos d'Alvaro Palacios demeure l'exemple même du vin de Bierzo, dans la région de Castille et Léon. Issu d'un assemblage de raisins d'une dizaine de parcelles situées dans différents secteurs de l'appellation, le 2015 se profile avec élégance, tout en offrant une bonne concentration fruitée et un spectre de saveurs passablement large pour un vin de cette gamme de prix. Finale racée aux tonalités de graphite et de noyau de cerise.

10551471 23,45$ ★★★ ½ ② ♥

8 437004 566089

PITTACUM

Bierzo 2011

Bien qu'il soit moins distinctif que d'autres vins de Bierzo, ce vin âgé de maintenant six ans tapisse la bouche de tanins veloutés et de saveurs de fruits confits et d'épices. Bon vin à point, mais qu'on pourra apprécier jusqu'en 2021, aisément.

10860881 20,65$ ★★★→? ②

8 437002 557157

RONSEL DO SIL

Ribeira Sacra 2014, Vel' Uveyra

Si vous êtes de ceux qui croyez que tous les rouges espagnols se ressemblent, il vous faut goûter ce vin élaboré par Pablo Blanco et le Français Olivier Rivière. Ribeira Sacra est la seule appellation galicienne dédiée au vin rouge. Le mencía joue ici un rôle de premier plan, aux côtés du merenzao, nom local donné au trousseau – cépage du Jura. Le 2014 est éminemment frais, digeste, presque aérien. Une texture délicate, 12,5% d'alcool, un fruit qui danse en bouche et des accents de bord de mer. Grand indice de buvabilité!

12474991 23,40$ ★★★★ ② ♥

8 437012 689039

MENDES, ANSELMO

Alvarinho 2016, Muros Antigos

Anselmo Mendes est l'un des acteurs importants du Vinho Verde. Il se spécialise dans l'élaboration d'alvarinho, dont le style évoque certains Rias Baixas. Tout frais arrivé sur le marché lorsque goûté à la fin de l'été 2017, son 2016 présentait un léger reste de gaz qui rehaussait des goûts purs de pêche et de fleurs. Ample, généreusement fruité (mais sec!), dépourvu de parfums boisés et techniquement irréprochable.

5 606486 112708

11612555 21,90$ ☆☆☆ ½ ②

MENDES, ANSELMO

Loureiro 2015, Muros Antigos

Issu de raisins bien mûrs, contrairement à la plupart des petits vinho verde sur le marché, et étrangement aromatique pour du loureiro. Goûts d'agrumes, de melon, de thé vert, de rhubarbe. Pas très long, mais franchement agréable à boire. Seul ou en spritz, un très bon blanc d'apéro, frais et désaltérant.

12455088 16,70$ ☆☆☆ ① ♥

5 606486 162802

NORA

Rias Baixas 2016, Albariño

Tout comme sa voisine portugaise (Vinho Verde), l'appellation Rias Baixas, en Galice, est la source de vins blancs originaux et désaltérants, issus du cépage albariño – le nom espagnol de l'alvarinho. Ce 2016 produit dans la sous-appellation de Condado do Tea, porte la salinité caractéristique des vins de la région, donnant ainsi de l'élan aux parfums de fruits jaunes et de thé vert. Rien de bien complexe, mais un très bon blanc digeste et désaltérant.

11639580 23$ ☆☆☆ ②

0 858692 000101

Espagne

PACO & LOLA

Rias Baixas 2016, Albariño

Sans se prendre au sérieux, cet albariño offre tout ce qu'on attend d'un bon vin d'apéro. Les saveurs fruitées et florales sont nettes et expressives, et reposent sur une texture bien mûre, à laquelle une saine acidité et une trame saline apportent un supplément de fraîcheur. Plus complet que les deux derniers millésimes goûtés.

8 437008 356020

12475353 17,20$ ☆☆☆ ½ ② ♥

PACO & LOLA

Rias Baixas 2016, Lolo

L'une des belles découvertes de l'été, surtout au milieu de rouges riches et costauds comme les Espagnols les aiment. Juste assez parfumé, entre les accents floraux et citronnés; net, frais, suffisamment gras en bouche et doté d'une pointe d'amertume qui lui donne un caractère et une longueur plus que satisfaisante pour le prix. Bravo!

8 437008 356075

13089868 14,25$ ☆☆☆ ½ ① ♥

PAZO BARRANTES

Albariño 2015, Rias Baixas, Marqués de Murrieta

Excellent vin d'albariño, aux parfums caractéristiques de pêche et de fruits tropicaux, avec une pointe de thé vert et de poivre. Une tenue de bouche digne de mention et une finale délicieusement saline qui appelle la soif. Pas donné, mais il a beaucoup de caractère et de poigne.

8 424432 150195

12560849 26,20$ ☆☆☆☆ ② ▼

BONHOMME, NATHALIE

Rueda 2016, El petit bonhomme blanco

Nathalie Bonhomme signe aussi ce bon vin blanc au nez discret, composé à 100 % de verdejo. Pas de bois, mais un travail des lies qui enrichit la matière, des senteurs de gazon frais coupé et quelques notes d'agrumes pour agrémenter le tout. Bon vin moderne et original.

12533541 15,15 $ ☆☆☆ ①

8 437012 278264

COMENGE

Rueda Verdejo 2016

Les vins portant la mention « Rueda Verdejo » en contre-étiquette sont issus à 100 % de verdejo. Ceux commercialisés sous la simple appellation « Rueda » peuvent être issus d'un assemblage de verdejo et de viura ou de sauvignon blanc. Le 2016 s'inscrit dans la lignée des trois derniers millésimes dégustés. Sec, désaltérant et agrémenté de délicates notes d'herbes et de gazon frais coupé, qui se mêlent aux accents d'agrumes. Original et bien typé de son lieu d'origine.

12432601 17,70 $ ☆☆☆ ½ ♥

8 437007 287042

HERMANOS LURTON

Rueda Verdejo 2016

Sans avoir la personnalité affirmée de celui de Telmo Rodriguez, le verdejo de François Lurton fleure bon le thé, la citronnelle et le pamplemousse, dont il arbore aussi l'amertume. Loin d'être un défaut, ce dernier trait agit comme contrepoids à la sucrosité du travail sur lies et contribue à sa tenue en bouche. J'ignore si on doit y voir un lien avec les origines du vigneron, mais ce 2016 m'a semblé avoir quelques ressemblances avec les vins blancs secs de l'Entre-deux-Mers...

727198 15,60 $ ☆☆☆ ½ ② ♥

0 635335 205020

RODRIGUEZ, TELMO

Rueda 2016, Basa

Parfois un peu prévisible et marqué par la technologie moderne, le Rueda de Telmo Rodriguez me semble plus subtil et nuancé en 2016. Sec, il laisse en bouche une délicieuse sensation saline et minérale, couplée à des parfums délicats d'agrumes, de fruits blancs et de thé oolong. Original et étonnamment long pour un vin de ce prix. Dans son appellation, il vaut bien quatre étoiles.

8 420759 900017

10264018 16,20$ ☆☆☆☆ ① ♥

ROLLAND & GALARRETA

Rueda 2015

S'il n'est pas aussi pur et minéral que le précédent, ce vin de Rueda se fait valoir par sa vinosité et ses saveurs tropicales. Non pas un petit blanc nerveux et aromatique, mais un vin plein, assez vineux pour accompagner des poissons et des viandes blanches.
À boire maintenant et au cours des trois ou quatre prochaines années.

8 437012 435681

12244889 20,90$ ☆☆☆ ②

SIERRA NORTE

Macabeo-Sauvignon blanc 2016, Fuenteseca, Utiel-Requena

Un assemblage réussi de macabeu et de sauvignon donne un vin aromatique aux accents de miel et de fruits tropicaux.
Frais, original, assez gras et d'une qualité impeccable à ce prix.

8 436017 631609

12681131 11,85$ ☆☆☆ ① ♥

BARON DE LEY

Rioja blanc 2016

Encore tout jeune, pimpant et animé d'un reste de gaz; la bouche est nette, l'acidité bien présente et le vin a plus de caractère que la moyenne des viuras, parfois un peu neutres. Jolis arômes de fruits jaunes soulignés d'une agréable amertume.

10357572 14,30$ ☆☆☆ ① ♥

8 420347 292531

BONHOMME, NATHALIE

El Bonhomme 2015, Valencia

La Québécoise Nathalie Bonhomme élabore un très bon vin de malvoisie, qui s'exprime ici avec une certaine retenue, le rendant particulièrement agréable. Bonne ampleur en bouche et passablement mûr, mais aussi sec, doté d'une amertume noble, et d'une tenue plus que satisfaisante. Original et très bien tourné.

12210443 18,85$ ☆☆☆ ½ ② ♥

8 437006 989091

BORSAO

Macabeo-Chardonnay 2015, Campo de Borja

Produit au sud-est de la Rioja, dans la province d'Aragon, ce vin blanc est peu acide, mais il ne manque pourtant pas de fraîcheur. Du gras, des saveurs de miel et de fruits à chair jaune et une bonne ampleur en bouche. Pas étonnant qu'il connaisse un tel succès à la SAQ.

10856161 12,55$ ☆☆☆ ① ♥

8 412423 120746

IJALBA

Rioja blanc 2016, Genolì

Ce vin blanc composé exclusivement de viura charme une fois de plus par sa fraîcheur, sa vitalité et sa netteté aromatique. Sec et frais, grâce notamment à un léger caractère perlant qui rehausse les arômes de fruits blancs. Il y a même dans ce 2016 une certaine élégance... À ce prix, c'est top!

883033 13,90$ ☆☆☆ ½ ① ♥

8 423309 011003

PARÉS BALTÀ

Calcari 2016, Xarel-Lo, Penedès

Vin blanc biologique élaboré par la famille Cusiné et composé à 100% de xarel-lo, un cépage catalan utilisé notamment pour la production de cava. Le 2016 m'a plu d'emblée par la sensation hautement minérale qu'il laisse en bouche. Plus près de la terre que du fruit, avec des accents d'herbe fraîchement coupée, de thé blanc et d'eau de mer. À moins de 20$, c'est une aubaine!

8 410439 010136

11377225 19,95$ ☆☆☆☆ ② ♥

PARÉS BALTÀ

Electio 2013, Penedès

Cette cuvée vendue pour la première fois à la SAQ est en quelque sorte le grand frère du Calcari. Lui aussi composé à 100% de xarel-lo, provenant d'un vignoble situé à 325 m d'altitude, le vin bénéficie d'une courte (4 heures) macération pelliculaire avant d'être mis à fermenter puis élevé pendant quatre mois dans des fûts neufs de chêne français et hongrois. Le vin était un peu en retrait et encore marqué par le bois lorsque goûté au printemps 2017, mais on y décelait tout de même des saveurs franches de poire sur un fond crayeux et salin. Le tout reposait sur une texture à la fois grasse et élégante. Quelques mois de repos supplémentaire aideront sans doute les éléments à se mettre en place. Arrivée à la fin de l'automne 2017.

En primeur

13302614 45$ ☆☆☆→? ③

TORRES

Catalunya 2016, Vina Esmeralda

D'année en année, le même bon vin aromatique, aux parfums de litchi et de raisins muscat. Facile et arrondi d'un reste perceptible de sucre, sans verser dans les excès pommadés. Les amateurs de *gewurz* demi-sec seront servis à peu de frais.

8 410113 001139

10357329 14,65$ ☆☆☆ ①

TORRES

Gran Viña Sol 2015, Chardonnay, Penedès

Un classique au répertoire de la SAQ. Chardonnay (85%) et parellada auxquels des fermentations et un élevage partiel en fûts de chêne apportent du gras, sans priver le vin de sa pureté ni de sa fraîcheur. Bon rapport qualité-prix.

8 410113 001092

64774 16,80$ ☆☆☆ ② ♥

COELUS

Rioja Joven 2015, Tempranillo

Un nez de confiture de framboise annonce ici un rouge souple et juteux, mais assez charnu et débordant de saveurs fruitées. Il pourra accompagner les hamburgers et les saucisses grillées.

8 420378 000389

12699091 10,05$ ★★★ ① ♥

MORAZA

Rioja 2015, Garnacha

Les vignes de garnacha qui entrent dans la composition de cette cuvée proviennent essentiellement d'une parcelle située dans la commune d'Àbalos, à une altitude de 600 m. C'est sans doute ce qui explique la grande sensation de fraîcheur qui émane de ce 2015. Pas très volubile à l'ouverture, le vin s'ouvre après une demi-heure d'aération en bouteille. Le fruit s'éveille alors sur des arômes très frais de cerise, de coulis de framboise et de poivre; la bouche est nerveuse, animée d'un reste de gaz qui accentue son caractère guilleret. Pas spécialement long ni complexe, mais il a beaucoup de charme.

En primeur

13477975 26,50$ ★★★ ½ ②

MORAZA

Rioja 2016, Tempranillo Bio

Encore plein de vitalité lorsque goûté en août 2017, ce tempranillo issu de l'agriculture biologique débordait de fruit et présentait des parfums fermentaires qui évoquent les vins primeurs du Beaujolais. La bouche, tout aussi vibrante, était animée d'un léger reste de gaz qui rehaussait le fruit et laissait en bouche une sensation rassasiante de fraîcheur. Très bon vin à boire d'ici 2019 pour profiter pleinement de son fruité juvénile.

8 437011 734068

12473825 17,50$ ★★★ ½ ② ♥

OLARRA

Rioja Joven 2016, Otoñal

Le 2016 est bourré de fruit, très sphérique et sans aspérité tannique ni dureté. Simple et sans détour; à servir frais autour de 15 °C.

8 411423 011030

12663135 11,25$ ★★ ½ ①

Rioja *Joven*

Le nom *joven* signifie « jeune » en espagnol et désigne des vins commercialisés en jeunesse, la plupart étant non boisés.

PALACIOS REMONDO

Rioja 2016, La Vendimia

La famille du célèbre œnologue Alvaro Palacios élabore de bons vins de facture moderne dans la Rioja Baja, à l'extrémité est de l'appellation. Stylistiquement assez près d'un *joven*, c'est-à-dire conçu pour être bu jeune, même si l'étiquette n'en fait pas mention. Bouche ronde, goûts de cerise et de réglisse noire. Gourmand, facile, mais plutôt rassasiant.

8 411580 034583

10360317 18,50$ ★★★ ½ ② ♥

RIVIÈRE, OLIVIER

Rioja 2016, Rayos Uva

Établi dans la Rioja Alta depuis 2004, Olivier Rivière réussit, avec peu de moyens techniques, là où bien des *bodegas* dotées d'installations modernes échouent: élaborer des rouges purs et digestes qui reflètent néanmoins la richesse du terroir de la Rioja. Son Rayos Uva 2016 – issu de vieilles vignes de tempranillo, de graciano et de grenache – est l'archétype du vin de soif à l'espagnole. Souple, frais et apparemment tout léger, mais riche d'une foule de nuances aromatiques, entre les fruits rouges, la pivoine, la lavande et le poivre qu'une amertume fine tire en finale. Enfin, bien qu'il s'inscrive dans l'esprit des vins nature et qu'il soit conçu pour être apprécié en jeunesse, ce vin ne craint pas l'oxydation. Une bouteille «oubliée» et goûtée après quelques jours d'ouverture n'accusait toujours aucune fatigue. Étonnant!

2 401472 772026

13076071 19,75$ ★★★★ ② ♥

VIÑA ZACO

Rioja 2014, Tempranillo

Un bon exemple de Rioja de type *joven*, de plus en plus populaire en Espagne comme sur les marchés d'export. Plutôt que de miser sur le bois, ce 2014 choisit avant tout la rondeur fruitée du cépage tempranillo. Dans l'ensemble, un bon rouge frais et fruité, mais dont la fin de bouche charnue s'avère rassasiante. Servir autour de 15 °C.

8 411543 115014

12560371 17,60$ ★★★ ② ♥

BODEGAS PALACIOS

Rioja 2014, Vendimia Seleccionada

Nouvel habillage, même rioja de facture classique, assez charnu, avec une charge tannique digne de mention pour le prix; saveurs confites, accents de vanille et de noix de coco. En finale, une acidité soutenue laisse une impression un peu anguleuse, sans verser dans la rusticité.

237834 17,50$ ★★★ ②

8 410351 118002

BURGO VIEJO

Rioja Crianza 2012

On pourra reprocher à ce vin d'être un peu rudimentaire, limite rustique, mais j'avoue apprécier cette expression dépouillée du tempranillo, qui me rappelle les riojas servis dans les restaurants de la campagne espagnole. Souple et correctement boisé; rien de complexe, mais assez substantiel et tout à fait correct pour le prix.

12848308 16,90$ ★★★ ② ♥

8 437002 513221

CAÑAS, LUIS

Rioja Crianza 2014

Bon rioja crianza dans la moyenne. Assez substantiel, peu corsé, mais riche en saveurs et s'appuyant sur une chair fruitée ronde et généreuse. Longueur moyenne, bon équilibre.

12276830 20$ ★★★ ②

8 427558 103113

EL COTO

Rioja Crianza 2013

Souplesse et rondeur, bonne dose de fruit sur un fond boisé, qui évoque le cèdre et le bourbon. Rien de complexe, mais un bel exemple de crianza moderne.

11254188 16,10$ ★★★ ②

8 410537 200422

EL COTO

Rioja Reserva 2012, Coto de Imaz

Très bon rioja de facture traditionnelle, aux tonalités de fruits secs et de torréfaction; pas très puissant, mais franc et doté d'une saine acidité; le bois de chêne lui apporte des nuances balsamiques et épicées. Tenue digne de mention pour le prix.

10857569 21,20$ ★★★ ②

8 410537 050126

FINCA SAN MARTIN

Rioja Crianza 2013, Torre de Oña, La Rioja Alta

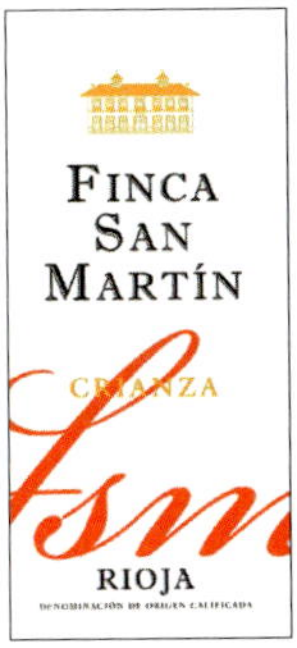

Excellent crianza élaboré par la cave de la Rioja Alta, l'une des maisons les plus respectées et les plus traditionalistes de la région. Au nez, des parfums de cuir et d'épices mettent d'emblée en appétit et annoncent un vin sobre et élégant. La bouche suit dans le même esprit, portée par des tanins soyeux et relevée de notes de terre humide et de réglisse. Équilibre et longueur impeccables, surtout à 20$.

8 425704 030016

12826184 20$ ★★★★ ② ♥

IJALBA

Rioja 2015, Graciano

Rioja jeune et plus expressif que la moyenne régionale, composé à 100% de graciano, cépage aussi connu sous le nom de bovale, en Sardaigne. Au nez, les petits fruits noirs sauvages côtoient la cannelle et le clou de girofle. La bouche s'appuie sur une trame tannique vigoureuse; juste assez serrée en fin de bouche. Bon usage du bois; le vin gagnerait cependant à reposer encore quelques années.

8 423309 213001

10360261 21,95$ ★★★ ½ ③ ♥

PALACIOS REMONDO

Rioja Crianza 2014, La Montesa

La famille du célèbre œnologue Alvaro Palacios élabore de bons vins de facture moderne dans la Rioja Baja, à l'extrémité est de l'appellation. La Montesa porte les riches saveurs de cerise et de cacao propres à la garnacha, ainsi que ses tanins suaves et veloutés. Finale vaporeuse aux parfums de confiture de framboise.

8 411580 035863

10556993 20,05$ ★★★ ½ ②

Rioja Crianza

Dans la Rioja, la dénomination Crianza s'applique à des vins qui en sont à leur troisième année d'élevage, dont au moins un an d'élevage en fûts.

BARON DE LEY

Rioja Reserva 2013

Fruit d'une année fraîche dans la région, ce 2013 a de petits airs de saint-émilion, avec ses saveurs profondes de fruits noirs, de tabac et d'épices, manifestement bien servi par l'élevage, et ses tanins mûrs, veloutés et compacts. Finale persistante et impression générale distinguée; le tout à bon prix.

868729 21,45$ ★★★ ½ ②

CONDE VALDEMAR

Rioja Reserva 2010

Les largesse d'un excellent millésime n'ont sans doute pas nuit à la qualité de ce vin qui se situe habituellement dans la moyenne de l'appellation. Parfums de bourbon, de banane ultramûre; tanins déjà fondus. Rien de transcendant, mais recommandable à moins de 20$.

882761 19,95$ ★★★ ②

IJALBA

Rioja Reserva 2013

D'année en année, les vins de cette cave de Logroño ne déçoivent pas. Encore très jeune et à peine mis en marché lorsque goûté en juillet 2017, le 2013 affiche la vigueur caractéristique de son millésime. L'élevage apporte des notes de cèdre et d'aneth, les tanins sont vigoureux, l'enrobage fruité bien mûr et soutenu par une saine acidité. Très bon et promis à un bel avenir.

478743 22,75$ ★★★→★ ③ ♥

LOPEZ DE HEREDIA

Rioja Reserva 2005, Viña Tondonia

Depuis sa fondation en 1877, cette vénérable maison de la Rioja Alta a bâti sa réputation avec des vins de facture traditionnelle, qui bénéficient d'une très longue période de vieillissement. La cave, située à Haro, héberge aussi un atelier de tonnellerie. L'un des multiples petits détails qui font de Lopez de Heredia une *bodega* hors norme. Bien qu'il soit âgé de presque 12 ans, ce 2005 – excellent millésime dans la Rioja – est encore loin d'être sur la pente descendante. Le temps a permis aux tanins et au bois de se fondre, la texture est soyeuse et élégante, les saveurs profondes et pénétrantes. Arrivée prévue en novembre 2017.

11667901 49,25$ ★★★★ ½ ②

Espagne

MARQUÉS DE CÁCERES

Rioja Reserva 2011

Fidèle au style habituel de Cáceres, c'est-à-dire tendre et velouté, boisé sans excès et marqué de parfums de fruits secs et de sous-bois qui témoignent d'une certaine évolution. L'amateur de rioja classique y trouvera son compte à ce prix.

897983 24$ ★★★ ②

8 410406 211054

MARQUÉS DE RISCAL

Rioja Reserva 2013

Cette *bodega* fondée en 1860 produit des vins de facture classique, très droits, qui n'ont rien à voir avec les monstres de concentration qui ont vu le jour depuis la fin des années 1990. Riscal est aussi connu pour son chai ultramoderne et spectaculaire, conçu par l'architecte canadien Frank Gehry. À défaut d'avoir l'envergure des vins de grandes années, ce 2013 compense par son caractère vigoureux et sa droiture tannique. Le bois est joué assez finement et se mêle aux goûts de fruits noirs. Très bon vin qu'on pourra apprécier au cours des cinq prochaines années.

10270881 23,80$ ★★★ ½ ③

8 410869 450014

MUGA

Rioja Reserva 2011, Seleccion Especial

Très bon vin rouge qui porte la richesse caractéristique du millésime 2011 dans la Rioja. Riche et très invitant par ses odeurs de cuir sur un fond de fruits noirs confits et de réglisse. Particulièrement charpenté, sans rudesse et doté d'une finale vaporeuse aux goûts de crème de mûre. Déjà très bon, il pourrait encore réserver de belles surprises d'ici 2021.

11155593 37,50$ ★★★→★ ③

8 414542 150093

MUGA

Rioja Reserva 2013

Franchement réussi en 2013. Couleur soutenue, nez de menthe et de fruits secs; velouté et savoureux, tissé de tanins mûrs et gommeux qui lui donnent déjà beaucoup de consistance. À prix abordable, un très bon vin de Rioja de facture traditionnelle composé de tempranillo, de garnacha, de mazuelo et de graciano.

855007 23,55$ ★★★ ③

8 414542 100104

Rioja Reserva

Théoriquement, les vins de la Rioja portant la mention « reserva » ne sont produits que dans les bonnes années. Tous doivent être élevés pendant un minimum de trois années, dont au moins un an d'élevage en fûts.

BARON DE LEY

Rioja Gran Reserva 2010

Généralement moins boisé que d'autres, charpenté sans être lourd, ce vin maintenant âgé de 7 ans est tendre et à point, mais encore solide et très étoffé. Finale chaleureuse aux parfums d'épices. Compte tenu de la durée de l'élevage, son prix est tout à fait justifié. À boire maintenant et jusqu'en 2020.

738997 32,50$ ★★★ ½ ③

8 420347 292586

CONDE VALDEMAR

Rioja Gran Reserva 2008

Cette cave importante de la Rioja produit un très bon Gran Reserva aux parfums caractéristiques de cuir et de fruits secs. À l'aveugle, impossible de se méprendre, c'est un rioja. L'apport boisé est encore bien perceptible dans ce 2008, mais le tissu tannique porte la patine du temps et le vin affiche une certaine élégance et une puissance contenue. Évolué sans être fatigué et doté d'une longueur appréciable.

325084 30,50$ ★★★ ½ ②

0 745641 113008

LAN

Rioja Gran Reserva 2008

Comme l'ensemble des vins de cette *bodega*, un rioja de facture conventionnelle, portant la marque de l'élevage en fûts de chêne américain. Attaque mûre et flatteuse; le nez et la bouche mêlent les notes caractéristiques de vanille, de noix de coco et de café. Plein, dodu et séduisant, mais aussi plus près du bois que du fruit. J'aurais simplement souhaité un peu plus de vigueur et de profondeur. Malgré tout, ça demeure un bon achat à ce prix.

12259061 31,75$ ★★★→? ③

8 413472 059117

Rioja Gran Reserva

Les rioja Gran Reserva devraient être le fruit de millésimes exceptionnels. Ils séjournent au minimum pendant deux années en fûts de chêne, puis pendant trois années en bouteille. Leur prix est conséquemment plus élevé.

MONTECILLO

Rioja Gran Reserva 1994, Seleccion Especial

Un vin très à point provenant de l'une des entreprises les plus importantes de Rioja. En une vingtaine d'années, il a eu tout le temps de développer ces inimitables senteurs de fruits secs, mêlées de thé fumé et de champignons séchés. Les tanins sont polis et veloutés, et le vin semble allégé par les années, sans pourtant être séché ni creusé. Quatre étoiles pour un excellent rioja ouvert et à point.

10469339 71$ ★★★★ ①

0 022851 223018

MONTECILLO

Rioja Gran Reserva 2008

Même âgé de près de 10 ans, ce rioja conserve une agréable vigueur en bouche. La suavité de son tissu tannique lui donne d'emblée une allure très classique. Le fruité primaire a fait place à des goûts de fruits secs, de cuir et de tomate cuite. Rien de très profond, mais une proposition honnête et une belle occasion de goûter un vin à parfaite maturité.

239277 34$ ★★★ ①

0 022851 204017

MUGA

Rioja Gran Reserva 2009, Prado Enea

Les raisins qui composent le Prado Enea sont toujours parmi les derniers vendangés, ce qui se traduit par une maturité optimale, surtout en 2009. Le vin séjourne ensuite pendant 12 mois dans de grands foudres en chêne, avant d'être transféré dans des fûts de 225 litres, où il sera élevé pendant 36 mois, puis embouteillé, pour 36 mois de vieillissement additionnel. Résultat : un vin riche et puissant, aux parfums de kirsch, de cendre mouillée et cacao, qui offre encore une bonne dose de fruits malgré ses 8 ans. Des tanins granuleux laissent en bouche une légère sensation astringente, qui contraste avec la finale pleine et capiteuse. Très bon rioja de facture moderne qu'on pourra boire sans se presser d'ici 2024.

11169670 54,50$ ★★★→? ③

8 414542 020051

CAPÇANES

Montsant 2014, Mas Collet, Selecció

Les vins de l'appellation Montsant – qui encercle littéralement la zone du Priorat – sont autant solutions de rechange économiques aux crus de son illustre voisine. Le principal acteur de Montsant demeure la cave coopérative de Capçanes, qui produit entre autres ce très bon rouge de garnatxa, de syrah et de cabernet sauvignon. Goûté l'an dernier à pareille date, le 2014 va au-delà du simple registre fruité auquel se limitent tant de vins espagnols dans cette gamme de prix. Le vin offre bien sûr une bonne charge fruitée, mais on y décèle des arômes de terre humide et de garrigue. Le tout repose sur des tanins granuleux et compacts, qui préservent une agréable sensation de fraîcheur en fin de bouche. Retour prévu en succursales au début de l'année 2018.

8 427154 011225

642538 18,60$ ★★★★ ② ♥

CELLER PIÑOL

Terra Alta 2012, Criança, SA Natura

En plus d'excellents vins de grenache blanc – qui ont leur propre appellation d'origine –, la zone catalane de Terra Alta est la source de bons rouges solaires, comme celui-ci, composé majoritairement de carignan et issu de l'agriculture biologique. Au nez, les parfums de fines herbes dominent, mais le fruit prend sa revanche en bouche, avec des saveurs intenses de mûres, mises en relief par des accents de liqueur amère. Rond, légèrement capiteux et taillé d'un seul bloc pour le moment; il a l'équilibre nécessaire pour vieillir en beauté.

8 437000 509240

13219511 21,30$ ★★★ ½ ③ ♥

GRATAVINUM

Priorat 2012, 2πR

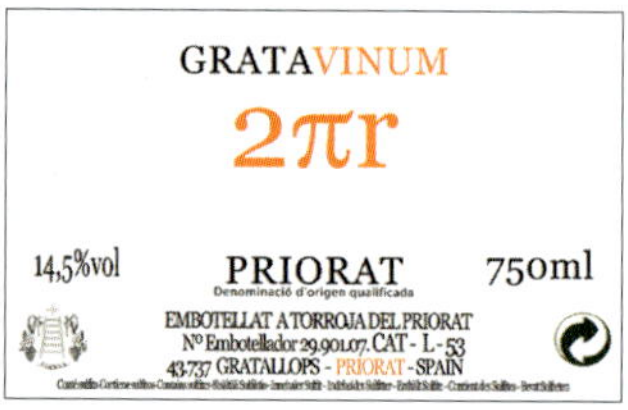

Fondée en 2001 dans le secteur de Gratallops, cette *bodega* est le petit bijou de la famille Cusiné de Parés Baltà. Parfois un peu sévère en jeunesse, les vins de Gratavinum révèlent beaucoup d'élégance après quelques années de vieillissement en bouteille. Le 2012 est simplement excellent. Gourmand, charnu, bourré de parfums de cacao et de cerise mûre qui donnent l'impression de croquer dans le fruit. Très bien servi par l'élevage, aussi large que long en bouche et promis à un bel avenir. Les plus patients voudront le laisser dormir jusqu'en 2022.

8 410439 010082

11307163 30,25$ ★★★★ ② ♥

Espagne

L'INFERNAL

Priorat 2013, RIU

De toute évidence, les vignerons français Laurent Combier, Peter Fischer et Jean-Michel Gerin n'ont pas mis de temps avant de s'acclimater aux conditions extrême du Priorat, dont le climat est particulièrement aride et les coteaux atteignent jusqu'à 78% d'inclinaison! Le deuxième vin du domaine est puissant, mais se profile avec nuance et élégance; parfums de garrigue, d'anis étoilé, de fruits noirs et de fleurs. Harmonieux dans l'intensité, il laisse en finale une sensation de plénitude. On pourra l'apprécier jusqu'en 2023.

12134170 32,25$ ★★★★ ③ ♥

8 437011 415042

TORRES

Gran Coronas 2013, Cabernet sauvignon, Reserva, Penedès

À sa manière, et bien qu'il soit composé de cabernet sauvignon, le Gran Coronas est un emblème du vignoble espagnol. Nez de cuir et de cèdre, bouche mûre, trame tannique polie qui offre néanmoins la droiture habituelle du cépage. Rien de transcendant, mais il ne déçoit jamais.

36483 19,60$ ★★★ ②

8 410113 003119

TORRES

Gran Sangre de Toro 2013, Reserva, Catalunya

Le mérite de cette cuvée de la famille Torres n'est pas de rivaliser avec les vins de terroir du Priorat et de la Rioja, mais de produire en quantité immense un vin dont la constance qualitative impose le respect. Composé majoritairement de garnacha, le 2013 sent bon la confiture de framboise et la garrigue; ces parfums d'herbes séchées apportent d'ailleurs une sensation de fraîcheur en bouche. Longueur étonnante pour le prix.

928184 17,65$ ★★★ ½ ② ♥

8 410113 003065

TORRES

Priorat 2013, Laudis

Déjà ouvert et manifestement conçu dans un style accessible en jeunesse. Les tanins sont bien fondus, le vin embaume la réglisse et les fruits confits, et offre une longueur appréciable en bouche. Très bon, très méditerranéen.

13034496 24,40$ ★★★ ②

8 410113 009302

TORRES

Priorat 2014, Salmos

Même s'il n'a pas la race et la profondeur des meilleurs vins de vignerons produits dans l'appellation, cette cuvée témoigne du savoir-faire Torres. Patine tannique veloutée, parfums de bourbon, de fruits secs et de cuir, finale vaporeuse, sans être brûlante. Très bien fait.

10857690 33,25$ ★★★ ½ ②

8 410113 003416

ARTADI

Pasos de San Martin 2013, Navarra

Figure très connue de la Rioja – bien qu'il ait quitté la dénomination d'origine il y a quelques années –, Juan Carlos López de la Calle étend aussi son activité viticole dans la région d'Alicante et dans la Navarre, où il cultive la garnacha, dans les hauteurs du village médiéval de San Martín de Unx. Son 2013 revêt une allure très gourmande avec ses goûts de chocolat noir, de piment d'Espelette et d'écorce d'orange. Exemple parfait de rouge de climat chaud, nourri par le soleil, mais vinifié avec retenue. Tanins veloutés, compacts et polis; finale savoureuse, qualité impeccable.

12578256 31,75$ ★★★★ ②

8 411976 140133

ARTAZU

Garnacha 2015, Navarra

L'exemple même de la garnacha joufflue, très généreuse et pourtant pas si lourde. Nez très typé de cerise confite, de cacao et de fleurs; finale capiteuse faisant bien sentir la chaleur de 2015. On gagnera à le servir frais, autour de 15 °C pour éviter que l'alcool l'emporte sur le fruit.

10902841 15,20$ ★★★ ½ ② ♥

0 877397 002012

ATTECA

Garnacha 2014, Atteca, Calatayud

La maison Atteca a été fondée en 2005 par la famille Gil Vera, aussi propriétaire des *bodegas* Juan Gil, dans Jumilla. Composé de garnacha à 100% et confectionné dans un style moderne, le 2014 déconcerte un peu au premier nez, en ce qu'il sent les champignons et les feuilles mortes, parfums inhabituels dans un vin âgé d'à peine 3 ans. La bouche est plus fraîche et fruitée, tissée de tanins mûrs et ronds. Bien mais sur un mode atypique.

10856873 21,60$ ★★★ ②

8 437005 068230

BORSAO

Bole 2014, Campo de Borja

Depuis une dizaines d'années, cette importante coopérative de l'appellation Campo de Borja, exporte au Québec des vins rouges généreux, vendus à prix abordables. Le Bole s'appuie sur la garnacha et la syrah, nourris par l'élevage en fûts qui apporte des parfums torréfiés, mais aucune lourdeur. Tout à fait correct pour accompagner les côtes levées.

12885344 16,45$ ★★★ ②

8 412423 120999

D'ANGUERA, JOAN

Altaroses 2015, Montsant

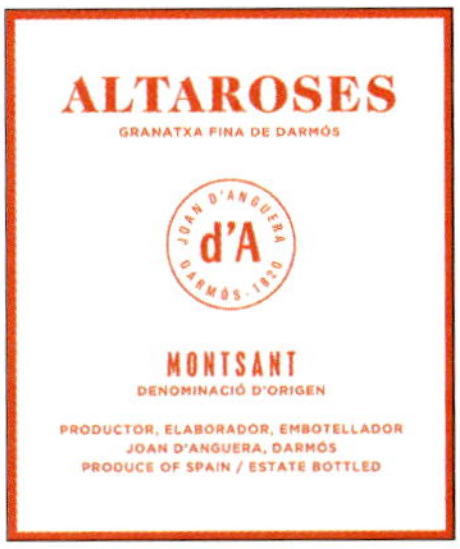

L'étiquette a beau indiquer 14 % d'alcool, en bouche, on ne le sent pas. Il émane plutôt de ce grenache une sensation aérienne et hyper désaltérante. Sa texture, constituée de tanins fins et compacts, est portée par une acidité qui fait saliver et qui donne soif. Beaucoup de relief, de vie et de personnalité pour le prix. Pour en profiter au maximum, laissez-le s'ouvrir en carafe pendant une heure et servez-le frais, autour de 15 °C... et en bonne compagnie!

8 437012 238022

12575223 22,65$ ★★★★ ② ♥

ESPELT

Empordà 2015, Sauló

Depuis le tournant des années 2000, la famille Espelt veille sur le plus important vignoble d'Empordà, appellation catalane située au bord de la mer Méditerranée. L'effet du millésime 2015 se manifeste ici par une expression fruitée large et opulente. À défaut de la vigueur tannique habituelle, ce vin est doté d'une fraîcheur aromatique – parfums de thym, de menthe séchée et d'olive noire – qui lui donne des airs de vins du Languedoc. À ce prix, on en prendrait bien une caisse.

0 805109 445031

10856241 14,30$ ★★★ ½ ② ♥

STA. QUITERIA

Tintoralba 2015, Garnacha, Vieilles vignes, Almansa

Ce vin vendu à prix d'aubaine m'a laissé une tout aussi bonne impression en 2015. Nez de cacao, de confiture de cerises, bouche à la fois sphérique et charnue qui lui donne des airs de rouge du sud du Rhône. De la mâche, aucun maquillage superflu, un caractère bien méditerranéen et une intensité aromatique digne de mention pour le prix.

8 437003 341052

10758843 13,90$ ★★★ ② ♥

TORRES

Cinco Garnachas 2015, 5G, Campo de Borja

Tout nouveau à la SAQ, une garnacha d'Aragon dont l'attaque en bouche ronde et dodue n'est pas sans rappeler la cuvée Seleccion de Borsao. Plein de fruit, correctement charnu et facile à boire. Un bon vin pour la cuisine de tous les jours, qui s'accommodera même de plats plus piquants, comme du poulet au piri-piri.

8 410113 008916

13358706 15,50$ ★★★ ½ ② ♥

ARTADI

Laderas de El Sequé 2015, Alicante

Bien que très jeune et marqué par des odeurs de réduction en juillet 2017, ce vin de monastrell et de syrah n'en était pas moins agréable. Un léger reste de gaz et des notes d'anis sont garantes d'une saine fraîcheur qui jongle avec le caractère chaleureux, propre aux vins de cette région située au sud de Valence. Pour mieux en profiter, aérez le vin en carafe pendant une heure. Un très bon achat!

8 411976 112116

10359201 14,05$ ★★★ ½ ② ♥

BONHOMME, NATHALIE

Jumilla 2015, El Petit Bonhomme

De tous les rouges de la Québécoise Nathalie Bonhomme goûtés récemment, cet assemblage de monastrell, de garnacha et de syrah est celui qui m'a paru le plus harmonieux. Le nez, expressif et opulent, annonce un vin mûr et généreux, mettant en relief les saveurs de mûres du monastrell. L'attaque en bouche est concentrée, puis le vin se détend en milieu et termine sur une note un peu chaleureuse, sans verser dans la lourdeur. Rapport qualité-prix attrayant.

8 437005 068711

12365541 16,95$ ★★★ ② ♥

CARCHELO

Jumilla 2012, Selecto, Crianza

Le vignoble de cette *bodega* située dans le parc régional de la Sierra del Carche, à une altitude de 1371 m, couvre une centaine d'hectares dans la région de Jumilla. Les syrah, tempranillo, cabernet sauvignon et monastrell sont élevés en fûts pendant 12 mois et donnent un vin couleur d'encre, aux parfums d'anis et de café. Plus de relief et de nuances aromatiques que la moyenne de l'appellation, avec une pointe d'olive noire qui accentue son caractère méditerranéen. Pas donné, mais très bien tourné dans un style moderne.

8 437002 520748

13081655 24,80$ ★★★ ½ ②

CASTANO

Solanera 2013, Viñas Viejas, Yecla

Essentiellement composé de monastrell et taillé pour plaire à l'amateur de vin rouge costaud autant qu'à l'amateur de côte levées sur le barbecue. Tanins solides et compacts, enrobés d'une chair fruitée mûre et dodue; parfums boisés qui se fondent bien à l'ensemble. Rien de bien original, mais la recette est connue et compte de nombreux adeptes.

8 422443 002892

11664902 19,50$ ★★★ ②

JUAN GIL

Jumilla 2014, Monastrell, Étiquette Argent

Version encore plus musclée du vin de Jumilla. On trouve dans le 2014 les parfums habituels de torréfaction, mais on semble avoir mis la pédale douce sur l'usage du bois, ce qui permet d'apprécier davantage l'expression aromatique du mourvèdre. Un vin large d'épaules à apprécier pour sa puissance, plus que pour sa finesse; tout à fait recommandable si vous aimez ce genre.

10758325 21,45$ ★★★→? ③

8 437005 068070

JUAN GIL

Jumilla 2016, Monastrell, Étiquette Jaune

Un nez de confiture de framboise annonce un vin riche (15% d'alcool), presque sucré tant le fruit est mûr. L'alcool apporte une sensation chaude en milieu de bouche, sans que le vin ne verse dans la lourdeur. Amateur de zinfandel musclé, vous avez là une belle alternative abordable.

10858086 14,70$ ★★★ ② ♥

8 437005 068001

LUZON

Jumilla 2013, Selección 12 meses, Crianza

Il y a deux ans, j'avais émis une certaine réserve face au 2011, jugeant l'apport boisé envahissant. J'ignore s'il s'agit d'un effet millésime ou de changements effectués dans le chai, mais le 2013 m'a paru nettement plus harmonieux. L'intensité propre à Jumilla est bien présente, mais le vin fait aussi preuve d'une certaine retenue qui le rend franchement agréable. À la concentration fruitée s'ajoutent des arômes d'anis, de menthe et de noyau de cerise. Le vin laisse en bouche une sensation minérale peu commune pour l'appellation. Très bonne longueur pour le prix.

12662044 18,95$ ★★★★ ② ♥

8 436005 760137

PORTUGAL

VINHO VERDE

Au sud du fleuve Minho, qui constitue par ailleurs la frontière avec l'Espagne, la région du Vinho Verde est le royaume du vin blanc sec et désaltérant.

DÃO

Écrin de granit entouré de montagnes, la région du Dão peut produire des vins à la fois racés et élégants. Le cépage touriga nacional y donne des vins souvent plus tendres et nuancés que dans le Douro.

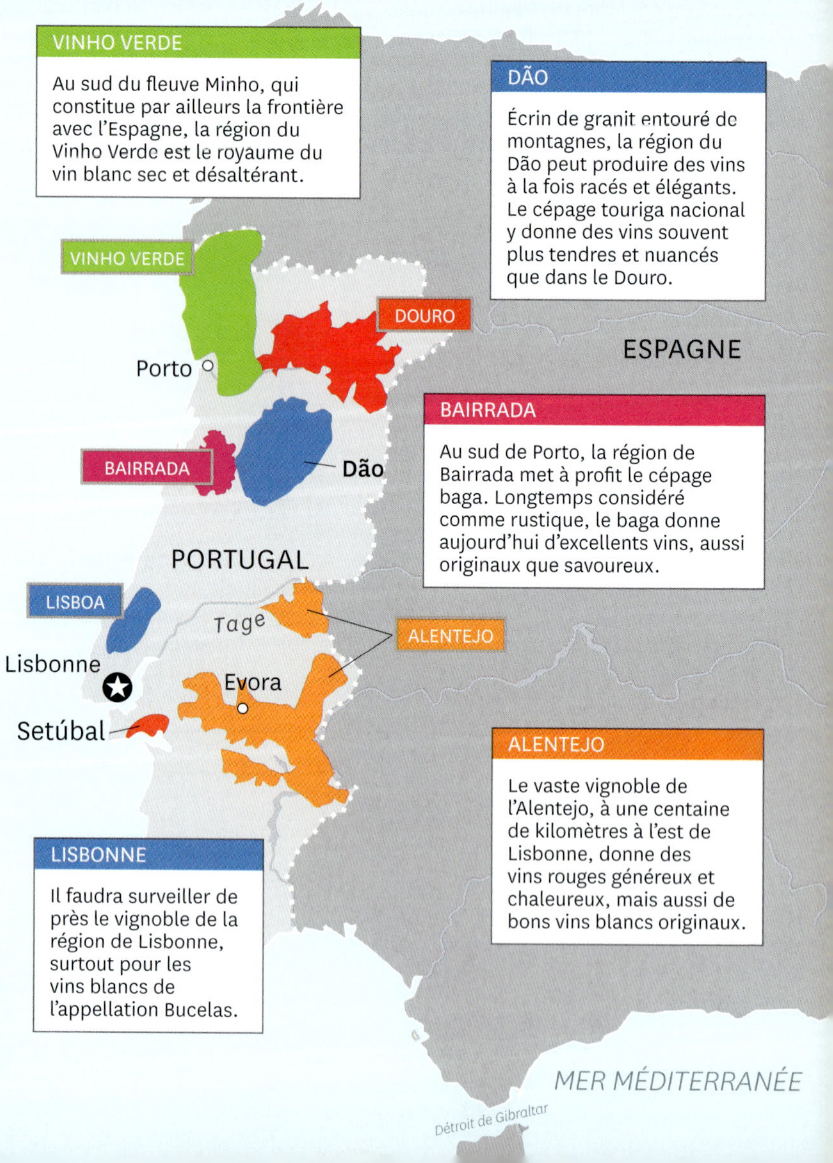

BAIRRADA

Au sud de Porto, la région de Bairrada met à profit le cépage baga. Longtemps considéré comme rustique, le baga donne aujourd'hui d'excellents vins, aussi originaux que savoureux.

ALENTEJO

Le vaste vignoble de l'Alentejo, à une centaine de kilomètres à l'est de Lisbonne, donne des vins rouges généreux et chaleureux, mais aussi de bons vins blancs originaux.

LISBONNE

Il faudra surveiller de près le vignoble de la région de Lisbonne, surtout pour les vins blancs de l'appellation Bucelas.

Le vignoble portugais foisonne de vins de qualité souvent très distinctifs. Le pays est méridional et le soleil brille, du Minho à l'Alentejo, en passant par le Douro, le Dão et Bairrada. Le charme de ces vins réside donc dans leur caractère authentiquement chaleureux.

En plus de bénéficier de l'effet tempérant de l'océan Atlantique, le vignoble portugais abrite une cinquantaine de cépages autochtones qui assurent aux vignerons de tout le pays la singularité de leurs vins. Les vedettes demeurent le touriga nacional pour les vins rouges et l'alvarinho pour les vins blancs, mais certains cépages comme le bâga, l'alicante bouschet, le vital et même le castelão, longtemps délaissés en raison de leur profil rustique, ont droit à un second souffle grâce au travail de quelques vignerons intrépides et talentueux.

LES DERNIERS MILLÉSIMES

2016
Une année compliquée dans le Douro, où les raisins ont mis plus de temps avant d'atteindre la pleine maturité phénolique. Les vignerons qui ont eu la patience, les moyens et le temps d'étaler les vendanges sur plusieurs semaines ont réussi à produire de très bons vins, rouges comme blancs.

2015
Année de rêve! D'abord, un été chaud et sec, puis des nuits fraîches en septembre et quelques gouttes de pluie juste à temps pour la vendange ont donné des vins intenses et parfumés, mais équilibrés.

2014
Un été relativement doux s'est traduit par des vins blancs frais et équilibrés; les rouges seront plus ou moins intenses et concentrés, selon la date de la récolte, le mois de septembre ayant été marqué par de longs épisodes de pluie.

2013
Millésime de qualité hétérogène. Très bons vins blancs; disparité pour les rouges. Ceux ayant récolté avant la pluie ont pu sauver la donne.

2012
Bon millésime pour les vins blancs. Vins rouges concentrés, mais équilibrés.

2011
Les températures élevées du mois de juin ont brûlé quelques grappes. Très bonne année pour le Porto et grand millésime pour les vins de table du Douro et de l'Alentejo, avec de faibles rendements, des tanins fermes et une acidité notable.

2010
Autre année de sécheresse dans le Douro. Bon volume d'une qualité satisfaisante. Troisième succès consécutif pour Bairrada.

ADEGA DE PEGÕES

Colheita Seleccionada 2016, Peninsula de Setúbal

Produit par une coopérative de la région de Setubal, au sud de Lisbonne, ce vin blanc de chardonnay, d'arinto et d'antao vaz offre beaucoup de plaisir et de matière pour le prix. Pas de bois, mais une texture grasse et des saveurs mûres qui évoquent la poire et les fruits tropicaux. Original. À moins de 15$, on ne se trompe pas.

10838801 12,60$ ☆☆☆ ① ♥

BACALHÔA

Catarina 2016, Península de Setúbal

Modeste certes, mais pour le prix, ce vin blanc a toujours une personnalité bien affirmée. Expression pure et inaltérée des cépages fernão pires, chardonnay et arinto. À apprécier pour sa texture, plus que pour sa générosité aromatique.

11518761 13,30$ ☆☆☆ ① ♥

CABRAL

Douro blanc 2015, Reserva

Assemblage de gouveio, arinto, viosinho et rabigato, élevé pendant neuf mois en fûts de chêne neutre. Le résultat est convaincant: citronné et épicé, juste assez gras et soutenu par un fin d'acidité qui pince les joues et qui donne soif. Un bon vin blanc original vendu à prix juste.

12757692 15,35$ ☆☆☆ ① ♥

CASA FERREIRINHA

Douro branco 2015, Planalto Reserva

Les vins blancs du Douro sont rarement grandioses, mais celui-ci, vendu à prix d'aubaine, mérite une mention spéciale. Saveurs de melon d'eau et de pomme verte; sec, léger, tout frais et désaltérant.

13189594 11,55$ ☆☆☆ ① ♥

CORTES DE CIMA

Chaminé 2016

Chaque année, le profil aromatique de ce vin évolue au gré de l'assemblage et des attributs du millésime. En 2016, le vin porte clairement l'empreinte du sauvignon blanc, avec des parfums de pamplemousse. La bouche est ronde, gorgée de fruit, mais avant tout très franche, fraîche et d'une tenue remarquable pour le prix. Cette année encore, un incontournable au rayon des vins blancs à la SAQ.

11156238 12,65$ ☆☆☆ ½ ① ♥

ESPORÃO

Branco Reserva 2016, Alentejo

Les cépages locaux antao vaz, arinto et roupeiro sont mis en valeur par un élevage bien maîtrisé en fûts de chêne. Les saveurs sont mûres, entre la poire et les fruits tropicaux, avec des accents de menthe et de fines herbes. Très bon vin blanc assez gras pour être apprécié à table, mais avant tout très digeste, grâce, entre autres, à un léger reste de gaz. Idéal avec un cari de légumes ou de crevettes à l'asiatique.

5 601989 981851

13222411 20,90$ ☆☆☆☆ ② ♥

QUINTA DAS MARIAS

Encruzado 2015, Dão

Déstabilisant aux premiers abords, avec ses relents soufrés, qui s'estompent après une aération d'une heure en carafe. Sec, modérément aromatique, ce vin se distingue avant tout par sa texture compacte et par la sensation minérale qu'il laisse en fin de bouche. Bon exemple de vin blanc qui mériterait de reposer quelques années en cave.

5 600241 725585

12509461 20,55$ ☆☆☆→? ③ ⏃

VALE DA CAPUCHA

Fossil 2015, Lisboa

Ce vin blanc biologique fraîchement arrivé à la SAQ est l'un des nombreux exemples du dynamisme qui gagne le vignoble de Lisboa, une vaste région vallonnée, située en périphérie de la capitale portugaise. Le nez séduira d'entrée de jeu les amateurs de blanc à caractère plus minéral que fruité. Une expression très pure et hautement désaltérante des cépages locaux arinto, gouveio et fernão pires. On pourra l'apprécier seul, à l'apéro, ou avec des huîtres, des couteaux et autres délicieux bivalves.

5 600208 879320

13286992 21,30$ ☆☆☆☆ ② ♥

ALVES DE SOUSA

Douro 2015, Caldas

Touriga nacional (40 %), tinta barroca et tinta roriz donnent une fois de plus un vin généreux dont les arômes intenses de fleurs et de fruits noirs confits exercent un charme immédiat. La bouche est pleine, assise sur des tanins solides, mais enrobés d'une chair fruitée dodue et rassasiante. Excellent achat!

10865227 14,20 $ ★★★ ½ ② ♥

5 605063 119093

CABRAL

Douro 2014, Reserva

Ce reserva met en valeur le caractère généreux et le fruit des cépages portugais; goûts de framboise confite et de cassis; quasi sucré tant le fruit est mûr, sans tomber dans la mollesse.

12185647 13,95 $ ★★★ ②

5 602660 001981

CAP WINE

Douro 2015, Barco Negro

Le Québécois André Tremblay s'est associé à deux Français pour fonder CAP Wine. Version fruitée et juvénile du Pilheiros, avec la même patine élégante. Intensité contenue, salinité et charpente qui contribuent à la sensation de fraîcheur en bouche. Gourmand, rassasiant. Très bon achat à moins de 15 $.

10841188 14,65 $ ★★★ ½ ② ♥

0 817339 014505

DOW

Douro 2015, Vale do Bomfim

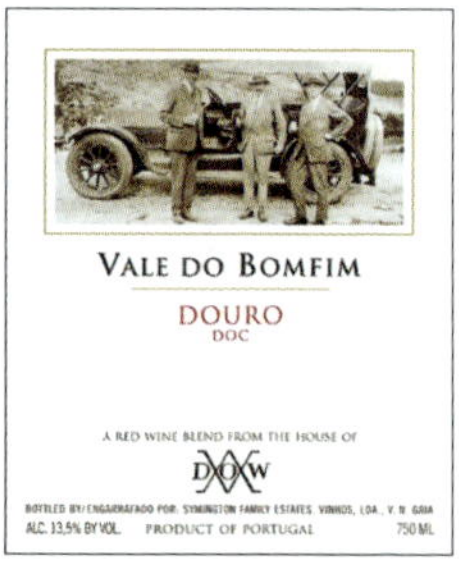

Ce vin qui figure régulièrement parmi mes favoris du Douro était un peu dur et austère en juillet 2017. Corsé, dense et un peu réduit, le vin se fait valoir par sa structure, plus que par son relief fruité. Creux de vague? Compte tenu de sa constance, je lui accorde le bénéfice du doute. Quelques mois de repos lui seront sûrement bénéfiques.

10838982 14,55 $ ★★★ ②

5 010867 505575

NIEPOORT

Douro 2015, Dialogo

Les vins de Dirk Niepoort se distinguent souvent par ce caractère digeste, qui les rend si agréables à table. C'est particulièrement vrai pour cette cuvée dont l'étiquette est décorée d'une bande dessinée amusante, qui invite au dialogue. Le 2015 est ample en bouche, harmonieux et fort distingué. Un vin hors de l'ordinaire, dont les arômes de fruits confits rappellent le climat torride de la vallée du Douro, mais dont la buvabilité pourrait soutenir la comparaison avec bien des vins de régions plus fraîches, comme le Beaujolais. Le vin de barbecue par excellence ; à servir frais autour de 15 °C.

12098033 16,55$ ★★★★ ② ♥

5 602840 078659

QUINTA DO CRASTO

Douro 2015, Flor de Crasto

Tinta roriz, touriga francesa, touriga nacional ; très bon douro en mode moderne, juteux et doté d'un minimum de structure tannique. Parfait pour accompagner la cuisine simple des soirs de semaine.

10838579 13,55$ ★★★ ② ♥

5 604123 001101

SOGRAPE

Douro 2016, Vila Regia

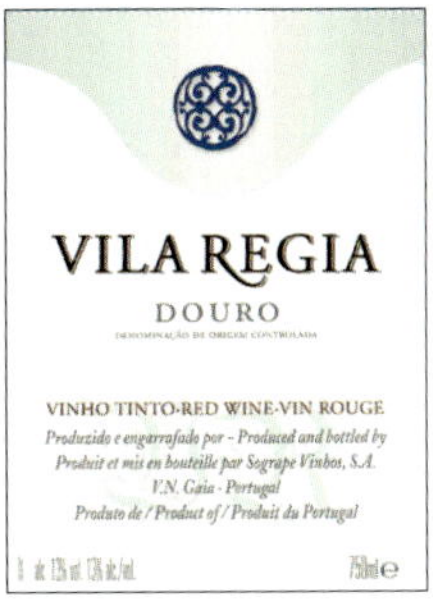

Chaque nouveau millésime de ce vin me confirme la rigueur et le sérieux de la démarche de la famille Guedes, et ce à tous les échelons de la production, du grand Barca Velha au simple Vila Regia. Évidemment, à moins de 10 $ n'y cherchez pas de profondeur, mais appréciez la netteté de ses saveurs de petits fruits et son caractère authentiquement portugais. Bravo !

464388 8,95$ ★★★ ① ♥

5 601012 414509

APEGADAS

Douro 2014, Quinta Velha

Serré, tannique et de facture plutôt classique, bien typé des vins de table la vallée du Douro. Parfums de fruits confits, d'herbes séchées et d'épices; tanins compacts et sensation tonique, malgré ses 14,5 % d'alcool. Harmonieux, élégant et apte à se bonifier jusqu'en 2021.

12237347 20,75$ ★★★ ③

5 600391 641421

CAP WINE

Douro 2013, Pilheiros

Ce douro élaboré par le Québécois André Tremblay et ses associés français est absolument délicieux en 2013. Est-ce l'effet d'un été plus frais dans le Douro? Aucune concentration inutile mais une interprétation très élégante des cépages touriga franca, touriga nacional et tinta roriz, dans la sous-région du Cima Corgo. Le vin se dessine en bouche avec élégance, des saveurs florales délicates, un grain velours et une sensation minérale qui le rend incroyablement digeste. Une aubaine à ce prix.

11062531 21,05$ ★★★★ ② ♥

0 817339 014512

CHURCHILL'S ESTATES

Douro 2013

Cette maison de Porto de création récente (1981) élabore aussi un bon vin de table du Douro; dodu, gorgé de fruit noir et soutenu par des tanins ronds. Moderne, ouvert et conçu pour être apprécié dès maintenant. Pas complexe, mais rassasiant.

12362931 19,95$ ★★★ ②

5 603541 752695

DUORUM

Douro 2014, Colheita

L'œnologue José Marie Soares Franco privilégie un style plus élégant et en retenue que la moyenne des vins modernes du Douro. Le vin ne manque pourtant pas de chair, mais il repose sur des tanins fins, juste assez compacts, et termine sur une amertume noble qui met les saveurs fruitées en relief. Belle bouteille conçue pour la table.

11510102 18,55$ ★★★ ½ ② ♥

5 600224 301027

QUINTA DE LA ROSA

Douro 2014, Reserva La Rosa

Cette *quinta* magnifiquement située – bordure du Douro, tout près de Pinhao – a maintenant quatre vins inscrits au répertoire de la SAQ, dont cette cuvée haut de gamme, particulièrement intense et vibrant de jeunesse en juillet 2017. Riche, tannique et très serré en bouche ; sa fougue et sa droiture pourront surprendre les amateurs de vins modernes et potelés. Beaucoup d'étoffe, de matière et de détail aromatique dans ce vin très dense, qui devra passer un bon moment en bouteille avant de s'ouvrir pleinement. Sa longueur et son intensité annoncent d'ailleurs de belles choses pour l'avenir.

11825067 48,75 $ ★★★→★ ③

5 604846 102741

QUINTA DE LA ROSA

Douro 2015

La qualité des vins de Quinta de la Rosa a beaucoup progressé sous la supervision de l'œnologue-consultant Jorge Moreira, aussi propriétaire de Poeira. Pour en juger, il suffit de goûter ce 2015, excellent millésime dans la région du Douro. Le vin en impose par sa couleur foncée et son nez compact et très mûr ; solide et charnu, il n'accuse cependant aucune lourdeur. Très bon rouge authentique et déjà ouvert, mais bâti pour vivre longtemps aisément jusqu'en 2022.

928473 21,50 $ ★★★★ ②

5 604846 100518

QUINTA DE LA ROSA

Douro 2015, Dourosa

Pour sa cuvée d'entrée de gamme, cette *quinta* mise sur les cépages touriga nacional, tinta roriz et touriga franca qui donnent un vin coloré et dodu, tout en fruit et en souplesse. Bon vin moderne et joufflu ; simple, mais franc et facile à boire.

12640232 19,15 $ ★★★ ②

5 604846 103397

RAMOS PINTO

Douro 2014, Duas Quintas

Personnage incontournable du Douro, le grand João Nicolau de Almeida a pris sa retraite en 2016, après avoir passé 40 années à la barre de cette vénérable maison appartenant aujourd'hui au groupe champenois Roederer. Les tinta roriz, touriga franca et touriga nacional font preuve d'une grande élégance dans ce 2014. Amertume noble, trame charnue et veloutée, mais aussi tout ce qu'il faut de nerf et de vigueur. Même si le site de la SAQ affiche le 2015, on trouve encore le 2014 dans la plupart des succursales.

10237458 17,90 $ ★★★★ ② ♥

5 601332 007627

CORTES DE CIMA

Alentejano 2013

Un bel exemple de vin de l'Alentejo confirmant la réputation du domaine de Carrie et Hans Kristian Jørgensen. Couleur vive et profonde, nez intense de fruits confits et de menthe; pas très puissant ni tannique, mais son attaque en bouche gourmande et sa finale vaporeuse le rendent fort charmant, surtout à moins de 20$. À boire dès maintenant.

10944380 18,65$ ★★★ ½ ② ♥

CORTES DE CIMA

Alentejano 2015, Chaminé

Assemblage d'aragonez (tempranillo) et de syrah. Encore très jeune et proche du fruit, riche en arômes de confiture de framboise, non boisé et tout à fait sec, contrairement à beaucoup de vins rouges dans cette gamme de prix. Servir frais autour de 15 °C et boire d'ici 2019.

10403410 13,65$ ★★★ ½ ② ♥

ESPORÃO

Reserva 2014, Alentejo

Dans les région aride et méridionale de l'Alentejo, chauffée par les vents qui soufflent vers le nord depuis le continent africain, l'œnologue d'Esporão, David Baverstock, produit un rouge de facture moderne, composé d'aragonez, de trincadeira, de cabernet sauvignon et d'alicante bouschet. Le nez balsamique rappelle l'odeur du cèdre et du pin et la bouche offre beaucoup de tout, mais en équilibre. Une foule de nuances aromatiques, du relief, de la matière et une bonne longueur. Il faudra le revoir dans quelques années.

13222391 26,90$ ★★★→★ ③

JOSÉ MARIA DA FONSECA

Reserva 2013, Periquita, Penìnsula de Setùbal

Comme je m'ennuie du «petit» Periquita, jadis vendu à la SAQ. Un bon petit vin de table certes modeste, mais agréable à boire et plein de sincérité. Celui qui le remplace mise plutôt sur la rondeur et les parfums vanillés du bois de chêne. Dommage.

11767442 14,45$ ★★ ½ ②

QUINTA DA SERRADINHA

Vinho Tinto 2011, Lisboa

Si vous doutez encore que les rouges portugais peuvent être frais et élégants, goûtez cette cuvée élaborée par António Marques da Cruz, une centaine de kilomètres au nord de Lisbonne. Le 2011 a tout d'un vin de soif: léger, hyper désaltérant et gorgé de saveurs de petits fruits rouges, de fleurs et de poivre qui lui donne des airs de Morgon. Le cépage bâga, dont il est composé à 35 %, lui confère par ailleurs une délicate astringence en fin de bouche et un caractère très affirmé. Issu de l'agriculture biologique, en prime.

13286861 23,70 $ ★★★★ ② ♥

5 604214 263357

QUINTA DOS ROQUES

Dão 2015

Le cépage touriga nacional – dont ce vin est composé à 60 % – donne des vins puissants, corsés et tanniques dans la région du Douro, au nord. Mais sur les sols de granit de la région du Dão, où il bénéficie autant de la fraîcheur de l'océan Atlantique que de celle des montagnes, il peut produire des vins à la fois racés, élégants et nuancés. Depuis son arrivée à la SAQ au courant des années 1990, le vin du domaine de Luis Lourenço ne déçoit pas. Le 2015 m'a paru un cran plus mûr et chaleureux que d'habitude, sans toutefois manquer de vitalité. Les tanins sont veloutés, le vin est gorgé de saveurs de fruits noirs et soutenu par une acidité juste assez vive pour donner du nerf à l'ensemble. Toujours très recommandable.

744805 17,25 $ ★★★★ ② ♥

5 603792 001399

AUTRES PAYS
GRÈCE

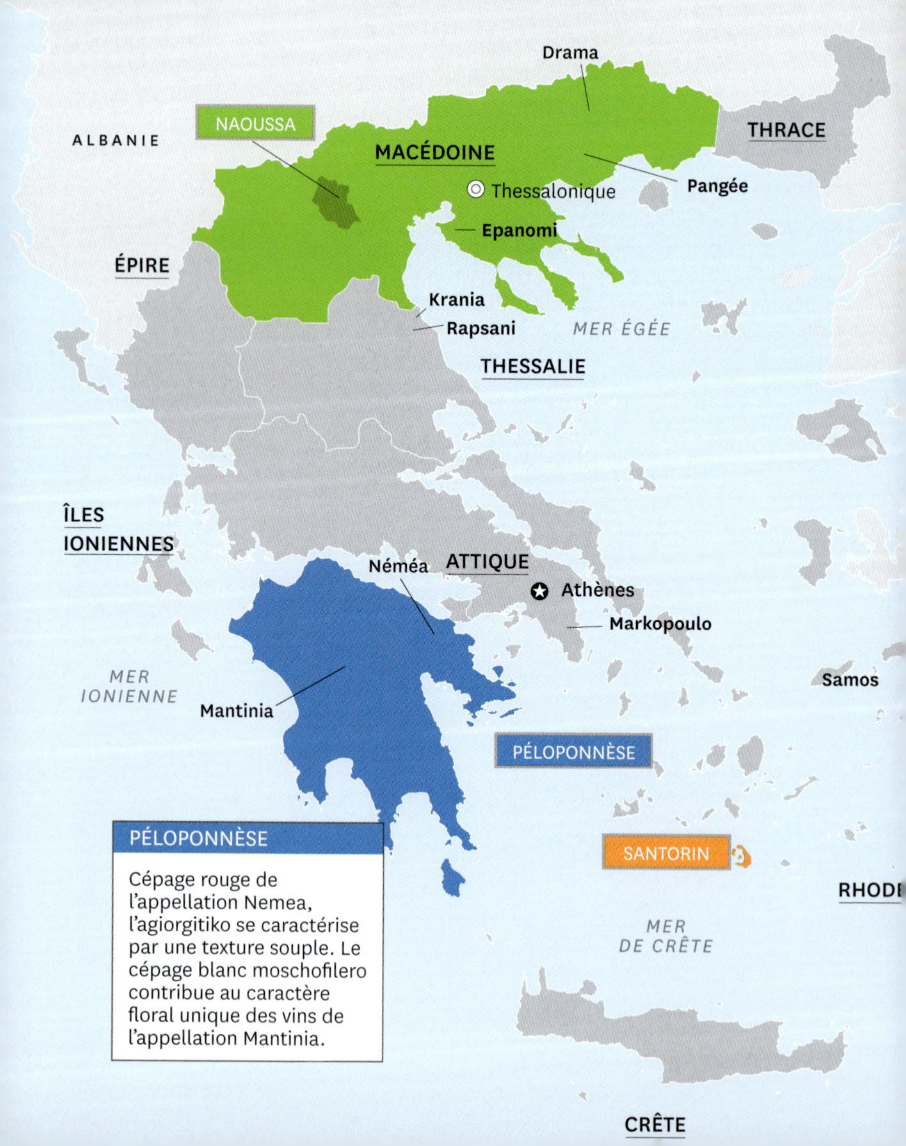

PÉLOPONNÈSE

Cépage rouge de l'appellation Nemea, l'agiorgitiko se caractérise par une texture souple. Le cépage blanc moschofilero contribue au caractère floral unique des vins de l'appellation Mantinia.

Alors que la Grèce traverse l'une des pires crises financières de son histoire moderne, ses vins connaissent une popularité sans précédent, un véritable triomphe, sur les marchés d'exportation. Loin d'être le fruit de quelques âmes charitables qui ont adopté les vins grecs comme une «bonne cause», ce succès est on ne peut plus légitime.

Millénaires, mais longtemps méconnus, les vins du Péloponnèse, de Santorin, de l'Attique et de la Macédoine occupent maintenant une place de choix sur les cartes des meilleurs restaurants du monde. Avec raison, puisque avec ses multiples visages, ce vignoble est une promesse d'aventures pour le consommateur en quête de saveurs et de sensations nouvelles.

Gardienne d'un des plus riches patrimoines ampélographiques de la planète, la Grèce mise résolument sur ses variétés régionales, qui sont autant d'antidotes contre la standardisation du goût. Cette seule raison devrait suffire à vous convaincre d'abandonner vos préjugés à l'endroit des vins grecs, mais sachez qu'en plus, ils offrent un rapport qualité-prix-plaisir presque inégalable: généreux, éminemment digestes et parfaitement adaptés aux plaisirs de la table.

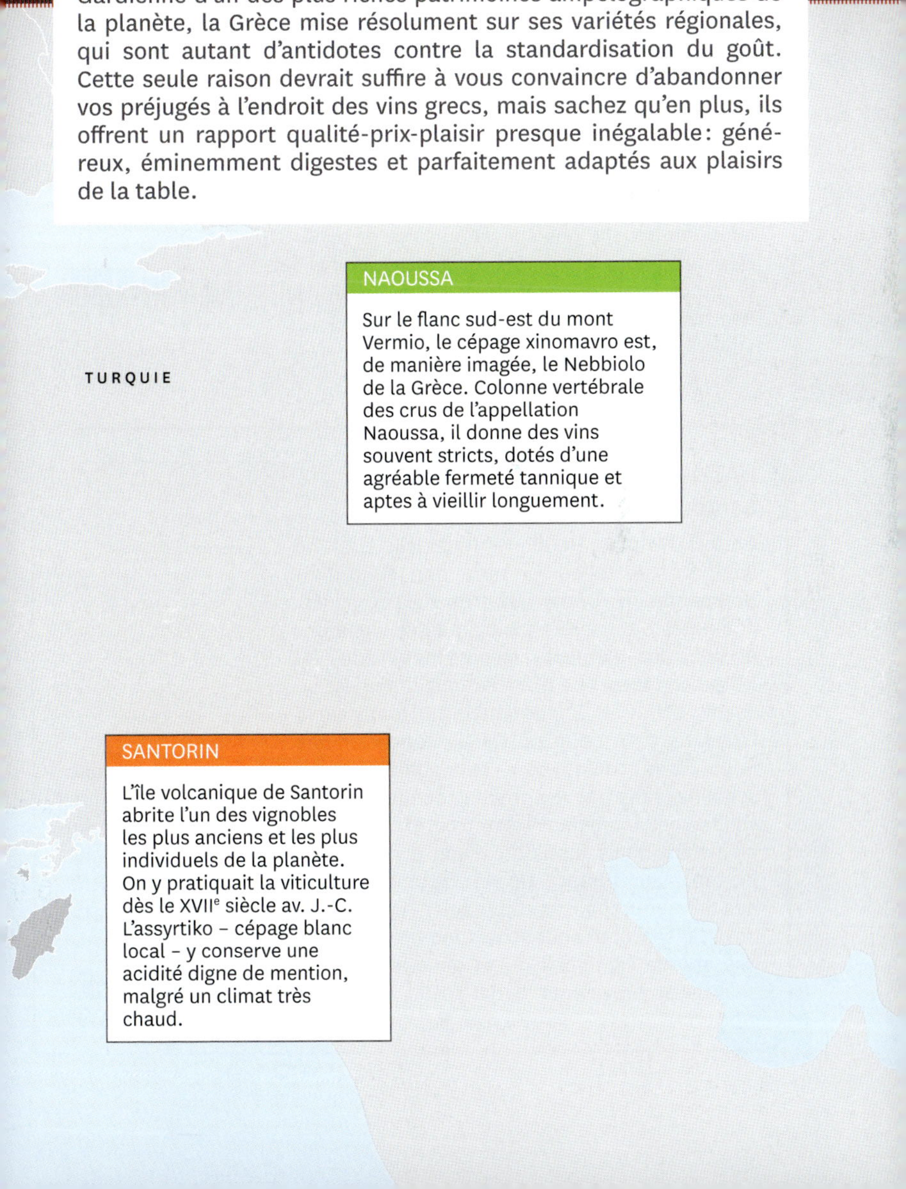

NAOUSSA

Sur le flanc sud-est du mont Vermio, le cépage xinomavro est, de manière imagée, le Nebbiolo de la Grèce. Colonne vertébrale des crus de l'appellation Naoussa, il donne des vins souvent stricts, dotés d'une agréable fermeté tannique et aptes à vieillir longuement.

SANTORIN

L'île volcanique de Santorin abrite l'un des vignobles les plus anciens et les plus individuels de la planète. On y pratiquait la viticulture dès le XVIIe siècle av. J.-C. L'assyrtiko – cépage blanc local – y conserve une acidité digne de mention, malgré un climat très chaud.

ARGYROS

Atlantis 2016, Cyclades

Mathios Argyros privilégie un style plus vif et nerveux pour ses vins blancs secs. Disponible dans l'ensemble du réseau de la SAQ, son Atlantis est vif et tendu, comme d'habitude, avec des accents citronnés et cette salinité qui ouvre la soif. Pas étonnant que cet assemblage d'assyrtiko (88 %), d'athiri et d'aidani ait vite été adopté par les consommateurs québécois. Offert à l'année dans les succursales.

11097477 17,80 $ ☆☆☆ ½ ① ♥

GAIA

Assyrtiko 2016, Thalassitis, Santorini

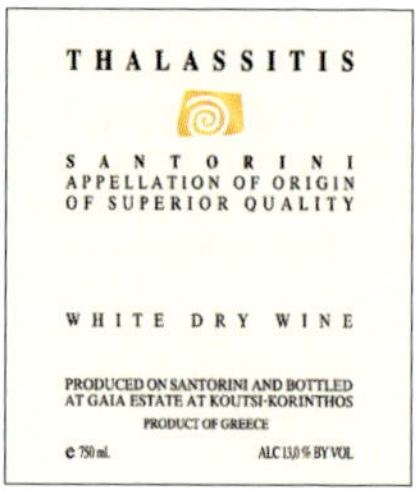

En plus de son domaine du Péloponnèse (Gaia), Yiannis Paraskevopoulos produit du vin sur l'île de Santorin depuis 1994. Issu de vignes d'assyrtiko âgées de 80 ans, le 2016 profite d'une macération pelliculaire de 12 heures, qui accentue la sensation tannique en bouche. Structuré, il laisse en bouche une sensation salée et minérale quasi unique aux vins de Santorin. Surveillez le retour en succursales du 2016, en début d'année 2018.

11966695 29,55 $ ☆☆☆☆ ② ▼

HATZIDAKIS

Santorini 2016

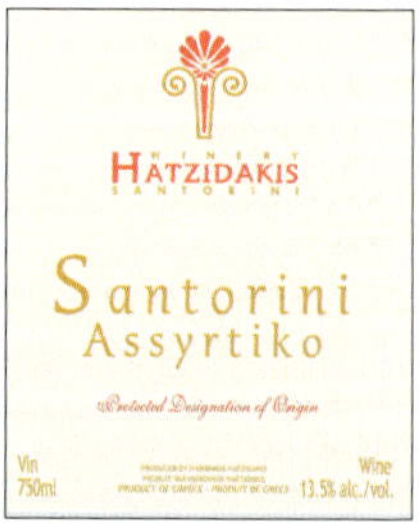

Crétois d'origine, Haridimos Hatzidakis a fait de Santorin son atelier, son terrain de jeu et d'expérimentation. Dédié aux très vieilles vignes, conduites de manière biologique, ce vigneron-artiste a littéralement réinventé les vins de l'île. Même son assyrtiko d'entrée de gamme est un géant. Solide et imperméable au temps et à l'oxydation, au point où j'ai pu conserver une bouteille de 2016 ouverte – et largement entamée – pendant une bonne semaine, sans que le contenu semble en souffrir. Un blanc de texture, solidement ancré dans son terroir. Structuré et tannique tant il est riche en extraits, mais aussi doté d'une acidité qui le porte en bouche en une longue finale vibrante. Un vin d'autant plus précieux qu'il s'agit de l'une des dernières chances d'apprécier l'immense talent d'Haridimos Hatzidakis, disparu en août 2017. Cinq étoiles pour saluer le départ de l'un des grands vignerons de sa génération. Nouvel arrivage en prévu pour février 2018.

11901171 27,25 $ ☆☆☆☆☆ ③ ♥

PAPAGIANNAKOS

Markopoulo 2016, Savatiano

Ce domaine de l'Attique est une excellente adresse où trouver des vins secs et vibrants, si frais en bouche qu'on les croirait issus de régions septentrionales. Bien que plus concentré et substantiel que les derniers millésimes goûtés, du moins il me semble, le 2016 conserve ce profil minéral et citronné qui lui donne un caractère rare dans cette gamme de prix.

11097451 15,75$ ☆☆☆ ½ ② ♥

5 204172 117039

SANTO WINES

Assyrtiko 2016, Santorini

Compte tenu du profil habituel des vins d'assyrtiko, ce 2016 me semble un peu mou, sans le nerf propre à ce cépage. Des relents sulfureux, un minimum de structure, mais somme toute un peu trop anonyme pour valoir vraiment son prix.

En primeur

13360195 15,55$ ☆☆ ½ ①

SIGALAS

Santorini 2016

En 1991, après avoir longtemps enseigné les mathématiques à Athènes, Paris Sigalas est rentré à Santorin pour se consacrer au vignoble familial. Bien qu'il soit particulièrement aromatique en 2016, le blanc courant du domaine – composé à 100% d'assyrtiko vinifié en cuves d'acier inoxydable – reste fidèle au style des vins blancs de l'île : ultrasec, nerveux et riche en extraits, au point de sembler tannique. Déjà excellent, mais sa longueur est garante d'un bon potentiel de garde. Quelques années de repos en cave ajouteront à sa profondeur et à sa complexité.

11034302 28,45$ ☆☆☆☆ ③ ♥

5 203133 111116

TETRAMYTHOS

Roditis 2016, Patras

Sur les flancs du mont Helmos, à mi-chemin entre Patras et Corinthe, le vignoble sur lequel veille Panayiotis Papagiannopoulos est la source d'un roditis hors norme, cultivé en agriculture biologique sur des sols calcaires. Rien à voir avec les petits vins dilués souvent produits avec ce cépage de nature vigoureuse, celui-ci est croquant et minéral, pur, sans artifice et doté d'une longueur digne de mention. Surtout à ce prix…

12484575 14,95$ ☆☆☆ ½ ② ♥

5 204352 000014

BIBLIA CHORA

Assyrtiko-Sauvignon blanc 2016, Pangeon

Une importante baisse de prix – le 2015 coûtait 23,20 $ – pour cet assemblage d'assyrtiko et de sauvignon blanc. Raison de plus pour souligner son excellente qualité. Exubérant au nez autant qu'en bouche, il a le profil aromatique du sauvignon, la structure de l'assyrtiko, une certaine complexité et de petits airs de menetou-salon. Sa structure sera un atout à table. Très bon rapport qualité-prix.

11901138 19,70 $ ☆☆☆☆ ② ♥

5 200101 710012

DOMAINE TSELEPOS

Mantinia 2016

Ce producteur très respecté de Mantinia possède aussi le domaine Driopi dans l'appellation Nemea. Pour le prix, impeccable. Moins parfumé que par le passé aussi. Plus subtil. Pas du tout pommadé, contrairement à tant d'autres.

11097485 17,50 $ ☆☆☆☆ ②

5 203875 010005

DOMAINE TETRAMYTHOS

Malagousia 2015, Patras

Rien de trop exubérant. Tout en nuances, en fraîcheur et détail. Entre fleurs blanches, citron, melon. Frais comme un printemps québécois, mais plus agréable.

12910335 17,95 $ ☆☆☆☆ ② ♥

5 204352 000038

DOMAINE PAPAGIANNAKOS

Malagouzia 2015, Kalogeri

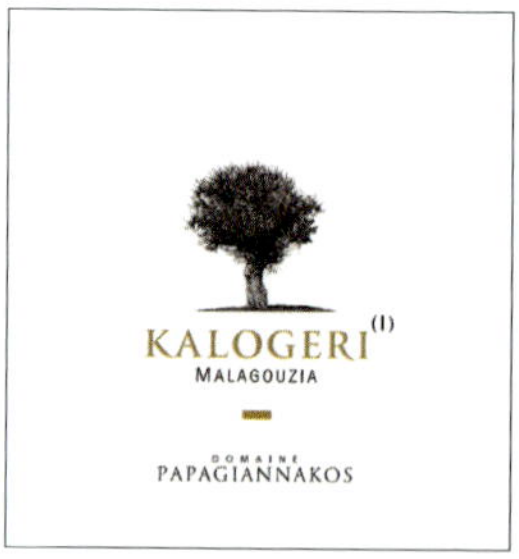

En plus de son savatiano vendu depuis quelques années à la SAQ, Vassilis Papagiannakos élabore un malagousia d'exception. À première vue et au premier nez – la couleur est dorée et le nez est intensément parfumé –, on craindrait presque une certaine sucrosité. Or, le vin est sec, portant la structure, l'intensité et le gras du cépage, avec une pointe d'acidité qui élève le tout et agit comme colonne vertébrale. Grande complexité, beaucoup de nuance, de longueur et de profondeur. Encore meilleur après quelques heures d'aération en carafe. Surveillez de près l'arrivée du prochain millésime!

13110401 19,95 $ ☆☆☆☆ ③ ♥ ▼ ♁

5 204172 111105

GEROVASSILIOU

Blanc 2016, Epanomi

D'entrée de jeu séduisant, avec ses parfums floraux, caractéristiques du cépage malagousia, qui apporte par ailleurs un volume appréciable et du gras en bouche. L'assyrtiko complète le tout avec une juste dose d'acidité et le vin s'avère toujours aussi plaisant. Distinctif, élégant, équilibré et désaltérant. On achète sans hésiter.
On peut le boire dès maintenant ou le laisser reposer en cave de quatre ou cinq ans.

5 204222 575017

10249061 18,65$ ☆☆☆☆ ② ♥

GEROVASSILIOU

Malagousia 2016, Vieilles vignes, Epanomi

Sauvé d'extinction *in extremis* durant les années 1980, le cépage malagousia a été découvert dans la partie occidentale de la Grèce par le professeur Logothetis, qui en a transporté quelques boutures dans un vignoble expérimental qu'il louait au Domaine Carras. Evangelos Gerovassiliou, alors œnologue chez Carras, a vite reconnu le potentiel de la variété. Son 2016 donne l'impression de croquer dans une pêche mûre ; ample et gras, quasi onctueux et conservant pourtant une excellente fraîcheur, accentuée par un très léger reste de gaz. Déjà très bon, il le sera davantage dans trois ou quatre ans.

5 204222 239209

11901120 24,95$ ☆☆☆☆ ② ♥

GAIA

Agiorgitiko 2015, Nemea

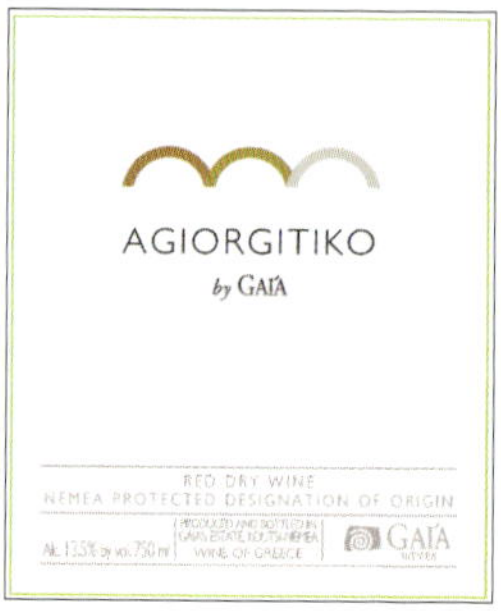

L'agiorgitiko que produit Yiannis Paraskevopoulos dans les hauteurs de Nemea est habituellement un peu plus mûr et concentré que la moyenne de l'appellation. Le 2015 n'y fait pas exception. Un rouge moderne, tout en rondeur, dont les notes rôties et animales, de même que l'étoffe tannique, rappellent la syrah. Encore jeune et marqué de légers parfums de réduction, mais vigoureux et doté d'un bon équilibre. Il pourra se bonifier jusqu'en 2022.

11097426 21,55$ ★★★ ½ ②

5 203021 110313

GEROVASSILIOU

Avaton 2014

Limnio, mavroudi, mavrotragano. Bouteille lourde, vin à l'avenant. Très concentré, robuste et copieusement boisé lorsque goûté en mai 2017, le vin se présentait d'un seul bloc. Le temps arrangera sans doute les choses, mais pour le moment, même trois heures de carafe n'ont pas suffi pour dompter la bête.

11901111 40,25$ ★★★→? ③

5 204222 575079

KIR-YIANNI

Paranga 2015

Xinomavro, merlot et syrah. Bel exemple de vin rouge grec moderne, à la fois un peu austère grâce au xinomavro, mais enrobé par la chair fruitée de deux cépages internationaux. Vif, de bonne tenue, avec des parfums poivrés et une finale qui rappelle l'amertume de cerises sauvages.

11097418 14,50$ ★★★ ½ ②

5 203888 070027

THYMIOPOULOS

Naoussa 2015, Jeunes vignes

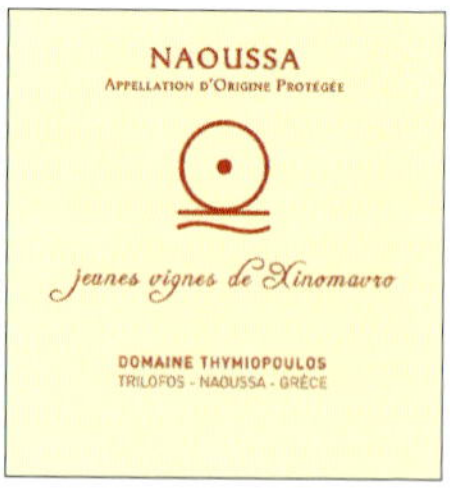

Depuis le milieu des années 2000, la région de Naoussa connaît un second souffle grâce à une poignée de jeunes vignerons comme Apostolos Thymiopoulos. À la fois guilleret, débordant de fruit et de vitalité et s'appuyant sur des tanins compacts, le 2015 offre ces notes de terre humide et de cerise, caractéristiques des bons vins de Naoussa. Excellent vin rouge à boire jeune et à servir légèrement rafraîchi, autour de 15 °C. Maintenant disponible en approvisionnement continu à la SAQ. On ne peut que s'en réjouir!

12212220 17,10$ ★★★★ ② ♥

5 200363 506125

TSANTALI

Rapsani 2014

Cet assemblage de xinomavro, de krassato et de stavroto est toujours plus original que la moyenne des vins de cette gamme de prix. L'attaque en bouche est souple, la finale un peu pointue, ponctuée de goûts de réglisse noire. Facile certes, mais gorgé de fruit, avec une touche rustique de bon aloi.

590836 11,50$ ★★★ ② ♥

5 201021 688757

TSANTALI

Rapsani Reserve 2013

Issu du même assemblage que le précédent, ce vin a profité d'un élevage en fûts qui étoffe sa texture, sans le dépouiller de son allure rustique. Modeste, mais recommandable; sa finale chaleureuse aux accents de réglisse et d'herbes séchées accentue son profil méditerranéen.

741579 18,15$ ★★★ ②

5 201021 654752

TSELEPOS

Agiorgitiko 2014, Driopi, Nemea

Toujours l'un des vins rouges de Nemea les plus complets, à mon avis. Yiannis Tselepos fait preuve d'une certaine sagesse tant en matière d'extraction que dans le maniement de la barrique. Les tanins sont tendres en attaque, puis se resserrent en milieu et en fin de bouche, laissant une sensation rassasiante, sans lourdeur. Bon vin à apprécier à table, entre 2019 et 2022.

10701311 21,25$ ★★★→★ ③ ♥ ▼

5 205811 010001

AUTRES PAYS
ALLEMAGNE

AHR

Le pinot noir s'enracine depuis longtemps dans les sols d'ardoise de la vallée de l'Ahr, juste au sud de la ville de Bonn. Encore très peu exportés, les pinots noirs de l'Ahr comptent parmi les plus fins de la planète.

MOSELLE

Le vignoble de la Moselle est la région de prédilection pour l'amateur de riesling germanique classique.
En général, les vins sont légers, assez aromatiques et plus délicats que ceux des régions voisines.

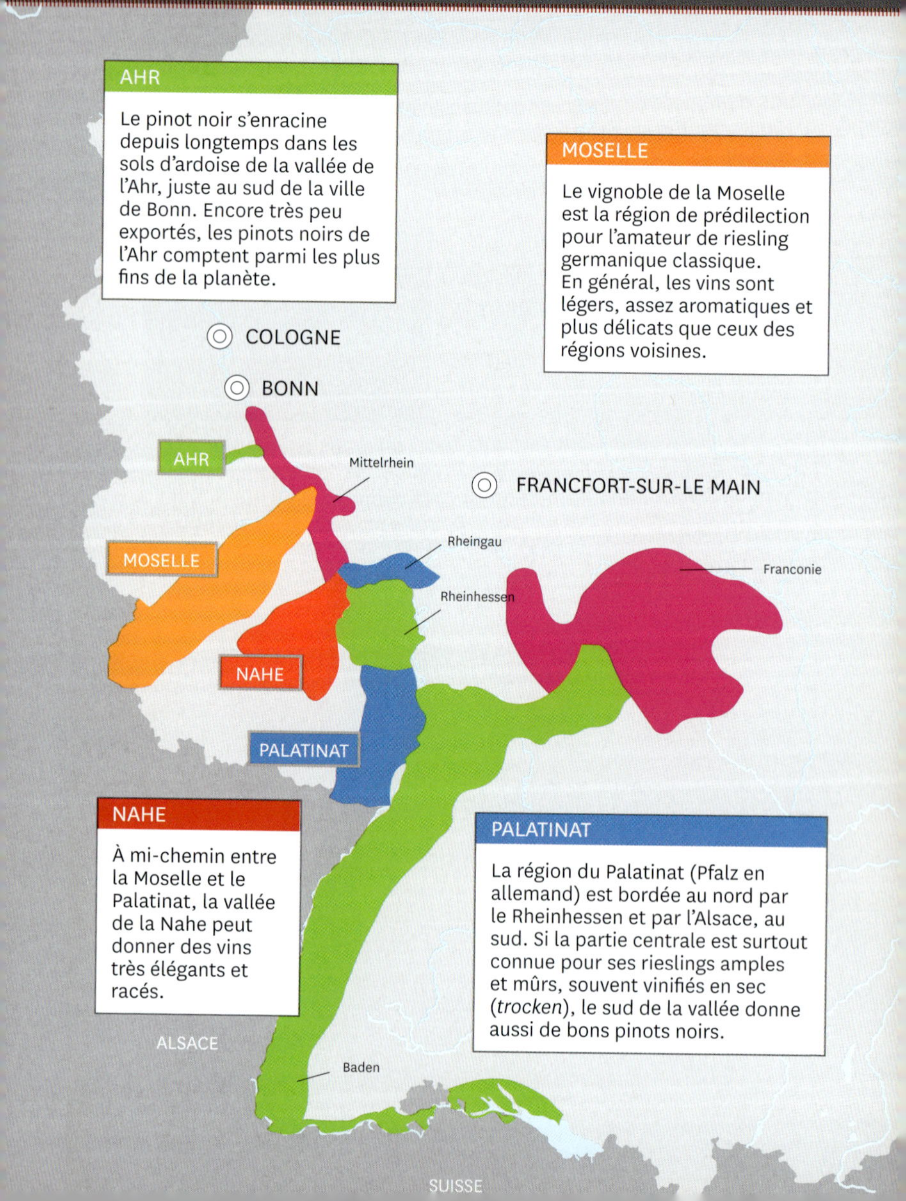

NAHE

À mi-chemin entre la Moselle et le Palatinat, la vallée de la Nahe peut donner des vins très élégants et racés.

PALATINAT

La région du Palatinat (Pfalz en allemand) est bordée au nord par le Rheinhessen et par l'Alsace, au sud. Si la partie centrale est surtout connue pour ses rieslings amples et mûrs, souvent vinifiés en sec (*trocken*), le sud de la vallée donne aussi de bons pinots noirs.

Peu de pays se résument à un seul cépage. Pourtant, même si l'Allemagne produit aussi des pinots noirs (spätburgunder) de calibre international et de très bons pinots blancs (weissburgunder), la pierre angulaire de la viticulture germanique demeure incontestablement le riesling. De la Moselle au Palatinat, de la Nahe jusqu'au Rheingau, tout tourne inévitablement autour de cette variété. Tant mieux!

Au même titre que les vins de la Bourgogne, les meilleurs rieslings allemands sont certainement parmi les plus grands vins de terroir sur la planète. Nuancés, complexes, minéraux et aptes au vieillissement. Ne reste à souhaiter que la sélection à la SAQ s'élargisse et que les amateurs québécois puissent enfin saisir le charme exquis de ces vins.

LES DERNIERS MILLÉSIMES

2016

À l'échelle nationale, des conditions météorologiques médiocres (pluie, grêle), ont sévi pendant le printemps et une bonne partie de l'été. Quantité et qualité en baisse un peu partout, sauf dans la Moselle, où la température clémente de la fin de septembre et du mois d'octobre ont permis de produire de bons kabinett et spätlese. Il faudra cependant oublier les auslese.

2015

Une vendange presque idéale: été chaud et sec, septembre humide et octobre sous le soleil. Excellente récolte pour les spätlese et auslese dans la Moselle. Millésime atypique pour le Palatinat; excellent pour le Rheingau, tant en sec qu'en liquoreux.

2014

Dans la Moselle, le temps ensoleillé du mois de septembre a permis de sauver la récolte. Peu de TBA, mais de bons trocken et une année classique pour les kabinett, spätlese et auslese. Qualité hétérogène, mais correcte pour les régions de Nahe, Rheinhessen, Rheingau et Palatinat.

2013

Conditions estivales dans la moyenne, mais un hiver très long qui a retardé la floraison, conjugué à un automne pluvieux, ont rendu quasi impossible l'élaboration d'auslese et de TBA. Au mieux, de bons kabinett et spätlese.

2012

Une récolte exceptionnellement petite, comme ce fut le cas dans de nombreuses régions européennes. L'arrière-saison a été favorable à une longue maturation, mais les gels de novembre ont rendu impossible la production de Beerenauslese.

REBHOLZ, ÖKONOMIERAT

Weisser Burgunder 2015, Trocken

Hansjörg Rebholz fut un acteur majeur de la renaissance qualitative du Palatinat. Le vignoble sur lequel il veille avec sa femme Birgit dans la partie sud de la région, non loin de l'Alsace, est certifié biologique depuis 2008. Vendu pour la première fois à la SAQ cette année, ce vin composé à 100 % de pinot blanc confirme tout le bien que je pense de ce cépage, parent pauvre de la famille des pinots. Tout à fait sec, comme le mentionne l'étiquette (trocken), léger et tout guilleret, sans pourtant manquer de profondeur, surtout si vous lui laissez le temps de s'ouvrir en carafe.

4 250177 775355

13350755 25,30 $ ☆☆☆☆ ② ♥ ⏃

SELBACH, J&H

Riesling 2016, Qba, Mosel

En plus de veiller sur les vignobles de la propriété, Johannes Selbach dirige une activité de négoce appelée J.H. Selbach. Le riesling Qba vendu à la SAQ est marqué par l'empreinte aromatique du cépage, qu'un caractère nerveux et perlant met en relief. 10,5 % d'alcool, des arômes francs et nets de citron, de pomme verte et de fleurs. Frais, digeste et tout en nuances.

0 717215 002582

11034741 17,75 $ ☆☆☆ ② ♥

SELBACH, J&H

Riesling Kabinett 2015, Halbtrocken, Zeltinger Himmelreich, Mosel

Sous l'étiquette de négoce J.H. Selbach, ce domaine familial établi à Zeltingen-Rachtig commercialise un excellent vin demi-sec (halbtrocken) au nez tellement typé que même à l'aveugle, il est presque impossible de s'y tromper: on est au cœur de la Moselle. La bouche suit, embaumant le tilleul, la cire d'abeille, le zeste de lime et le safran; le tout porté en finale par une saine acidité et par une amertume noble qui apportent un heureux contrepoids au sucre. Complexité digne de mention pour le prix. Dans sa catégorie, il mérite bien quatre étoiles.

927962 19,75$ ☆☆☆☆ ① ♥

0 717215 001868

STAFFELTER HOF

Riesling Trocken 2015, Magnus, Mosel

L'étiquette mentionne «trocken» et le vin paraît effectivement sec. Très sec. Malgré les 7,8 g/l de sucres résiduels affichés sur SAQ.com. Une attaque en bouche nerveuse, limite perlante, des arômes de fruits blancs, de tilleul et de miel; une amertume fine qui élève le vin et le porte en longueur. Léger (11,5% d'alcool), aérien et pourtant si savoureux et plein de caractère. Le bonheur!

13314480 20,95$ ☆☆☆☆ ② ♥

4 260122 620050

FRITSCH

Grüner veltliner 2016, Wagram, Österreich

Le grüner d'entrée de gamme de cet important producteur de la région de Wagram, à l'ouest de la ville de Vienne, est un peu moins ample et vineux en 2016, mais il compense par la netteté de ses nuances florales. La bouche est vive, animée d'un reste important de gaz, et ponctuée de notes végétales et poivrées. Très bon vin d'apéro.

9 120011 265326

11885203 19,50$ ☆☆☆ ½ ②

GEYERHOF

Grüner veltliner 2016, Rosensteig, Kremstal

Pionnière de la viticulture biologique en Autriche, la famille Maier cultive désormais son vignoble du Kremstal selon les principes de la biodynamie. Les vins du domaine font en général preuve d'une grande élégance. En 2016, ce grüner impressionne par son relief et son énergie. Le vin danse en bouche; aérien, tout léger et pourtant haut en saveurs de mandarines et de poivre blanc, sur un fond délicieusement salin. Excellent!

9 120008 900186

12676307 23,90$ ☆☆☆☆ ② ♥

GEYERHOF

Riesling 2016, Ried Sprinzenberg, Kremstal

Vêtu d'une nouvelle étiquette – tout comme le grüner commenté ci-dessus –, ce riesling présentait de légères odeurs de réduction lorsque goûté en juillet 2017. Sec, plus ténu et timide que d'habitude, mais franc et droit. Le vin se révèle après quelques heures de carafe, dévoilant des arômes de fruits blancs et d'agrumes. Soyez patient et laissez-le dormir en cave jusqu'en 2020. D'ici là, la carafe s'impose.

9 120008 900483

12131551 28,90$ ☆☆☆→? ③

MEINKLAND

Pinot gris 2015, Graupert, Wein aus Österreich

Le nom «graupert» – qui signifie sauvage dans le dialecte du Burgenland – fait référence aux vignes de pinot gris qu'on laisse courir librement, plutôt que de les conduire. On obtient ainsi, dit-on, de petits raisins à la peau plus épaisse, qui sont mis à macérer avec le moût, d'où la couleur foncée du vin. D'entrée de jeu, le nez exubérant, intensément parfumé annonce un pinot gris hors norme. La bouche suit, riche d'une foule de nuances aromatiques, ample, mais surtout dotée d'une fraîcheur phénolique qui porte la matière et lui donne beaucoup d'élan. Certifié Demeter. Quelle belle découverte!

En primeur

13442916 29,95$ ☆☆☆☆ ② ♥

ROUVINEZ

Fendant 2016, Valais – Coteaux de Sierre

J'ai bien aimé ce vin produit sur les flancs des montagnes de Sierre, au cœur du Valais. Sec et parfumé, il déploie au nez les accents minéraux qu'on évoque souvent par le terme «pierre à fusil». Une expression particulièrement mûre du cépage fendant – aussi connu sous le nom de chasselas. Sec, mais assez gras; pur et distinctif.

7 611151 105877

11598538 20,95$ ☆☆☆ ½ ② ♥

ROUVINEZ

Petite Arvine 2015, Valais – Coteaux de Sierre

La famille Rouvinez produit ce très bon blanc de petite arvine. Le 2015 étonne par son ampleur et par la sensation de plénitude qu'il laisse en bouche. Saveurs riches de pêche, de fruits tropicaux, de beurre et de pommes. Pas donné, mais équilibré et très réussi.

7 611151 280758

10867599 38,25$ ☆☆☆ ½ ③

WACHAU (DOMÄNE)

Grüner veltliner 2015, Terrassen, Federspiel, Wachau

Dans la région de la Wachau, le terme «federspiel» désigne des vins un

HEINRICH

Blaufränkisch 2015, Burgenland

Gernot Heinrich est un acteur important de Burgenland, une région viticole tempérée par la proximité du lac Neusiedler, qui donne parmi les meilleurs vins rouges du pays. Le blaufränkisch de la maison ne déçoit pas en 2015. Une explosion de fruits noirs et d'épices, des notes de réglisse et d'herbes séchées aussi, et une texture à la fois souple et gourmande, avec juste ce qu'il faut de nerf et de structure. Encore meilleur s'il est servi frais autour de 15 °C.

10768478 23,95$ ★★★ ½ ②

JOHANNESHOF REINISCH

Pinot noir 2015, Thermenregion

Tout nouveau à la SAQ, ce vin provient d'un domaine familial situé au sud-est de Vienne et conduit en agriculture biologique par trois frères. Une interprétation nerveuse du pinot noir, animé d'un reste perceptible de gaz, qui lui donne une allure austère et presque rustique à l'ouverture. Après une longue aération – deux jours en bouteille sans protection particulière –, le vin se montre beaucoup plus volubile, avec des parfums de cerise noire et de poivre, une trame tannique soyeuse, élégante et empreinte de fraîcheur. Un très bon vin qu'on gagnera à aérer quelques heures en carafe.

13058113 22,55$ ★★★★ ② ♥ ♨

MARKOWITSCH

Blaufränkisch 2015, Carnuntum

Entre Vienne et la frontière slovaque, le climat de la région de Carnunthum est tempéré à la fois par le Danube et par l'immense lac Neusiedler. Markowitsch est l'un des leaders de l'appellation. Sur un mode plus corsé et aussi plus austère que celui de Heinrich, ce blaufränkisch présente des goûts fruités généreux et concentrés qui rappellent la confiture de bleuets. Très bon, quoique taillé d'un seul bloc pour le moment. À revoir dans quelques mois.

13097147 19,95$ ★★★→? ③

MIROGLIO, EDOARDO

Pinot noir 2015, Soli, Vallée Thrace

Très bon pinot de Bulgarie, qui regorge de saveurs de fraise compotée. Souple, joufflu et bourré de fruit, mais également soutenu par une acidité très franche, sans être trop vive. Bien des pinots noirs de californie offrent moins de plaisir pour le double du prix.

3 800213 972777

11885377 13,60$ ★★★ ① ♥

PITTNAUER

Pitti 2015, Burgenland

Gerhard Pittnauer était à peine majeur lorsqu'il a pris les commandes du domaine familial suite au décès de son père. Il élabore ce très bon rouge issu d'un assemblage de baufränkisch et de zweigelt, cultivés en biodynamie. La bouche est croquante, juteuse et rassasiante de fraîcheur, tissée de tanins veloutés, assez étoffée et déployant des arômes de cerise noire et de fleurs. Longueur appréciable pour le prix.

9 120011 734754

12411000 18,70$ ★★★ ½ ② ♥

PITTNAUER

Zweigelt 2015, Heideboden, Burgenland

En 2015, ce zweigelt produit en bordure du lac de Neusiedl, à l'extrémité orientale de l'Autriche, non loin de la frontière hongroise, a la vigueur tannique d'une barbera piémontaise. Encore jeune, presque violet, le vin est fringant, gorgé de fruit et de notes poivrées et animales qui persistent en finale, laissant une impression d'ensemble vibrante et rassasiante.

12677115 21,35$ ★★★★ ② ♥

9 120011 730022

VINA LAGUNA

Terra rossa 2015, Istria

Assemblage de teran (60 %), de merlot et de borgonja ; le premier et le dernier m'étant totalement inconnus avant de goûter ce vin en juin 2017. Un peu rustique et sauvage, mais nettement plus intéressant que bien des rouges commerciaux sur le marché. Framboise et cerise, poivre et notes animales ; des tanins charnus, un bel enrobage fruité et une saine acidité, réunis dans des proportions heureuses. Original.

3 858881 194151

13111068 17,45$ ★★★ ②

AUTRES PAYS

MAROC

Ce pays d'Afrique du Nord profite d'une grande diversité de climats, avec la chaîne montagneuse de l'Atlas qui occupe sa partie occidentale du nord au sud, et un immense littoral, bordé au nord par la Méditerranée et à l'ouest par l'océan Atlantique, dont l'influence rafraîchissante est bénéfique pour la vigne. Le vignoble moderne a surtout été façonné par les Français au cours des années 1950 et 1960. Le cépage cinsault donne un agréable vin gris sur la côte atlantique, tandis que la région de Meknès est réputée pour ses rouges solaires et corsés. Le Maroc compte aussi d'importantes plantations de chêne-liège (*Quercus suber*).

TURQUIE

La viticulture est pratiquée en Turquie depuis six millénaires, mais le vin a été lourdement marginalisé sous le règne ottoman. Il a connu un souffle nouveau depuis 1925, lorsque le fondateur de la Turquie laïque, Kemal Atatürk, a mis en place son programme d'occidentalisation.

GÉORGIE

À ce jour, les fouilles archéologiques portent à croire que la Géorgie serait le berceau de l'élaboration du vin. Des qvevri – imposantes jarres en terre cuite – vieux de de 8000 ans et contenant des traces de vin auraient été découverts dans ce pays du Caucase, situé au carrefour de l'Asie et de l'Europe.

MOLDAVIE

Coincé entre l'Ukraine et la Roumanie, le vignoble de Moldavie s'étend sur quelque 110 000 hectares. On estime que l'industrie vinicole emploie environ 10 % de la population nationale.

LIBAN

Bien que son histoire remonte au temps des Phéniciens, la viticulture libanaise telle qu'on la connaît aujourd'hui est relativement récente. Plantée essentiellement dans la vallée de la Bekaa, la vigne s'y enracine sur un peu plus de 2000 hectares, soit l'équivalent du vignoble du Jura. Les principaux cépages cultivés sont d'origine méditerranéenne: grenache, cinsault, syrah, carignan, auxquels s'ajoutent le cabernet sauvignon et un peu de merlot.

DOMAINE DE SAHARI

Guerrouane 2015, Maroc

Produit dans le secteur de Meknès, à 600 m d'altitude, cet assemblage de cabernet sauvignon et de merlot présente au nez de légers accents de poivron, sans que ça ne soit un défaut. Rien de bien profond, mais un bon rouge de table, franc et droit, qu'on a eu la bonne idée de ne pas maquiller avec du bois.

3 180280 401562

717413 13,55$ ★★★ ② ♥

KOCABAG

Kapadokya 2016, Turquie

Le domaine familial de Kocabag est situé dans la région volcanique de Cappadoce, à l'est du pays. Composé des cépages locaux öküzgözü et boğazkere ce vin souple exerce cette année un certain charme avec ses accents poivrés et ses goûts généreux de fruits noirs. Peu d'aspérités tanniques en bouche, mais une matière croquante et juteuse. Servir frais autour de 15 °C.

8 694556 312100

10703754 14,25$ ★★★ ② ♥

TELIANI VALLEY

Saperavi 2015, Kakheti, Géorgie

Cépage indigène reconnu pour sa capacité à donner des vins intenses et structurés, le saperavi provient de Kakhéti, une région située au sud-est de la Géorgie, au cœur du Caucase. Le 2015 s'appuie sur des tanins un peu granuleux, sans être trop rustique. Un vin modeste, mais singulier, à apprécier pour la profondeur de son histoire.

4 860065 010040

11607545 18,15$ ★★★ ②

VINARIA DIN VALE

Cabernet sauvignon 2015, Crama Regala, Moldavie

Même s'il n'offre qu'une expression modeste du cépage cabernet sauvignon, ce vin – le moins cher à la SAQ – offre un minimum de tenue en bouche et des parfums d'épices qui se mêlent au fruit. D'autant plus recommandable qu'il n'est pas sucré.

4 841346 000356

13181971 6,15$ ★★ ½ ① ♥

CHÂTEAU KSARA

Clos St-Alphonse 2014, Vallée de la Bekaa

À prix très abordable, un bon rouge modérément corsé, composé de syrah et de cabernet sauvignon. La longueur est moyenne, mais le vin offre une chair fruitée rassasiante et de bons goûts de mûre et d'épices. À boire d'ici 2020.

11315171 11,05$ ★★★ ② ♥

5 281022 045902

CLOS ST-THOMAS

Les Émirs 2011, Vallée de la Bekaa

Le 2011 est tout aussi agréable que lorsque goûté à pareille date l'an dernier. Mûr et gourmand, aucune sucrosité, mais une générosité toute méditerranéenne, avec des goûts de confiture de framboises et d'épices. Juteux, gourmand et parfaitement ouvert.

5 281108 010046

927822 18,05$ ★★★ ②

CLOS ST-THOMAS

Les Gourmets 2014, Vallée de la Bekaa

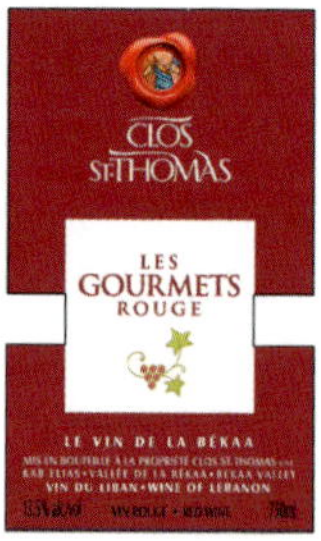

Les cépages cinsault, syrah, grenache et cabernet sauvignon sont cultivés à 1000 m d'altitude et donnent un vin généreux aux goûts de confiture de framboise sur un fond anisé et floral. Goûté un an plus tard, le vin m'a laissé une impression tout aussi favorable; charnu, plein et tout à fait recommandable à 15$.

927814 14,85$ ★★★ ½ ② ♥

5 281108 010015

MASSAYA

Le Colombier 2016, Vallée de la Bekaa

Un assemblage de cinsault, de grenache, de tempranillo et de syrah, cultivés à une altitude variant entre 900 et 1200 m. Nez de confiture de framboise et de jus de canneberges. La bouche, heureux mariage de poigne et de suavité, n'est pas sans rappeler de bons rouges de la vallée du Rhône méridional ou de la Provence. Ainsi, bien qu'il titre 15% d'alcool, le vin n'accuse aucune lourdeur. Parfums de confiture de framboise, de pivoine et d'épices douces, beaucoup de relief et d'intensité pour le prix. Une bonne bouteille que l'amateur de vin typiquement méditerranéen boira avec un plaisir sincère.

5 285000 380177

10700764 17,55$ ★★★ ½ ② ♥

MASSAYA

Terrasse de Baalbeck 2013, Vallée de la Bekaa

De retour dans leur Liban natal en 1998 après avoir respectivement séjourné aux États-Unis et en France, Sami Ghosn et son frère Ramzi s'y sont associés au Bordelais Dominique Hébrard et aux frères Brunier du Domaine du Vieux-Télégraphe à Châteauneuf-du-Pape. Les vignes de grenache, de mourvèdre et de syrah qui donnent naissance à ce vin s'enracinent dans les sols argilo-calcaires des hauteurs du mont Liban, à plus de 1000 m d'altitude. Une année de repos a certainement été favorable au 2013, décoré d'une Grappe d'or dans *Le guide du vin 2017*. Difficile d'éviter la comparaison avec Châteauneuf-du-Pape quand on déguste ce vin plein et savoureux, riche en arômes d'anis, d'herbes séchées, de kirsch et de chocolat noir, et terminant son parcours en bouche sur une longue finale vaporeuse. L'an dernier, j'avais été un peu chiche avec mes trois étoiles et demie. Je me rends à l'évidence: c'est un excellent vin.

904102 21,60$ ★★★★ ② ♥

5 285000 380863

NAKAD

Rouge 2013, Coteaux de la Bekaa

D'un domaine familial fondé en 1923, un bon vin de style un peu vieillot, qui conjugue les attributs des cépages cinsault, cabernet sauvignon et carignan. Parfums de poivron rouge grillé et goûts de réglisse et de confiture de framboise; tanins un peu secs, sans que le vin ne soit maigre. Simple, mais charmant à sa manière.

5 287000 270007

10700385 16,30$ ★★★ ②

AMÉRIQUE DU NORD
CANADA

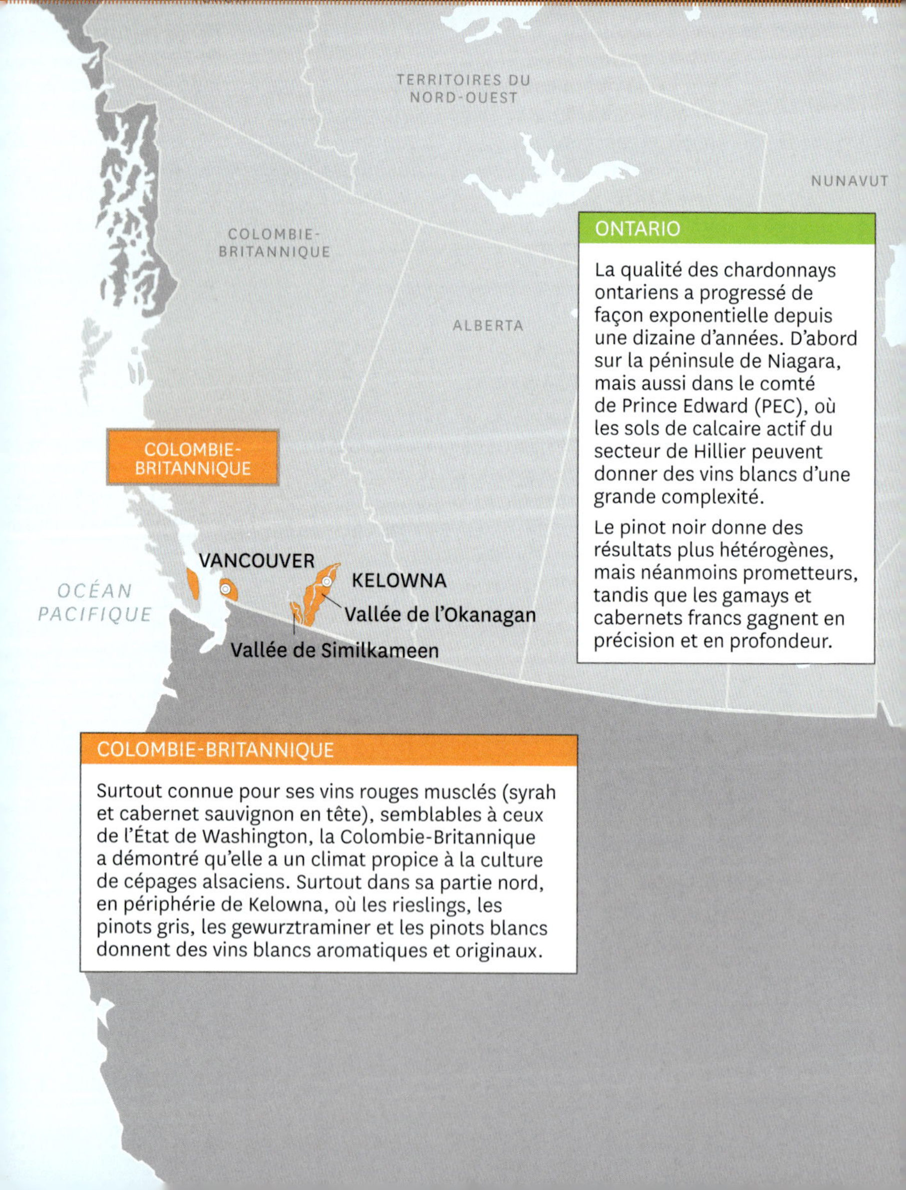

ONTARIO

La qualité des chardonnays ontariens a progressé de façon exponentielle depuis une dizaine d'années. D'abord sur la péninsule de Niagara, mais aussi dans le comté de Prince Edward (PEC), où les sols de calcaire actif du secteur de Hillier peuvent donner des vins blancs d'une grande complexité.

Le pinot noir donne des résultats plus hétérogènes, mais néanmoins prometteurs, tandis que les gamays et cabernets francs gagnent en précision et en profondeur.

COLOMBIE-BRITANNIQUE

Surtout connue pour ses vins rouges musclés (syrah et cabernet sauvignon en tête), semblables à ceux de l'État de Washington, la Colombie-Britannique a démontré qu'elle a un climat propice à la culture de cépages alsaciens. Surtout dans sa partie nord, en périphérie de Kelowna, où les rieslings, les pinots gris, les gewurztraminer et les pinots blancs donnent des vins blancs aromatiques et originaux.

Les efforts observés d'un océan à l'autre, depuis dix ans, permettent plus que jamais d'être confiant quant au potentiel du Canada de devenir un producteur de vins de classe mondiale. Tout n'est pas parfait, mais avec des vignes qui gagnent en maturité et une connaissance viticole et œnologique toujours accrue, les vins ne pourront être que meilleurs.

L'Ontario demeure le numéro un canadien avec un vignoble couvrant un peu plus de 6500 hectares, suivi par la Colombie-Britannique, le Québec et la Nouvelle-Écosse, qui commence à produire des vins effervescents de qualité.

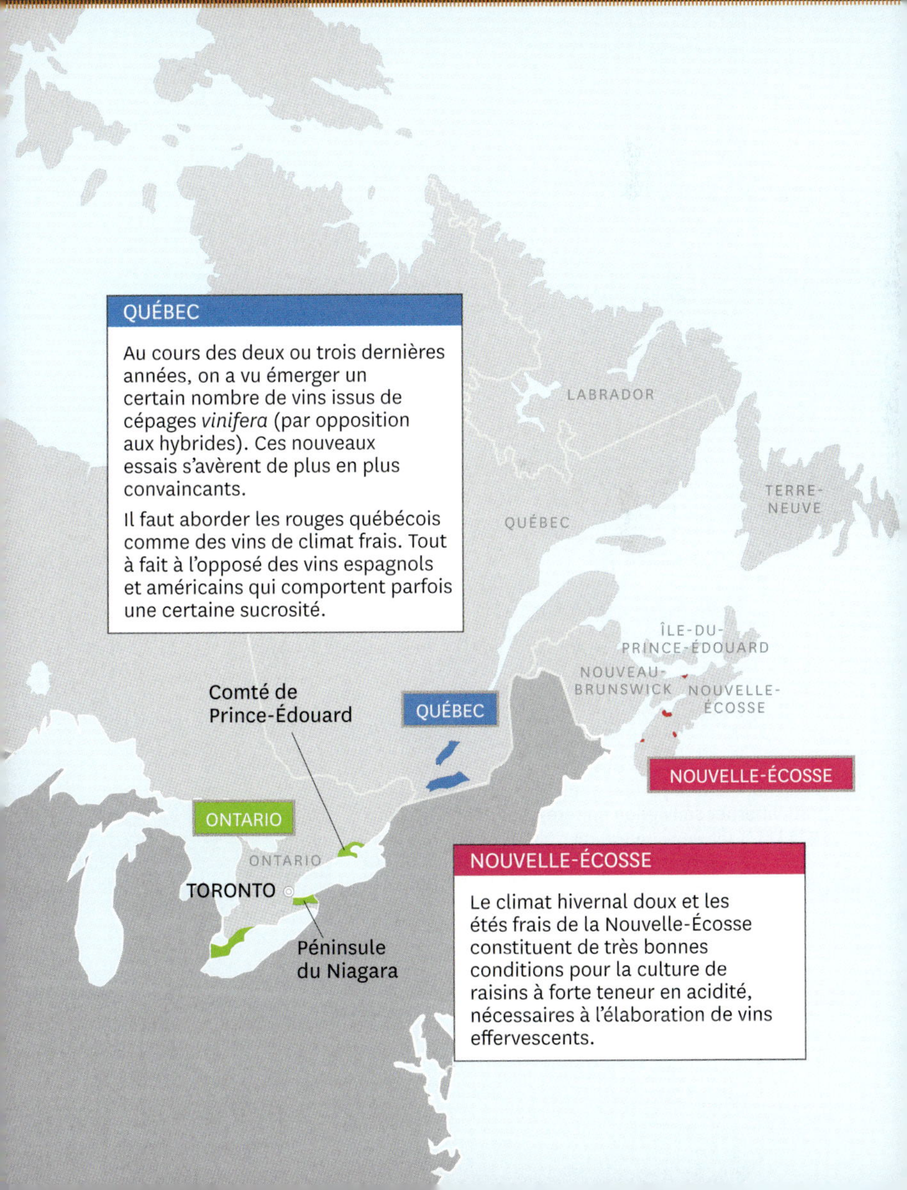

QUÉBEC

Au cours des deux ou trois dernières années, on a vu émerger un certain nombre de vins issus de cépages *vinifera* (par opposition aux hybrides). Ces nouveaux essais s'avèrent de plus en plus convaincants.

Il faut aborder les rouges québécois comme des vins de climat frais. Tout à fait à l'opposé des vins espagnols et américains qui comportent parfois une certaine sucrosité.

NOUVELLE-ÉCOSSE

Le climat hivernal doux et les étés frais de la Nouvelle-Écosse constituent de très bonnes conditions pour la culture de raisins à forte teneur en acidité, nécessaires à l'élaboration de vins effervescents.

CANADA

Voilà maintenant cinq ans que je participe à titre de juge au National wine Awards of Canada. Chaque année, mon enthousiasme s'en trouve décuplé. Que de progrès accomplis dans le vignoble canadien depuis une dizaine d'années! Depuis la vallée d'Annapolis jusqu'à l'île de Vancouver, des vins rouges et blancs plus fins, souvent moins boisés, et la plupart empreints de cette fraîcheur qui caractérise les vins de régions septentrionales.

La SAQ a déployé beaucoup d'efforts pour accroître la visibilité des vins du Québec dans ses succursales. L'implantation des sections Origine Québec a porté ses fruits et les ventes en succursales continuent de progresser. L'arrivée des vins québécois dans les épiceries et les dépanneurs a aussi insufflé un dynamisme à l'industrie et ouvert de nouveaux horizons commerciaux, particulièrement pour les plus petits producteurs.

L'Ontario conserve son rôle de leader avec un peu plus de 7000 hectares plantés. Nos voisins sont maintenant reconnus internationalement pour la grande qualité de leurs chardonnays et, dans une moindre mesure, de leurs pinots noirs, gamays et cabernets francs.

La vaste vallée de l'Okanagan, en Colombie-Britannique, comporte une foule de climats et microclimats. Rien d'étonnant puisque la région s'étend sur plus de 250 km du nord au sud et la vigne y couvre près de 4000 hectares. Il n'est donc pas surprenant d'y trouver à la fois des rieslings sveltes et aériens, des cabernets musclés et des syrahs plantureuses.

Des vins qui suscitent des commentaires élogieux des grands critiques britanniques et américains, mais qui sont toujours inaccessibles aux amateurs de vins d'ici. Car, aussi ridicule que cela puisse paraître, il est d'ailleurs beaucoup plus facile d'avoir accès, au Québec, à des vins américains, qu'à des vins canadiens.

Il y a cinq ans, le gouvernement fédéral a instauré la loi C-311, autorisant le transport du vin entre les provinces. Le premier ministre Philippe Couillard, et ses homologues de l'Ontario et de la Colombie-Britannique, ont convenu en juillet 2016 de favoriser la circulation des vins canadiens entre leurs monopoles d'État respectifs, sans pour autant s'engager à diminuer leurs marges de profits. Dans ce contexte, il ne faut pas s'étonner que si peu de domaines acceptent de transiger avec la SAQ.

Les gouvernements ne font-ils pas que respecter les accords de libre-échange, direz-vous? Tout à fait. Sauf que pendant que les Canadiens se plient aux lois du commerce international, la plupart des pays européens et nos voisins américains subventionnent l'agriculture et soutiennent leurs vignerons pour leur permettre de mieux exporter. Pourquoi alors, le Canada n'en ferait-il pas autant?

DOMAINE ST-JACQUES

Chardonnay 2015, Vin du Québec

La première bouteille ouverte me donnait l'impression d'être bouchonnée. J'en ai donc ouvert une deuxième, qui avait le même nez, mais dont le bouchon n'avait rien d'anormal. J'ai donc laissé reposer le vin en carafe pendant environ trois heures, histoire de voir si l'aération allait améliorer ou aggraver son sort... Or, un fois ouvert, le chardonnay révélait enfin sa vraie nature, déployant de jolis arômes de poire et de fleurs blanches, sur une texture assez grasse pour enrober l'acidité. Pas très profond et un peu capricieux, mais équilibré et pas boisé outre mesure. Il sera intéressant de voir ce que ces jeunes vignes de chardonnay porteront comme fruits au cours des années à venir...

Disponible à la propriété

24$ ☆☆ ½ ②

LES PERVENCHES

Chardonnay 2016, Les Rosiers

En 2016, Véronique Hupin et Michael Marler ont choisi de récolter la parcelle des Rosiers trois semaines plus tard que prévu, histoire de gagner en maturité et en concentration. Résultat: un vin ample, bien nourri, parfaitement mûr, mais ne titrant toujours pas plus de 12,1% d'alcool. Le vin me semble aussi plus précis et plus achevé que les deux derniers millésimes goûtés. Difficile de résister à cette juxtaposition de gras et de vitalité, mêlant la poire, la camomille et le beurre frais. Tenue et longueur impeccables. Hélas, tout était vendu au moment d'écrire ces lignes. Surveillez l'arrivée du 2017 l'été prochain.

Disponible à la propriété

27$ ☆☆☆☆ ② ♥

LES PERVENCHES

Seyval-Chardonnay 2016

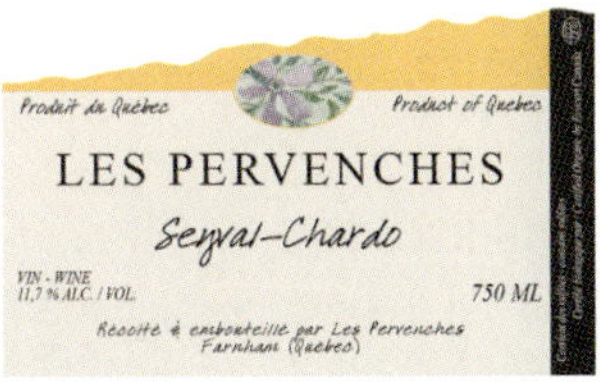

Toujours très réussie, cette cuvée marie la vivacité du seyval et l'ampleur du chardonnay. Le nez est riche en parfums beurrés, qui proviennent de la transformation malolactique, plutôt que de l'élevage. Excellent rapport qualité-prix-plaisir. Si vous ne parvenez pas à mettre la main sur une bouteille du 2016, vous pourrez le retrouver sur la carte des vins de nombreux restaurants à travers la province.

Disponible à la propriété

21$ ☆☆☆☆ ② ♥

ARTISANS DU TERROIR, LES

Prémices d'Automne 2016

La famille Guertin travaille vraiment bien! Ce blanc issu d'un assemblage de cayuga, de seyval et de st-pépin en est une autre preuve. Assez discret au nez, le vin s'exprime davantage en bouche. Sec, franc, de très bonne tenue et sans maquillage inutile. En prime, une finale délicatement saline qui donne envie d'un autre verre. À ce prix, on croirait rêver.

742429 13,45$ ☆☆☆☆ ① ♥

0 827924 038021

DOMAINE LES BROME

Cuvée Charlotte 2016

Bon vin blanc sec et vif, qui porte l'empreinte aromatique du cépage geisenheim, heureux complément au seyval. Tout indiqué pour l'apéro, avec sa légèreté et sa présence en bouche désaltérante.

11106661 15,95$ ☆☆☆ ① ♥

0 827924 059019

DOMAINE ST-JACQUES

Classique blanc 2016

D'année en année, le Classique blanc est l'exemple même du bon vin blanc mettant à contribution l'œnologie moderne. Sec, très net, assez gras, ponctué d'une amertume fine qui met le fruit en relief et d'une longueur tout à fait satisfaisante. À 16 $, on achète sans hésiter.

11506120 16$ ☆☆☆ ½ ① ♥

0 827924 079024

VIGNOBLE DE LA BAUGE

Équinox 2015

Bon vin d'apéro produit à Brigham par la famille Naud. Composé de frontenac blanc, de vidal et de frontenac gris, le 2015 est sec, franc, aromatique comme il se doit et assez gras pour la table.

13107157 14,55$ ☆☆☆ ① ♥

0 827924 012021

Canada

VIGNOBLE DE LA RIVIÈRE DU CHÊNE

William blanc 2016

Le William blanc 2016 offre au nez des parfums très nets de fleurs et de fruits jaunes. La bouche, à la fois grasse et franche, témoigne d'une très bonne maîtrise œnologique, tout en restant fidèle au caractère aromatique des cépages hybrides frontenac blanc, vidal, vandal-cliche et seyval. Très bon vin blanc disponible dans l'ensemble du réseau de la SAQ.

744169 14,65$ ☆☆☆ ① ♥

0 827924 036058

VIGNOBLE DE L'ORPAILLEUR

Blanc 2016

En 2016, ce classique du vignoble québécois, composé de seyval, a un nez délicat de pierre à fusil. En bouche, on trouve la vitalité habituelle et des saveurs assez relevées qui évoquent l'écorce de lime et de citron. Dans la catégorie des vins blancs québécois tout-aller, il demeure une référence.

704221 14,95$ ☆☆☆ ① ♥

0 827924 004019

VIGNOBLE DE STE-PÉTRONILLE

Voile de la Mariée 2016

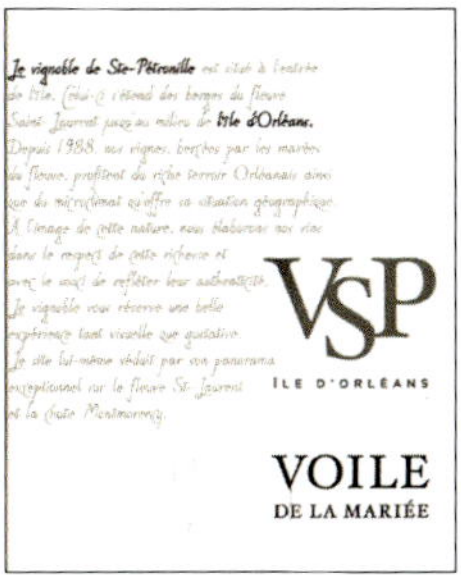

Sur le site Web du domaine, on peut lire «La géographie, la géologie et le climat définissent le terroir de l'Île d'Orléans» et juste en dessous, un graphique montrant la proportion du vignoble planté en blanc (85%) et en rouge (15%). Ce que j'en comprends: notre climat est plus compatible avec les cépages blancs, c'est donc ce qu'on a planté. Sage décision. Ce vin de vandal-cliche et de vidal élevé en cuve inox a tout ce qu'on recherche dans un bon blanc d'apéritif: sec, délicatement parfumé et de bonne tenue. Impeccable!

733725 15,30$ ☆☆☆☆ ① ♥

0 827924 022013

VIGNOBLE DU MARATHONIEN

Blanc 2016

Si vous aimez le profil vif et tranchant des vins du Muscadet, alors vous serez servi avec ce blanc produit à Havelock, en Montérégie. Sec, nerveux, citronné et désaltérant. Et vendu à prix doux, en plus!

11398325 14,55$ ☆☆☆ ② ♥

0 827924 017019

CHÂTEAU DE CARTES

Atout blanc 2016

Un vin tout à fait original qui a des airs de famille avec certains blancs allemands. Au nez, ses parfums exubérants rappellent une vendange tardive de vidal, mais le vin est arrondi par un léger reste de sucre (à peine 7 g/l), en parfait équilibre avec l'acidité. Tout frais et guilleret, et pourtant très savoureux.

Disponible à la propriété

22$ ☆☆☆ ½ ①

CHÂTEAU DE CARTES

Vin orange 2016

L'élaboration d'un vin orange consiste à faire macérer les peaux des raisins blancs dans le moût afin d'en extraire les composants phénoliques pour nourrir la structure du vin. Résultat: un blanc original dont les saveurs légèrement oxydées rappellent la pomme blette et dont la texture se situe à mi-chemin entre celle d'un vin blanc «normal» et celle d'un rouge léger. Seul bémol, son prix.

Disponible à la propriété

28$ ☆☆☆ ½ ①

COTEAU ROUGEMONT

Le Versant blanc 2015

Une composition de frontenacs gris et blancs donne un vin sec passablement aromatique, rond en bouche, avec des notes d'abricot et de pêche mûre. Le 2015 a toute la fraîcheur et l'élan aromatique de la jeunesse; l'accent est mis sur le fruit et non sur le bois, et le vin ne manque ni de nerf ni de tenue. L'autre bonne nouvelle, c'est qu'il est offert dans l'ensemble réseau de la SAQ.

0 859670 001226

11957051 17,30$ ☆☆☆ ½ ② ♥

Canada

DOMAINE CÔTES D'ARDOISE

La Marédoise 2015

Le Domaine des Côtes d'Ardoise, plus ancien vignoble du Québec toujours en activité, a été fondé par Christian Barthomeuf et Jacques Breault en 1980. Depuis quelques années, ses nouveaux propriétaires ont fait appel à Barbara Jiménez Herréro, pour l'élaboration des vins et la supervision des vignobles. Produit depuis 1985, La Marédoise est composé à 100 % de seyval. Sec, plein de vitalité et enrobé d'une texture juste assez grasse. L'un des bons blancs de seyval sur le marché; prix attrayant.

Disponible à la propriété

16 $ ☆☆☆ ½ ② ♥

DOMAINE LES BROME

Vidal 2016

Le vidal non boisé de Léon Courville est vinifié à basse température afin de préserver les arômes fruités propres à ce cépage hybride développé en France en 1930. Pêche dans le sirop et abricots secs, un reste perceptible de sucre (11 g/l) et une acidité soutenue. Assez ample et solide pour tenir tête aux plats épicés de la cuisine indienne.

0 827924 059132

10522540 18,40 $ ☆☆☆ ½ ① ♥

VIGNOBLE STE-ANGÉLIQUE

Argiles Blanches 2016

À Papineauville, Nicholas Carrière et Geneviève Poulin ont trouvé une nouvelle vocation à la ferme familiale en y plantant de la vigne il y a près de 10 ans. L'œnologue Jérémie d'Hauteville les conseille bien si j'en juge par les deux vins goûtés au courant de l'été 2017, dont ce frontenac blanc plutôt original, produit sur les sols d'argile de la propriété. Très sec, avec une attaque en bouche vive qui déstabilisera sans doute les amateurs de vins blancs doucereux; à table, ses goûts citronnés et sa finale *umami* donneront de beaux accords. Un projet à suivre de près.

Disponible à la propriété

16 $ ☆☆☆ ½ ②

COTEAU ROUGEMONT

Vidal 2015, Réserve

Dans sa version 2015, ce vidal m'avait laissée perplexe l'an dernier, un peu brouillon et trop marqué par le bois. Un an plus tard, il me semble nettement plus harmonieux et achevé. L'acidité et le gras sont joués dans d'heureuses proportions, la texture est rassasiante et révèle de jolis parfums d'abricot et de fleurs blanches. Le tout est mis en valeur par un élevage en fûts qui le rehausse plutôt que de l'écraser. Bravo! À boire entre 2018 et 2021.

12862951 22,10$ ☆☆☆ ½ ②

0 859670 001219

DOMAINE DU NIVAL

Matière à discussion 2016

Au premier nez, cette cuvée de vidal élevée en fûts de chêne et élaborée par Matthieu et Denis Beauchemin a des allures d'un chardonnay de climat frais, sans doute en raison de ses parfums délicats de beurre. La bouche s'ouvre ensuite sur des nuances de citron et de prune jaune, dont elle porte aussi le petit caractère aigrelet qui pince les joues et ouvre l'appétit. Juste assez de gras et une très agréable fraîcheur. Belle réussite! Avant même leur mise en vente au début septembre, tous les 2016 avaient été vendus. Les intéressés peuvent s'inscrire à une liste d'attente pour les vins de 2017.

26$ ☆☆☆☆ ① ▼

Disponible à la propriété

DOMAINE LES BROME

Saint-Pépin 2013

Le cépage st-pépin, originaire du Minnesota, est fermenté et élevé sur lies pendant 16 mois, en fûts de chêne américain et français, dont 50% de fûts neufs. Une année de repos semble avoir été favorable au 2013, qui a gagné en finesse. Le bois est maintenant mieux intégré à l'ensemble, ce qui permet d'apprécier les notes fruitées, salines et minérales du cépage. Du gras et du volume, sans lourdeur.

10919723 29,95$ ☆☆☆ ½ ②

0 827924 059118

DOMAINE ST-JACQUES

Réserve blanc 2016

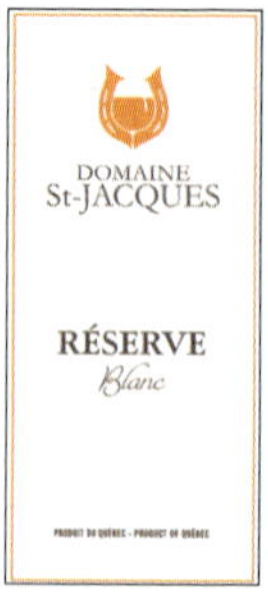

Servis par un élevage toujours mieux maîtrisé en fûts de chêne, les cépages frontenac blanc, seyval blanc, vidal et chardonnay donnent un très bon blanc dont les saveurs de caramel, de poire en sirop, de tilleul et d'épices persistent en bouche et dont l'acidité naturelle est enrobée par une texture ample, juste assez vineuse. Très joli vin!

11506390 24$ ☆☆☆☆ ② ♥

0 827924 079031

VIGNOBLE DE LA BAUGE

Solyter 2016

Situé à Brigham, en Montérégie, le vignoble de la famille Naud est un arrêt obligé si vous prévoyez un séjour en famille dans les Cantons. Le Solyter est issu de frontenac gris, de frontenac blanc et de seyval, fermentés et élevés pendant six mois en fûts de chêne des Appalaches, dont certains conçus par un tonnelier québécois. Plus local que ça... Le 2015 porte d'ailleurs l'empreinte aromatique du chêne américain (aneth, noix de coco), qui nourrit sa texture par ailleurs. Encore meilleur après une aération d'une heure en carafe.

13107211 17,50$ ☆☆☆ ② ♥

0 827924 012038

VIGNOBLE DE L'ORPAILLEUR

Cuvée Natashquan 2015

Produit pour la première fois en 2007, le blanc haut de gamme de l'Orpailleur est élevé pendant un an en fûts de chêne américain, neufs à 30%. Loin de dominer, les parfums boisés se marient de façon harmonieuse aux saveurs fruitées et florales du vidal et du seyval. Du volume et une texture grasse, soutenue par un fil d'acidité qui contribue à sa structure en bouche. Très bel exemple de ce que le terroir québécois peut donner comme vin blanc substantiel et sérieux.

12685609 28$ ☆☆☆☆ ②

0 827924 004118

VIGNOBLE DE L'ORPAILLEUR

Réserve 2016

Seyval blanc et vidal, légèrement boisés. Les notes de vanille se mêlent à des parfums de fruits blancs; la bouche est grasse et ronde, dépourvue de sucre. Un peu simple, mais tout à fait recommandable à moins de 20$. Il plaira à l'amateur de blanc moderne et boisé.

12685553 19$ ☆☆☆ ②

0 827924 004125

VIGNOBLE DE STE-PÉTRONILLE

Réserve du Bout de L'Île 2015

L'assemblage est le même que pour Le voile de la Mariée, mais les vandal-cliche et vidal qui entrent dans la Réserve séjournent en fûts de chêne français et américain pendant neuf mois. Juste assez pour donner du volume en bouche et du gras à ce vin tout léger en alcool (11,2%), vif et tendu. Finale assez persistante aux accents de thé vert et de citron confit. Bon prix!

20$ ☆☆☆ ½ ②

Disponible à la propriété

DOMAINE DES CÔTES D'ARDOISE

Haute-Combe 2013

À en juger par la qualité des quatre vins goûtés récemment, l'œnologue d'origine argentine Barbara Jiménez Herréro – autrefois consultante pour ŒnoQuébec – a déjà bien appris à composer avec les cépages hybrides et les aléas climatiques d'ici. Cette cuvée composée de gamay, de De chaunac et de chelois, cultivés sur des sols d'ardoise et de schiste, est riche en nuances fruitées et épicées, et offre plus de substance et de caractère que la moyenne. Une légère verdeur au nez, mais aucune rusticité dans les tanins et toute la fraîcheur souhaitée.

18$ ★★★ ½ ② ♥

Disponible à la propriété

DOMAINE DES MÉTÉORES

Cuvée du Minotaure rouge 2016

Ce vignoble, développé dès 2006 au bord de la rivière Petite-Nation, non loin de Montebello, est certifié biologique. Ce vin rouge composé principalement de marquette profite d'un bref séjour en fûts de chêne américain, où il complète sa fermentation malolactique. Au nez, on dénote peu de fruit, mais des parfums singuliers de coquille d'huîtres. La bouche est vigoureuse, les saveurs de fruits noirs sont ponctuées de notes de cannelle et d'autres épices douces.

16$ ★★★ ②

Disponible à la propriété

DOMAINE DU NIVAL

Les Entêtés 2015

Dans le village de Saint-Louis, en Montérégie, Matthieu et Denis Beauchemin cultivent, entre autres, du pinot noir, dont ils tirent un vin délicieusement atypique en 2016. Assemblé à 10% de vidal, le cépage bourguignon affiche ici une couleur de rosé et adopte un profil à la fois gourmand et hyper léger. Aucune verdeur, mais un profil aromatique à mi-chemin entre le fruit et la terre et une texture grasse, très peu tannique, qui s'apparente davantage à un blanc ou à un rosé qu'à un rouge. Un vin dont on ne cesse d'avoir soif. D'ailleurs, avant même sa mise en vente au début septembre, le 2016 était déjà tout vendu. Les intéressés peuvent s'inscrire à une liste d'attente pour le 2017.

26$ ★★★★ ① ▼

Disponible à la propriété

DOMAINE LES BROME

Cuvée Julien 2016, Vin du Québec

La vigueur et l'attaque en bouche nerveuse de ce vin de maréchal foch font penser à la barbera du Piémont italien. Un peu rustique, mais franc de goût, original et sympathique. À servir rafraîchi avec une assiette de charcuteries. Une belle réussite, cette année encore. Et d'autant plus recommandable que son prix demeure très accessible.

0 827924 059101

10680118 15,40$ ★★★ ½ ① ♥

DOMAINE ST-JACQUES

Sélection rouge 2016

Franchement très bon, sans surprise, je dois avouer. Le rouge entrée de gamme fait preuve d'une constance qualitative sans faille depuis son arrivée sur le marché il y a 5 ans. Saveurs compactes de fruits noirs, d'épices douces et notes de fleurs séchées. L'acidité combinée à un grain tannique velouté et plutôt dense laisse en bouche une sensation fraîche et hautement rassasiante.

0 827924 079062

11506306 18$ ★★★★ ② ♥

LES PERVENCHES

Zweigelt-Pinot 2016

Certifié Écocert et travaillé en biodynamie, comme tous les vins du domaine. Fruit d'un excellent millésime, le 2016 est le meilleur zweigelt-pinot des Pervenches que j'ai en mémoire. L'attaque en bouche est nerveuse, presque pointue, sans que le vin n'accuse de maigreur. Les tanins sont fins, soyeux, le fruit est pur, net et croquant, sans artifice ni maquillage. On a par ailleurs eu la sagesse de ne pas chaptaliser, laissant ainsi au vin un taux d'alcool incroyablement bas de 10%. Un régal de fraîcheur.

Disponible à la propriété

27$ ★★★★ ② ▼

VIGNOBLE DE L'ORPAILLEUR

Vin rouge 2016

Essentiellement frontenac noir. Légers accents sauvages, entre cuir et fruits noirs aigrelets. Bouche ronde et nerveuse à la fois. Bien fait.

0 827924 004026

743559 15,95$ ★★★ ①

Canada

CHÂTEAU DE CARTES

Marquette 2013

Hybride rouge à la génétique complexe, le marquette ne cesse de gagner en popularité au Québec. À son meilleur, il donne des vins charnus et relevés de bons goûts de fruits noirs, qu'on ne distingue malheureusement pas dans ce 2013. Au nez comme en bouche, le bois prend le dessus: le vin est creusé et y laisse son charme fruité. Dommage, la matière première semblait pourtant savoureuse...

0 799705 518179

12357517 18,15$ ★★ ½ ②

DOMAINE LES BROME

Baco 2014, Réserve

Le baco noir est un cépage depuis longtemps enraciné au Canada. Il donne la plupart du temps des vins très colorés, dotés d'une acidité prononcée. Or, celui du Domaine Les Brome affiche une couleur plutôt pâle en 2014. On a aussi mieux maîtrisé l'élevage en fûts, ce qui permet de profiter de la vigueur et des bons goûts fruités du baco, qui s'accompagnent de notes délicatement fumées. À boire d'ici 2020.

Disponible à la propriété

22$ ★★★ ②

DOMAINE LES BROME

XP Édition 0|5

XP, pour expérience. Les raisins de chaunac et de baco qui composent la Version 5 sont passerillés dans un silo à grains pendant une vingtaine de jours. Après la vinification, les vins sont élevés séparément, puis assemblés. Le passerillage permet de concentrer les saveurs, mais aussi la densité tannique et l'acidité. Heureusement, les éléments sont réunis dans de bonnes proportions et le vin est étoffé, sans être trop carré, et relevé d'arômes d'épices, de canneberge et d'herbes séchées. Pas donné, mais très bon dans un style ambitieux.

0 827924 059224

12685975 27$ ★★★ ½ ②

DOMAINE ST-JACQUES

Réserve rouge 2015

Le nez est un peu plus discret que celui du Sélection rouge. En bouche, on note le même profil aromatique des cépages lucy kuhlmann et maréchal foch, avec un cran plus de concentration. Taillé d'un seul bloc pour le moment, mais selon mon expérience, le Réserve rouge a suffisamment d'étoffe pour se bonifier au cours des cinq prochaines années.

11506365 24$ ★★★ ½ ③

0 827924 079079

VIGNOBLE DE LA RIVIÈRE DU CHÊNE

Phénix rouge 2015

Maréchal foch, frontenac noir et léon millot sont bonifiés par un élevage bien maîtrisé de 12 mois en fûts de chêne. L'attaque en bouche est nerveuse, mais les tanins sont mûrs et tendres, et portent de jolies saveurs de fruits rouges aigrelets. Pas très complexe, mais équilibré.

12445074 21,60$ ★★★ ①

0 827924 036249

VIGNOBLE DE STE-PÉTRONILLE

Réserve Rouge 2015

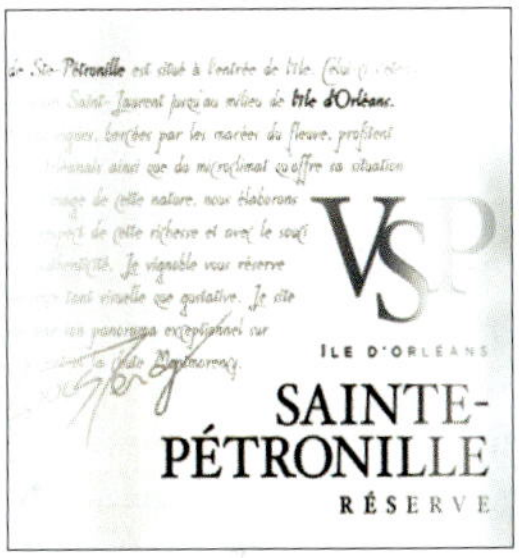

Le seul vin rouge de ce vignoble de l'île d'Orléans est composé des cépages marquette et de petite perle, plantés sur des sols de schiste et de limon, et élevés pendant huit mois en fûts de chêne américain et français. En 2015, cela donne un très bon vin rouge, passablement nerveux à 11,5% d'alcool, mais pourtant assez charnu et gorgé de saveurs de petits fruits rouges à noyau, de poivre et de fleurs. Une acidité vivifiante et un très bon équilibre. À table, on pourra le servir aussi bien avec le poulet rôti qu'avec des saucisses grillées ou un pot au feu.

Disponible à la propriété

22$ ★★★ ½ ②

COTEAU ROUGEMONT

Frontenac gris 2013, Vendanges tardives

Bien qu'il soit moins riche que le vin de glace du domaine, cette vendange tardive composée à 100% de frontenac gris renferme tout de même 125,4 g/l de sucre. Cela dit, on les sent à peine tant le vin est soutenu par une juste dose d'acidité. Saveurs complexes de fruits confits, mais aussi de gingembre, de fumée et de thé darjeeling. Il partage d'ailleurs avec ce dernier une légère astringence, qui sied bien au vin, lui apportant du tonus. Excellent dans sa catégorie.

0 859670 001356

11680523 23,65$ ☆☆☆☆ ② ♥

COTEAU ROUGEMONT

Vidal Vin de glace 2012

Le vin de glace de la famille Robert embaume les parfums de confiture de fruit et d'épices propres aux bons vins liquoreux de vidal. La bouche est onctueuse, mais tout en équilibre, grâce à une certaine structure et à l'acidité, bien entendu. Même âgé de déjà presque cinq ans, il n'accuse aucune fatigue aromatique.

0 859670 001394

12029994 32,30$ (200 ml) ☆☆☆☆ ②

STRATUS

Riesling 2016, Icewine

Un intrus dans cette sélection 100% québécoise... Plutôt que d'être issu de vidal, comme la plupart des vins de glace canadiens, celui-ci mise sur la vigueur naturelle du riesling, cépage traditionnellement utilisé pour l'élaboration du eiswein allemand. Par conséquent, le registre aromatique est différent et porte les nuances citronnées et florales du riesling, qui sont enrobées d'une texture moelleuse et soutenues par une juste acidité. Excellent!

0 628116 004028

10856937 41,75$ (200 ml) ☆☆☆☆ ②

VIGNOBLE DE L'ORPAILLEUR

Vin de glace 2015

Il y a toujours dans le vin de glace, produit à Dunham par Charles-Henri de Coussergues, ce mariage exquis de richesse et d'onctuosité qui vous tapisse la bouche, couplé à une structure quasi tannique et à un fil d'acidité qui élève le vin, le rendant presque tonique. Les saveurs riches et profondes persistent en finale et le vin est délicieusement harmonieux. Magnifique!

0 827924 004057

10220269 32,30$ (200 ml) ☆☆☆☆ ½ ②

VIGNOBLE DU MARATHONIEN

Vidal Vendanges tardives 2014

Chaque année, cette cuvée Vendanges tardives a des airs de vin de glace. Le vin se distingue une fois de plus par un équilibre irréprochable entre le sucre et l'acidité et par son registre aromatique plus complexe que la moyenne. Particulièrement floral dans sa version 2014, il laisse en finale des saveurs vaporeuses et délicates d'eau de rose. Excellent, comme toujours.

0 827924 017057

12204060 29,85$ (375 ml) ☆☆☆☆ ② ♥

VIGNOBLE DU MARATHONIEN

Vidal Vin de glace IGP 2014

En décembre 2014, le ministère de l'Agriculture, des Pêcheries et de l'Alimentation du Québec (MAPAQ) a reconnu officiellement les Cidre de glace du Québec et Vin de glace du Québec comme des Indications Géographiques Protégées (IGP), permettant de garantir la traçabilité de la vendange à la bouteille. Sans surprise, celui de Lyne et Jean Joly fait preuve d'une générosité incomparable. Intense, concentré et riche d'une foule de détails aromatiques, mais également soutenu par une acidité du tonnerre qui laisse une impression d'ensemble très harmonieuse.

0 827924 017095

11745788 32,55$ (200 ml) ☆☆☆☆ ②

VIGNOBLE DU MARATHONIEN

Vidal Vin de glace IGP 2015

Moins expressif et affriolant que d'habitude au nez, le 2015 de Jean Joly s'exprime avant tout en bouche, d'abord par sa puissance et son onctuosité qui enrobe la bouche, mais aussi par son registre de saveurs très vaste, ponctué entre autres de notes fumées qui rappellent le thé lapsang souchong. Long, profond et apte à se bonifier encore au cours des cinq à sept prochaines années.

0 827924 017064

11398317 53,80$ (375 ml) ☆☆☆☆→? ③

CAVE SPRING

Riesling 2015, Niagara Peninsula

Bon riesling aux airs de kabinett allemand: vif, pur et léger en bouche, arrondi par un reste de sucre, mais très bien équilibré. Des saveurs précises, une finale franche et aromatique. Qualité et constance.

10745532 18,45$ ☆☆☆ ①

0 779334 345834

CHATEAU STE. MICHELLE

Riesling 2015, Columbia Valley

De tous les vins de cette marque offerts à la SAQ, les rieslings sont à mon avis les plus intéressants. Bien que modeste, celui-ci offre une bonne tenue en bouche; l'acidité est enrobée d'un reste de sucre et le vin regorge de bons goûts de pomme verte. Un bon achat dans sa catégorie.

13357439 16,45$ ☆☆☆ ① ♥

En primeur

DOMAINE CÔTES D'ARDOISE

Riesling 2015, Dunham

Le riesling est implanté sur ce vignoble de Dunham depuis plus de 20 ans… et ça se sent! Au nez, on ne manque pas de remarquer les notes caractéristiques de pétrole. La bouche est vineuse, ponctuée de saveurs de lime et d'écorce de citron, de miel et de cire d'abeille, la matière assez compacte et la longueur tout à fait satisfaisante. Excellent vin blanc québécois!

23$ ☆☆☆☆ ② ♥

Disponible à la propriété

RAVINES

Riesling 2014, Finger Lakes, État de New York

Lisa et Morten Hallgren ont fondé Ravines en 1999, sur les rives du lac Seneca, dans la région des Finger Lakes, environ 80 km à l'ouest de Syracuse. Leur cuvée Argetsinger est à retenir parmi les meilleurs rieslings d'Amérique du Nord. Bien qu'il n'ait pas la même densité ni la même envergure, le riesling entrée de gamme du domaine montre bien le sérieux des propriétaires. Un vin blanc sec, vif et tranchant, dont la tenue en bouche permet de beaux accords à table. On peut l'apprécier dès maintenant pour sa jeunesse et ses parfums de pomme verte et de citron, mais ses arômes seront plus nuancés et complexes dans cinq à sept ans.

12289534 26,90$ ☆☆☆☆ ② ♥ ▼

0 820103 402804

STRATUS

Riesling 2016, Moyer Road, Niagara Peninsula

Impeccable, cette année encore. Un bon vin parfumé, savoureux et plein de vitalité, avec un peu de moelleux pour gommer une acidité qui autrement l'aurait rendu dur et austère. Bouche légère (11 % d'alcool) et aérienne, svelte, mais pas mince. Très satisfaisant pour le prix. On en boirait sans soif.

13183432 21,50$ ☆☆☆☆ ② ♥

0 628116 003519

TANTALUS

Riesling 2015, Okanagan Valley

Dans le secteur de Kelowna, David Paterson, l'œnologue de Tantalus, s'est vite forgé une réputation de «terroriste», ayant à cœur de traduire le goût du lieu dans ses vins. Son riesling est l'exemple même d'un bon vin blanc de terroir et de climat frais. Même dans les conditions torrides de 2015, millésime le plus précoce de la courte histoire de l'Okanagan, le vin demeure vibrant et fait preuve d'une excellente tenue. La bouche est vive, animée d'un léger reste de gaz, et l'acidité joue un rôle structurant; beaucoup de nuances et de couches de saveurs. Inventaires presque épuisés au moment d'écrire ces lignes; surveillez l'arrivée du prochain millésime en début d'année 2018.

12456726 31,50$ ☆☆☆☆ ② ▼

0 626990 067412

VIGNOBLE DE STE-PÉTRONILLE

Riesling 2016

Bien que le caractère variétal du riesling ne saute pas au nez, ce vin blanc n'en est pas moins savoureux et présente la sensation minérale souvent associée à ce cépage germanique. Sec, vif, nerveux et doté d'une bonne tenue en bouche.

25$ ☆☆☆ ½ ②

Disponible à la propriété

BENJAMIN BRIDGE

Tidal Bay 2015

Endroit privilégié pour observer des marées spectaculaires, la baie de Fundy attire depuis quelques années un tout nouveau type de touriste : l'amateur de vin. Une poignée d'investisseurs sérieux s'y sont installés. C'est le cas de Gerry McConnell, propriétaire de Benjamin Bridge, qui a confié à l'œnologue québécois Jean-Benoît Deslauriers, l'élaboration de ses vins effervescents, ainsi que de ce bon vin léger en alcool (9,5 %), acidulé, arrondi par un léger reste de sucre, qui rehausse ses goûts particuliers de sapinage et de pomme Russet. Un bon vin d'apéro, à aborder comme un riesling kabinett.

0 695555 000263

13108918 22,95 $ ☆☆☆ ½ ①

FLAT ROCK CELLARS

Chardonnay 2014

Jay Johnston a quitté Flat Rock Cellars au printemps 2017 pour se joindre à l'équipe de Hidden Bench. Le 2014 qu'il a signé est habilement boisé ; la bouche est vive, soutenue par une acidité bien présente, mais qui se fond à l'ensemble et laisse une sensation fraîche et vibrante. Un vin à apprécier pour sa texture autant que pour ses arômes ; bonne longueur et équilibre impeccable. Une aubaine à ce prix.

0 881860 300321

11889474 23 $ ☆☆☆ ½ ② ♥

HIDDEN BENCH

Chardonnay 2013, Tête de Cuvée, Beamsville Bench

Établi à Beamsville depuis 2003, le Québécois Harald Thiel a fait de Hidden Bench l'un des domaines les plus réputés de toute la péninsule. Et sa Tête de Cuvée est, avec raison, l'une des références en matière de chardonnay du « Bench ». Moins nerveux et raffiné que le délicieux chardonnay du vignoble Felseck, mais plus musclé, avec un certain poids en milieu de bouche. Cela dit, même s'il est plus gras et vineux, le vin est soutenu par une trame minérale qui élève la matière en bouche et la tire en longueur. Tellement complet et racé qu'on serait tenté de le comparer à un blanc des beaux terroirs de la Côte de Beaune, en Bourgogne. Ce serait une erreur. Voyons plutôt dans ce vin une autre manifestation de l'identité forte que se sont forgés les meilleurs chardonnays de Niagara depuis une dizaine d'années. Cet excellent vin blanc de terroir est vendu en exclusivité dans les SAQ Signature.

4 000131 619894

13161989 50 $ ☆☆☆☆ ½ ③ Ⓢ

HIDDEN BENCH

Chardonnay 2014, Estate, Beamsville Bench

Élaboré par l'œnologue sud-africaine Marlize Beyers, le Chardonnay Estate 2014 est au moins aussi bon que le 2013 commenté l'an dernier dans *Le guide du vin*. Plus frais, tendu et vibrant, à la faveur d'un printemps tardif et d'un été en dents de scie, il plaira aux amateurs de chardonnay en mode minéral, plutôt qu'en gras et en vinosité. D'autant plus agréable à boire que le vin est servi par usage fin et sensible de la barrique. À boire sans se presser jusqu'en 2022.

0 878102 002013

12583047 31,25$ ☆☆☆☆ ② ♥

MISSION HILL

Pinot blanc 2015, Five Vineyards, Okanagan Valley

Dans la partie nord de la vallée de l'Okanagan, autour de Kelowna, le vignoble de Mission Hill produit ce très bon blanc léger sans être insipide, délicatement parfumé, tout frais et désaltérant. Bel exemple de pinot blanc non boisé.

300301 16,60$ ☆☆☆ ½ ① ♥

0 776545 995889

STRATUS

Sauvignon blanc 2015, Wildass, Niagara-on-the-Lake

Wildass est la seconde étiquette de Stratus, qui propose ici une interprétation originale du sauvignon blanc. Plutôt que de miser, comme tant d'autres, sur la vivacité et le caractère herbacé du cépage, JL Groulx livre un vin ample, issu de raisins bien mûrs, comme en témoignent ses arômes de fruits tropicaux, de miel et de cire d'abeille. Une excellente note pour un blanc ayant nettement plus de caractère que la moyenne des sauvignons blancs sur le marché.

0 628116 002635

12455619 21,50$ ☆☆☆☆ ② ♥ ▼

13TH STREET WINERY

Gamay 2016, Niagara Peninsula

J'ignore si ses origines françaises y sont pour quelque chose, mais de toute évidence, Jean-Pierre Colas comprend la fibre sensible et les subtilités du cépage gamay. Son 2016 était dans un grande forme lorsque goûté aux National Wine Awards of Canada, en juin 2017. Les arômes de fruits noirs, de fleurs et d'épices sont volubiles, mis en valeur par une légère pointe d'acidité volatile. Le grain est caressant, compact et offre beaucoup de relief. L'ensemble est nerveux et vibrant, avec un indice de buvabilité dangereusement élevé. Joie!

12705631 22,95$ ★★★★ ② ♥ 0 895770 009700

DOMAINE QUEYLUS

Pinot noir 2012, Grande Reserve, Niagara Peninsula

Ce 2012 était encore très jeune, ferme et dans sa coquille lorsque goûté en mai 2017. Le fruit, l'acidité et les tanins sont réunis dans de bonnes proportions et l'élevage semble très bien maîtrisé, mais les éléments avaient besoin d'encore un peu de temps pour se fondre. Il sera intéressant de le revisiter au courant de l'année 2018.

12456486 62,50$ ★★★→? ③ 0 896131 000312

DOMAINE QUEYLUS

Pinot noir 2014, Tradition, Niagara Peninsula

Ce domaine a été créé il y a quelques années par un regroupement d'actionnaires québécois. Les vins sont élaborés par Thomas Bachelder. Le pinot ne semble pas avoir souffert des conditions météo de 2014. Les saveurs sont mûres et le vin n'accuse aucune verdeur, quoique ses tanins, un peu fermes et austères pour l'heure, bénéficieraient sans doute d'un repos en cave de quelques années.

12470886 31$ ★★★→? ③ 0 896131 000114

MALIVOIRE

Gamay 2015, Niagara Peninsula

Shiraz Mottiar s'est imposé comme un spécialiste du gamay à Niagara, spécialement pour ses cuvées parcellaires, inspirées librement du Beaujolais. Celui-ci, taillé dans un style plus «grand public» n'a pas la même envergure et il est arrondi par une sucrosité qui, à mon sens, ne le sert pas. Malgré cela, un bon vin fruité, juteux, facile à boire qui saura séduire l'amateur néophyte. Surtout s'il est servi frais, autour de 15 °C.

11140498 19,50$ ★★★ ① 0 786934 426399

OSOYOOS LAROSE

Le Grand Vin 2014, Okanagan Valley

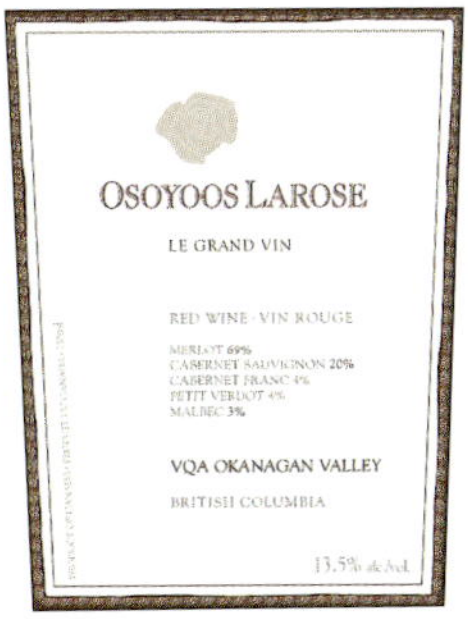

Le Groupe Taillan (Gruaud-Larose, Ferrière et Chasse-Spleen, dans le Médoc) a racheté la totalité de cette propriété située au sud de la vallée d'Okanagan. Le 2014 est une réussite incontestable. Dense, nourri, plein en bouche et en même temps très bien proportionné, il s'inscrit dans l'esprit des meilleurs vins de cabernet. Il a aussi, si j'ose, une facture très médocaine avec des tanins solides, une amertume noble, des accents de graphite. Bien qu'il soit déjà excellent, il bénéficierait tout de même de quelques années de repos en cave.

10293169 45$ ★★★★ ③

0 871610 001554

STRATUS

Stratus Red 2012, Niagara-on-the-Lake

Les vignes de cabernet sauvignon, de cabernet franc, de merlot, de petit verdot, de malbec et de tannat ont manifestement été bien servies par les largesses de l'été 2012, le meilleur millésime de la courte histoire de Stratus, selon l'œnologue Jean-Laurent Groulx. Le vin caresse le palais de tanins tendres et veloutés, à la fois puissant, leste et musclé. La finale est très longue, complexe et vaporeuse, avec des accents de cerise et d'herbes séchées. À mon avis, la plus grande réussite de Stratus. À apprécier entre 2020 et 2024.

13108862 45$ ★★★★→? ③ Ⓢ

0 628116 002833

STRATUS

Wildass Red 2012, Niagara-on-the-Lake

Merlot, cabernet franc, cabernet sauvignon, syrah et sangiovese... Et le vin est tout aussi original que le suggère son assemblage. La rondeur du merlot s'unit à la tenue et à la vigueur tannique des cabernets et la finale déploie des goûts de fruits confits qui lui donnent des airs méditerranéens. Intéressant et très bien fait.

11601143 22,95$ ★★★ ②

0 628116 002963

TAWSE

Cabernet franc 2012, Laundry Vineyard, Lincoln Lakeshore

Plutôt que de miser sur l'extraction, l'œnologue Paul Pender a pris le pari de la délicatesse et de la subtilité. L'élevage en fûts apporte de légers accents épicés, mais aucun poids superflu; les saveurs fruitées sont portées par des tanins légèrement granuleux. Laissez reposer jusqu'en 2020. Retour prévu en novembre 2017.

12211294 33,50$ ★★★★ ③ ♥

0 670459 005286

AMÉRIQUE DU NORD
ÉTATS-UNIS

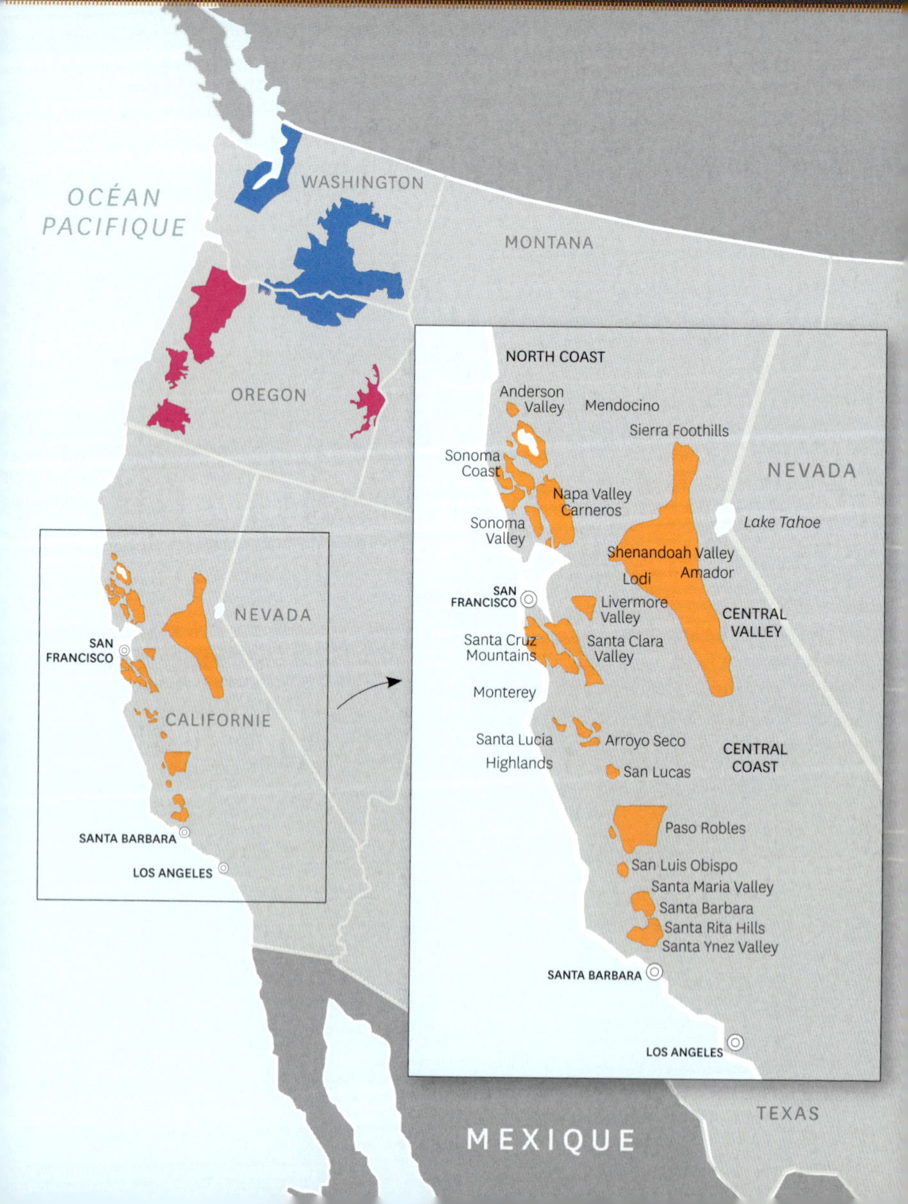

Un géant en éternelle croissance. La superficie du vignoble américain a augmenté de près de 25% au cours des vingt dernières années. Cela tombe à point, puisque la soif de vin des Américains semble insatiable, tout comme le désir de boire local. On estime que trois bouteilles de vin sur cinq vendues aux États-Unis viennent de Californie.

Depuis quelques années, on observe un heureux virage vers des vins plus digestes, moins épais et confiturés. Même dans les secteurs plus chauds, où on cultive des variétés rhodaniennes. Dans la vallée de Napa, les intérêts financiers continuent d'entretenir la dictature de la concentration et la quête de hauts scores. Heureusement, il y a des exceptions, dont plusieurs commentées dans les pages qui suivent.

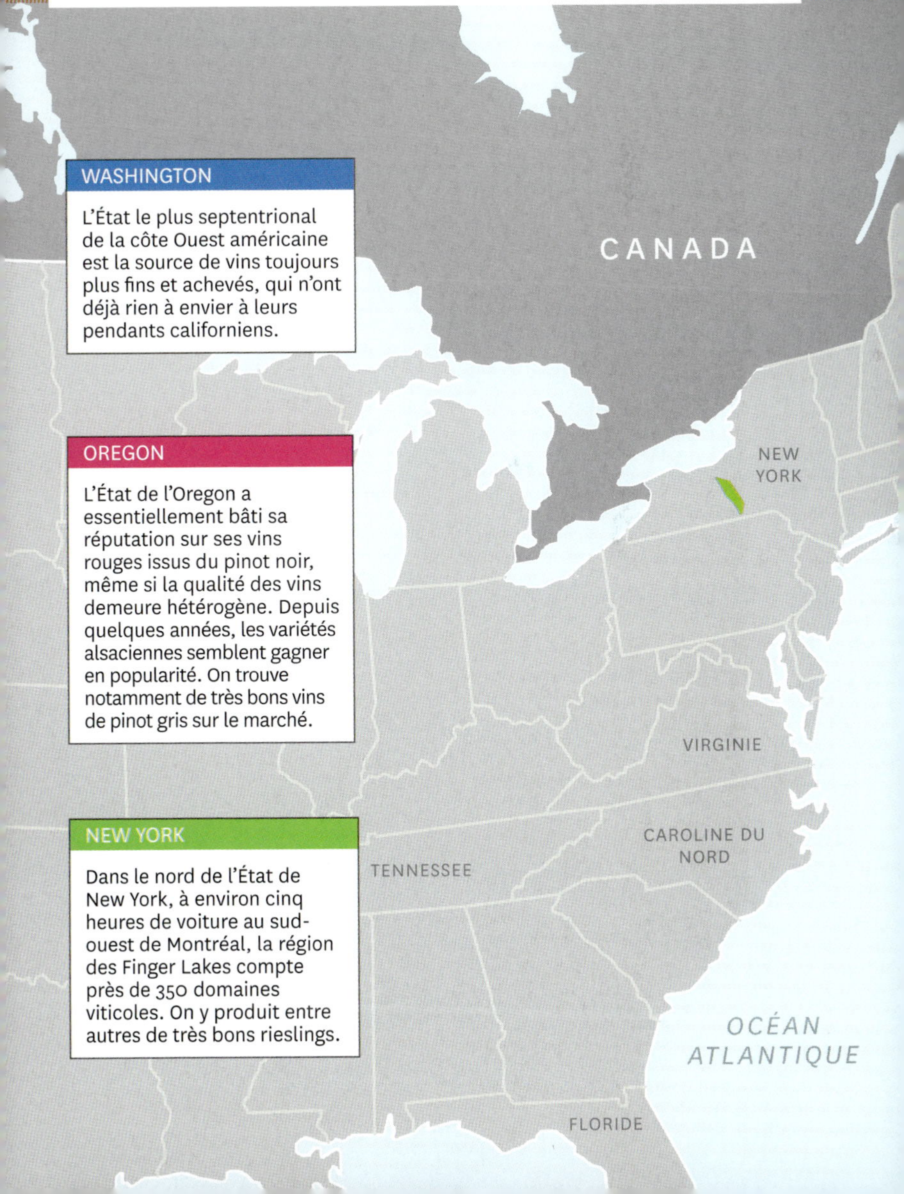

WASHINGTON

L'État le plus septentrional de la côte Ouest américaine est la source de vins toujours plus fins et achevés, qui n'ont déjà rien à envier à leurs pendants californiens.

OREGON

L'État de l'Oregon a essentiellement bâti sa réputation sur ses vins rouges issus du pinot noir, même si la qualité des vins demeure hétérogène. Depuis quelques années, les variétés alsaciennes semblent gagner en popularité. On trouve notamment de très bons vins de pinot gris sur le marché.

NEW YORK

Dans le nord de l'État de New York, à environ cinq heures de voiture au sud-ouest de Montréal, la région des Finger Lakes compte près de 350 domaines viticoles. On y produit entre autres de très bons rieslings.

Californie Cabernet sauvignon

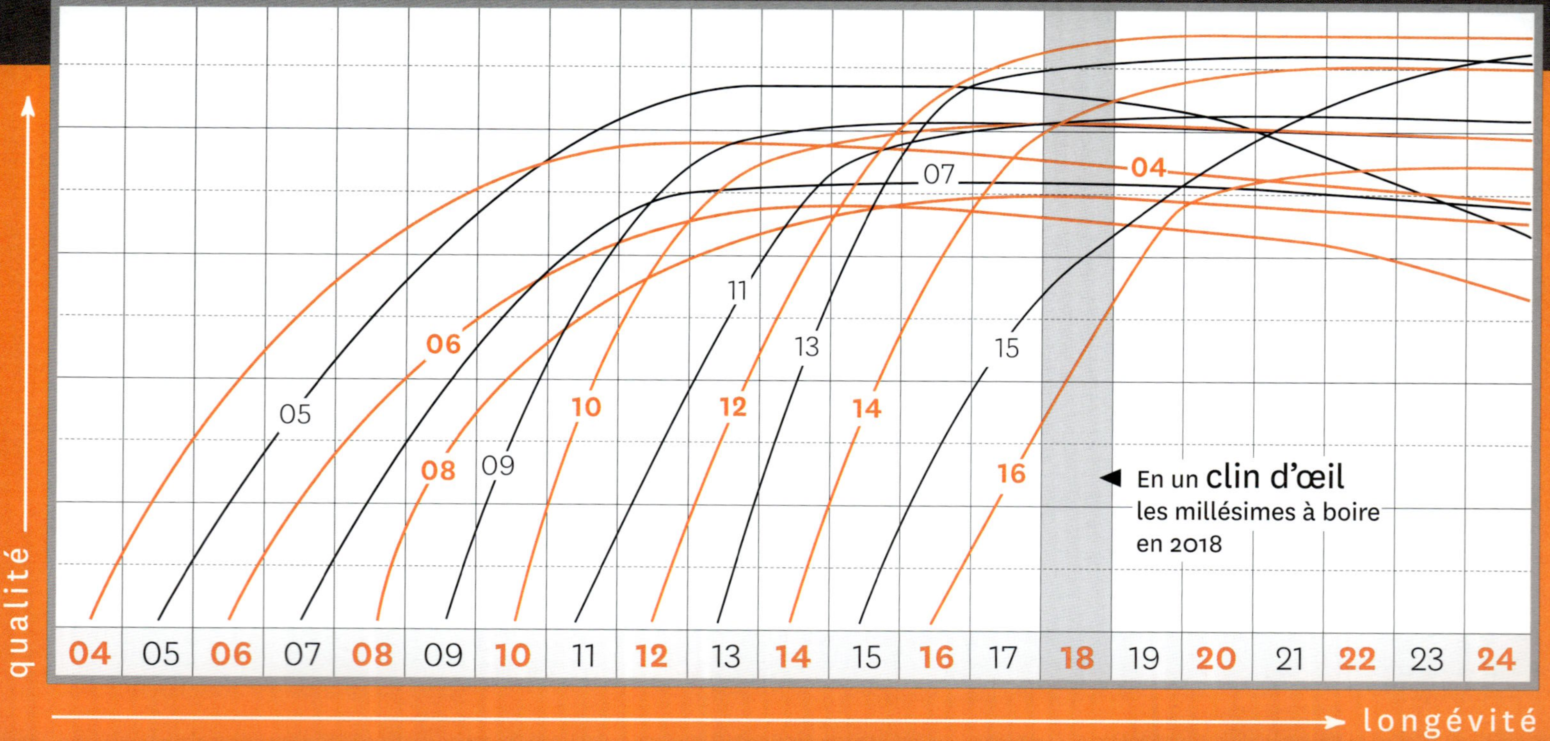

LES DERNIERS MILLÉSIMES

2016
Une récolte hâtive, entamée avec le sourire, la qualité et les quantités étant au rendez-vous. Il est encore tôt pour juger du potentiel de garde, mais les vins présentent, dit-on, un bon équilibre.

2015
Une année de sécheresse. Vendange précoce en raison d'un hiver et d'un printemps particulièrement doux. Les quantités sont à la baisse, encore, mais la qualité s'annonce plus que satisfaisante.

2014
Un printemps particulièrement frais, suivi d'un été chaud qui a accéléré la maturation. Les quantités sont à la baisse, encore, mais la qualité s'annonce plus que satisfaisante. On peut s'attendre à des vins un peu moins concentrés et plus accessibles en jeunesse.

2013
Une récolte abondante en Californie. La qualité générale est assez prometteuse.

2012
Retour à des conditions plus normales après deux millésimes de pluie et de froid. Un été très sec et de belles conditions au moment de la vendange ont donné des vins assez concentrés qui pourraient très bien vieillir.

2011
Autre année difficile pour les vignerons californiens. Des conditions météorologiques semblables à celles de 2010, à l'exception d'une heureuse vague de chaleur au moment des vendanges qui a donné un ultime coup de pouce à la vigne et a permis aux raisins d'atteindre leur maturité. Le moment de la récolte a été un facteur décisif dans plusieurs secteurs. Autre année de choix pour les palais en quête de fraîcheur.

2010
De Napa à Santa Barbara en passant par Sonoma, 2010 a été l'année de tous les défis – et de tous les cauchemars! Les vignerons ont dû composer avec un printemps pluvieux, un été frais et des pluies au moment des vendanges. Qualité aléatoire. Il faudra «séparer le bon vin de l'ivraie»... Les vins sont cependant dotés d'une fraîcheur atypique qui les rend particulièrement attrayants pour l'amateur de vins de facture classique.

2009
Des conditions climatiques sans excès ont été favorables à une qualité générale fort satisfaisante. On annonce des vins équilibrés aptes à vivre longtemps. Cabernet sauvignon et zinfandel semblent particulièrement réussis.

ANTICA WINERY

Chardonnay 2015, Napa Valley

Propriété de la famille Antinori, dans la vallée de Napa. Rien d'original, mais un vin technologiquement au point, gras et large en bouche, marqué par les notes beurrées associées au cépage. Beaucoup de tout, mais sans réelle distinction.

11603413 32,75$ ☆☆☆ ②

0 088586 003394

ATASCADERO

Chardonnay 2015, California

Un chardonnay californien de facture conventionnelle, avec ce que cela implique de richesse et de sensation de sucrosité. Rien de bien excitant donc, mais aucun excès boisé et des saveurs assez nettes de poire compotée.

12787576 22,40$ ☆☆☆ ②

0 851718 880732

BONTERRA

Chardonnay 2015, Mendocino County

J'avais perdu de vue les vins de cette marque depuis quelques années. Sans révolutionner le genre, ce chardonnay issu de l'agriculture biologique fait preuve d'une certaine originalité par ses accents de fumée et de fruits tropicaux. La bouche est généreuse, frôlant la sucrosité, mais une juste dose d'acidité équilibre le tout et ajoute à sa tenue. Très bien pour le prix.

342436 20,05$ ☆☆☆ ②

0 082896 780419

KENDALL JACKSON

Chardonnay 2015, Vintner's Reserve, California

L'archétype du chardonnay californien. Les saveurs de poire confite, de beurre et de vanille sont enrobées par une texture vineuse et par une dose considérable (7 g/l) de sucre résiduel. Le vin demeure toutefois assez digeste, grâce à l'acidité. Un vin généreux et expansif qui ne manquera pas de satisfaire les amateurs du genre.

13298379 18,60$ ☆☆☆ ②

0 081584 452621

LIBERTY SCHOOL

Chardonnay 2015, Central Coast

Un chardonnay d'entrée de gamme – dans le contexte californien, s'entend – tout à fait recommandable, comme par le passé. Poire pochée au nez, du gras et des accents de caramel au beurre; une pointe d'amertume l'empêche de verser dans la facilité.

719443 19,40$ ☆☆☆ ②

0 657891 700214

MER SOLEIL VINEYARD

Mer Soleil 2015, Reserve, Santa Lucia Highlands

Cette marque appartenant à la famille Wagner (Caymus) semble faire meilleur usage de la barrique depuis quelques années. Résultat: un bon chardonnay de facture conventionnelle dont il faut souligner l'équilibre et la fraîcheur, sans doute attribuable au climat plus frais des hauteurs de Santa Lucia. Du volume et des goûts de poire en sirop, mais aucune sucrosité et une sensation minérale que je ne lui connaissais pas.

0 710909 710107

903112 33,25$ ☆☆☆ ½ ②

MONDAVI, ROBERT

Chardonnay 2014, Reserve, Carneros

Chardonnay à la californienne, bien gras et sans trop de détail aromatique. Au premier nez, des relents de réduction; viennent ensuite les fruits jaunes compotés et le maïs en crème. Bien fait, mais un peu trop enrobé pour être vraiment digeste. Quelques années de repos aideront-elles sa cause? Peut-être, mais à ce prix, il faut avoir la foi.

0 086003 455863

492124 45,25$ ☆☆☆ ②

RAMEY

Chardonnay 2014, Russian River Valley

Après quelques années à Bordeaux – aux établissements Moueix, notamment – et un passage chez Dominus en Californie, David Ramey a créé son propre domaine en 1996. Son chardonnay reste l'un des meilleurs exemples du genre offerts à la SAQ. Animé d'un important reste de gaz et un peu timide à l'ouverture, il se révèle davantage après une aération d'une quinzaine de minutes dans le verre. Saveurs nettes et distinguées, texture fine et finale saline et désaltérante.

0 185983 000053

11882117 48,25$ ☆☆☆☆ ③

BONNY DOON

De Proprio Gravitas 2014, A Proper Claret, Santa Cruz

Si les vins blancs californiens vous laissent sur votre soif parce que trop souvent lourds et sans personnalité, il vous faut goûter ce vin haut en saveurs et en caractère élaboré par l'excentrique Randall – tout-sauf-du-chardonnay – Grahm. Le pendant blanc de sa cuvée A Proper Claret repose sur un assemblage de sémillon (54%), de sauvignons blanc et musqué, ainsi qu'une pointe de muscat orange – question de rester original. Sur la contre-étiquette, on apprend qu'un «vin de "Gravitas" n'est pas explicitement fruité ni boisé». On a plutôt affaire ici à un blanc de texture et de structure, relevé de parfums de zeste d'orange et d'épices certes, mais surtout dense, quasi tannique et laissant en fin de bouche une sensation saline. Vraiment, il a tout pour se faire aimer. Surtout à 20$...

0 769434 161243

13234287 20$ ☆☆☆☆ ② ♥

BONNY DOON

Le Cigare Blanc 2013, Santa Cruz

Tout comme pour son célèbre Cigare Volant, Randall Grahm mise sur les cépages méditerranéens – roussanne, grenache blanc et picpoul – qu'il connaît si bien pour élaborer son Cigare Blanc. Résultat, un vin plein et chaleureux (14,5% d'alcool), au nez original et complexe de fleurs, d'épices et de fruits, qui se retrouvent aussi en bouche, sur un fond de pâte d'amande et de champignons, mis en relief par des notes un peu amères en fin de bouche. Relevé et encore jeune, il devrait mûrir quelques années en bouteille.

0 769434 128239

10370267 35$ ☆☆☆→☆ ③

CLOUDLINE

Pinot gris 2016, Oregon

En plus de son domaine éponyme, la famille bourguignonne Drouhin commercialise une gamme de bons vins d'Oregon sous la marque Cloudline. Ce pinot gris encore tout jeune est à retenir autant pour sa netteté aromatique que pour sa vinosité doublée d'élégance. Une saine amertume tire les saveurs de fruits blancs en finale, le rendant encore plus satisfaisant pour le prix.

11883531 22,55$ ☆☆☆ ½ ② ♥

0 012086 000119

EASTON

Sauvignon blanc 2013, Natoma, Sierra Foothills

L'été dernier, j'avais déjà bien aimé la maturité du fruit dans ce sauvignon blanc californien. Un an plus tard, le vin a gagné en profondeur aromatique et laisse en bouche une sensation nettement plus minérale que la moyenne des blancs de la région. De bons goûts de cire d'abeille, de goyave et de safran, sur une trame saline qui accentue son caractère désaltérant. À ce prix, il vaut bien des bordeaux blancs.

882571 26,40$ ☆☆☆☆ ② ♥

0 690171 101011

PONZI

Pinot gris 2015, Willamette Valley

Très bon blanc provenant d'un domaine réputé d'Oregon et d'un cépage que l'on dit très prometteur dans cet État de la côte Ouest américaine. Le nez révèle des parfums discrets d'abricot; pas très profond, mais du gras en bouche, une attaque nerveuse, du tonus et de l'élan. À apprécier au cours des quatre ou cinq prochaines années, à table de préférence. Capsule vissée.

12804348 25,70$ ☆☆☆ ②

0 011852 029514

ROBERT MONDAVI

Fumé blanc 2014, Napa Valley

Le virage fraîcheur de ce classique californien se confirme en 2014, lui-même plus frais que la moyenne. On est tout de même loin des petits sauvignons nerveux et exubérants du Nouveau Monde. Le vin est plein, nourri par l'élevage sur lies et ponctué des notes de caramel du bois de chêne, qui se mêlent aux fruits tropicaux et aux agrumes. Finale mordante, bonne longueur.

221887 22,95$ ☆☆☆ ②

0 086003 351868

ZACA MESA

Viognier 2014, Santa Ynez Valley

Bien que très aromatique, ce viognier témoigne d'une certaine élégance et fait preuve de retenue dans l'intensité. L'ananas confit côtoie les épices et la cire d'abeille, et la bouche reste étonnamment fraîche, structurée et de bonne tenue. Pas étonnant que Zaca Mesa se soit imposé comme un leader californien en matière de cépages rhodaniens.

11882547 26,15$ ☆☆☆ ½ ②

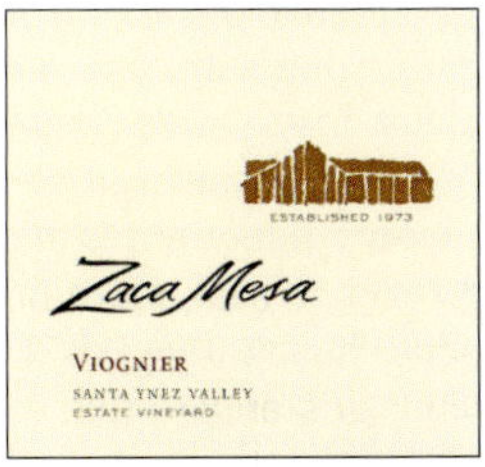

0 089940 122065

DOMINUS

Napa Valley 2012

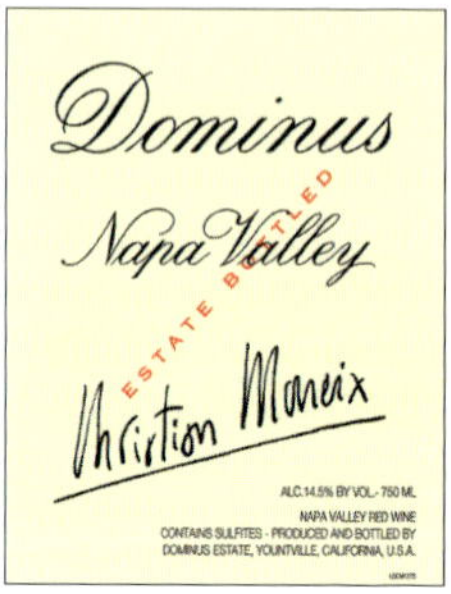

Créé au début des années 1880, sur l'un des sites viticoles les plus anciens de la vallée de Napa, Dominus est l'aventure californienne de Christian Moueix (Trotanoy, Lafleur-Pétrus, Hosanna, Bélair-Monange, etc.). Son ambition était de démontrer qu'il était possible d'obtenir un vin rouge aussi fin que les meilleurs Bordeaux, même sous le chaud soleil de la côte Ouest américaine. Une trentaine d'années plus tard, Dominus se situe toujours dans une classe à part. Le 2012 est un bijou d'esthétisme et de puissance contenue, dans la lignée des derniers millésimes, c'est-à-dire plein, solide et pourtant si élégant. La bouche est mûre et généreuse, offrant un large spectre de saveurs qui persistent en finale. Envergure et grand potentiel de garde. À revoir au milieu de son évolution, soit dans une dizaine d'années.

0 636595 112752

12929087 317 $ ★★★★ ½ ④

HEITZ CELLAR

Cabernet sauvignon 2010, Martha's Vineyard, Napa Valley

De tous les vins californiens que j'ai eu le plaisir de goûter, le Martha's Vineyard est celui dont la signature aromatique est la plus mémorable. Cela dit, aussi singuliers et enivrants ses parfums soient-ils, ce cabernet se distingue vraiment par sa texture. Un mariage remarquable de poids et de sveltesse, de concentration et de délicatesse, de force, de fermeté et de grâce. Peu de vins dans le monde font preuve d'une personnalité aussi forte. Il y a aussi dans ce 2010 un goût d'une autre époque. En le dégustant et en prenant mes notes, en juillet 2017, j'avais l'impression de décrire un cabernet de Napa des années 1970, avec tout ce que cela comporte de retenue et de sève. Ses saveurs pénétrantes *flirtent* avec la terre et le salé presque autant qu'avec le fruit, et se prolongent en finale pour notre plus grand bonheur. Pour toutes ces raisons, et parce qu'il s'agit d'un vin exceptionnel, une grappe d'or et une note parfaite.

0 098803 010739

11937860 382 $ ★★★★→★ ③

HEITZ CELLAR

Cabernet sauvignon 2010, Trailside Vineyard, Napa Valley

Cette vénérable maison californienne a pris l'habitude de laisser mûrir ses vins en bouteille pendant quelques années avant de les mettre en vente. Quelle heureuse idée! Bien que moins prestigieux que le Martha's Vineyard, ce vin provenant d'une petite parcelle de Rutherford – conduite, elle aussi, en agriculture biologique – n'a rien d'un prix de consolation. Depuis sa création en 1989, il a maintes fois prouvé son aptitude à affronter les années. Le 2010 était encore dans sa prime jeunesse lorsque goûté en juillet 2017. Des saveurs compactes et intenses de fruits noirs, sur un fond boisé bien présent, mais qui se présente dans des proportions heureuse. Parfums de cèdre, tanins solides et mâche très rassasiante. Un vin aussi large que long, qu'on devrait laisser dormir au moins jusqu'au milieu des années 2020.

12866514 142,75$ ★★★→★ ④

0 098803 010944

ULYSSES

Napa Valley 2013

Vingt-cinq ans après avoir livré son premier millésime californien à Yountville, en 1983, le Bordelais Christian Moueix a acquis un nouveau coteau situé un peu plus au nord, dans le secteur d'Oakville. Son dernier-né, Ulysses, est lui aussi mené sans irrigation et est voué à un brillant avenir, si j'en juge par l'étoffe des deux premiers millésimes commercialisés. Autant le nez est riche en parfums fruités, autant la bouche est ferme, contenue, presque austère, ponctuée de notes d'épices et de cèdre. Encore très jeune, il aura besoin de quelques années de repos avant de se révéler pleinement. Sa finale vaporeuse faisait bien sentir ses 15% d'alcool, sans être lourde ni brûlante. Il faudra surveiller son évolution de près d'ici 2023.

13092477 254,50$ ★★★→? ③

0 636595 512750

BLUE HALL VINEYARD

Cabernet sauvignon 2011, Camiana, Napa Valley

Situé au cœur de Howell Mountain, une sous-appellation de la vallée de Napa, le vignoble de cette propriété est situé à plus de 500 m d'altitude. Le 2011 se dessine avec une élégance rare à Napa ; tanins fins, droits et compacts, du nerf et une longue finale aux notes minérales. Déjà très agréable à boire, il est loin d'avoir atteint son apogée.

11328538 81,25$ ★★★★ ③ Ⓢ

0 856992 002009

COPPOLA, FRANCIS FORD

Cabernet sauvignon 2014, Director's Cut, Alexander Valley

La fraîcheur du millésime 2014 combinée au climat tempéré de l'Alexander Valley, dans le comté de Sonoma, donnent un vin naturellement plus frais. C'est même l'une des belles réussites des dernières années. Belle concentration fruitée, trame tannique dense, bien servie par l'élevage en fûts de chêne. Déjà ouvert et accessible ; à boire d'ici 2022.

11383545 31,50$ ★★★ ½ ②

0 739958 057001

HEITZ CELLAR

Cabernet sauvignon 2012, Napa Valley

Dès les années 1960, les cabernets de Joe Heitz se sont imposés en ténors de la vallée de Napa. Aujourd'hui, Kathleen et David Heitz continuent de produire des vins relevés, au tempérament très californien. Avant même d'avoir goûté les grandes cuvées du domaine, on devine que 2012 sera une belle réussite pour Heitz. D'abord un peu réduit au nez, où on détecte des notes de caoutchouc brûlé, le vin s'ouvre après une dizaine de minutes sur des arômes pénétrants de menthe et de fruits noirs. Vibrant de jeunesse et de fraîcheur, assis sur des tanins robustes, à la fois carrés et élégants, il tapisse la bouche d'une matière déjà très rassasiante, mais n'atteindra son apogée que vers 2022-2024.

11898848 88,50$ ★★★→★ ③

0 098803 011101

INNISFREE

Cabernet sauvignon 2013, Napa Valley

Dans le domaine qu'il a fondé en 1973, Joseph Phelps a grandement contribué à l'essor des vins modernes de Napa. Plus qu'une bombe de fruit, son 2013 m'a paru un peu plus austère que d'habitude et fait preuve d'élégance dans la puissance. Une sensation minérale se dessine sous la masse fruitée de ce vin encore très jeune, ample et d'une grande densité. La maîtrise technique est indéniable et l'usage du bois bien senti, avec notes balsamiques qui évoquent le cèdre. Costaud certes, mais assez racé et profond. À revoir dans cinq à sept ans.

11419616 43,25$ ★★★ ½ ③

0 010465 008909

OTHELLO

Cabernet sauvignon 2012, Napa Valley, C. Moueix

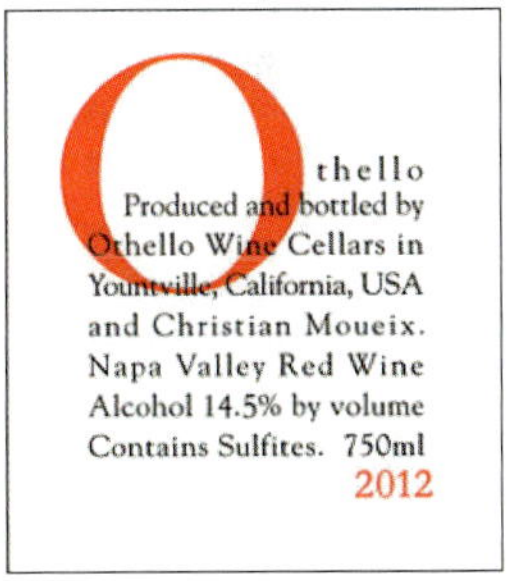

«L'autre vin» produit avec les raisins du vignoble historique de Napanook, à Yountville. Othello est en quelques sorte le petit frère de Napanook et de Dominus, issu des jeunes vignes de la propriété. Le 2012 est encore dans sa prime jeunesse. Très typé cabernet, assis sur des tanins ronds et mûrs, il a beaucoup d'éclat fruité et sa finale aux parfums de menthe et d'eucalyptus accentue la sensation de fraîcheur qu'il laisse en bouche.

13089489 64$ ★★★→★ ③

0 636595 412753

ROBERT MONDAVI

Cabernet sauvignon 2013, Oakville

Un cabernet coloré et plein en bouche, sorte d'intermédiaire entre le Reserve et la cuvée Napa de Mondavi. Solide, assez généreux et correctement boisé, mais taillé d'un seul bloc pour le moment et s'appuyant sur un fini tannique un peu carré et austère. À laisser reposer en cave aisément jusqu'en 2024.

975482 57,50$ ★★★→? ③

0 086003 061927

APRIORI

Proprietary Red 2014, Napa Valley

Le Québécois Patrice Breton – cofondateur de Mediagrif et propriétaire de Vice Versa Wines à St Helena – élabore aussi cet assemblage de cabernet sauvignon, de malbec, de petite sirah et de cabernet franc. Le nez exubérant de fruits confits et d'épices douces annonce une bouche ronde, généreuse et veloutée. Rien de complexe, mais un bon vin de facture moderne, plutôt bien servi par l'élevage.

12413128 27,75$ ★★★ ②

0 895814 002216

BONTERRA

Cabernet sauvignon 2015, Mendocino County

Pour moins de 20$, on trouvera dans ce rouge la structure tannique du cabernet, enrobé par la chair fruitée habituelle des vins californiens. Saveurs fraîches et franches, bon équilibre. Issu de l'agriculture biologique.

342428 18,55$ ★★★ ②

0 082896 780402

COPPOLA, FRANCIS FORD

Claret 2015, California

Encore très jeune et marqué de parfums épicés du bois de chêne. La bouche demeure assez droite, bien qu'elle porte l'empreinte généreuse du climat californien, avec une attaque ronde et des tanins gommeux. Bien tourné dans un style convenu et un peu prévisible.

863654 27$ ★★★ ②

0 739958 974001

DON SEBASTIANI & SONS

Cabernet sauvignon 2014, Aquinas, North Coast

Les raisins de cabernet sauvignon proviennent des comtés de Napa, Lake et Sonoma. Une sucrosité en attaque témoigne de fruits récoltés à pleine maturité, mais le vin repose sur des tanins assez solides et conserve une agréable vigueur en bouche. À boire sans se presser jusqu'en 2021.

11901832 26,40$ ★★★ ½ ②

0 833302 001037

HEDGES

C.M.S. 2014, Columbia Valley

La famille Hedges continue d'élaborer de bons vins de table qu'on a soif de boire. Cet assemblage de cabernet sauvignon, de merlot et de syrah en est un bel exemple. Bien sûr, le vin porte la générosité du climat de la vallée de Columbia, mais la texture soyeuse et l'absence de sucre résiduel et de surmaturité témoignent d'un désir de produire un vin digeste, de facture classique. Très bon exemple de ce que la région peut donner, à bon prix.

10354478 22,90$ ★★★ ½ ② ♥

0 080226 987750

L'ECOLE N° 41

Frenchtown 2014, Columbia Valley, Washington

Le dernier-né de cette *winery* de l'État de Washington repose sur un assemblage de merlot, de cabernet sauvignon et de syrah. Très bon vin charnu et assez étoffé, plutôt rond en bouche et mêlant les notes de fruits mûrs aux nuances épicées et chocolatées. Un produit honnête qui présente une forme classique, sans débordement ni excès de concentration. À boire d'ici 2021.

13234210 30,25$ ★★★ ½ ②

0 721354 850034

MONDAVI, ROBERT

Cabernet sauvignon 2014, Napa Valley

Un cabernet conçu dans un style plutôt évident et sans détour: 15% d'alcool, corpulent, mais sans trop de finesse; il laisse une finale chaude et un peu creuse en milieu de bouche. Imposant certes, mais on serait en droit d'espérer mieux compte tenu de l'appellation et du prix.

255513 35$ ★★★ ②

0 086003 051843

WINES OF SUBSTANCE

Cabernet sauvignon 2015, Cs, Columbia Valley

Charles Smith a vendu les droits de sa marque éponyme à Constellation Brands en octobre 2016. Les vins qu'il élabore sont désormais commercialisés sous les marques K Vintners, Wines Of Substance et Charles & Charles. Fidèle au style auquel il nous a habitués, un cabernet robuste et nourri de saveurs mûres de fruits noirs, qui se marient bien aux accents torréfiés du bois de chêne. Une bonne longueur et une proposition plus que honnête à 20$. Il a de quoi offrir une sérieuse compétition à tous les cabernets californiens de cette gamme de prix.

12670378 20,60$ ★★★ ½ ② ♥

0 184745 003004

BARRA (OF MENDOCINO)

Pinot noir 2015, Mendocino

Installé dans le secteur de Mendocino depuis les années 1950, Charlie Barra a créé son propre domaine dédié à la culture biologique de vieilles vignes en 1997. Le 2015 est savoureux à souhait, regorgeant de fruit, bien équilibré, bâti autour de tanins tendres. Digeste et précis, suave sans être crémeux. Sa mâche tannique qui se resserre en finale procure une agréable sensation de fraîcheur. Belle bouteille vendue à un prix encore sensé.

0 818808 001132

12237363 29,75$ ★★★ ½ ②

CALERA

Pinot noir 2014, Central Coast

Josh Jensen a été l'un des premiers vignerons de Californie à se consacrer aux cépages bourguignons; le vignoble qu'il a développé dans les années 1970 est certifié biologique. Référence en matière de pinot noir, Calera possède son propre clone et sa propre appellation, Mount Harlan. Hélas, puisque rien n'est éternel, Josh Jensen a annoncé en août 2017 qu'il vendait son domaine à Duckhorn Wine Co, faute de relève. Les *fans* de Calera voudront donc savourer l'un des derniers vins confectionnés par le maître. Il émane de son 2014, millésime plutôt frais en Californie, une impression générale plus retenue que la moyenne des pinots californiens. La bouche est à l'avenant, nerveuse en attaque, ronde et soyeuse en milieu et portée par des tanins juste assez serrés en finale. Rien pour égaler la complexité des cuvées parcellaires du domaine, mais présentant tout de même la signature d'élégance de Josh Jensen.

0 745067 960644

898320 43,50$ ★★★★ ②

DOMAINE ROY ET FILS

Pinot noir 2014, Incline, Maison Roy, Willamette Valley

Vingt-cinq ans après la création de Beaux-Frères par leurs pères, Marc-André Roy et Jared Etzel se sont associés pour fonder le Domaine Roy et Fils. La propriété est pour le moment constituée de deux parcelles, l'une dans le secteur de Dundee, l'autre à Yamhill-Carlton. La première a donné ses premiers fruits destinés aux vinifications en 2015, la seconde en 2017. En attendant, les vins produits sont issus d'achat de raisins et commercialisés sous la marque Maison Roy, histoire de distinguer les vins issus du domaine et ceux issus du négoce. Le Incline 2014 est chaleureux, mais sans lourdeur, et assez caractéristique des pinots noirs d'Oregon par sa richesse fruitée, portée par des tanins mûrs, veloutés et dotés d'une certaine poigne. Finale savoureuse aux goûts de cerise et d'humus, soulignée par une sensation minérale. Il devrait reposer en cave jusqu'en 2022.

12882338 55$ ★★★ ½→? ③ Ⓢ

0 665519 803209

MONDAVI, ROBERT

Pinot noir 2014, Reserve, Carneros

Ce pinot produit dans les collines de Carneros se présentait sous un jour plutôt austère en juillet 2017, au point de me demander s'il valait vraiment son prix. Un fruit mûr, des tanins tendres et veloutés et un usage calculé de la barrique, qui apporte un enrobage supplémentaire, en plus de notes de vanille et de chocolat. Encore jeune et dans sa coquille; laissons-lui le bénéfice du doute... et quelques mois de repos.

10219840 60,50$ ★★★→? ③

0 086003 105850

VALLEY OF THE MOON

Pinot noir 2014, Carneros

Fondée en 1863, Valley of the Moon est la plus vieille *winery* du secteur de Glen Ellen, au sud de la vallée de Sonoma. L'entreprise a été rachetée en 2012 par la famille Stewart, aussi propriétaire de Quail's Gate et de Lake Sonoma Winery. Même si le nez annonce un vin mûr et chargé de fruit, la bouche fait preuve d'une retenue qui faisait défaut aux derniers millésimes goûtés. Est-ce l'effet de l'été frais de 2014? Peut-être, et c'est tant mieux. Un pinot noir aux tanins tendres et dodus, gorgé de goûts de fruits noirs, mais ayant tout le nerf et la vitalité souhaités. À environ 25$, c'est un très bon achat!

12198579 24,65$ ★★★ ½ ② ♥

0 040267 101201

EASTON

Zinfandel 2013, Amador County

Ce zinfandel vendu à un prix très attrayant est tout à fait représentatif du millésime 2013, avec un fruit plus concentré et une chair plantureuse. La masse fruitée est toutefois soutenue par un grain tannique compact et un peu rugueux qui apporte tout le tonus voulu. Original, plein de vitalité et d'une longueur enviable. Goûté de nouveau en juillet 2017, le vin était encore meilleur: vigoureux, croquant, savoureux. Tout ce qui, à mon sens, rend le *zin* irrésistible.

897132 24,60$ ★★★★ ② ♥

0 690171 101080

FRANUS, PETER

Zinfandel 2014, Brandlin, Mount Veeder

Une bonne proportion de très vieilles vignes (environ 85 ans) confère au zinfandel de Peter Franus une étoffe et une profondeur certaines. Son 2014 s'inscrit dans la continuité des derniers millésimes goûtés: mariage d'opulence et d'élégance, riche d'une profusion de saveurs fruitées, épicées, botaniques, sans le moindre débordement. En gros, tout y est, mais rien ne dépasse. 14,9% d'alcool, beaucoup de volume et une trame serrée qui encadre le tout. Longue finale vaporeuse aux accents d'herbes séchées. À boire entre 2021 et 2024.

897652 49$ ★★★→★ ③

0 892953 000202

LIBERTY SCHOOL

Zinfandel 2013, California

Le style de la marque Liberty School – pour la plupart des vins souples et conçus pour être appréciés en jeunesse – convient assez bien au zinfandel. Bien en chair, nourri de saveurs d'épices et de confiture de framboise; nerveux, juteux et bien équilibré. Très satisfaisant.

10709021 19,15$ ★★★ ½ ② ♥

0 657891 703239

RIDGE VINEYARDS

Lytton Spring 2014, Dry Creek Valley

Peu volubile au premier contact, le vin commence à s'ouvrir après une journée d'aération en bouteille. Il développe alors des parfums de fruits secs, d'épices et de bourbon qui lui donnent des airs d'un vin classique de la Rioja. Velouté, encore bien marqué par l'empreinte du chêne américain, sans que cela ne masque les saveurs naturelles des zinfandel (69%), petite sirah, carignan et mataro. Race, longueur et profondeur. Aucun doute, Lytton Spring évolue dans les ligues majeures. Pour mieux en profiter, on le laissera dormir jusqu'en 2024.

12986196 62,50$ ★★★★→? ③ ▼

4 000129 861960

RIDGE VINEYARDS

Three Valleys 2014, Sonoma County

Contrairement à toutes ces contre-étiquettes encombrées de détails insignifiants et d'accords mets-vins aussi vagues qu'inutiles, celles de ce domaine mythique de Californie méritent qu'on s'y attarde. Ainsi, au dos de la bouteille du East Bench, on apprend que 2014 a connu un été particulièrement chaud, ce qui a accéléré la maturation et devancé la vendange. Résultat: une mise en barrique précoce et l'élevage le plus long de l'histoire de cette cuvée issue de zinfandel (65%), de petite sirah, de carignan et de grenache, du comté de Sonoma. On trouve par ailleurs sur l'étiquette la liste complète des ingrédients, chose rarissime dans le monde du vin. Une telle transparence ne va pas toujours de pair avec la qualité du vin certes, mais chez Ridge, elle est le reflet d'une démarche hyper rigoureuse qui se traduit dans le verre. Encore jeune et costaud en juillet 2017, le vin avait cependant toute l'étoffe, la concentration fruitée et la vivacité souhaitées; le tout réuni dans de bonnes proportions. À boire entre 2019 et 2023.

12328898 41$ ★★★→★ ③

0 744442 081004

RIDGE VINEYARDS

Zinfandel 2014, East Bench, Dry Creek Valley

Malgré ses 14,9% d'alcool, le 2014 n'accuse aucune lourdeur. Il déploie plutôt en bouche un tissu tannique charnu et compact, des saveurs intenses et vaporeuses de fruits noirs confits et d'épices. Encore jeune et marqué par l'élevage; laissez-le dormir en cave jusqu'en 2021, au moins.

11817690 51$ ★★★★ ③

0 744442 889006

SEGHESIO

Zinfandel 2015, Sonoma County

Ce domaine s'applique avec sérieux à la mise en valeur du zinfandel, du sangiovese et de la barbera dans le Comté de Sonoma. Sans avoir la profondeur des cuvées parcellaires de Seghesio, ce *zin* offre la vigueur et la nervosité habituelles du cépage, enrobées d'une matière fruitée mûre et rassasiante, dans laquelle on croque à pleines dents. Déjà agréable à boire et bon jusqu'en 2022, au moins.

12297446 31$ ★★★ ½ ② ▼

0 088254 758724

EASTON

Syrah-Cabernet sauvignon 2011, House, California

Déjà dégusté l'an dernier, le House 2011 est maintenant ouvert et prêt à boire, sans toutefois accuser de signe de fatigue. Généreusement fruité et relevé de parfums d'épices; la bouche est juteuse et dodue, mûre, mais dépourvue de sucre. Un bon vin de table à servir autour de 16 °C.

10744695 23,65$ ★★★ ②

0 690171 101141

FOLK MACHINE

Red wine 2015, Parts & Labor, California

En 2005, trois ans à peine après avoir fondé Hobo Wine Co., Kenny Likitprakong a créé la marque The Folk Machine, dédiée aux vins plus «ésotériques». Vendu pour la première fois à la SAQ, cette cuvée est le fruit d'un assemblage de syrah biodynamique de la vallée de Potter, de vignes centenaires de carignan de la vallée Redwood, de grenache d'Arroyo Seco et de barbera de Mendocino. Insuité, peut-être, mais drôlement réussi! La Californie en mode vin de soif: attaque en bouche incroyablement fraîche, parfums délicats, mais plutôt complexes, entre la confiture de framboise, les fleurs et la terre humide; grande buvabilité. Joie!

13347927 26,20$ ★★★★ ② ♥

En primeur

QUPÉ

Syrah 2012, Central Coast

Dans Santa Maria Valley, entre San Francisco et Los Angeles, le producteur Bob Lindquist a été un ardent défenseur de la syrah sur la côte Ouest américaine. La constance du vin depuis une dizaine d'années mérite d'être signalée. Très joli nez où la fleur rencontre le cuir, les épices et les notes fumées; la bouche pour sa part est compacte, fraîche, élégante et juste assez solide pour encadrer la chair fruitée bien mûre. Goûté de nouveau au courant de l'été 2017, le 2012 laissait en bouche une délicieuse sensation de salinité, fait plutôt rare, en Californie, selon mon expérience. À boire dès maintenant et jusqu'en 2021.

866335 35,50$ ★★★★ ②

0 850755 000691

TERRE ROUGE

Mourvèdre 2012, California

Sans égaler le sublime 2011 décoré d'une Grappe d'or – et d'une note presque parfaite – il y a deux ans, ce 2012 a beaucoup à offrir à l'amateur de rouge de style méditerranéen. Fruit d'un été plus « normal » que le 2011 (froid et pluvieux), le vin a de l'ampleur et de la mâche, un joli relief aromatique et une bonne tenue en bouche, mais il fait preuve d'une certaine retenue pour le moment. Il sera intéressant de le revoir vers 2021.

921601 39,50$ ★★★→★ ③

0 690171 001052

TERRE ROUGE

Noir 2010, Sierra Foothills

Maintenant parfaitement à point, ce 2010 s'ouvre sur des arômes de grenache bien mûr, qui lui donnent des petits airs d'un vin classique de Châteauneuf. En bouche, les tanins du mourvèdre et de la syrah se sont fondus avec les années et caressent le palais d'une texture suave, juste assez granuleuse pour ne pas verser dans la mollesse. Dégusté de nouveau au courant de l'été 2017, il avait encore cette générosité doublée de race et d'élégance. Délicieux!

866012 37,25$ ★★★★ ②

0 690171 001076

TERRE ROUGE

Syrah 2013, Les Côtes de l'Ouest, California

Nez invitant de fleurs et de fruits noirs. La bouche est fraîche, peut-être un peu timide pour l'heure, mais se développe beaucoup dans le verre à l'aération. Saveurs compactes de poivre et de viande fumée, tanins serrés, charnus et pourtant soyeux. D'autant plus recommandable qu'il ne verse jamais dans la facilité et les excès crémeux. Si vous n'avez pas la patience de le laisser reposer jusqu'en 2020, mieux vaudrait l'aérer en carafe pendant au moins une heure.

897124 29,45$ ★★★★ ③ ♥

0 690171 001090

TERRE ROUGE

Tête-à-Tête 2011, Sierra Foothills

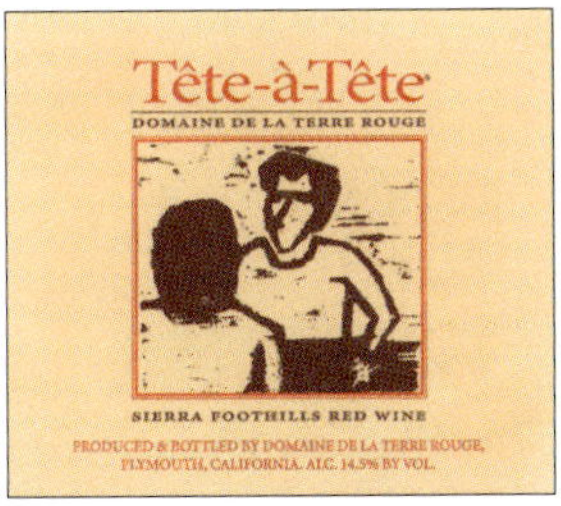

Deuxième vin de la cuvée Noir, le Tête-à-Tête est lui aussi le fruit d'un assemblage de syrah, de mourvèdre et de grenache. Nez hyper élégant, duquel émanent des nuances complexes de fruits et de fleurs, de poivre, de réglisse et d'herbes séchées. La bouche est tout aussi profonde et pourtant si légère et digeste qu'on sentirait à peine ses 14,5% d'alcool, si ce n'était de sa longue finale vaporeuse. Une autre preuve de l'immense intérêt que méritent les cépages rhodaniens en Californie.

À boire entre 2018 et 2021.

10745989 31,25$ ★★★★ ② ♥

0 690171 001106

HÉMISPHÈRE SUD CHILI ET ARGENTINE

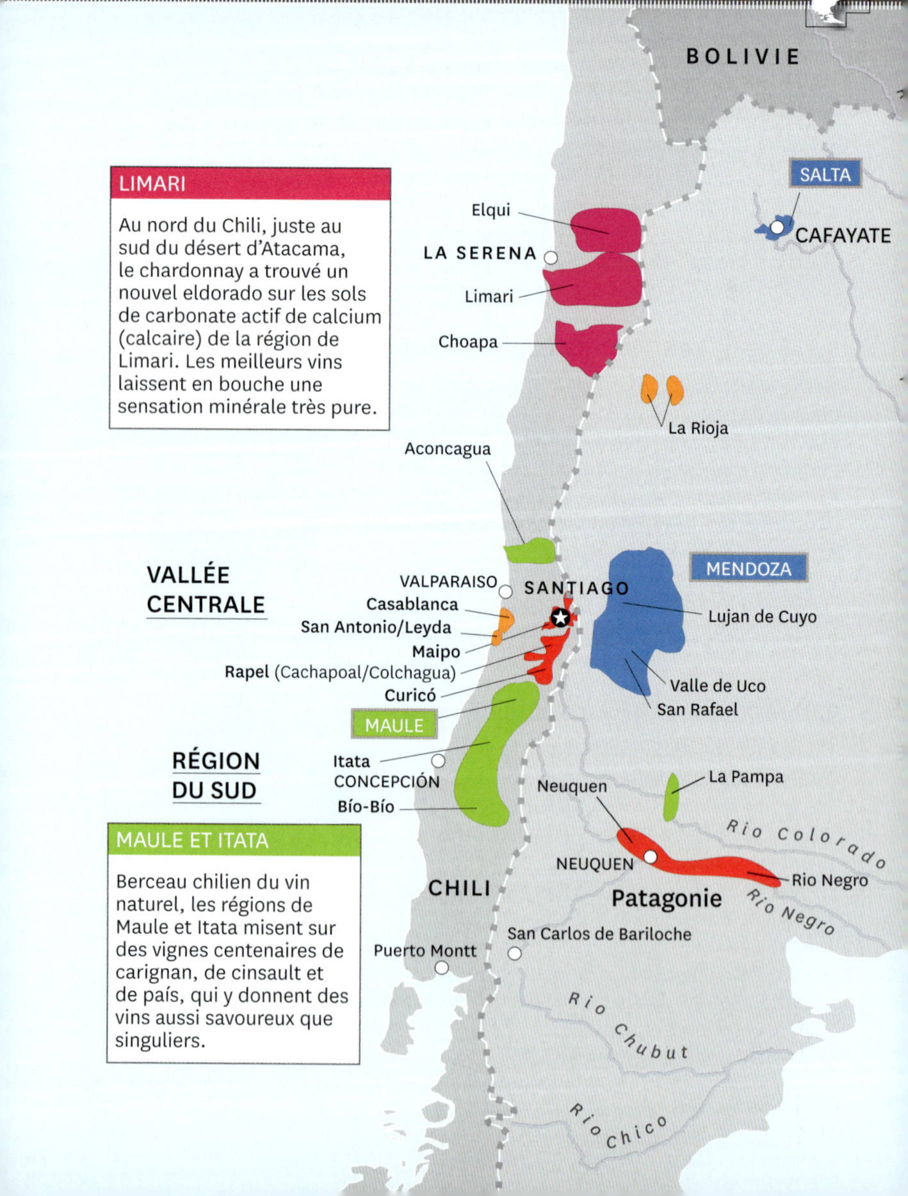

LIMARI

Au nord du Chili, juste au sud du désert d'Atacama, le chardonnay a trouvé un nouvel eldorado sur les sols de carbonate actif de calcium (calcaire) de la région de Limari. Les meilleurs vins laissent en bouche une sensation minérale très pure.

MAULE ET ITATA

Berceau chilien du vin naturel, les régions de Maule et Itata misent sur des vignes centenaires de carignan, de cinsault et de país, qui y donnent des vins aussi savoureux que singuliers.

Le Chili a bien plus à offrir que des vins rouges puissants et boisés. Et le vent de renouveau qui gagne le pays depuis quelques années ne semble pas près de s'essouffler. Les vallées fertiles et baignées de soleil situées en périphérie de la capitale, Santiago, demeurent l'épicentre de la production viticole nationale, mais on voit émerger chaque année de nouveaux vignobles dans des zones plus fraîches et toujours plus éloignées. De sorte qu'aujourd'hui, la vigne est cultivée depuis la vallée de l'Elqui, à 500 km au nord de Santiago, et jusque dans la région des Lacs, plus de 800 km au sud de la capitale du pays.

Les vignerons qui ont pris la relève de la garde au début des années 2000 ont repensé les façons de faire, réduit les taux d'alcool et l'utilisation de la barrique. D'abord marginal, le mouvement initié par une poignée de petits domaines axés sur l'expression du terroir a gagné tous les secteurs de l'industrie viticole, jusqu'aux gros producteurs. Vinifications en amphore, développement dans des zones plus fraîches, mise en valeur de vignobles centenaires, etc. L'aventure, déjà bien amorcée, s'annonce palpitante.

L'Argentine jouit d'une longue tradition viticole qui remonte à l'arrivée des colons européens, au XVIe siècle. Jadis marqués par une influence européenne, les vins adoptent depuis une dizaine d'années un style beaucoup plus moderne, encensé par la presse américaine. Des vins de couleur pourpre, hyper flatteurs, parfois vanillés, riches en alcool et presque sucrés tant ils sont mûrs. La popularité du malbec semble malheureusement avoir occulté le reste de la production nationale. L'Argentine dispose pourtant d'autres variétés fort intéressantes, comme le bonarda (douce noire) et le torrontés, cépage indigène qui donne des vins blancs aromatiques.

SALTA

À Salta, la vigne grimpe jusqu'à 3100 m d'altitude.

MENDOZA

Sans irrigation, une bonne partie des vignobles argentins ne seraient que des zones désertiques. Depuis une quinzaine d'années, les nouvelles plantations s'orientent davantage vers les zones d'altitude et il n'est pas rare que la vigne grimpe jusqu'à 1200, voire 1700 m.

ARBOLEDA

Chardonnay 2016, Aconcagua Costa

Depuis que les vignes de Chilhué produisent des fruits, ce chardonnay, autrefois produit avec des raisins de Casablanca, provient exclusivement du secteur côtier de la vallée de l'Aconcagua. Les vignes s'enracinent dans les sols volcaniques de Quillota, à environ 12 km de l'océan Pacifique et bénéficient manifestement de la fraîcheur du courant frais qui remonte la côte depuis l'Antarctique. La texture est ample et vineuse, avec de délicates notes de beurre, mais la bouche est aussi tirée en hauteur par une acidité qui agit comme colonne vertébrale, donnant au vin une excellente vitalité. Un très bel exemple de vin blanc chilien moderne, dans le bon sens du terme.

0 831573 000063

11324289 20,95$ ☆☆☆☆ ② ♥ ⏃

CALITERRA

Sauvignon blanc 2015, Tributo, Valle de Leyda

Caliterra appartient à Eduardo Chadwick, propriétaire d'Errazuriz. Bon sauvignon blanc chilien aux parfums caractéristiques de piment jalapeño et d'agrumes. Sec, désaltérant et assez substantiel pour le prix. Bon achat!

0 831573 000278

11905788 15,55$ ☆☆☆ ① ♥

CARMEN

Fumé Blanc 2015, Premier Reserva, Valle de Leyda

Ce domaine fondé il y a 160 ans fut l'un des premiers à pratiquer l'agriculture biologique. L'œnologue Sebastián Labbe y produit des vins blancs secs d'une constance exemplaire. Poivrons verts, sec, profil herbacé du sauvignon blanc; si les parfums végétaux ne vous font pas peur, alors vous serez servi à peu de frais.

0 677758 000516

11767856 12,45$ ☆☆ ½ ①

Chili

EMILIANA

Signos de Origen 2015, La Vinilla, Valle de Casablanca

Un assemblage de chardonnay, de viognier, de marsanne et de roussanne provenant du vignoble La Vinilla, situé au pied de la cordillère de la Côte, dans la vallée de Casablanca. Un vin encore jeune et franchement savoureux; gras, original, tout comme l'assemblage d'ailleurs, entre la poire, la pâte d'amande, la fleur d'oranger. Passablement de structure et de poigne, avec un léger reste de gaz qui accentue la sensation de fraîcheur. Un peu réduit, il gagne à être aéré en carafe au moins une heure avant d'être servi.

11639037 22$ ☆☆☆☆ ② ♥ ⧋

7 804320 280288

ERRAZURIZ

Chardonnay 2015, Aconcagua Costa

Pour saisir le vent de changement qui souffle sur les vins blancs chiliens, goûtez ce très bon chardonnay produit par Errazuriz dans son nouveau vignoble de la zone côtière d'Aconcagua. Sec, vibrant de fraîcheur, finement boisé et faisant preuve d'une excellente tenue de bouche et d'une longueur appréciable. Pour le prix, un très bon vin.

12531394 22,95$ ☆☆☆ ½ ② ▼

0 608057 000006

MONTGRAS

Fumé blanc 2016, De Gras Reserva, Valle Central

Très bon blanc vif, nerveux et doté d'une certaine rondeur, mais sans sucre. À mi-chemin entre les parfums herbacés d'un sauvignon de Touraine et les accents de fruits tropicaux d'un sauvignon de climat tempéré. Excellent rapport qualité-prix.

13283901 10,20$ ☆☆☆ ½ ♥

7 804407 004134

MONTGRAS

Sauvignon blanc 2016, Amaral, Valle de Leyda

Nerveux, fringant, plein de jeunesse, ce qui permet d'apprécier pleinement l'exubérance aromatique du cépage. Des saveurs de jalapeño et de lime, qu'une amertume noble porte en finale et des notes salines, qui ne sont peut-être pas étrangères à la proximité de l'océan Pacifique, situé à une dizaine de kilomètres.

11464345 15,95$ ☆☆☆ ½ ① ♥

7 804407 001768

VIÑA VENTISQUERO

Sauvignon blanc 2016, Yali, Wild Swan, Valle Central

Amateur de sauvignon blanc du Nouveau Monde, vous trouverez ici votre bonheur! Très variétal avec ses parfums de pyrasine (poivron vert) et de thiols (pamplemousse, buis), avec une certaine sucrosité pour enrober l'acidité. Un peu techno, mais à moins de 10$, on s'en accommode bien.

12700101 9,75$ ☆☆ ½ ① ♥

7 808725 403877

CASA LAPOSTOLLE

Cabernet sauvignon 2014, Cuvée Alexandre, Viñedo Apalta, Valle de Colchagua

Le cœur de cette cuvée provient d'une parcelle plantée en 1920. Le cabernet sauvignon est assemblé à de la syrah (8%) et à une pointe de cabernet franc, puis élevé partiellement en fûts de chêne français pendant 14 mois. Le 2014 affiche l'intensité caractéristique du terroir d'Apalta. La signature de Michel Rolland est perceptible, mais sert très bien ce style de vin moderne, charnu et généreux, doté d'une certaine élégance. Très rassasiant, à condition d'aimer ce genre de vin.

10767053 25,95$ ★★★ ½ ② 0 088110 832155

CONCHA Y TORO

Cabernet sauvignon 2015, Marques de Casa Concha, Maipo

Excellent cabernet sauvignon provenant de Pirque et de Puente Alto, deux secteurs réputés, situés sur les contreforts de la cordillère des Andes. Le 2015 est charnu, large d'épaules et bien en chair, mais il me semble aussi un peu plus droit et que le 2014 commenté l'an dernier. Un pas de plus sur la bonne voie... Beaucoup de matière et un potentiel de garde indéniable. L'amateur de cabernet se régalera à peu de frais.

10694253 22,05$ ★★★→★ ③ ♥ 7 804320 333175

ERRAZURIZ

Cabernet sauvignon 2015, Aconcagua Alto, Valle de Aconcagua

Les raisins qui composent cette cuvée proviennent essentiellement des vignobles Max vineyards à l'intérieur des terres, dans la vallée de l'Aconcagua. Une expression moderne, mais très bien tournée du cabernet sauvignon chilien. Bien mûr, sans tomber dans la lourdeur, appuyé sur des tanins compacts et soutenu par une acidité vive. Il mériterait de reposer en cave encore quelques années, le temps que les éléments se fondent.

13394766 21,95$ ★★★→? ③ En primeur

MONTGRAS

Cabernet sauvignon-Carmènere 2015, Antu, Valle de Colchagua

Parfums de cassis et de paprika; l'identité locale est indéniable. Bon équilibre entre la charpente tannique, l'enrobage fruité, l'acidité et l'amertume. Finale originale aux accents de cendre mouillée.

11386885 18,15$ ★★★ ② 7 804407 001829

MONTGRAS

Cabernet sauvignon 2014, Intriga, Valle del Maipo

Quel bel exemple de cabernet chilien de Maipo. Le cépage bordelais a trouvé un terrain de jeu rêvé sur les sols d'alluvions de Maipo. Le 2014 offre un excellent compromis entre l'opulence et la retenue. Compact et large d'épaules, avec des nuances minérales et organiques qui rappellent le graphite et la terre humide, sur un fond de cerise noire et de menthe. Le tout mis en relief par des amers de qualité qui ajoutent à sa longueur. Beaucoup d'intensité, de corps et de profondeur aromatique pour le prix. Aucun doute, c'est une Grappe d'or… qu'on gagnera à laisser dormir en cave jusqu'en 2022-2025. Aurez-vous la patience?

11766520 22,45$ ★★★★ ③ ♥

7 804407 002895

MONTGRAS

Cabernet sauvignon-Syrah 2016, De Gras, Reserva, Valle Centrale

Au premier nez, des relents singuliers de coquille d'huîtres déstabilisent. Le vin se développe cependant assez vite avec l'aération et s'ouvre sur des notes de fruits noirs et de fleurs. La bouche est ronde et passablement charnue pour un vin de ce prix. Très recommandable.

12698346 10,20$ ★★★ ② ♥

7 804407 003021

MONTGRAS

Ninquén Mountain Vineyard 2014, Valle de Colchagua

Cet assemblage de syrah et de cabernet sauvignon à parts égales provient d'un vignoble d'altitude. Un vin sérieux dont la couleur sombre et le nez compact annoncent une concentration appréciable. Le 2014 est davantage marqué par l'empreinte aromatique du cabernet que par celle de la syrah. La trame tannique est droite, franche et juste assez compacte, laissant en bouche une sensation très tonique. Très belle bouteille à oublier en cave jusqu'en 2024.

928853 27,60$ ★★★★ ③ ♥

7 804407 000105

VERAMONTE

Cabernet sauvignon 2015, Valle de Colchagua

Au nez, impossible de se tromper: on a affaire à un cabernet chilien typique, avec des parfums de cassis et de poivrons rouges grillés. La bouche est mûre et présente une légère sucrosité en attaque, avec un minimum de tanins et de vigueur pour encadrer le tout. À boire d'ici 2019.

12568787 17,50$ ★★★ ②

0 083085 630294

CONO SUR

Pinot noir 2015, Reserva, Valle de Casablanca

Comme toujours, ce vin présenté dans une bouteille à capsule vissée met l'accent sur le fruit et la texture suave qui font tout le charme de ce cépage. Pas très costaud, mais franc et ouvert; une attaque tendre et juteuse aux accents de fraise des bois. Les parfums de l'élevage sont perceptibles, mais ne gênent en rien l'expression du fruit. Servir frais autour de 15 °C.

874891 16,40$ ★★★ ½ ② ♥

7 804320 753300

CONO SUR

Pinot noir 2016, Bicicleta, Chili

Entreprise certifiée carboneutre, Cono Sur «neutralise» ses émissions de carbone par des mesures compensatoires comme la plantation d'arbres. Nouveau à la SAQ, ce pinot noir d'entrée de gamme combine la souplesse et la rondeur fruitée habituelle du cépage. Simple, facile, mais tout à fait correct.

13284401 11,10$ ★★ ½ ① ♥

7 804320 753454

CONO SUR

Pinot noir 2016, Organic, Valle de Colchagua

Le pinot noir biologique de Cono Sur est de nouveau satisfaisant en 2016. Les raisins proviennent du secteur de Chimbarongo, à une centaine de kilomètres de la côte, dans la vallée de Colchagua et donnent un vin passablement charnu, à défaut d'exubérance aromatique. Le fruit rouge joue au premier plan, sur des notes de cendre et de fumée. Simple, mais recommandable.

11386877 16,45$ ★★★ ②

7 804320 227382

ERRAZURIZ

Pinot noir 2016, Aconcagua Costa

Joli nez de fruits noirs. Attaque en bouche franche et juteuse, saveurs nettes; à la fois charnu et coulant, marqué d'une agréable vivacité. Pas du tout racoleur; une fine amertume ajoute à sa dimension aromatique.

12611036 24,95$ ★★★ ②

0 608057 106371

MONTSECANO

Pinot noir 2016, Refugio, Valle de Casablanca

Le vigneron alsacien André Ostertag est l'un des associés de ce partenariat franco-chilien. Le vignoble est conduit en agriculture biologique et situé en altitude, à une dizaine de kilomètres de la côte. Le Refugio 2016 évolue dans un univers parallèle, à des lieues des autres pinots chiliens vendus à la SAQ. Au nez, on est tout de suite interpellé par des notes organiques, plus près de la terre que du fruit, avec de légers accents de champignon frais et de tourbe. Beaucoup de relief en bouche, des parfums de fumée, de fleurs séchées, de fruits rouges frais et compotés, de même qu'une pointe animale. De la mâche fruitée, une matière concentrée et une sensation très fraîche, malgré ses 14% d'alcool. Déjà excellent, il pourra se bonifier d'ici 2022.

12184839 26,15$ ★★★★ ② ♥

7 804635 970003

VERAMONTE

Pinot noir 2015, Valle de Casablanca

Nez singulier qui évoque le carton mouillé; attaque en bouche mûre et pleine. À défaut de la finesse aromatique du pinot, on appréciera son fruit généreux et sa texture dense. À servir autour de 15 °C, comme la plupart des pinots, et à boire au cours des deux prochaines années.

11567408 17,45$ ★★ ½ ①

0 083085 611194

ARAUCANO

Syrah 2016, Reserva, Valle Centrale

Bon vin de facture modeste, mais techniquement impeccable, mettant en valeur le potentiel aromatique de la syrah, avec de jolis parfums d'herbes séchées. Souple, coulant et plutôt séduisant avec ses goûts de fruits rouges. Rien de transcendant, mais une interprétation sincère et élégante de la syrah, à prix dérisoire.

0 635335 382011

11975073 9,60$ ★★★ ① ♥

CASAS DEL BOSQUE

Syrah 2014, Gran Reserva, Valle de Casablanca

Cette syrah provient de l'une des zones les plus fraîches de la vallée de Casablanca. Un nez typé de syrah, avec des accents rôtis qui se mêlent au poivre et à la viande fumée. L'attaque est vive, presque nerveuse, mais le vin se développe en une texture ronde et généreuse, tissée de tanins mûrs. Pas donné, mais il a plus de mâche et de caractère que la moyenne des syrahs chiliennes et pourrait encore se bonifier d'ici 2022.

0 697412 000379

13256726 25,05$ ★★★→★ ③

EL ESTECO

Syrah 2015, Reserve, Don David, Valles Calchaquies – Cafayate

Caractère animal, viande fumée de la syrah. Un peu robuste et monolithique, mais plutôt rassasiant par sa charpente tannique enrobée d'une couche généreuse de fruit.

7 790189 040036

10894431 15,55$ ★★ ½ ②

EMILIANA

Syrah-Mourvèdre 2014, Novas, Gran Reserva, Valle del Cachapoal

Au nez, des parfums boisés rappellent un peu les rouges de la Rioja, en Espagne. Le vin se déploie avec davantage de subtilité en bouche et fait preuve d'un caractère affirmé. Toute la matière souhaitée, de la mâche, du relief et du poids, sans la moindre lourdeur. Le bois joue son rôle de faire-valoir, sans dominer, et les effluves de fruits noirs et d'épices persistent en finale. Pour le prix, un excellent achat.

7 804320 211480

13314383 18,05$ ★★★★ ② ♥

MONTGRAS

Syrah 2015, Antu, Valle de Colchagua

Parfums exubérants de cassis qui rappellent qu'on est bien au Chili. Très juteux et dodu en attaque, charnu en milieu de bouche et somme toute assez complet, sans être vraiment complexe. Encore très jeune, il gagnera à reposer de trois ou quatre ans en cave ou à être aéré pendant une bonne heure en carafe.

7 804407 001102

11966370 18,15$ ★★★ ② ♙

SANTA JULIA

Syrah 2016, Mendoza

La syrah en mode jus de fruits. Pas sucré outre mesure, mais coulant, facile à boire et taillé pour plaire. Correct pour le prix.

7 791728 001013

12698207 10,15$ ★★ ½ ① ♥

ARAUCANO

Carmenère 2015, Reserva, Valle de Colchagua

Un carmenère d'esprit très classique, manifestement inspiré de la tradition bordelaise, ayant profité de douze mois d'élevage en fûts de deux et trois ans. Une partie des raisins est cultivée selon les principes de la biodynamie. Joli grain tannique, mûr et caressant; les accents fumés de la carmenère sont soulignés d'une amertume noble. Prix attrayant pour un vin rouge élégant.

10694413 15,05$ ★★★ ½ ② ♥

0 635335 630112

ARAUCANO

Clos de Lolol 2013, Valle de Lolol

Près du village de Lolol, au sein de la vallée de Colchagua, François Lurton élabore cet assemblage de syrah (35%), de carmenère, de cabernet franc, de cabernet sauvignon et de petit verdot. Au nez, des fruits noirs et de la menthe sèche. Le grain est suave et velouté, avec juste assez d'angles tanniques en fin de bouche pour donner au vin du nerf et du relief. Plein, solide et chaleureux, mais aussi doté d'une certaine retenue qui lui confère de l'élégance. À boire sans se presser d'ici 2023.

10689868 24,95$ ★★★ ½ ③

0 635335 676318

ARBOLEDA

Carmenère 2015, Valle de Aconcagua

Typiquement chilienne avec son fruit noir et ses notes de cendre mouillée, cette carmenère provenant du Piémont des Andes déploie aussi des arômes de paprika et d'eucalyptus. Les tanins sont mûrs et le vin n'accuse aucune verdeur, mais la texture a ce grain juste assez rugueux qui vous titille la fin de bouche apportant au passage une sensation fraîche et tonique. Bonne longueur; il vaut bien son prix. À essayer dans le temps des fêtes avec les tourtières et les pâtés à la viande. L'accord parfait!

11331614 21,95$ ★★★ ½ ②

0 608057 104995

CONCHA Y TORO

Devil's Collection 2014, Casillero del Diablo, Reserva, Valle del Rapel

Nez de confiture de cassis et bouche à l'avenant: mûre, ronde et taillée pour plaire à un vaste public, sans pour autant verser dans la caricature. L'amateur de rouge charnu et potelé sera servi à peu de frais.

12152247 14,55$ ★★★ ② ♥

7 804320 561431

EMILIANA

Carmenère-Cabernet sauvignon 2014, Novas, Gran reserva, Valle de Colchagua

Contrairement à ce qu'aiment penser ses détracteurs, la carmenère ne va pas toujours de pair avec verdeur. Prenez, par exemple, ce vin biologique de la maison Emiliana. La carmenère, de concert avec le cabernet (15%), exprime plutôt des saveurs gourmandes de fruits noirs, avec de délicats parfums de paprika qui jouent en trame de fond. Les tanins sont charnus et veloutés, le vin a du tonus et on retrouve en finale une salinité peu commune dans les rouges chiliens. Est-ce l'effet de la biodynamie? Qui sait? Quatre étoiles bien méritées pour un vin aussi sincère et digeste.

7 804320 081335

11333513 18$ ★★★★ ② ♥

ERRAZURIZ

GSM 2014, Max Reserva, Valle de Aconcagua

Cet assemblage typique de grenache, de syrah et de mourvèdre (GSM) remplace le pinot noir de la gamme Max Reserva à la SAQ. Une partie de la syrah provient de la côte, le reste de l'intérieur des terres. Un bon rouge mûr, généreux et velouté; pas très profond, mais doté d'une certaine fraîcheur.

0 608057 106500

13188823 18,95$ ★★★ ②

ERRAZURIZ

Kai 2014, Valle de Aconcagua

Une expression riche et ambitieuse du cépage carmenère. Goûté au même moment que le Don Maximiano, le 2014 semblait évidemment moins structuré et puissant, mais non moins séduisant avec une texture veloutée et caressante, et une trame aromatique dépourvue de verdeur, mais ponctuée de notes de cendre et de paprika. On peut déjà l'apprécier pour sa chair généreuse, mais il restera au sommet de sa forme jusqu'en 2022, au moins.

0 608057 106241

12051411 140,75$ ★★★→★ ③

MONTGRAS

Quatro 2016, Valle de Colchagua

De tous les vins de Montgras, cet assemblage de cabernet sauvignon, de syrah, de carmènere, et de malbec est celui qui me plaît le moins. Ample, généreux et haut en saveurs, mais affublé d'un maquillage superflu et d'une certaine lourdeur. Aurait-il seulement besoin de temps? Peut-être, mais j'en doute.

7 804407 000143

11331737 17,15$ ★★ ½ ③

EL ESTECO

Torrontés 2016, Reserve, Don David, Valles Calchaquies – Cafayate

Bel exemple de torrontés, cépage blanc emblématique du vignoble argentin. Sec, parfumé comme il se doit, mais pas trop, et soutenu par une saine acidité. Équilibre, bonne tenue et rapport qualité-prix intéressant.

10894423 17$ ☆☆☆ ①

7 790189 000023

EL ESTECO

Torrontés 2017, Ciclos, Valles Calchaquies – Cafayate

Déjà 2017! Sous la marque haut de gamme El Esteco, le producteur Michel Torino propose un vin blanc jeune, pimpant et débordant de vitalité; les saveurs du torrontés sont nettes, mais s'expriment avec retenue. Mieux encore, le vin est sec et soutenu par un fil d'acidité qui ouvre l'appétit pour des sushis.

13256697 19$ ☆☆☆ ½ ② ♥

7 790189 016925

MASI TUPUNGATO

Pinot grigio-Torrontés 2016, Passo Blanco, Valle de Uco

La légèreté et le caractère plutôt neutre du pinot grigio font bon mariage avec le torrontés, d'un naturel exubérant. Pour le reste, un vin techniquement bien fait, sans vertu réelle, mais facile à boire.

12355431 13,55$ ☆☆ ½ ①

8 002062 001768

NORTON

Sauvignon blanc 2016, Porteño, Mendoza

Tout nouveau sur le marché, vêtu d'une étiquette accrocheuse et vendu à prix d'aubaine, ce sauvignon blanc est d'autant plus recommandable qu'il est sec, droit et parfumé comme il se doit, sans verser dans la caricature. Nerveux et désaltérant. À dix dollars, il n'y a aucune raison de s'en passer.

13289704 10,95$ ☆☆☆ ① ♥

7 792319 003683

PIEDRA NEGRA

Pinot gris 2016, Alta Colección, Valle de Uco

Le Bordelais François Lurton signe un très bon vin blanc issu de l'agriculture biologique. Effectivement plus près d'un pinot gris que d'un pinot grigio, comme son nom le suggère. Des saveurs fruitées nettes, du gras et un bon équilibre d'ensemble. Un achat avisé pour l'amateur de vin blanc modérément aromatique.

556746 14,55$ ☆☆☆ ① ♥

0 635335 364017

SANTA JULIA

Chenin blanc 2016, Mendoza

Autre bel ajout au répertoire de la SAQ, un très bon chenin blanc vif et sec, simple, mais très bien tourné. Son acidité vibrante et ses goûts de citron et de pomme verte nous changent des omniprésents chardonnays et sauvignons blancs. Très recommandable.

7 791728 010381

13190034 11,65$ ☆☆☆ ① ♥

ZUCCARDI

Chardonnay-Viognier 2015, Serie A, Valle de Uco

Un assemblage intéressant de chardonnay et de viognier. Dans le verre, on a les saveurs de poires du premier, les accents floraux du second et la vinosité combinée des deux. Bon vin blanc de facture commerciale, équilibré et tout à fait satisfaisant à moins de 15$.

516443 14,55$ ☆☆☆ ② ♥

7 791728 000900

CATENA ZAPATA

Malbec 2013, Catena Alta Historic Rows, Mendoza

Un malbec aux allures de cabernet de Napa. L'exercice de style est ambitieux : un usage calculé du bois, une texture concentrée, des saveurs riches et bien mûres. Cela dit, le vin témoigne aussi d'une certaine retenue dans l'intensité. Une longue finale vaporeuse aux accents de violette et d'herbes séchées lui donne par ailleurs des airs de syrah. Dense et hyper compact en bouche, il aura besoin d'encore au moins quatre à cinq ans avant de révéler son plein potentiel. En attendant, la carafe s'impose.

10205173 50,50$ ★★★→★ ③

7 794450 008237

CATENA ZAPATA

Malbec 2015, High Mountain Vines, Mendoza

Pionnier de la révolution viticole argentine, très inspiré par la philosophie californienne, Nicolas Catena a fait sa marque en confectionnant des vins modernes et structurés, qui ont vite capté l'attention internationale. Sa fille Laura assure maintenant la relève. Le nez du 2015 s'ouvre sur des parfums de bonbon à la framboise. La bouche est à l'avenant, dépourvue de sucrosité et animée d'une saine vivacité, mais un peu facile et creuse en milieu de bouche. Quelques mois de repos arrangeront peut-être les choses...

478727 20,45$ ★★ ½ →? ③

7 794450 008053

CLOS DE LOS SIETE

Mendoza – Valle de Uco 2014

Clos de los Siete est l'oasis argentin de sept investisseurs français, conseillés par Michel Rolland. Comme d'habitude, le vin du domaine tapisse la bouche de tanins gommeux, chargés de goûts de fruits mûrs et de cèdre. L'acidité est bien intégrée et le vin est techniquement très bien exécuté. Pour l'émotion, il faudra chercher ailleurs.

10394664 23,55$ ★★★ ½ ②

3 258691 254579

EL ESTECO

Malbec 2015, Reserve, Don David, Valles Calchaquies

Compte tenu de la situation géographique des vignobles – 1700 m d'altitude –, je me serais attendue à un peu plus de nerf et de vigueur dans ce malbec. Cela dit, la charpente tannique est assez solide pour assurer son tonus et le vin ne manque pas de charme avec ses parfums de mûre et de fleurs qui persistent en finale.

11156043 16,95$ ★★★ ②

7 790189 001129

MONTEVIEJO

Petite Fleur Blend 2013, Valle de Uco

La Bordelaise Catherine Péré-Vergé, héritière de Cristal d'Arques, s'est éteinte en avril 2013. Ses descendants assurent maintenant la relève de Monteviejo, l'une des sept *bodegas* impliquées dans le projet du Clos de los Siete. Ce très bon vin déjà ouvert et agréable à boire repose sur un assemblage de jeunes vignes de malbec (50 %), de cabernet sauvignon, de merlot et de syrah, élevés en fûts de chêne français, dont un tiers neuf. Sa richesse et son ampleur en bouche traduisent bien le climat frais des hauteurs de la Vallée de Uco, mais le vin est tout de même plus élégant et nuancé que la moyenne régionale, notamment grâce à une saine amertume qui met ses saveurs en relief.

12088273 24,60$ ★★★★ ② ♥ 0 872703 001604

NORTON

Malbec 2014, Reserva, Mendoza

Bon équilibre, grain compact et bon usage du bois de chêne. Les saveurs fruitées jouent en sourdine et une amertume assez prononcée en finale lui donne une allure un peu austère, sans que ça ne soit un défaut. N'hésitez pas à l'aérer une bonne demi-heure en carafe.

10689930 18,95$ ★★★ ② 7 792319 678010

TRAPICHE

Malbec 2014, Broquel, Mendoza

Un nez de bonbons à la violette rend ce malbec fort attrayant. La bouche, sans être complexe, est équilibrée et dépourvue de la sensation de sucrosité qui afflige tant de vins de Mendoza. Finale assez persistante aux accents de fleurs, de fruits noirs et d'épices.

10318160 15,55$ ★★★ ② ♥ 7 790240 090154

ZUCCARDI

Malbec 2014, "Q", Valle de Uco

Cette importante maison familiale a connu un immense succès commercial avec la gamme Fuzion, mais elle consacre aussi de sérieux efforts à la mise en valeur du terroir dans ses cuvées hauts de gamme. Cela se reflète assez bien dans ce malbec provenant de la vallée de Uco. La trame tannique est compacte et les saveurs s'expriment avec une intensité contenue. Aucun excès boisé, du relief et une finale élégante aux accents de violette et de poivre noir.

11218460 22$ ★★★ ½ ② ♥ 7 791728 001099

ALMA NEGRA

M Blend 2015, Mendoza

Alma Negra est dirigé par le fils de Nicolas Catena, Ernesto. Un nez de poivre et de cerise donne à cet assemblage de malbec et de bonarda (15%) des petits airs de gamay. La comparaison s'arrête là cependant, puisqu'en bouche, le vin est nettement plus enrobé. L'élevage en fûts de chêne apporte des nuances de vanille et une texture légèrement crémeuse, sans que le vin ne verse dans la lourdeur. Bon vin souple, tendre et généreux qu'on pourra apprécier avec des plats épicés, comme du poulet à la portugaise.

11156895 19,20$ ★★★ ½ ②

0 890464 460034

MASCOTA

Cabernet sauvignon 2015, La Mascota Mendoza

Cette vieille propriété familiale élabore un bon cabernet franc et droit, quoique bien nourri par le soleil de Mendoza. Le 2015 présente de légers accents végétaux au nez, ce qui, à mon sens, est loin d'être un défaut. J'y vois au contraire un pas dans la bonne voie pour cette région où tant de vins sont lourds et surmûris. La bouche est droite, sans signe de verdeur, et mise à fond sur l'expression fruitée du cabernet, mis en valeur par un élevage en chêne français et américain. Une aubaine à saisir pour l'amateur de rouge robuste.

10895565 16,15$ ★★★ ½ ② ♥

7 790762 050117

MASCOTA

Gran Vino Tinto 2013, Unanime, Mendoza

Quoique plutôt discret au nez lorsque goûté en juin 2017, ce vin en mène large en bouche. Bouteille lourde, vin à l'avenant. L'attaque en bouche est presque sucrée tant le fruit est ultramûr, les tanins sont gommeux et le vin regorge de goûts de confiture et d'épices. Robuste et imposant pour le moment; on peut encore espérer que quelques années de repos aident à dompter la bête.

13203122 28,95$ ★★★→? ③

7 790762 050902

NORTON

Privada Family Blend 2014, Mendoza

Vin ambitieux, enrichi par le bois et volontairement très concentré; évident et presque caricatural. Une finale florale apporte un peu de complexité à l'ensemble, mais le vin manque malgré tout de poli et est dessiné à gros traits. Quelques années de repos lui seront-elles favorables?

860411 22,65$ ★★ ½→? ③

7 792319 678027

PIEDRA NEGRA

Cabernet sauvignon 2013, Gran Lurton, Valle de Uco

L'activité viticole du Bordelais François Lurton s'étend en Espagne, au Portugal, au Chili et en Argentine, où il élabore un cabernet sauvignon de forme très civilisée. Le 2013 montre beaucoup d'étoffe et de caractère; coloré et soutenu par un grain tannique élégant, il termine sa prestation en bouche sur de fines notes de graphite et de cuir, ponctuées d'une touche iodée qui met en évidence sa profondeur et sa complexité. Toute la droiture du cabernet, une bonne longueur et beaucoup de sève, il a de petits airs de vin rouge des Graves, à Bordeaux. Une grappe d'or bien méritée.

11375596 24,30$ ★★★★ ② ♥

0 635335 300978

TRAPICHE

Cabernet sauvignon 2013, Medalla, Mendoza

Rien qu'au nez, on sait qu'on a affaire à un vin gorgé de soleil et de chaleur. Quasi espagnol dans sa forme, avec une attaque gourmande et dodue; une légère astringence en fin de bouche ajoute à son tonus et le rend plus digeste. Amateur de rouge corsé et de bavette marinée, vous avez là un combo de rêve.

10493806 20,95$ ★★★ ②

7 790240 003437

ZOLO

Cabernet sauvignon 2015, Mendoza

Plus achevé que le dernier millésime goûté et surtout moins sucré, ce cabernet sauvignon issu de l'agriculture biologique repose sur des tanins soyeux et laisse en bouche une sensation fraîche et digeste. Rien de complexe, mais un bon usage du bois de chêne et tout le fruit souhaité.

11373232 16,90$ ★★★ ②

7 798116 200621

HÉMISPHÈRE SUD
AUSTRALIE

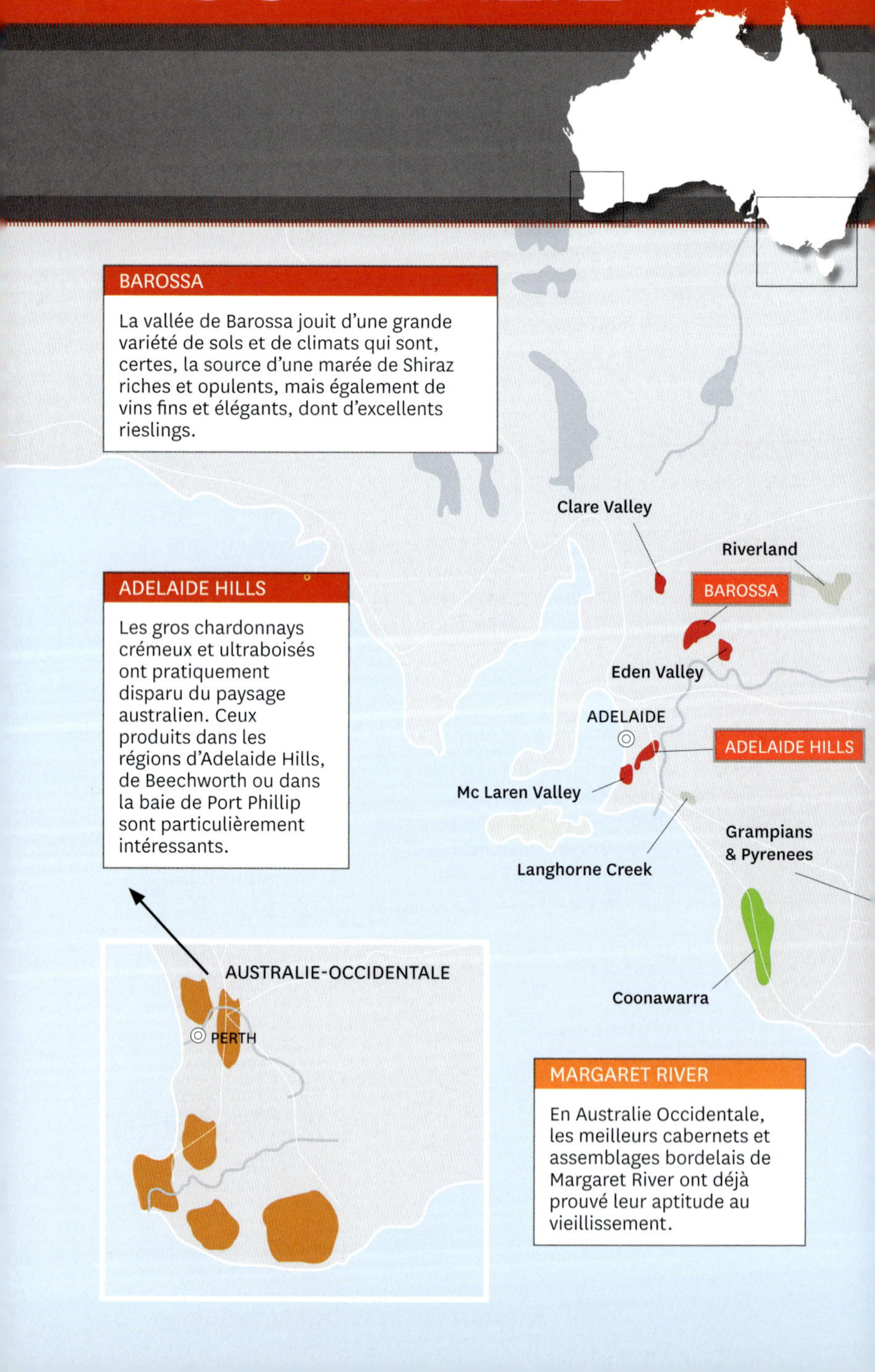

BAROSSA

La vallée de Barossa jouit d'une grande variété de sols et de climats qui sont, certes, la source d'une marée de Shiraz riches et opulents, mais également de vins fins et élégants, dont d'excellents rieslings.

ADELAIDE HILLS

Les gros chardonnays crémeux et ultraboisés ont pratiquement disparu du paysage australien. Ceux produits dans les régions d'Adelaide Hills, de Beechworth ou dans la baie de Port Phillip sont particulièrement intéressants.

MARGARET RIVER

En Australie Occidentale, les meilleurs cabernets et assemblages bordelais de Margaret River ont déjà prouvé leur aptitude au vieillissement.

L'Australie couvre trois fuseaux horaires et un peu plus de 30 parallèles. Imaginez la diversité de climats et microclimats ! Entre les rieslings vifs et tranchants de Clare et d'Eden Valley, les somptueux sémillons de la Hunter Valley, les shiraz aussi intenses que plantureux de la vallée de Barossa, les pinots noirs frais et délicats de la Tasmanie, les cabernets racés de Coonawarra, les syrahs pures, vibrantes et parfumées de Geelong et de Yarra et les assemblages bordelais de facture classique et élégante de Margaret River, l'Australie a un monde de possibilités à offrir.

Hélas, vue l'offre à la SAQ à l'automne 2017, les Québécois ne sont pas près de saisir l'immense potentiel de ce vaste pays. Parmi les quelque 200 produits répertoriés, on dénombre certes une poignée de cuvées intéressantes vendues à bon prix, mais surtout une forte proportion de vins à saveur commerciale et quelques rares vins de terroir, disponibles en quantités si limitées qu'ils sont condamnés à rester confidentiels. Les remaniements des derniers mois au sein de l'équipe des acheteurs de la SAQ permettront-ils d'insuffler un vent de fraîcheur et de dynamisme à la catégorie australienne ? Gardons espoir…

HUNTER VALLEY

Le sémillon de la vallée de Hunter reste LE héros méconnu du pays. Un vin unique, qui pèse rarement plus de 11 % d'alcool et qui acquiert avec l'âge des arômes d'une complexité étonnante.

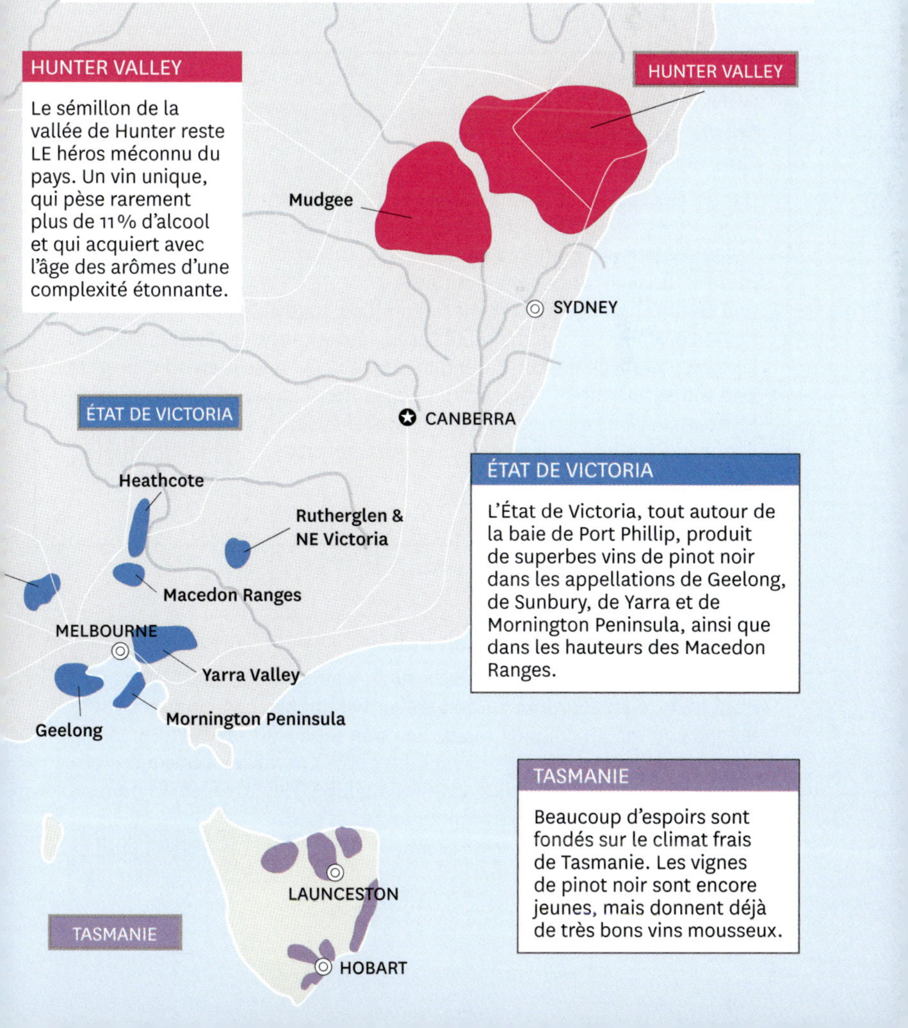

ÉTAT DE VICTORIA

L'État de Victoria, tout autour de la baie de Port Phillip, produit de superbes vins de pinot noir dans les appellations de Geelong, de Sunbury, de Yarra et de Mornington Peninsula, ainsi que dans les hauteurs des Macedon Ranges.

TASMANIE

Beaucoup d'espoirs sont fondés sur le climat frais de Tasmanie. Les vignes de pinot noir sont encore jeunes, mais donnent déjà de très bons vins mousseux.

BANROCK STATION

Moscato 2016, South Australia

Sorte de version australienne du moscato d'Asti. Léger en alcool (6 %) et passablement sucré, avec un léger côté perlant qui apporte de la fraîcheur à l'ensemble, en rehaussant ses saveurs nettes et pures de raisins muscat. Pour le prix, l'amateur de muscat demi-sec sera servi.

13190350 12,95 $ ☆☆☆ ① ♥

9 311043 093661

FOWLES

Shiraz 2013, Are you Game, Victoria

Habituellement juteux et gorgé de fruit, ce vin adopte un style plus rond et flatteur en 2013. Riche, porté par une texture quasi crémeuse, avec des goûts vanillés qui se mêlent aux fruits rouges confits. À boire maintenant et au courant de l'année 2018 pour profiter de son fruité juvénile.

12172547 19,55 $ ★★★ ②

9 316572 400126

PENLEY ESTATE

Shiraz 2015, Hyland, Coonawarra

Depuis le départ à la retraite de leur frère Kym, Alexandra et Rebecca Tolley veillent sur ce domaine réputé de Coonawarra, dont le nom est une contraction des patronymes Penfold et Tolley. Ce shiraz déploie au nez les parfums de menthe plutôt associés au cabernet de Coonawarra. Le terroir transcenderait-il donc le cépage? Quoi qu'il en soit, un très bon rouge australien nourri, relevé et doté d'une fin de bouche capiteuse, mais sans lourdeur. Longueur, relief et sensation de salinité, garante d'une certaine complexité.

11332641 19,95 $ ★★★★ ② ♥

0 751527 441400

TWO HANDS

Riesling 2016, The Boy, Eden Valley

Si vous craignez le sucre dans le riesling, vous aimerez ce vin blanc élaboré dans le style propre à Eden Valley : vif, archisec et claquant sur la langue comme un coup de fouet. Pas très expansif à l'ouverture, ce vin encore très jeune se révèle davantage après une brève aération. Il déploie alors des parfums de gazon frais coupé, de citron et de pomme verte, avec une sensation minérale en fin de bouche. Pas donné, mais très réussi.

12540557 31 $ ☆☆☆ ½ ②

9 331727 017004

YALUMBA
Grenache 2015, Old Bush Vine, Barossa

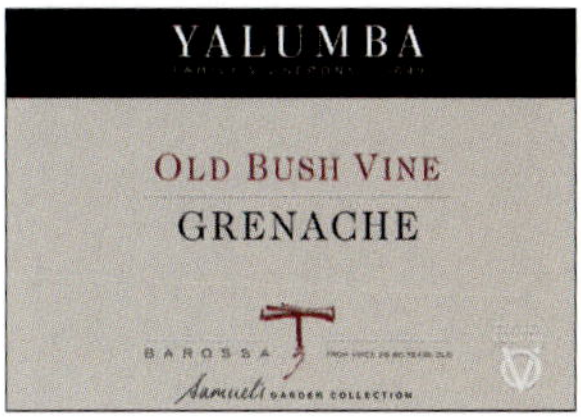

Les très vieilles vignes de grenache sont l'un des trésors du vignoble d'Australie, où le cépage couvrait un peu plus de 2000 hectares au tournant de la dernière décennie. Vinifié dans les règles de l'art comme c'est le cas de ce classique australien, il offre un mariage hyper séduisant de générosité et de fraîcheur. La bouche est fidèle au caractère du cépage, à la fois suave et charnue, riche en saveurs de kirsch et de cacao, mais aussi particulièrement fraîche et désaltérante en 2015. Surtout s'il est servi autour de 15 °C. Quatre étoiles pour sa constance et son excellent rapport qualité-prix.

902353 20,25$ ★★★★ ② ♥

9 311789 081847

YALUMBA
Shiraz 2016, Organic, Barossa

Un shiraz joufflu, bourré de fruit et franchement savoureux, à défaut de profondeur. Droit au but, il ne joue pas dans la dentelle, mais s'avère tout de même rassasiant à moins de 20$.

12990531 19$ ★★★ ②

9 311789 001692

YALUMBA
Shiraz-Viognier 2013, Triangle Block, Eden Valley

Bien qu'il soit âgé de quatre ans, ce 2013 fait encore preuve d'une grande fraîcheur. Nerveux, animé d'un reste perceptible de gaz qui donne de l'élan au fruit. De la chair, de la tenue et un bon sens des proportions. À moins de 20$, on ne se trompe pas.

524926 19,45$ ★★★ ½ ② ♥

9 311789 200958

YALUMBA
Viognier 2016, The Y Series, South Australia

Un nez est plutôt discret, compte tenu de la nature du cépage. La bouche est nettement plus expressive, joliment parfumée et animée d'un reste de gaz qui compense pour la faible acidité du viognier. Bon vin blanc sec, digeste et harmonieux qu'on pourra servir à table, avec un pavé de poisson blanc en papillote, par exemple.

11133811 16,95$ ☆☆☆ ½ ② ♥

9 311789 475974

HÉMISPHÈRE SUD
NOUVELLE-ZÉLANDE

HAWKES BAY

Le vignoble d'Hawkes Bay est surtout planté de cépages bordelais, mais la syrah y gagne de plus en plus de terrain et donne de beaux résultats.

NELSON

Souvent éclipsé par son important voisin, cette zone située à l'ouest de Marlborough produit de bons vins blancs aromatiques ainsi que quelques très bons chardonnays.

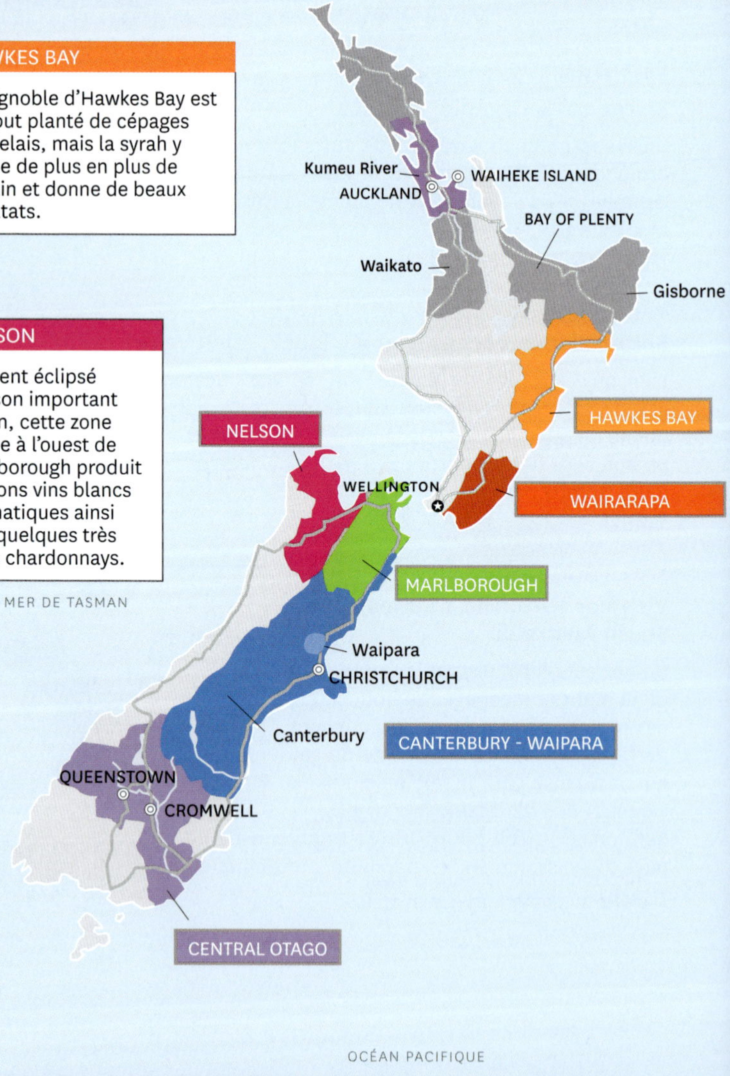

Avec son dynamisme et la qualité générale de ses vins, la Nouvelle-Zélande pourrait servir de modèle de développement à bien des régions viticoles. Il y a une vingtaine d'années, les leaders de cette industrie émergente ont fait le pari du moyen et du haut de gamme, plutôt que de tenter de rivaliser avec les autres pays du Nouveau Monde sur le front du bas de gamme et des grands volumes. Le temps leur aura donné raison : l'économie viticole de la Nouvelle-Zélande se porte très bien – beaucoup mieux que celle de son voisin australien – et le vignoble poursuit son développement lentement, mais sûrement.

Le sauvignon blanc, cépage qui a fait connaître la vocation viticole du pays dans les années 1980, couvrait environ 55 % des 36 000 hectares plantés en 2016, mais la production néo-zélandaise est loin de se limiter à ces vins blancs nerveux et très parfumés. Les pinots noirs de Central Otago ont plus de profondeur et d'élégance qu'il y a dix ans, tout comme ceux de Martinborough et de North Canterbury-Waipara. Cette dernière région produit aussi de sensationnels chardonnays et rieslings – ceux de Black Hill, de Pyramid Valley et de Bellbird Spring sont disponibles en importation privée. Enfin, bien que les vins de certaines régions de l'île du Nord aient un profil plus robuste et généreux, le vignoble néo-zélandais, dans son ensemble, est résolument tourné vers la fraîcheur et se consacre à l'expression d'un terroir encore jeune, mais infiniment prometteur.

WAIRARAPA – MARTINBOROUGH

Wairarapa, au sud-est de l'île du Nord, est la source de bons pinots noirs, principalement ceux produits dans le secteur prestigieux de Martinborough.

MARLBOROUGH

Cette vaste région, source des deux tiers de la production nationale, n'a rien d'un ensemble monolithique. Le sauvignon blanc d'Awatere est habituellement plus racé et structuré, celui de la sous-région de Wairau, plus rond et fruité. Le pinot noir a plutôt trouvé son bonheur dans les Southern Valleys.

CANTERBURY-WAIPARA

Autour de Christchurch, la région de North Canterbury-Waipara peut donner des pinots noirs fins et veloutés, des chardonnays tendus et racés, ainsi que de très bons rieslings.

AND CO

Sauvignon blanc 2014, The Supernatural, Hawke's Bay

Le nez de ce sauvignon blanc surprend d'entrée de jeu par l'absence de parfums exubérants de pamplemousse auxquels on associe le sauvignon néo-zélandais. Il faut dire que ce vin est produit quelques centaines de kilomètres au nord de Marlborough, dans la région de Hawke's Bay et qu'une légère macération pelliculaire lui apporte de la structure. Résultat: un vin de texture et de caractère, qui n'a rien de caricatural. Complexe, léger en alcool et long en bouche. Envie de vous réconcilier avec le sauvignon blanc? C'est votre chance.

9 421902 058004

12594521 28,30$ ☆☆☆☆ ② ♥

ASTROLABE

Sauvignon blanc 2016, Marlborough

Bon sauvignon bien typé de Marlborough: parfums d'agrumes et de fruits tropicaux, attaque en bouche nerveuse et perlante, finale ronde, avec une légère sensation de sucrosité, attribuable au travail des lies. Servir frais avec un ceviche de poisson relevé de lime.

9 421019 370020

12143535 23,80$ ☆☆☆ ②

BABICH

Sauvignon blanc 2016, Marlborough

Créée en 1916, Babich est l'une de ces entreprises viticoles fondées par des émigrants croates venus s'installer en Nouvelle-Zélande à la fin du XIXe siècle. La famille Babich produit ce sauvignon blanc très sec, vif, nerveux, gorgé de saveurs d'agrumes et très agréable à boire. Expressif sans être pommadé ni caricatural. Un bon achat à moins de 20$.

9 414603 201107

560144 19,95$ ☆☆☆ ①

CHURTON

Sauvignon blanc 2016, Marlborough

Biodynamie, petits rendements et vinifications «à l'ancienne», le travail de Mandy et Sam Weaver illustre à merveille le visage moins connu de Marlborough. Bien plus qu'une explosion de saveurs d'agrumes et de fruits tropicaux, leur sauvignon blanc 2016 rompt avec l'image commerciale qui colle à Marlborough. On a plutôt affaire à un vin de texture et de structure, compact et concentré, soutenu par une acidité fine et ponctué de saveurs pures qui persistent en bouche. À moins de 25$, c'est une aubaine à saisir.

9 421022 330615

10750091 23,90$ ☆☆☆☆ ② ♥

CLOS HENRI

Sauvignon blanc 2016, Petit Clos, Marlborough

Jean-Marie Bourgeois et ses fils – domaine Henri Bourgeois dans la Loire – ont développé cette antenne néo-zélandaise au tournant du millénaire. On apprécie la droiture, l'élan aromatique et la vivacité du petit blanc du domaine. Nerveux sans être dur, surtout très sec, pur et franc de goût. L'un des meilleurs exemples du genre. À boire dans les deux ou trois prochaines années.

11459896 19,95$ ☆☆☆ ½ ① ♥ 3 365910 710508

CRAWFORD, KIM

Sauvignon blanc 2016, Spitfire, Small Parcels, Marlborough

Maintenant propriété du géant Constellation, cette *winery* connue pour son sauvignon blanc entrée de gamme produit aussi quelques cuvées parcellaires. Sans être trop exubérant, ce 2016 présente des notes caractéristiques de gazon frais coupé et d'agrumes. Sec et gras, il manque de tenue et de longueur pour valoir son prix.

12674811 29,60$ ☆☆☆ ② 0 689352 009956

NAUTILUS

Sauvignon blanc 2016, Marlborough

Cette entreprise appartient au groupe Smith & Sons, aussi propriétaire de Yalumba, en Australie. Le sauvignon blanc du domaine est archisec et porte la salinité caractéristique des vins produits à proximité de la mer. En plus de rehausser les saveurs de fruits jaunes et de fruits tropicaux, cette sensation saline donne soif et ajoute un degré de complexité au vin. Excellent vin blanc dont il faudra surveiller l'arrivée en novembre 2017.

En primeur

11208907 21,95$ ☆☆☆☆ ② ♥

NOBILO

Sauvignon blanc 2016, Regional Collection, Marlborough

Une autre marque appartenant au géant Constellation, plus important producteur du pays et propriétaire de Kim Crawford, entre autres. Un sauvignon blanc sec, tranchant et nerveux; plutôt neutre compte tenu de la nature du cépage, mais sans détour et vendu à un prix compétitif.

12270948 16,60$ ☆☆☆ ① ♥ 0 729819 315302

AKARUA

Pinot noir 2016, Rua, Central Otago

À Bannockburn, le pinot s'enracine dans des sols de schiste et de sable, et donne un vin tendre aux tanins veloutés, nourri par un élevage de sept mois en fûts. Un exemple modeste du potentiel de la région, avec des notes épicées et vanillées qui se mêlent au fruit. Il laisse en bouche une impression harmonieuse et rafraîchissante.

9 421008 300564

12205100 28$ ★★★ ②

AMISFIELD

Pinot noir 2014, Central Otago

La couleur soutenue et les parfums torréfiés de ce 2014 annoncent un pinot solide, assez riche en extraits tanniques. Attaque en bouche pleine et veloutée, presque crémeuse et chargée de goûts de cerise confite et de vanille. Le vin se resserre légèrement en finale, laissant une sensation un peu ferme et carrée. Quelques années supplémentaires de repos lui seront sans doute bénéfiques.

9 421011 570640

10826084 39,25$ ★★★→? ③

CHURTON

Pinot noir 2015, Marlborough

Le fruit s'exprime timidement à l'ouverture, mais le vin repose sur un tissu tannique si fin et élégant qu'on le lui pardonne aisément. Goûté de nouveau le lendemain, le vin avait déjà gagné en volume aromatique, sans avoir perdu sa forme en bouche, toujours porté par un grain serré et par une amertume noble qui donnent du relief aux saveurs de cerise noire et de menthe sèche. J'ai tout de même été surprise par la fraîcheur qu'il affichait encore après trois jours d'ouverture, toujours franc, droit et sans signe apparent de fatigue. Nul doute, il continuera de gagner en nuances au cours des six ou sept prochaines années. Arrivée en succursales en décembre 2017.

9 421022 330325

10383447 35,50$ ★★★→★ ③

QUARTZ REEF WINERY

Pinot noir 2014, Shed 6, Central Otago

Bendigo est la plus chaude et la plus aride des sous-régions de Central Otago, l'Autrichien Rudi Bauer élabore un pinot noir joufflu et gorgé de saveurs de fruits noirs qui plaira à l'amateur de pinot noir en mode solaire. Le vin tout désigné pour accompagner le bouilli aux légumes d'automne.

9 421002 706003

12902167 32,25$ ★★★ ½ ②

SAINT CLAIR

Pinot noir 2015, Premium, Marlborough

Dans la vallée d'Awatere – une sous-région de Marlborough –, cette importante entreprise familiale produit un bon pinot au nez affriolant de petits fruits rouges. La bouche est souple, coulante, gorgée de fruit; la texture n'a cependant rien de crémeux ni de racoleur. Tout à fait recommandable dans cette gamme de prix.

9 418076 000564

10826543 23,80$ ★★★ ②

SERESIN

Pinot noir 2014, Estate Organic, Marlborough Estate

Dans son domaine de Marlborough, Michael Seresin mise sur l'agriculture biologique et produit un très bon pinot noir, fermenté avec les levures indigènes. Les fruits qui entrent dans la composition du 2014 proviennent essentiellement de Raupo Creek, un vignoble de la vallée de Omaka dont les sols sont riches en argile. La bouche présente un léger reste de gaz à l'ouverture; assez charnu pour un pinot noir de Marlborough, avec des saveurs intenses et persistantes de fruits noirs, d'anis et de fines herbes qu'une finale acidulée rehausse. Bon équilibre. À boire jusqu'en 2020.

9 419106 000028

13227204 29,15$ ★★★★ ② ♥

SERESIN

Pinot noir 2015, Momo, Marlborough

Sur les sols argileux de Marlborough, Michael Seresin produit aussi ce pinot d'entrée de gamme qui mise à fond sur le naturel fruité du cépage bourguignon, tout en s'exprimant avec fraîcheur et une certaine retenue. Une pointe saline et minérale en fin de bouche le rend un peu plus complexe que la moyenne des pinots de Marlborough. À boire au cours des cinq prochaines années, avec un filet de truite grillé.

11584638 22,65 $ ★★★★ ②

WAIMEA

Pinot noir 2015, Nelson

Waimea est l'une des propriétés les plus importantes du secteur de Nelson, à l'ouest de Marlborough. Robyn et Trevor Bolitho y élaborent un très bon pinot noir ample, tissé de tanins potelés et bourré de saveurs de fraise compotée. Rien de profond, mais assez rassasiant sur un mode rond et fruité.

9 419589 000294

10826447 24,95$ ★★★ ②

L'OR LIQUIDE DE LA TERRE DU MILIEU

Vers 1865, alors que la région de Central Otago était le théâtre d'une ruée vers l'or, un immigrant français nommé Jean-Désiré Féraud introduisait sur ces terres fertiles du sud de l'île du Sud, à l'est de la petite ville de Queenstown, les premiers ceps de pinot noir. Il faudra toutefois attendre plus d'un siècle, jusque dans les années 1980, avant que ce nouveau filon soit exploité de façon sérieuse par Rolfe Mills (Rippon, à Wanaka) et Alan Brady (Gibbston Valley Vineyards, à Gibbston).

Lentement mais sûrement, sous l'impulsion de ces pionniers, le grand cépage bourguignon a gagné du terrain à l'ombre de la chaîne de montagnes des Alpes du Sud. En 1992, la vigne couvrait moins de 50 hectares, et guère plus de 6 cuvées de pinot noir y étaient produites. Mais la relève ne s'est pas fait attendre, et les pinots Mt. Difficulty et autre Felton Road se sont vite fait remarquer sur les marchés d'exportation par leur profil exubérant, riche en fruit et en parfums boisés.

«Les vignes ont mûri, les vignerons aussi», souligne Rudi Bauer, vinificateur à Quartz Reef. «Quand on est jeune, on cherche à impressionner. Puis, on prend conscience que ce n'est pas nécessaire», poursuit Paul Pujol, qui a pris la barre du vignoble Prophet's Rock en 2005. Cette sagesse se traduit dans le verre par des saveurs épurées et une trame tannique soyeuse et élégante, loin, très loin des vins rouges crémeux qu'on goûtait au début des années 2000. Du pinot de ligue majeure, à n'en point douter.

La vigne couvre aujourd'hui 2000 hectares dans Central Otago, et le pinot noir en occupe environ les trois quarts. Ce vignoble majestueux, sans doute le plus beau que j'ai vu de ma vie, est toutefois voué à rester confidentiel par sa taille. En plus d'être encerclée de montagnes, la région de Central Otago est située à une latitude limite pour la culture de la vigne. «On ne peut donc pas se permettre de monter trop haut en altitude, sinon, les raisins n'arriveront pas à maturité, m'explique Nick Mills, les yeux tournés vers le vignoble de Rippon, en bordure du lac Wanaka. Et comme on ne peut produire plus, il nous faudra produire meilleur.»

Ce texte a été publié dans *L'actualité* du 1er septembre 2017.

Si le sauvignon a fait le succès de Marlborough et le pinot noir celui de Central Otago, le secteur de Hawke's Bay, sur la côte est de l'île du Nord, est plutôt le terrain de jeu rêvé des cépages rouges bordelais. Merlot, cabernet sauvignon, cabernet franc, malbec et petit verdot, ainsi que la syrah et le gamay y fleurissent sous un climat plus chaud et donnent des vins plus enrobés, parfois très distingués.

ALPHA DOMUS

Syrah 2015, The Barnstormer, Hawke's Bay

Goûté en février 2017 lors d'un séjour à Hawkes Bay, ce 2015 m'a semblé accuser une certaine lourdeur, avec une texture crémeuse, une acidité faible et un boisé encore dominant. À sa défense, il faisait une chaleur torride ce jour-là et les vins étaient servis à plus de 20 °C. Aurait-il été meilleur dans un contexte plus favorable? Je serais portée à lui laisser le bénéfice du doute.

13353251 28,95$ ★★ ½ →? ③

9 419038 900076

CRAGGY RANGE

Te Kahu 2013, Hawke's Bay

Cet immense domaine, installé au pied du mont Te Mata et fondé en 1998 par un Australien, sert de locomotive pour toute la région de Hawke's Bay, qui représente environ 10 % de la production vinicole néo-zélandaise. Composé essentiellement de merlot, le Te Kahu est riche, charnu et porté par des tanins tendres, mais tissés serrés, qui feront un heureux mariage avec une pièce de viande poêlée, comme un magret de canard ou un filet de veau. Déjà ouvert et agréable à boire, il a assez d'étoffe pour se bonifier encore jusqu'en 2020-2022.

12921771 27,85$ ★★★ ½ ②

9 421004 550321

TE MATA

Gamay noir 2016, Hawke's Bay

La plus ancienne *winery* de Nouvelle-Zélande, fondée dans les années 1890, est aussi l'un des deux seuls domaines à y cultiver le gamay noir, qui couvre à peine une dizaine d'hectares dans le pays. Pas étonnant que les 5000 caisses produites annuellement s'envolent en un rien de temps. Vinifié partiellement en macération semi-carbonique – la méthode classique du Beaujolais –, le 2016 goûté sur place en février 2017 était absolument délicieux, d'autant plus qu'il faisait une chaleur torride ce jour-là et que les cabernets boisés nous faisaient moins envie... Nerveux, plein d'éclat aromatique, gorgé de fruits rouges et juste assez charnu. Un régal de fraîcheur à savourer autour de 15 °C.

13350528 24,95$ ★★★★ ② ♥

9 418953 111130

HÉMISPHÈRE SUD
AFRIQUE DU SUD

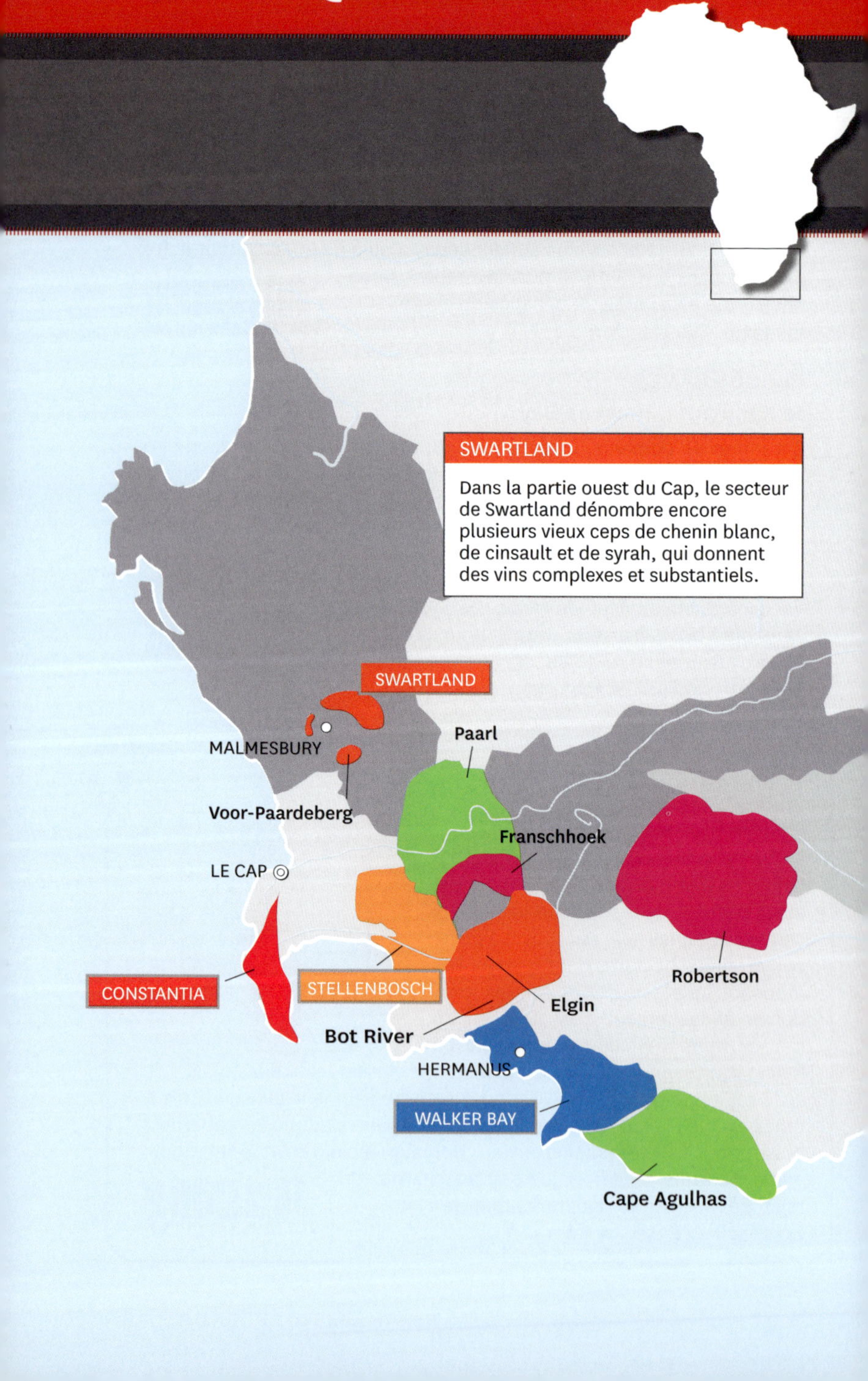

SWARTLAND

Dans la partie ouest du Cap, le secteur de Swartland dénombre encore plusieurs vieux ceps de chenin blanc, de cinsault et de syrah, qui donnent des vins complexes et substantiels.

L'activité viticole de l'Afrique du Sud affiche un dynamisme presque juvénile malgré ses trois siècles et demi d'histoire. Développé dès 1660 avec l'arrivée des premiers colons hollandais, mais tenu à l'écart des innovations technologiques pendant une partie du régime de l'apartheid, ce vignoble réparti de part et d'autre de la ville du Cap, à l'extrémité méridionale du continent africain, a fait du surplace pendant que ceux d'Europe et du reste du monde entraient dans l'ère moderne. Depuis 1990 cependant, le retard s'est rattrapé à grande vitesse. Là-bas, bien enracinée dans les sols les plus anciens de la planète, la vigne couvre maintenant une peu moins de 100 000 hectares, l'équivalent du vignoble bordelais.

Longtemps méconnus chez nous en raison de l'étroitesse de la gamme offerte, les vins sud-africains semblent avoir conquis nombre d'amateurs de vins de terroir depuis quelques années. Particulièrement les vins de la région de Swartland, où l'on trouve de très vieilles vignes (chenin, cinsault, grenache) non irriguées. Les curieux voudront d'ailleurs suivre de près The Old Vines Project, une initiative sud-africaine de conservation de vieux vignobles, qui s'étend maintenant jusqu'en Europe. Parce qu'avec le vin, l'avenir est souvent dans le passé...

STELLENBOSCH ET PAARL

Les cépages bordelais se sont plutôt bien adaptés aux climats de Stellenbosch et de Paarl, les deux plus importantes régions productrices du Cap. On trouve aussi sur le marché de bons exemples de chenins vifs, structurés et aptes à vieillir.

LE SAVIEZ-VOUS?

La température de l'eau sur la côte ouest du Cap oscille entre 8 et 10 °C, notamment en raison du courant froid de Benguela, qui circule vers le nord, depuis l'Antarctique. L'effet de refroidissement des brises océaniques sur les vignobles a été scientifiquement étudié et vérifié.

WALKER BAY ET BOT RIVER

Au nord-ouest de la petite ville d'Hermanus, les secteurs frais de Bot River et de Elgin produisent de très bons vins blancs de chenin et de sauvignon.

BADENHORST

Chenin Blanc 2016, Secateurs, Swartland

Quand vient le moment de presser, Adi Badenhorst ne craint pas l'extraction tannique, sur les blancs autant que sur les rouges. Ce n'est donc pas un hasard si on trouve une telle structure dans son chenin blanc de la gamme Sécateurs. Pour le reste, de bons goûts de fruits jaunes, une trame saline, une amertume fine et de légers accents *umami* en finale. Assez frais pour l'apéro, assez substantiel pour un repas. Quatre étoiles toujours bien méritées pour un vin d'excellente qualité.

12135092 17,30$ ☆☆☆☆ ② ♥

6 009800 591095

BEAUMONT

Chenin blanc 2017, Bot River

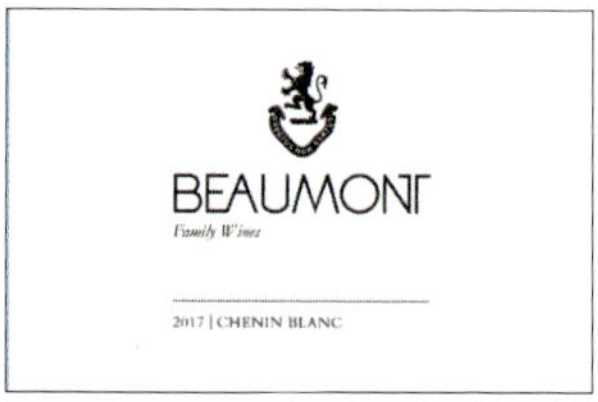

Sebastian Beaumont veille sur l'un des plus vieux vignobles du secteur de Bot River, à l'est du Cap. Goûté une première fois en avril 2017, alors qu'il venait tout juste d'être embouteillé, le 2017 (oui, oui!) m'a semblé nettement plus complet lorsque dégusté de nouveau en juillet. Très sec, tranchant même, le vin a aussi beaucoup de relief et s'avère plus près du minéral que du fruit. Sa finale saline et citronnée appelle les huîtres. Deux arrivages prévus: décembre 2017 et avril 2018.

13225840 19$ ☆☆☆☆ ② ♥

6 009077 000139

DE MORGENZON

Chenin blanc 2016, DMZ, Stellenbosch

Goûté sur place en avril 2017, le «petit» chenin du domaine de Hylton et Wendy Applebaum était tout aussi frais et guilleret que le 2015 dégusté l'an dernier. Parfums de pomme verte et de citron; pas vraiment aromatique ni profond, mais facile à boire, net et précis.

12591434 16,95$ ☆☆☆ ① ♥

6 009820 750236

FORRESTER, KEN

Chenin blanc 2016, Old Vine Reserve, Stellenbosch

Les vignes âgées de 37 ans donnent un chenin assez riche en composants phénoliques, ce qui contribue sans aucun doute à sa tenue en bouche et lui donne une allure presque tannique. Très sec, une attaque vive et nerveuse; encore jeune et marqué par de légers accents de réduction, mais élaboré avec sérieux, de bonne longueur et apte à se bonifier au cours des quatre ou cinq prochaines années.

6 009607 661083

11093126 19,80$ ☆☆☆☆ ② ♥

FORRESTER, KEN

Petit Chenin 2016, Western Cape

Difficile de trouver un vin plus jeune et frais sur le marché. Année après année, une expression vive, franche et nette du chenin blanc: sec, ponctué de saveurs de pomme verte et de citron, avec de fine notes florales qui ajoutent à son originalité. Très bon vin d'apéro!

0 683652 000668

10702997 13,55$ ☆☆☆ ① ♥

MULDERBOSCH

Chenin blanc 2016, Steen of Hout, Western Cape

Dans ce domaine situé à Koelenhof, secteur de Stellenbosch, l'œnologue Adam Mason élabore une très belle gamme de chenins blancs de terroir. Quoique plus modeste, celui-ci est assez représentatif de son cépage d'origine. Le travail des lies lui confère une légère sensation de sucrosité en fin de bouche, mais aucune lourdeur. Du fruit, des saveurs nettes et une délicate salinité qui le rendent désaltérant.

6 009803 564027

12576921 18,10$ ☆☆☆ ①

ROBERTSON WINERY

Chenin Blanc 2016, Stellenbosch

Chaque année, cette coopérative de Robertson vend, à la SAQ seulement, quelque 100 000 caisses de ce chenin blanc d'entrée de gamme. Modeste, mais tout à fait recommandable; fruité et arrondi par un léger reste de sucre (5,5 g/l), qui ne pèse pas lourd en bouche.

0 746925 000977

10754228 9,30$ ☆☆ ½ ①

BELLINGHAM

Chenin blanc 2016, Bernard Series, Coastal Region

Domaine fondé en 1693 par un couple franco-hollandais. Cette cuvée est le fruit d'un assemblage de vignes de chenin blanc de plus de 45 ans, provenant du secteur de Darling, de Swartland et de Somerset West. De l'aveu de l'œnologue, le premier lui confère sa chair fruitée, le second, sa structure et le troisième, sa fraîcheur. Le 2015 est déjà beaucoup plus aromatique et mûr que la moyenne des chenins sur le marché. Des notes calcaires et une sensation minérale ; pas très complexe, mais frais, équilibré et de bonne longueur.

6 001506 904674

11154911 25,10$ ☆☆☆ ½ ②

DE TRAFFORD

Chenin blanc 2015, Stellenbosch

Arrivée à la SAQ en novembre 2017 pour cet excellent chenin 2015 produit par David Trafford. Sec, avec une texture compacte et des saveurs pures et croquantes de poire et de pomme fiji, soutenues par un fil d'acidité qui élève le vin en bouche. Sa tenue et sa longueur me portent à croire qu'il pourra évoluer en beauté pendant encore cinq ans au moins.

11659273 33$ ☆☆☆☆ ②

0 676814 000934

FORRESTER, KEN

Chenin blanc 2015, FMC, Stellenbosch

Qu'ils soient secs, demi-secs ou liquoreux, les chenins de Ken Forrester sont toujours impeccables. Le FMC est le fruit de cinq vendanges successives sur une même parcelle. L'idée est de récolter les raisins de chenin à une maturité optimale, sans que le pourcentage des baies affectées par le botrytis n'excède 5 %. Sans surprise, le vin est très riche, avec une grande intensité aromatique et une matière compacte, soutenue par une saine acidité. Encore très jeune, on devrait le laisser dormir en cave jusqu'en 2022-2023.

6 009607 660390

10703033 61,50$ ☆☆☆→☆ ③

MULLINEUX

Chenin 2014, Schist, Swartland

Les sols de schiste de Riebeek sont très chauds et retiennent très peu l'eau. Le vin qui en est issu laisse en bouche une sensation tannique et concentrée. Les saveurs se dessinent néanmoins avec retenue et culminent en une longue finale *umami* qui évoque les fino et manzanilla. Pas donné, mais on a affaire à un vin de très grande envergure, qui n'atteindra son apogée que vers 2022.

6 009801 298184

12857731 94$ ☆☆☆☆ ③ Ⓢ

MULLINEUX

Chenin 2016, Kloof Street, Swartland

Issu de deux parcelles, l'une située sur les sols d'ardoise de Kasteelberg, l'autre sur les granites décomposés de Paardeberg, qui donnent habituellement des vins plus fins et frais. Ce vin s'inscrit dans la continuité du 2015, décoré d'une Grappe d'Or l'an dernier. Mûr, ample et gorgé de saveurs de poire en sirop, il laisse aussi en bouche une sensation minérale très nette, garante de fraîcheur. Très sec, tout en offrant beaucoup de volume et de tenue en bouche. Il plaira à l'amateur de vins blancs d'Anjou. Retour en succursales en novembre 2017.

6 009801 291444

12889409 23,30$ ☆☆☆☆ ② ♥

MULLINEUX

Chenin blanc 2015, Granite, Swartland

Les vignes de chenin plongent leurs racines dans les sols de granite décomposé de Paardeberg, un secteur relativement frais au sein de la région parfois torride de Swartland. Cette particularité climatique permet de récolter des raisins à parfaite maturité, mais ayant conservé une haute teneur en acidité. La bouche est hautement digeste, d'une grande sapidité, relevée d'accents de cire d'abeille et de fleurs blanches. Un vin à la fois gras et distingué, très complet et laissant en finale une sensation minérale très pure qui va crescendo. Il pourra se bonifier jusqu'en 2024-2025.

4 000131 349210

13134921 95$ ☆☆☆☆ ½ ③ Ⓢ

BADENHORST, ADI

The Curator White Blend 2017, Swartland

Adi Badenhorst excelle dans l'art de façonner des vins à forte personnalité, dans toutes les gammes de prix. Son Curator blanc – assemblage de chenin, de chardonnay et de viognier – en est une autre preuve. Sec et original, avec un léger côté perlant qui le rend particulièrement désaltérant. À moins de 15$, peut-on demander mieux?

12889126 13,15$ ☆☆☆ ½ ① ♥

6 009800 591378

BADENHORST, ADI

White blend 2014, Swartland

En plus de sa désormais célèbre gamme Sécateurs, Adi Badenhorst signe ce vin blanc racé et distinctif, issu d'un assemblage de chenin blanc, de roussanne, de grenaches blanc et gris, de verdelho, de colombard, de viognier, de chardonnay et de sémillon, entre autres! Un cocktail explosif donnant un vin blanc ample, complexe, généreux et long en bouche dont l'amplitude et l'étoffe ne sont pas sans rappeler les meilleurs vins blancs du Roussillon. Sa fraîcheur ne repose pas tant sur l'acidité que sur une sensation minérale et saline, qui élève le vin et lui donne une allure presque aérienne. Très belle bouteille qu'on peut apprécier dès maintenant, mais qui continuera de se bonifier jusqu'en 2022.

12532514 38,75$ ☆☆☆☆ ③

0 899109 002011

BOEKENHOUTSKLOOF

Sémillon 2013, Franschhoek

Ce sémillon issu de très vieilles vignes et complété d'une petite proportion (6%) de muscat de frontignan est l'une de mes découvertes de l'année. Le vin est élevé sans soufre, mais à très basse température, afin d'éviter la transformation malolactique, responsable du goût de beurre dans certains blancs. Cela donne un vin au nez discret, tout en subtilité et d'une grande pureté, entre la poire, le miel et le melon. La bouche est aussi hyper complexe, solide et structurée, mais les saveurs de miel et d'amande fraîche s'expriment avec retenue et délicatesse. Un excellent vin de garde qu'on pourra aisément laisser reposer une dizaine d'années en cave, Un 2004 goûté récemment était encore en bonne forme.

13299902 39,75$ ☆☆☆☆→? ④ Ⓢ

6 002039 004718

NEWTON JOHNSON

Chardonnay 2016, Felicité, Western Cape

Le nez de ce chardonnay évoque à la fois la fameuse pierre à fusil du chablis et les accents fumés caractéristiques des vins sud-africains. La bouche est nette, franche, relevée de parfums citronnés. Toute la vitalité recherchée et une tenue digne de mention pour un vin de cette gamme de prix.

12889724 17,05$ ☆☆☆ ½ ② ♥

6 006379 000249

REYNEKE

Sauvignon blanc 2016, Stellenbosch

Adepte de surf et de biodynamie, Johann Reyneke produit quelques-uns des meilleurs vins de Stellenbosch. Plutôt que de miser sur la vivacité et l'exubérance naturelle des parfums du sauvignon, il opte pour un style un peu plus oxydatif, n'utilise aucun soufre avant la mise en bouteille et élève le vin en vieux fûts de chêne. En 2016, cela donne un vin blanc particulièrement solide et juste assez gras, dans lequel l'acidité joue un rôle structurant. Sec, vif et salin, beaucoup de relief et une pointe végétale qui ajoute à la sensation de fraîcheur. Impeccable!

28,95$ ☆☆☆☆ ② ♥

En primeur

SADIE, DAVID AND NADIA

Aristargos 2014, Swartland

Cette cuvée de chenin blanc à 70% provient de différents secteurs de Swartland. Un vin dense, compact, presque tannique et souligné d'amers nobles, il en mène large en bouche, mais sans la moindre sensation de lourdeur. Excellent vin blanc de terroir qu'on devrait mettre en cave.

12920752 59$ ★★★★ ③ ♙

6 009879 826074

SADIE FAMILY

Palladius 2014, Swartland

Un assemblage inusité de 11 cépages blancs qui s'enracinent dans la mosaïque de sols qui constitue la région de Swartland (argile, sable, schiste, ardoise, granite décomposé et *koffeeklip*, etc). Inhabituel, mais incontestablement délicieux! Très complet, avec des parfums de noix qui rappellent la flor du fino, mais aussi des nuances de fruits frais, entre la pomme verte, la poire très mûre et la pêche. Un grand vin blanc de texture dont la longueur en bouche n'a d'égale que sa profondeur.

13098449 88$ ☆☆☆☆ ③

6 009824 920024

BADENHORST

Cinsault 2016, The Drifter, Swartland

Inconditionnels de rouge, voici votre vin d'apéro! La couleur rose foncée annonce un vin tout en légèreté, souple, coulant, ponctué d'épices et de bons goûts fruités. Pas très profond, mais il a du caractère à revendre. Tout à fait recommandable à ce prix.

13057997 18$ ★★★ ½ ② ♥ 6 009800 591729

BADENHORST

Secateurs Red blend 2014, Swartland

Le Secateurs Red blend a tout pour devenir votre vin passe-partout. Assemblage rhodanien plutôt classique de la région de Swartland. Chaleureux, mais aussi un peu austère, le 2014 embaume les odeurs de fynbos, la garrigue locale, qui s'apparente au thym. La chair est généreuse, encadrée par des tanins juste assez solides et granuleux pour assurer son tonus et sa fraîcheur en bouche. À moins de 20$, on y revient volontiers.

12132633 19,65$ ★★★★ ① ♥ 6 009800 591101

BADENHORST, ADI

The Curator Red Blend 2016, Coastal Region

Depuis qu'il a fait son entrée à la SAQ, Adi Badenhorst connaît un parcours sans faute en termes de rapport qualité-prix-authenticité. S'il vous en faut une autre preuve, goûtez ce rouge, vendu à moins de 15$. De la chair, juste assez d'étoffe tannique pour encadrer le fruit et de bons goûts de cerise, de cuir et d'épices qui restent étonnamment longtemps en bouche. Comme dirait Michel Beauchamp, conseiller en vin à la SAQ Beaubien, à Montréal: «on achète ça à la caisse»!

12819435 13,15$ ★★★★ ② ♥ 6 009800 591385

BOEKENHOUTSKLOOF

Syrah 2016, Porcupine Ridge, Swartland

Mark Kent s'approvisionne désormais dans Swartland pour la syrah de la gamme Porcupine Ridge. Les vignobles sont situés près de Malmesbury et de Porcelain Mountain, où la syrah s'exprime avec fraîcheur. Le 2016 a un nez invitant de violette et de poivre, une bouche ample, dodue, mais résolument axée sur la buvabilité, plutôt que sur la puissance et la concentration. À ce prix, on achète les yeux fermés.

10678510 16,45$ ★★★ ½ ② ♥ 0 746925 000786

BOEKENHOUTSKLOOF

The Wolftrap rouge 2016, Western Cape

Une expression mûre et généreuse des cépages syrah, mourvèdre et viognier. Floral, épicé, fruité; rien de long ni de complexe, mais à moins de 15$, on peut difficilement demander mieux. Très bon vin pour les jours de semaine.

0 746925 000564

10678464 14,45$ ★★★ ½ ② ♥

DE MORGENZON

Syrah 2013, DMZ, Stellenbosch

D'une propriété fondée en 1699, une syrah facile et accessible, vinifiée en cuve d'acier inoxydable. Les tanins, conjugués à l'acidité, laissent en finale une sensation un peu anguleuse, mais le vin est assez bon et joliment parfumé. À servir autour de 16 °C.

6 009820 750588

12786725 17,20$ ★★★ ②

GLENELLY

Syrah 2012, The Glass Collection, Stellenbosch

En 2003, à l'âge vénérable de 79 ans, May-Éliane de Lencquesaing, ex-propriétaire du Château Pichon Longueville Comtesse de Lalande, a acquis ce domaine historique situé dans les hauteurs de Simonsberg, dans l'appellation Stellenbosch. Adi Badenhorst agit comme consultant. Cette année encore, la syrah (entrée de gamme) du domaine est impeccable. Déjà prêt à boire, le 2012 s'ouvre sur des parfums de fumée et de champignons. Le fruit joue en sourdine, mais est encore bien présent. Tanins fondus, équilibre et élégance.

6 009673 270929

12820815 18,50$ ★★★★ ② ♥

MULLINEUX

Kloof Street 2015, Swartland

Fruit d'un assemblage de syrah, de carignan, de cinsault, de grenache et de tinta barrocca, vinifiés à 20% en grappes entières – sauf pour le tinta barroca, ce cépage portugais étant naturellement très tannique. La structure est garante de fraîcheur, tout comme les parfums de fynbos – la végétation locale, qui s'apparente à la garrigue – qui embaument le nez et la bouche. Son grain tannique, plein, mûr et compact, n'est d'ailleurs pas sans rappeler certains rouges du Languedoc. Plus qu'un simple vin de soif, il fait preuve d'une réelle profondeur. Excellent rapport qualité-prix-plaisir.

6 009801 298078

12483927 22,55$ ★★★★ ② ♥

BADENHORST

Red blend 2014, Swartland

À l'aveugle un croirait être en présence d'un vin du midi de la France. D'abord un peu réduit, il développe en bouche un profil aromatique très près de la garrigue, sur un fond de fruits noirs et de terre humide, des notes sanguines traduisent la présence de syrah. Les tanins sont serrés, au point d'accuser une certaine dureté et une sécheresse en fin de bouche. Il mériterait de reposer en cave encore quelques années. Retour en décembre 2017.

12275298 40$ ★★★ ½ →? ③

0 600980 059106

BOEKENHOUTSKLOOF

The Chocolate Block 2015, Swartland

Après quelques années creuses, le Chocolate Block est de retour en force en 2015. Les raisins – syrah (71%), grenache noir, cabernet sauvignon, cinsault et viognier – proviennent maintenant à 100% de Swartland et sont vinifiés avec soin, sans excès boisé. Intensité contenue, accents de garrigue, de poivre, très bonne longueur et sensation minérale.
À boire entre 2018 et 2023.

10703412 40$ ★★★★ ③

0 746925 001189

DE TRAFFORD

Shiraz 2014, Blueprint, Stellenbosch

La cuvée Blueprint de David Trafford provient d'une parcelle dont les sols riches donnent habituellement un vin plus nourri. Cela se vérifie même en 2014, millésime plus frais. Une attaque en bouche mûre, des parfums de violette et de cerise mûre dans laquelle on a envie de croquer. Suave et très rassasiant. À boire d'ici 2022.

10710250 33$ ★★★★ ② ♥

0 676814 000118

MULLINEUX

Syrah 2014, Granite, Swartland

Sur les sols de granite décomposé de Paardeberg, la syrah adopte une allure plus leste et délicate. Le vin est manifestement issu de raisins mûrs et regorge de saveurs pleines, entre le fruit, les fleurs et les épices douces, tandis qu'une vinification à 100% avec les grappes entières apporte une sensation accrue de fraîcheur en bouche. Déjà somptueux et bon pour encore au moins sept ou huit ans.

13134930 145$ ★★★★→? ③ Ⓢ

4 000131 349302

MULLINEUX

Syrah 2014, Schist, Swartland

La nature chaude et aride des sols de schiste donne une syrah concentrée et très solide, dont la structure et le grain tannique rappellent certains vins de la fameuse côte Brune de Côte-Rôtie. Le 2014, vinifié à 50 % avec les grappes entières, était encore jeune et austère lorsque goûté en avril 2017. Grande définition aromatique et une longue finale relevée et hyper digeste, garante d'un bon potentiel de garde. À revoir vers le milieu des années 2020.

4 000131 349487

13134948 140 $ ★★★→★ ③ Ⓢ

REYNEKE

Syrah 2014, Reserve, Stellenbosch

En plus d'un excellent sauvignon blanc commenté dans ces pages, Johann Reyneke signe un rouge de terroir, manifestement élaboré avec des raisins de première qualité. Les accents poivrés, floraux et fruités de la syrah reposent sur un grain tannique très fin et élégant, quoique assez dense, et le vin laisse une sensation générale de plénitude. Grande SAQ Signature et potentiel de garde indéniable.

6 009622 730245

12874549 80 $ ★★★→★ ③ Ⓢ

SADIE FAMILY

Columella 2013, Swartland

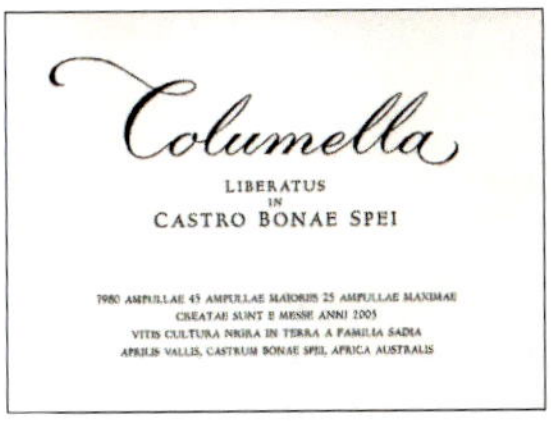

Adepte de la biodynamie, Eben Sadie est un viticulteur hyper réputé du Cap. L'emblème de la propriété familiale est la cuvée Columella, un vin intense et raffiné qui résume à lui seul tout le potentiel de la région de Swartland. Toujours vinifié avec les grappes entières, cet assemblage à dominante de syrah doit notamment sa concentration et sa profondeur à des rendements ultralimités, qui se situent autour de 20 hectolitres par hectare. Et quelle finesse! Un spectre aromatique d'une exquise profondeur, un grain fin, velouté et assez compact pour assurer son tonus. Son équilibre et sa longueur sont garants de longévité.

4 000127 689573

12768957 122 $ ★★★★→? ③ Ⓢ

DORNIER

The Pirate of Cocoa Hill 2015, Western Cape

Propriété de la famille allemande Dornier, ce domaine de Stellenbosch nous offre une autre valeur sûre avec cet assemblage de merlot, de shiraz, de cabernet franc et de cabernet sauvignon. Plus sucré que d'habitude dans sa version 2015. Pour le reste, le même vin fruité, un peu facile.

10679361 15,45$ ★★ ½ ②

6 009686 980457

DOUGLAS GREEN

Cabernet sauvignon 2016, Western Cape

Un bon vin rouge d'entrée de gamme, intense et bien goûteux, sans être trop puissant ni tannique. D'autant plus recommandable qu'il n'est pas sucré, contrairement à nombre de rouges à petit prix.

12383248 10,15$ ★★ ½ ② ♥

0 663194 000258

FLEUR DU CAP

Pinot noir 2015, Western Cape

Pinot souple et sphérique, pas vraiment corsé, mais tendre et copieusement fruité. La bouche est ronde, mais animée par une acidité soutenue qui pince les joues. Un peu rudimentaire et dessiné à gros traits, mais recommandable à ce prix.

12824891 13,95$ ★★ ½ ①

6 001108 085153

GLEN CARLOU

Grand Classique 2012, Paarl

L'acidité joue un important rôle de soutien dans cet assemblage de cabernet sauvignon, de malbec, de merlot, de petit verdot et de cabernet franc. Maintenant ouvert et prêt à boire, le vin repose sur des tanins fondus et déploie au nez comme en bouche des parfums sobres et élégants.

10703228 22$ ★★★ ②

6 004270 000047

LE BONHEUR

Cabernet sauvignon 2013, Simonsberg Stellenbosch

Propriété du groupe français Advini, qui est aussi propriétaire de l'Avenir. Nez très typé cabernet sauvignon, avec des parfums de poivrons rouges grillés. La bouche est franche et nette, ponctuée de notes délicatement fumées. Certes, le vin n'est pas très complexe, mais il offre tenue, droiture et équilibre, à un prix relativement abordable. Style classique européen. Au moins autant recommandable que bien des bordeaux supérieurs.

6 001497 413100

710731 22,20$ ★★★ ½ ② ♥

NEWTON JOHNSON

Pinot noir 2015, Felicité, Walker bay

Très joli vin produit par une cave familiale, perchée dans les hauteurs de Hermanus, dans la vallée de Hemel-en-Aarde, à une centaine de kilomètres à l'est du Cap. La couleur pâle annonce un vrai bon pinot noir, dont on a respecté la nature, sans trop forcer l'extraction de couleur ni de tanins. La bouche est délicate, les tanins fins et la finale saline. Si seulement tous les pinots étaient aussi bons et abordables…

6 006379 000232

12556321 19,70$ ★★★★ ② ♥

CHAMPAGNE

Depuis une dizaine d'années, la production de vins effervescents a augmenté de 40 % sur la planète ! À elle seule, la région de Champagne représente plus de 15 % du volume mondial de vins effervescents et écoule chaque année l'équivalent de 360 millions de bouteilles.

Bref, la région a beau avoir souffert de la crise économique de 2008, plusieurs amateurs ayant délaissé le champagne pour se tourner vers les prosecco, cava et autres mousseux abordables, aucune grande maison ne semble près de déposer le bilan.

Longtemps seules dans leur bulle, les grandes marques champenoises doivent désormais jouer du coude à l'exportation avec les vignerons indépendants, dont les vins connaissent une popularité croissante, tant dans la restauration qu'auprès d'une clientèle avisée, moins sensible aux arguments du marketing.

Par ailleurs, la consommation de champagne et autres vins effervescents n'est plus réservée exclusivement aux grandes célébrations et se taille désormais une place dans les habitudes régulières des amateurs de vin. Une heureuse nouvelle, puisque aucune boisson ne permet autant d'égayer les papilles et les esprits. Jugez-en par vous-même, faites sauter le bouchon !

LES PLUS RÉCENTS MILLÉSIMES COMMERCIALISÉS

2016

La Champagne a elle aussi été victime de la météo (gels, froid, pluie, grêle). L'Aube a été la plus durement touchée, mais la Marne a aussi vu sa récolte amputée du tiers. De manière générale, la qualité s'annonce meilleure pour le pinot noir que pour le chardonnay.

2015

Début de saison frais, mais période de chaleur et de sécheresse intenses en juin et en juillet. Les vins de pinot noir devraient être plus complets que ceux de chardonnay. Les maisons qui ont pu vendanger tôt en septembre devraient produire de très bons vins.

2014

Août sous la pluie et un mois de septembre chaud et sec. Les secteurs de la Côte des Blancs, de l'Aube, de même que la partie nord de la montagne de Reims promettent de meilleurs résultats.

2013

Autre année frappée par des épisodes de grêle dévastateurs dans l'Aube. À l'opposé de 2012, on observe un très beau potentiel pour les vins de chardonnay, mais une qualité hétérogène pour les pinots, à l'exception de ceux d'Aÿ.

2012

Un début d'été très pluvieux et des nuages de grêle ont fortement touché les vignobles du département de l'Aube. Résultat : une récolte réduite de moitié. La qualité s'annonce assez bonne pour les vins de pinot noir et de pinot meunier.

2011

Une année de températures extrêmes. Un printemps et un mois de juin plus chaud que la normale ont fait place à un été relativement frais, même froid par moment. Le choix de la date de la récolte a fait toute la différence. Quelques belles réussites dans les grands crus.

2009

Une année de générosité a engendré des vins amples et savoureux qui devraient s'ouvrir avant les 2008. Le pinot noir de l'Aube a donné d'excellents vins. Il y a des aubaines à saisir...

2008

L'un des bons millésimes de la décennie. Un peu austère en jeunesse, mais doté d'un équilibre classique et promis à un bel avenir.

BILLECART-SALMON

Brut Réserve

Propriété de la compagnie financière Frey, à qui appartient aussi la maison Jaboulet dans le Rhône. Fruit d'un assemblage de pinot noir, de pinot meunier et de chardonnay, qui proviennent de trois différents millésimes et des meilleurs terroirs de la Marne, ce champagne de facture classique, passablement dosé (10 g/l), n'est pas très riche ni vineux, mais présente une mousse fine et un bouquet délicatement brioché.

10653347 63,25$ ☆☆☆

3 113941 213105

BOLLINGER

Special Cuvée, Brut

Ce brut non millésimé illustre de manière éloquente le style Bollinger : une forte proportion de pinot noir (60 %) et une majorité de vins de réserve, dont une partie est conservée en magnums pendant 5 à 15 ans, permettant ainsi une oxydation fine. Le nez révèle des parfums de fenouil et de menthe ; la bouche est vineuse, structurée, mais portée par une bulle hyper fine, fruit d'un long élevage sur lattes. Salinité et longueur admirable.

384529 78,25$ ☆☆☆☆

3 052853 075909

GARDET

Brut Premier cru

La maison fondée en 1895 a été acquise par le Groupe Prieux en 2010 et exporte 70 % de sa production annuelle. Cette cuvée vendue depuis quelques années à la SAQ est le fruit de pinot noir et de pinot meunier d'Hautvilliers. Il offre rondeur, onctuosité et saveurs de petits fruits rouges. Modeste, mais de bonne tenue pour un vin de ce prix.

12398600 41,25$ ☆☆☆

3 287111 200117

LALLIER

Grande Réserve Brut

Depuis son rachat par Francis Tribaut en 2004, Lallier est sur la pente ascendante. Dégorgée en janvier 2017, cette cuvée de pinot noir (65 %) et de chardonnay provient exclusivement de terroirs de grands crus. Élégant et savoureux tout à la fois, il conjugue l'onctuosité et le nerf des bons champagnes de facture classique, avec un registre de saveurs oscillant entre les agrumes, le fenouil, le caramel et le pain grillé. Bonne longueur.

11374251 46,25$ ☆☆☆

3 554560 011145

POL ROGER

Brut

Entreprise restée familiale, Pol Roger s'est gagné la confiance d'amateurs des cinq continents qui ne jurent plus que par son style élégant. Le brut non millésimé, qui représente 70% de toute la production de la maison, en est un très bel exemple. La bulle est à la fois tendre, fine et persistante, les saveurs sont pures et distinguées et le vin a une allure aérienne. Une référence, à juste titre.

51953 61,50$ ☆☆☆☆ 3 260923 012000

ROEDERER

Brut Premier

Cette maison admirablement tenue par la famille Rouzaud fait partie de l'élite de la Champagne. D'une constance exemplaire, le brut non millésimé mise sur une composition de deux tiers de raisins noirs, d'où sa plénitude et son caractère vineux. Saveurs riches et fraîcheur exemplaire.

268771 66,75$ ☆☆☆☆ 3 114080 116050

TAITTINGER

Brut Réserve

Depuis son rachat par Pierre-Emmanuel Taittinger, petit-fils du fondateur de cette maison historique, Taittinger effectue un retour au sommet après quelques années de purgatoire. L'élégance classique de la marque transparaît dans ce très bon vin issu d'un assemblage de chardonnay (40%) de pinot noir et de pinot meunier provenant de 35 crus différents. Un cran plus complexe que par le passé, avec un registre de saveurs précises, portées par une effervescence fine, attribuable à un élevage prolongé sur lies. Allez, une Grappe d'or pour souligner la renaissance d'une grande maison de Champagne.

10968752 65,25$ ☆☆☆☆ 3 016570 001030

VEUVE CLICQUOT

Carte Jaune

Le nom Ponsardin a été abandonné en 2011; la maison porte désormais le simple nom Veuve Clicquot. Le dosage apporte une certaine ampleur qui a vite fait de séduire. Pas étonnant que son succès ne se démente pas depuis sa création en 1957. Recommandable, bien que d'autres cuvées vendues à la SAQ offrent un rapport qualité-prix nettement plus avantageux.

563338 70,25$ ☆☆☆ 3 049610 004104

Pour tempérer l'acidité naturelle du vin, le chef de cave peut choisir d'ajouter une liqueur de dosage (ou liqueur d'expédition), composée d'un vin vieux de plus de deux ans et de sucre de canne. La quantité de sucre introduite déterminera le type de champagne :

- **Brut nature ou zéro dosage :** commercialisé sans ajout de liqueur. La seule sucrosité vient de la rondeur naturelle du vin.
- **Extra brut :** 6 g/l de sucre*.
- **Brut :** 12 g/l de sucre*.

* Avec une marge d'erreur tolérée de 3g/l

BOLLINGER

R.D. 2002, Extra Brut

R.D. pour récemment dégorgé. L'idée derrière cette cuvée créée en 1967 par madame Bollinger est d'offrir un champagne dont la durée de vieillissement sur lies a été poussée à l'extrême. L'assemblage du 2002 s'inscrit dans l'esprit Bollinger : composé majoritairement de pinot noir (60 %) du terroir d'Aÿ et de chardonnay des meilleurs crus de la Côte des Blancs. Un vin d'une envergure et d'une profondeur hors norme. Les saveurs s'expriment avec opulence, déployant des notes de pâtisserie et de fruits rouges, mais aussi une salinité et une minéralité crayeuse qui, en trame de fond, élève la texture vineuse, de concert avec des bulles d'une exquise finesse. D'abord un peu austère et réduit à l'ouverture, le vin se révèle beaucoup mieux avec l'aération. À point, mais il a encore de très belles années devant lui. Très grand vin !

13313049 282 $ ☆☆☆☆ ½ ②

4 000133 130496

DE SOUSA ET FILS

Cuvée 3A, Extra Brut

Assemblage de trois terroirs de grand cru dans les communes d'Avize, d'Aÿ et d'Ambonnay, d'où le nom. Le chardonnay, qui compte pour 50 % de l'assemblage, est vinifié en fûts de chêne. Les rendements naturellement faibles des vieilles vignes de pinot expliquent peut-être la maturité et l'intensité des saveurs, qui forment par ailleurs un mariage harmonieux avec l'acidité et la structure du vin. Presque sec, étoffé, très vineux et couronné d'une délicate amertume qui met le fruit en relief et accentue les notes crayeuses en finale. Belle bouteille qu'on pourrait laisser reposer en cave encore quelques années.

12794792 74 $ ☆☆☆☆ ② ▼

3 760030 290051

DRAPPIER

Brut Nature, Pinot noir, Zéro dosage

Ce vin composé à 100 % de pinot noir et son onctuosité est attribuable seulement à la maturité des raisins. Sec et bien marqué par le caractère du cépage et par une amertume sentie en finale. Très bon rapport qualité-prix; il demeure une valeur sûre dans sa catégorie.

11127234 48,25$ ☆☆☆

3 469380 630011

FLEURY

Fleur de l'Europe, Brut Nature

La cuvée Fleur de l'Europe est un autre exemple éloquent du sérieux de la famille Fleury, qui cultive son vignoble de la Côte des Bars en biodynamie, depuis 1989. Un vin parfaitement à point et prêt à boire, dont les notes de pain grillé, de fruits jaunes et d'amandes rôties exercent un charme immédiat. La bouche, intense et concentrée, fait preuve d'une excellente tenue, mais laisse néanmoins une sensation aérienne. Long, séveux et riche d'une foule de saveurs qui vont crescendo et terminent leur parcours en bouche sur une note saline et *umami*.
À 60 $, c'est une aubaine à saisir!

12669641 59,75$ ☆☆☆☆ ½

3 551870 751112

POL ROGER

Pure, Extra Brut

Tous les vins de cette entreprise familiale ont en commun un équilibre et une fraîcheur exemplaires. La cuvée Pure, ajout récent au catalogue de Pol Roger, n'y fait pas exception. Non dosé, parfaitement sec et pourtant ample, généreux et friand. Le champagne parfait pour accompagner les huîtres.

12098682 76$ ☆☆☆☆

3 260923 001004

TARLANT

Zéro Brut Nature

Dans la commune d'Œuilly, la famille Tarlant exploite 14 hectares de vignoble et signe ce brut nature dont la couleur dorée et le nez marqué de légères notes de noisettes annoncent un vin à maturité. Très sec, vif et épuré, il ne manque vraiment pas d'attraits. À commencer par son prix.

11902763 53,25$ ☆☆☆ ½

3 760098 960026

Le Blanc de blancs est un vin élaboré exclusivement à partir de raisins blancs. En Champagne, le cépage blanc dominant est le chardonnay ; son terrain de jeu de prédilection est la Côte des Blancs, une zone située juste au sud d'Epernay et réputée pour ses sols calcaires.

BAUD

Brut Blanc de blancs, Crémant du Jura

Petite exception ici. Il ne s'agit pas d'un champagne, mais bien d'un crémant blanc de blancs, donc issu de chardonnay à 100 %. Les meilleurs crémants de Bourgogne et du Jura sont sans doute ceux qui se rapprochent le plus des vins de Champagne. Composé à 100 % de chardonnay, celui produit par la famille Baud, dans la commune de Le Vernois, séduit d'emblée par son nez de pâtisserie qui évoque les scones fraîchement sortis du four. Tout en élégance, en pureté et en fraîcheur, il offre une bonne consistance, de la tenue et une finale vibrante aux notes minérales. À ce prix, on peut l'acheter à la caisse ! Retour prévu à l'automne 2017.

12397501 21,35 $ ☆☆☆☆ ♥

3 584605 010000

DELAMOTTE

Brut Blanc de blancs

Cette petite maison de Champagne située à Le Mesnil appartient à la firme Laurent-Perrier. Un vieillissement sur lattes prolongé (de quatre à cinq ans) n'est pas étranger au volume et à la prestance de ce vin de chardonnay. À l'ouverture, on est vite séduit par son nez de levures et de pain brioché ; la bouche est ample, pas très complexe, mais substantielle et assez fidèle à l'idée d'un bon blanc de blancs.

12034321 65,25 $ ☆☆☆ ½

3 418760 000685

DOQUET, PASCAL

Brut Blanc de blancs, Cuvée Horizon

Le vignoble de la famille Doquet est conduit en agriculture biologique. Fruit d'un assemblage des récoltes 2009 et 2010, cette cuvée est composée exclusivement de chardonnay issu d'une parcelle plantée dans les années 1970 par le père de Pascal Doquet. La bouche est ample et le fruit est bien présent, la pomme côtoie les accents de fraise des bois (plutôt inhabituel pour un blanc de blancs) et les goûts de pain grillé attribuables à l'élevage. Dosé, mais pourtant très pur et sans lourdeur, le vin présente un bel équilibre d'ensemble. Très bon rapport qualité-prix.

11528046 53,75 $ ☆☆☆ ½

3 760011 500117

Champagne

DOQUET, PASCAL

Premier cru Blanc de blancs, Brut Nature, Arpège

Assemblage de vins des millésimes 2010, 2009 et 2008, la cuvée Arpège séduira immanquablement les amateurs de champagne sec, fin et délicat. Avec moins de 2 g/l de sucre, les saveurs citronnées du chardonnay se dessinent sur un fond de mie de pain et de beurre. Comme tant de champagnes, il gagne à être servi frais, mais pas frappé, autour de 8 à 10 °C.

12024253 60,50$ ☆☆☆☆ 3 760011 500025

GIMONNET, PIERRE

Cuvée Cuis Premier cru Brut

Un champagne qui met en valeur les plus beaux atouts du chardonnay, et qu'il faut déguster lentement, de préférence à table, afin de l'apprécier pleinement. La bouche est fraîche et élancée, puis une richesse sous-jacente se développe avec des notes d'amande et de pain grillé. Complexe, avec des arômes de poire et de noisettes, et une finale crayeuse qui ajoute à sa prestance et à sa profondeur.

11553209 61$ ☆☆☆☆ 3 490920 000117

HENRIOT

Brut Blanc de blancs

L'assemblage de ce brut non millésimé compte en moyenne 30% de vins de réserve et le vin profite d'un élevage d'au moins trois ans sur lies. Ce dernier détail n'est sans doute pas étranger à la finesse de la bulle de ce champagne exquis. Un vin pur et précis, dont les saveurs de poire se dessinent sur un fond minéral qui rappelle l'odeur de la craie, le tout souligné d'une amertume noble. Harmonieux et délicieux.

10796946 78,75$ ☆☆☆☆ 3 284890 615101

LASSAIGNE, JACQUES

Les Vignes de Montgueux, Blanc de blancs

Emmanuel Lassaigne prouve que le département de l'Aube peut donner des vins aussi inspirés que ceux de la Marne. Sa cuvée Les Vignes de Montgueux provient de neuf différentes parcelles sur des sols d'argile dense et de craie. Un élevage en fûts de chêne apporte par ailleurs au vin de base une certaine richesse, qui enrobe son acidité mordante. Une interprétation très fine du chardonnay, à retenir parmi les meilleurs vins pour accompagner les huîtres. Délicat, tout en fraîcheur, *umami* et finement iodé, il donne tout son sens au mot «aérien».
Bouteille dégorgée en mars 2017.

12061311 61,25$ ☆☆☆☆ 3 760058 070093

La Champagne représente une exception en matière d'élaboration de vin rosé. Partout ailleurs, du moins dans les pays de l'Union européenne, le rosé est issu de raisins rouges pressés délicatement afin de limiter l'extraction de couleur et de tanins. En Champagne, la plupart des rosés sont plutôt le fruit d'un assemblage de vin effervescent blanc, «coloré» par l'ajout de vin rouge.

BOLLINGER

Brut rosé

Composé d'une base de vins des millésimes 2012 et 2013, le rosé non millésimé de Bollinger déploie au nez des parfums de fruits rouges et de menthe. L'attaque est franche et fraîche, moins nourrie que celle du Spécial Cuvée, mais le vin se développe en bouche pour atteindre cette vinosité classique qui est devenue la marque de la maison Bollinger. Une finale très délicatement tannique ajoute à sa sapidité. Excellent rosé de Champagne.

10955741 99,25$ ★★★★ 3 052853 078443

BOLLINGER

La Grande Année 2005, Rosé

La profondeur de ce rosé millésimé, produit uniquement dans les meilleures années, repose sur un assemblage de pinot noir (72%) et de chardonnay, issus en majorité des terroirs de grands crus d'Aÿ, de Verzenay et de la Côte des Blancs. Des notes de menthe et de fenouil, couplées à des goûts encore frais de fruits rouges, témoignent d'une grande jeunesse, pour un vin déjà âgé de 12 ans. La bouche est hyper onctueuse, crémeuse et pourtant vibrante et aérienne, portée par une bulle serrée. Très longue finale aux accents délicatement torréfiés. Grand vin!

13297931 217,50$ ★★★★ ½ 3 052853 081139

DOQUET, PASCAL

Rosé Premier cru

Les vignobles de ce domaine sont conduits en biodynamie par Pascal Doquet, vigneron à Vertus. Ce rosé est toute pureté et tout élégance: saveurs délicates, mariant des nuances minérales et fruitées aux goûts caractéristiques de levures, rehaussés d'une fine amertume en finale. Dosé à 6 g/l de sucre et manifestement issu de raisins mûrs, il présente un équilibre impeccable.

12024296 63,75$ ★★★★ 3 760011 500131

DUVAL-LEROY

Brut rosé

Cette cave fondée en 1859 à Vertus est admirablement tenue par Carol Duval-Leroy. Sous sa gouverne, l'entreprise restée familiale s'est hissée dans le top 10 des maisons champenoises les plus importantes. Sans atteindre la profondeur des grandes cuvées du domaine, ce rosé a beaucoup de charme. Un nez d'écorce d'orange, de fraise et de brioche; une bouche onctueuse (dosée à 11 g/l), sans être dépourvue de fraîcheur. Plus fin que la moyenne des rosés et vendu à un prix tout à fait honnête.

12666117 50$ ★★★ ½

3 259456 004828

FLEURY

Rosé De Saignée, Brut

Le terme «saignée» indique que la couleur du vin relève exclusivement du contact du moût avec les peaux des raisins de pinot noir, plutôt que d'un assemblage de chardonnay «coloré» par l'ajout de vin rouge. La couleur est donc plus soutenue que la moyenne, et le vin comporte une bonne dose d'extraits secs qui laisse une texture quasi tannique en bouche. Dense, avec de savoureux goûts de fruits rouges et un équilibre exemplaire. Racé et élégant. L'un des meilleurs champagnes rosés à la SAQ, et pas le plus cher...

11010301 67,75$ ★★★★ ½

3 551870 753338

HENRIOT

Brut rosé

Le rosé de cette maison fondée en 1808 – aussi propriétaire de Bouchard Père et Fils et du domaine William-Fèvre en Bourgogne – demeure l'un de mes favoris. Frais, vigoureux et délicatement aromatique; du fruit et de la tenue, dans des proportions harmonieuses. À apprécier à l'apéritif ou encore à table avec des cailles laquées.

10839635 79,75$ ★★★★

3 284890 460107

LALLIER

Brut rosé

J'ai rarement été une fan des vins de cette maison située à Aÿ, mais j'avoue avoir été charmée par la délicatesse et par la précision aromatique de ce rosé. Plus fin et distingué que par le passé; le dosage m'a aussi semblé mieux intégré. Une heureuse surprise!

12560881 48,25$ ★★★ ½

3 554560 011404

AUTRES EFFERVESCENTS

Le mot «champagne» sur une étiquette désigne exclusivement un vin produit dans la région du même nom, au nord-est de Paris. En dehors de cette zone, interdit de revendiquer l'appellation. Même le procédé de fabrication, autrefois nommé «méthode champenoise», a été rebaptisé «méthode traditionnelle».

On s'adonne à la production de vins mousseux dans presque toutes les régions viticoles françaises: Alsace, Bourgogne, Jura, etc. Même dans le Sud, où le chaud climat méditerranéen laisserait planer des doutes quant à la qualité d'une telle production, on obtient maintenant des vins étonnamment rafraîchissants.

Mais la France n'est pas seule dans la course. Les Italiens produisent depuis quelques années des *spumante* d'une finesse étonnante. Si les proseccos sont avant tout fruités et guillerets, les meilleurs franciacorta soutiendraient la comparaison avec les champagnes.

En Espagne, au sud de Barcelone, la qualité du cava est en nette progression. Longtemps absents de la SAQ, les cavas élaborés par de petites et moyennes entreprises ont eu vite fait de séduire les consommateurs québécois depuis leur arrivée sur le marché. Certaines cuvées haut de gamme – particulièrement celles de Recaredo – font preuve de beaucoup de race et de profondeur. En juillet 2017, le ministère espagnol de l'Agriculture a officialisé un système de classification, le *Paraje Calificado*, et révélé l'identité de 12 premiers crus. Une hiérarchisation attendue depuis longtemps, autant par les producteurs que par les amateurs de cava.

Outre-Atlantique, la Californie s'impose par d'excellents vins mousseux très souvent mis au point par des grandes maisons de Champagne venues s'y installer. Depuis 10 ans, la production d'effervescents a progressé de 25%!

Enfin, tout près de chez nous, les bulles québécoises continuent de gagner des parts de marché. Avec raison! La qualité n'a jamais été si élevée, tant pour les méthodes traditionnelles que pour les pétillants naturels. Un prétexte de plus pour aller se promener sur les routes des vins du Québec!

CHÂTEAU DE CARTES

Rosé 2015

Le cépage ste-croix est ici vinifié selon la méthode traditionnelle par Stéphane Lamarre, à Dunham. Encore jeune et très frais, le 2015 présente au nez des parfums de pomme, de fraise et de cire d'abeille. Un dosage modéré (7 g/l) atténue la nervosité du vin, qui s'avère plutôt harmonieux en bouche. Un peu rustique, mais bien fait, original et croquant comme un fruit fraîchement cueilli.

12357453 30$ ★★★

0 799705 518209

DOMAINE BERGEVILLE

Le Blanc, Brut

Ève Rainville et Marc Théberge croient au potentiel des vins issus de la méthode traditionnelle au Québec. Le couple a donc choisi de s'y consacrer exclusivement dans son domaine de North Hatley, dans les Cantons-de-l'Est. Issu des cépages hybrides frontenac blanc et frontenac gris, cultivés selon les principes de la biodynamie, Le Blanc est élaboré selon la méthode traditionnelle. Le dosage est limité à 6 g/l, ce qui se traduit dans le verre par un vin sec, d'une excellente tenue en bouche, mais sans la texture crémeuse qu'ont certains mousseux. De la structure, de la vitalité et une palette de saveurs plutôt complexe où le fruit jaune côtoie les noix et les saveurs presque salées. Singulier et délicieux!

13374562 27,90$ ☆☆☆☆ ② ♥

0 827924 114015

DOMAINE BERGEVILLE

Le Rosé, Brut

Rosé de sabrevois, de frontenac gris et de frontenac noir. Le nez est d'abord timide, puis s'ouvre sur des notes de petits fruits noirs et de pomme blette après quelques minutes dans le verre. En bouche, on retrouve le même profil animal que dans le blanc du même domaine, avec une attaque vive, des notes de sureau et de légume-racine. De la tenue, du caractère et une impression d'ensemble harmonieuse.

13374597 30,35$ ★★★ ½

0 827924 114022

DOMAINE DU NIVAL

Ces Petits Imprévus 2016

Des vignes de vidal plantées en 2013 et conduites selon les principes de la biodynamie donnent ici un très bon pétillant naturel – vinifié selon la méthode ancestrale, donc embouteillé avant la fin des fermentations. Le millésime 2016 a été marqué par une attaque de cicadelles qui ont dévoré les feuilles de la vigne, compromettant ainsi la photosynthèse. Conséquemment, le vin est léger en alcool (9,8%), ce qui ne nuit en rien à sa qualité, bien au contraire. Les saveurs sont nettes, entre la pomme verte, le miel et les fruits tropicaux, la bulle est fine et le vin est hautement digeste et désaltérant. Quatre étoiles pour un excellent pétillant naturel vendu à prix attrayant. Toutes les bouteilles étaient écoulées au moment d'écrire ces lignes, mais surveillez de près la mise en marché du 2017 au courant de l'été prochain.

Disponible à la propriété

21,75$ ☆☆☆☆ ① ♥ ▼

DOMAINE LES BROME

Muse 2015, Brut

Dans sa toute nouvelle mouture, le brut de Léon Courville et Anne-Marie Lemire mise sur l'élégance du cépage st-pépin, élevé sur lies pendant 10 mois. Des parfums d'aneth et de menthe apportent une agréable fraîcheur au nez; la bouche est fraîche, de bonne tenue; les saveurs sont soulignées d'une amertume noble qui ajoute à sa complexité. Le dosage (6 g/l), composé d'une base de vidal réserve 2014, apporte par ailleurs de délicates notes boisées. Belle réussite!

Disponible à la propriété

34$ ☆☆☆ ½ ②

VIGNOBLE CÔTE DE VAUDREUIL

Lolou

En 2006, l'entrepreneur Serge Primi a acquis ce vignoble de Vaudreuil, planté en 2000. Son domaine est la source d'un très bon rosé de méthode traditionnelle, composé de frontenac gris et de sabrevois. La bouteille dégustée était issue d'une base du millésime 2012. La couleur est soutenue, le nez est plutôt singulier, avec des accents de fruits rouges qui se mêlent aux notes animales, et la bouche est assez élégante, reposant sur une bulle fine, du fait d'un long élevage sur lies. Belle découverte!

Disponible à la propriété

21$ ★★★ ½ ①

Vivement plus de bulles!

Quasi marginale jusqu'à tout récemment, la production de vins effervescents se pratique maintenant dans la plupart des régions viticoles du Québec. Et les consommateurs ont de bonnes raisons de se réjouir, puisque en plus de gagner en volume, la production gagne en qualité! Après tout, l'idée coule de source quand on sait que l'acidité joue un rôle primordial dans l'équilibre de ces fines bulles et qu'avec son climat frais, la Belle Province est plutôt bien servie en la matière.

VIGNOBLE DE L'ORPAILLEUR

Brut

Premier domaine viticole d'importance au Québec, l'Orpailleur élabore une vaste gamme de vins secs et liquoreux, ainsi qu'un très bon vin effervescent issu de seyval et élaboré selon la méthode traditionnelle. Sous les délicieuses saveurs de pommes vertes se cachent des accents de lime, de crème pâtissière et d'épices douces. Un dosage harmonieux tempère la vigueur du seyval, sans alourdir le vin. Vif et vibrant. Une belle occasion de constater le potentiel du terroir québécois pour l'élaboration de vins mousseux de qualité.

27$ ☆☆☆☆

Disponible à la propriété

VIGNOBLE DE LA RIVIÈRE DU CHÊNE

Monde Les Bulles

Un vin onctueux et gras, dont on appréciera l'originalité des parfums de miel et de pâte d'amandes ainsi que la fraîcheur aromatique. Délicatement parfumé, passablement dosé et bien équilibré. Jolie finale aux accents de pain grillé qui lui confère un supplément de caractère.

12359871 31,25$ ☆☆☆

0 827924 036256

VIGNOBLE DE STE-PÉTRONILLE

Brut nature

Le cépage vandal-cliche donne à ce vin effervescent des tonalités fort originales de melon, de fleurs blanches, de menthe et d'aneth. Non dosé – c'est-à-dire qu'aucun sucre n'a été ajouté après le dégorgement –, le vin est ample et de bonne tenue en bouche, tout en demeurant désaltérant. Finale aromatique aux accents de sucre d'orge et d'écorce de citron.

30$ ☆☆☆ ½

Disponible à la propriété

BENJAMIN BRIDGE

Méthode classique 2009, Blanc de blancs

Le nez déploie des notes minérales qui rappellent la craie humide des caves de Champagne. Rien à voir avec la nature des sols de la baie de Fundy, cela dit. Bonne ampleur en bouche, du poids, mais sans aucune lourdeur; très racé, élégant, nourri par un long élevage sur lattes. Une amertume noble met le fruit en relief et ajoute à sa complexité, d'une certaine manière. Longue finale saline et tout en nuances. Déjà excellent, il pourra révéler d'agréables surprises au cours des cinq à six prochaines années. Disponible en importation privée chez vins Bathazar.

Importation privée

75 $ ☆☆☆☆ ½

BENJAMIN BRIDGE

Méthode classique Brut 2011

Si on en juge par la qualité de cette méthode traditionnelle composée de chardonnay à 100 %, le millésime 2011 semble porteur pour Benjamin Bridge. Au nez, on décèle de délicates notes végétales qui ne nuisent en rien à sa pureté ni à son élégance. La bouche est complexe et profonde, évoquant le sel de la terre plus que le fruit. Finale persistante, au registre aromatique singulier, très *umami*. Très beaux accords gastronomiques en perspective.

0 695555 000546

13193690 49,75 $ ☆☆☆☆

BLUE MOUNTAIN

Gold Label

La famille Mavety cultive la vigne depuis plus de 20 ans dans le sud de la vallée de l'Okanagan, où elle produit, entre autres, ce vin effervescent issu de pinot noir, de chardonnay et de pinot gris, fermentés séparément, assemblés, puis élevés sur lies fines pendant 24 mois. Très frais et très pur lorsque goûté de nouveau en juillet 2017. Le dosage semble mieux se fondre à l'ensemble et le vin m'a semblé avoir une fraîcheur supplémentaire. Les saveurs de pomme verte se mêlent à de jolies notes briochées, laissant en bouche une sensation à la fois gourmande et vibrante, grâce à une acidité bien dosée. Bonne bouteille à apprécier à l'apéro autant qu'à table, avec un pavé de morue.

0 626452 601130

12826192 28,45 $ ☆☆☆ ½

ROEDERER ESTATE

Brut, Anderson Valley

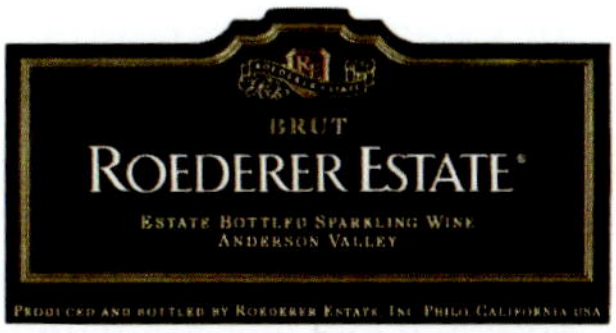

À son arrivée en Californie au début des années 1980, Roederer a été parmi les premières maisons à s'établir dans Anderson Valley. Lorsque dégusté à l'aveugle aux côtés de grandes cuvées de Champagne, ce vin se taille presque toujours une place dans le peloton de tête. Goûté à plusieurs reprises chaque année, il offre un très bon équilibre entre la plénitude de raisins bien mûrs et la signature d'élégance de Roederer. Toutes catégories confondues, il reste l'un des meilleurs mousseux sur le marché. On achète les yeux fermés.

0 097546 102008

294181 35,25$ ☆☆☆☆ ♥

ROEDERER ESTATE

Brut Rosé, Anderson Valley

Même s'il n'égale pas la qualité et le raffinement de la cuvée Brut (commentée ci-dessus), ce vin est l'un des bons effervescents rosés produits hors Champagne que j'ai goûtés au cours de la dernière année. La bouteille dégustée en juillet 2017 avait été dégorgée en février 2016 et n'accusait aucune fatigue. Les goûts de fruits rouges sont nets et expressifs, des notes de beurre et de pain grillé jouent en trame de fond. L'effervescence est fine et le vin a beaucoup d'élan, quoique j'aurais aimé y trouver un peu moins de dosage (14 g/l).

0 097546 182000

12998904 44$ ★★★ ½

BAUD

Brut sauvage, Crémant du Jura

Excellent crémant composé de chardonnay (70%) et de pinot noir, et dosé à hauteur d'à peine 3,5 g/l. L'onctuosité et le gras de ce vin sont plutôt attribuables à un long élevage sur lattes (24 mois). Un vin ample, nourri de saveurs de pomme compotée, de pâte d'amande, de noisettes rôties. À ce prix, il est rare de trouver un vin effervescent qui ait autant d'étoffe et de caractère.

12100316 26,50$ ☆☆☆☆ ♥

3 584605 310001

BERNHARD & REIBEL

Crémant d'Alsace

Crémant d'Alsace issu de l'agriculture en biodynamie, un peu atypique par sa composition de chardonnay (80%) et de pinot noir. Nettement plus ample et vineux que la moyenne des crémants de Bourgogne ou du Jura, le vin plaît d'emblée par son nez mûr, riche et expressif, mais c'est surtout en bouche qu'il se distingue, grâce à son relief de saveurs complexes et à son volume, auquel contribue un vieillissement de 18 mois sur lattes. Belle bouteille. Excellent rapport qualité-prix.

13133224 25,95$ ☆☆☆☆ ♥

3 760019 050447

CARÊME, VINCENT

Vouvray Brut 2014

Tel un funambule, ce vouvray brut donne l'impression de marcher sur un mince fil de fer, traduisant à merveille le sens du mot «tension», employé de plus en plus fréquemment pour désigner des vins francs, sveltes et droits. Le 2014 met en valeur la structure et l'acidité vibrante du chenin blanc, si bien qu'on sent à peine les 7 g/l de sucre du dosage. Beaucoup de vie et de nuances aromatiques, sous le signe de l'élégance. Cette année encore, on achète à la caisse.

11633591 25,05$ ☆☆☆☆ ♥

3 770003 649724

LAURENS

Crémant de Limoux 2014, Tête De Cuvée, Clos Des Demoiselles

Au sud de Carcassonne, le Champenois Michel Dervin produit un excellent crémant qui conjugue les vertus des cépages chardonnay, chenin blanc et mauzac. J'ai particulièrement aimé la vigueur et la structure du 2014. Vif et nerveux, presque tannique tant la matière est compacte, savoureux et racé. En prime, une finale saline qui fait saliver et qui ouvre l'appétit. Excellent vin d'une constance exemplaire. Pour toutes ces raisons, une Grappe d'or bien méritée!

10498973 22,50$ ☆☆☆☆ ② ♥

3 760072 420126

LOUIS BOUILLOT

Crémant de Bourgogne 2012, Perle Rare

Un cran plus mûr encore en 2012, sans sacrifier la fraîcheur et la vitalité, ce crémant sent bon la mie de pain et la crème pâtissière. Moins sucré que par le passé, il me semble, et pourtant plus complet, plus consistant. Finale élégante ponctuée d'une délicate amertume qui ajoute à sa longueur en bouche. Goûté un an plus tard, le 2012 n'avait pas pris une ride.

884379 21,55$ ☆☆☆ ½ 3 174470 080156

PIUZE, PATRICK

Non Dosé, Méthode Traditionnelle, Vin de France

Le Québécois Patrick Piuze s'est associé à la maison champenoise Moutard-Diligent pour produire un bon vin effervescent issu de raisins cultivés hors champagne, ce qui se reflète dans le prix. Le nez évoque des saveurs sucrées, mais le vin est plutôt vif, tranchant, portant les élégantes saveurs de poire du chardonnay, sur fond de crème pâtissière et de notes calcaires. La texture onctueuse est élevée par une bulle fine, qui donne au vin une allure quasi aérienne. Prix doux, top qualité! Retour en succursales prévu en novembre 2017.

12999181 24,95$ ☆☆☆☆ ② ♥ 3 440747 509683

VEUVE AMBAL

Crémant de Bourgogne, Brut Prestige

Un crémant de forme classique, aux parfums dominants de brioche et de crème pâtissière, sur un fond de pâte d'amande. Si vous aimez les mousseux amples, crémeux et passablement dosés, vous serez servi à prix doux.

12889134 23,50$ ☆☆☆ 3 299641 113959

VITTEAUT ALBERTI

Crémant de Bourgogne, Brut Blanc de blancs

Cette maison fondée en 1951 à Rully se spécialise dans l'élaboration de crémant de Bourgogne. Ce vin de chardonnay repose sur des bulles fines; le nez est intense, riche d'une foule de détails aromatiques, entre la pomme fraîche et le pain brioché à peine sorti du four. À la fois élégant, rond et vineux – mais sans mollesse –, il offre longueur et complexité. L'amateur de crémant de facture classique y trouvera son compte, surtout à ce prix.

12100308 23,95$ ☆☆☆☆ 3 760078 490079

Le prosecco tel qu'on le connaît aujourd'hui est né au courant des années 1930, dans la province de Trévise, dans le nord de l'Italie. Il est élaboré selon la méthode Charmat (ou cuve close), un procédé moins coûteux que la méthode traditionnelle (champenoise), qui permet aussi de préserver les arômes fruités primaires du cépage glera (aussi appelé prosecco).

ASTORIA FANÒ

Asolo Prosecco Superiore 2016

Très bon prosecco issu de raisins cultivés sur les collines voisines de la ville d'Asolo. À l'ouverture, des notes sulfureuses masquent le fruit; le vin se révèle après une quinzaine de minutes d'aération. On y distingue alors des nuances citronnées et florales, portées par une bulle plutôt fine pour l'appellation. Très bien si vous recherchez un prosecco relativement sec (7,1 g/l).

13056370 19,60$ ☆☆☆ ½ ①

0 670814 000901

BISOL

Prosecco di Valdobbiadene 2016, Crede

Fondée au XIXe siècle, la vieille cave de la famille Bisol jouit d'une excellente réputation au sein de cette appellation vénitienne. Le Crede – dont le nom fait référence aux terrains argileux d'où les vignes de prosecco, de verdiso et de pinot blanc tirent leur sève – est l'un des meilleurs vins de l'appellation offerts sur le marché. Fin, frais, salin et aérien; pratiquement sec, gorgé de saveurs fruitées et minérales. Excellent vin, aussi disponible en magnum. (11549349; 42$)

10839168 20,75$ ☆☆☆☆ ① ♥

8 053251 820110

FERRARI

Trento Brut

Issu exclusivement de chardonnay et élevé pendant un minimum de 24 mois, ce vin se distingue par la finesse de sa bulle, son ampleur en bouche et sa finale minérale. Relativement sec, avec une finale rafraîchissante aux goûts de pomme verte et de pain grillé. Très bon vin d'apéritif.

10496898 24,95$ ☆☆☆ ½

8 007355 006017

FERRARI

Trento Brut Rosé

Spécialiste du genre avec une production annuelle de plus de 700 000 bouteilles, la famille Lunelli excelle dans l'élaboration de vins mousseux de qualité dans le Trentin. Quasi sec et tout à fait digeste, le rosé séduit par ses goûts de fruits rouges et de pâtisserie. La mousse est fine et laisse en finale des arômes d'eucalyptus qui accentuent la sensation de fraîcheur.

10496901 32,25$ ★★★ ½

8 007355 006154

FOSS MARAI

Prosecco, Brut

Depuis sa création, Foss Marai est un nom important du prosecco. Plutôt délicat, avec des parfums de miel, de fleurs blanches et de citron, ce vin, bien qu'il soit considérablement sucré, est soutenu par une acidité importante, qui lui permet de conserver un bon équilibre. Simple, mais friand et tout à fait recommandable.

12580250 19,90$ ☆☆☆ ②

8 009587 010244

FRATELLI BERLUCCHI

Franciacorta 2010, Brut

Quelle finesse! Ce qui n'a rien d'étonnant quand on sait que cet effervescent a reposé 55 mois sur lies fines avant d'être mis en marché. Et la bulle n'a pas le monopole de la finesse: les saveurs se déploient elles aussi tout en nuances, entre les fleurs et les fruits blancs, les épices, les accents de calcaire et les délicieux parfums de pâtisserie qui persistent en finale. Élégant, très chic et abordable.

13336937 36,75$ ☆☆☆☆ ② ▼

8 000583 010047

NINO FRANCO

Prosecco di Valdobbiadene, Brut

Dans les collines du nord de la Vénétie, Primo Franco produit de délicieux vins mousseux fruités, élégants et d'une pureté exemplaire. Un peu moins sec que le Crede de Bisol, ce prosecco di Valdobbiadene se rattrape par son volume en bouche et la richesse de ses saveurs fruitées et florales. Élégant et de bonne longueur.

349662 20,60$ ☆☆☆ ½

8 016104 237503

SANTI NELLO

Prosecco

Un mousseux de Vénétie qu'on appréciera pour sa légèreté, sa rondeur et l'originalité de ses saveurs, à défaut de finesse. Léger en alcool (11 %) et marqué d'une sucrosité perceptible. Un bon prosecco d'entrée de gamme.

10540730 15,55$ ☆☆ ½

8 008863 014341

L'appellation Cava est employée en Espagne pour désigner les vins mousseux élaborés selon la méthode traditionnelle, autrefois appelée méthode champenoise. Plus de 85% des cavas proviennent de la région catalane du Penedès.

CODORNIU

Codorniu, Brut Clasico Cava

Le plus connu des cavas espagnols est de qualité constante. Moins sucré (11 g/l) et empyreumatique que dans mes souvenirs. Bien fait dans un style commercial.

503490 15,05$ ☆☆ ½

8 410013 381010

JUVÉ Y CAMPS

Cava 2013, Brut Nature, Reserva de la Familia

Un cava de facture traditionnelle qui profite d'un élevage prolongé sur lies. Sec, pas très exubérant, un peu austère même, ses parfums se développent après quelques minutes d'aération. Notes terreuses et minérales; un vin assez racé, ponctué d'une saine amertume en finale. À apprécier à table avec une poêlée de palourdes au chorizo.

10654948 22,25$ ☆☆☆ ½

8 424487 600188

MESTRES

1312, Reserva Brut

En 1312, la famille Mestres cultivait déjà la vigne sur les Clos Damiana et Nostre Senyor, à Sant Sadurní d'Anoia, noyau historique de la production de Cava dans le Penedès. Josep Mestres fut d'ailleurs le premier à inscrire le nom «cava» sur ses étiquettes, inspiré par les caves où dormaient ses bouteilles d'effervescents. Issu de macabeo, de xarel-lo et de parellada, et élevé sur lies pendant 18 mois, le vin déploie d'abord des saveurs de brioche et de levure, puis il laisse en finale une sensation minérale très franche, dont les parfums rappellent le calcaire. Beaucoup de caractère et de longueur pour le prix. Nouvel arrivage prévu en décembre 2017, juste à temps pour le nouvel an!

13232581 20,55$ ☆☆☆☆ ① ♥

8 437001 132010

MESTRES

Gran Reserva Brut Nature, Visol

Des vignes de macabeo, de xarel-lo et de parellada âgées de plus de 50 ans, conjuguées à un vieillissement sur lies de plus de 50 mois donnent à ce brut nature une profondeur et une texture d'une richesse considérable, soutenue par une effervescence délicate et persistante. Fruits jaunes, pâte d'amande et pain grillé se donnent la réplique et le vin termine sur une note *umami* qui ouvre l'appétit pour un plat de pieuvre, des sardines grillées ou des crevettes à la *plancha*. Miam! Arrivée à la SAQ en décembre 2017.

En primeur

13408021 29,25$ ☆☆☆☆

PARÉS BALTÀ

Cava Brut

Les vignes de la famille Cusiné sont conduites en agriculture biologique. Issu des cépages parellada, maccabeu et xarel-lo, le cava d'entrée de gamme du domaine est un vin harmonieux et bien proportionné, joliment fruité, sans les notions de raisins cuits et de caoutchouc brûlé qui affligent plusieurs mousseux espagnols dans cette gamme de prix. Rapport qualité-prix et constance remarquables.

8 410439 034354

10896365 17,95$ ☆☆☆ ½ ♥

SUMARROCA

Brut Nature 2012, Gran Reserva

Alors que tant de vins effervescents tendent vers l'exubérance et la rondeur, ce cava nouvellement arrivé à la SAQ s'avère beaucoup plus près de la terre que du fruit. Très sec – c'est un brut nature, après tout – il déploie au nez comme en bouche des parfums de pain grillé, mais aussi des notes de légumes-racines, de thé pu-erh et de sous-bois, portés par une bulle très fine, résultant d'un élevage sur lies de 36 mois. Une légère astringence en finale accentue son caractère désaltérant.

En primeur

13408929 19,30$ ☆☆☆☆ ① ♥

VILLA CONCHI

Brut Selección

Plutôt discret au nez, mais séduisant en bouche avec ses goûts de pomme et ses notes de pâtisserie qui rappellent un pain de ménage frais sorti du four. Pas très long, mais soutenu par des bulles fines et doté d'un bon équilibre. Un bon achat à moins de 20$.

En primeur

12728533 16,75$ ☆☆☆

VINS ROSÉS

LE ROSÉ EN DEUX TEMPS

Un peu comme le fromage en grains auprès des amateurs de fromages fins, le rosé est consommé de façon abondante, avec un plaisir certain, mais sans être vraiment pris au sérieux. En d'autres termes: on l'aime – chiffres à l'appui – mais on ne s'en vante pas.

La consommation mondiale de rosé a connu une augmentation de 20 % de 2002 à 2014. Au Québec, les ventes de vins rosés produits hors Québec ont progressé de 9,4 % de 2015 à 2016 et celles de vins rosés québécois, de plus de 40 %. Ils ont généré à eux seuls près de 1,5 million de dollars à la SAQ.

Tous les rosés ne naissent pas égaux. Et pour apprécier à sa juste valeur ce vin d'été, il faut savoir qu'il se décline en trois grandes catégories: les rosés de saignée, les rosés de pressurage direct et les rosés dits «de piscine», c'est-à-dire sucrés. Je ne m'attarderai que sur les deux premiers, les rosés sucrés n'ayant, à mon avis, aucun intérêt.

Le rosé de saignée est issu d'une macération en cuve, de plus ou moins 24 heures, avant le pressurage. Ce contact prolongé avec la peau des raisins noirs donnera par conséquent des vins plus colorés et plus structurés que la moyenne. Le rosé de pressurage direct, comme son nom l'indique, est pressé avant que les raisins aient eu le temps de libérer trop de pigments et de tanins. C'est le modèle du rosé de Provence – pâle, délicat, aérien –, qu'on aborde dans le même esprit qu'un vin blanc.

Dans leur forme la plus pure et achevée, les bons rosés sont des leçons de minimalisme. Comme un chant a cappella, le rosé se joue en nuances, en précision et en équilibre, sans effets spéciaux. Toute fausse note transparaît. Ce sont des vins qui chuchotent plutôt que de crier. Avec l'omniprésence du bruit dans notre environnement, qui s'en plaindra?

Ce texte a été publié dans *L'actualité* du 1er juin 2017.

CHÂTEAU REVELETTE

Coteaux d'Aix-en-Provence rosé 2016

Un vin d'une exquise pureté et d'une grande profondeur aromatique, qui met en évidence le talent du vigneron Peter Fischer. Bouche riche d'une foule de nuances florales et anisées, sur un fond de petits fruits rouges. Tout ce qu'il faut de structure, une finale saline et une excellente longueur. Si vous doutez encore que les rosés peuvent être des vins sérieux, les centaines de caisses se sont envolées en un rien de temps. En souhaitant que la SAQ renouvelle la commande l'an prochain.

13212002 19,50$ ★★★★ ② ♥ ▼

3 766699 211109

CLOS BELLANE

Côtes du Rhône rosé 2016, Altitude

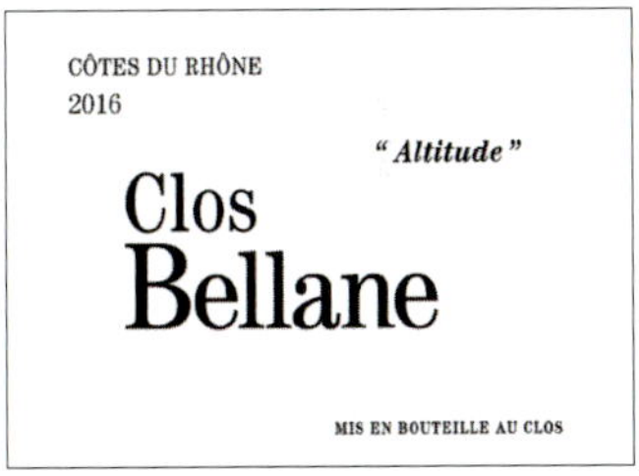

L'altitude et l'orientation du vignoble – juché à 410 m et tourné vers l'est – de même que la présence de sols calcaires expliquent peut-être la grande vitalité qui émane de ce rosé de pressurage direct. Rien qu'à la couleur et au nez, on devine qu'on est en présence d'un vin de qualité. La bouche est fraîche et élégante, ponctuée de saveurs délicates de fruits rouges, avec une délicieuse sensation de minéralité. Ajoutez à cela une excellente tenue de bouche et une bonne longueur, et vous avez tous les éléments pour un apéro réussi!

12513567 20,85$ ★★★ ½ ② ▼

3 760037 260040

DOMAINE DU DEFFENDS

Rosé d'une Nuit 2016, Suzel de Lanversin, Coteaux Varois en Provence

Produit sur les sols calcaires des contreforts des monts Auréliens, dans les Coteaux Varois, ce rosé biologique est soutiré, comme son nom l'indique, dans la nuit suivant la récolte. Les baies de grenache noir n'ont donc eu que quelques heures pour colorer le jus et donnent un vin fort réussi. Sec, élégant et très fin, structuré sans être tannique, ponctué de saveurs pures et précises, qu'une salinité et une délicate amertume étirent en finale. Excellent!

12638491 24,40$ ★★★★ ① ▼

3 469690 000146

DOMAINE ST-JACQUES

Rosé 2016

En 2016, ce rosé de Montérégie - issu d'un assemblage de lucy kuhlmann et de maréchal foch - affiche une couleur pâle et mise davantage sur la vivacité que sur la rondeur. Filiforme et délicat, mais aussi croquant, avec de bons goûts de petits fruits rouges acidulés. Très bon rosé d'apéritif, sec et désaltérant comme il se doit.

0 827924 079048

11427544 15,45$ ★★★ ½ ① ♥ ▼

LE GRAND CROS

Côtes de Provence 2016, L'Esprit de Provence

La famille Faulkner produit un rosé particulièrement intense et substantiel dans la commune de Carnoules, en Côtes de Provence. Leur 2016 est nerveux en attaque, mais tapisse la bouche d'une texture ample et vineuse; les saveurs fruitées et florales sont soulignées d'une amertume noble, qui contribue par ailleurs au relief et à la longueur du vin. Très belle bouteille à savourer à table.

3 760169 596017

12684665 20,95$ ★★★★ ② ▼

MEFFRE, GABRIEL

Tavel 2016, Saint-Ferréol

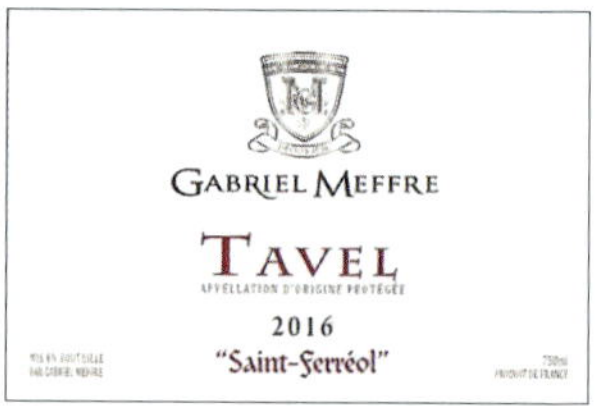

Ce vin fait honneur à la réputation de l'appellation Tavel, dans le sud du Rhône, connue pour ses rosés de saignée. Le caractère aromatique est marqué par le cépage grenache, la texture est passablement charnue, presque tannique, et le vin est taillé sur mesure pour la table. On gagnera même à l'aérer en carafe une heure avant de le servir.

3 142920 026702

13204820 21,95$ ★★★ ½ ② ▼

TERRE ROUGE

Vin Gris d'Amador 2015, Sierra Foothills

À l'ouverture, des relents de soufre masquent un peu l'expression du fruit. Après une brève aération - une demi-heure dans la bouteille - le vin se révèle sous un jour plus harmonieux. Un très bon rosé misant sur la structure, plus que sur la légèreté, et auquel le mourvèdre confère une certaine originalité aromatique, entre les fruits rouges, les épices et les notes sanguines. Plus cher que la moyenne des rosés, mais il ne manque ni de caractère ni de longueur. Servez-le à table pour l'apprécier à sa juste valeur et n'hésitez pas à le verser en carafe.

0 690171 001014

11629710 28,90$ ★★★ ½ ②

VIGNOBLE RIVIÈRE DU CHÊNE

Le Rosé Gabrielle 2016

Ce domaine des Basses-Laurentides produit un bon rosé, composé de seyval noir, de sainte-croix, de frontenac gris et de sabrevois. Le nez déploie des parfums de banane verte et de petits fruits rouges; en bouche, le vin est bien sec, assez gras et soutenu par une saine acidité, qui se fond bien à l'ensemble. Bon vin à apprécier à l'apéro ou à table, avec une truite arc-en-ciel.

10817090 14,70$ ★★★ ① ▼

0 827924 036171

Disponibles à l'année (ou presque)

GASSIER, MICHEL

Buti Nages 2016, Costières de Nîmes

Un vin biologique au nez expressif et à la bouche franche, dépourvue de sucre; assez vineux, soutenu par une saine acidité et une pointe saline en finale. Impeccable!

427625 14,55$ ★★★ ½ ① ♥

3 760036 080366

JEANJEAN

Le Pive Gris 2016, Sable de Camargue

Un rosé biologique, sec, délicatement parfumé et harmonieux. Toujours très recommandable.

11372766 15,05$ ★★★ ①

3 186127 750855

LES VIGNERONS DE TAVEL

Tavel 2016, Domaine du Vieil Aven

Sans être le plus complexe des vins de Tavel, ce rosé présente la tenue en bouche et la structure propres à l'appellation.

640193 18,55$ ★★★ ①

3 399600 112709

VINS FORTIFIÉS

Les pages suivantes regroupent tous les vins auxquels de l'alcool a été ajouté à une certaine étape de leur élaboration. En France, on utilise, selon le cas, les expressions «vin muté», «vin doux naturel», «vin de liqueur» ou encore «mistelle». Nous avons plutôt opté pour le terme «vin fortifié» (*fortified wine* en anglais), qui paraît ici plus approprié.

Capiteux et souvent doux, ces vins sont enrichis d'une certaine quantité d'eau-de-vie, avant, pendant ou après la fermentation. Avant et pendant, elle permet de préserver le sucre naturel du raisin; après, elle contribue à hausser le taux d'alcool final du produit.

Les vins moelleux n'ont pas vraiment leur place à l'apéritif – c'est un peu comme manger des gâteaux en guise de hors-d'œuvre –, mais ils couronnent le repas avec une note de chaleur et de réconfort. Peu de vins offrent une si belle répartie aux saveurs puissantes et à la texture grasse de fromages goûteux, comme le bleu, par exemple.

Les ventes de porto au Québec ont sensiblement ralenti depuis 10 ans. La qualité des vins n'a pourtant pas fléchi, et les meilleurs vintages figurent encore parmi les vins les plus racés du monde; mais les habitudes de consommation ont changé dans les marchés traditionnels et le porto n'a plus la cote d'autrefois. Devant ce constat, plusieurs maisons tentent de se réinventer et orientent plus que jamais leurs efforts vers la production de vins de table.

Le sud de la France est également la source de très bons vins doux naturels, à Banyuls et à Maury: riches et généreux comme le promet le grenache noir, cépage dont ils sont issus, pleins d'originalité et de caractère. Et si le sucre ne vous fait pas peur, goûtez le muscat de Rivesaltes commenté dans ces pages. Vous aurez l'impression de mordre dans la grappe!

Après des décennies de déclin, la popularité des xérès connaît un regain auprès d'une jeune clientèle curieuse de saveurs nouvelles. Le succès touche surtout les vins secs (fino, manzanilla et oloroso), mais on observe aussi une croissance du côté des amontillados. Enfin!

LES DERNIERS MILLÉSIMES À PORTO

2016
Au terme d'une saison végétative difficile, les raisins ont peiné à mûrir dans différents secteurs. Qualité hétérogène. Comme une déclaration semble improbable, 2016 sera sans doute une année de *Single quinta*.

2015
Une saison presque parfaite. Été de canicule et de sécheresse, suivi de quelques jours de pluie en septembre qui ont permis de rafraîchir les raisins, juste à temps pour une récolte sous le soleil. Plusieurs déclarations en perspective.

2014
Une année hétérogène. Les vignobles du Douro qui ont échappé aux pluies de septembre porteront de beaux fruits.

2013
Année très ordinaire pour le porto. Peu ou pas de déclarations en vue.

2012
Plusieurs déclarations de ce que les Anglais appellent un single quinta vintage, c'est-à-dire un vin commercialisé sous le nom du cru, dans les millésimes non déclarés officiellement.

2011
Les températures élevées du mois de juin ont brûlé quelques grappes. Très bonne année pour le porto, avec de faibles rendements, une grande concentration, des tanins fermes et une acidité notable. La plupart des maisons ont déclaré.

2010
Autre année de sécheresse dans le Douro. Qualité jugée satisfaisante, mais peu de déclarations. Une année pour les single quinta vintage.

2009
Mois d'août cuisant et sec, et vendanges commencées 15 jours plus tôt qu'en 2008. Qualité variable. Les vignobles en altitude ont donné les meilleurs vins.

2008
Récolte déficitaire, jusqu'à 30 %. Qualité hétérogène, parfois très satisfaisante. Quelques déclarations de single quinta vintage.

2007
Récolte inférieure à la moyenne ; un été sec et des raisins de grande qualité. Plusieurs professionnels considèrent que 2007 est l'un des meilleurs millésimes des dernières décennies, à l'instar des 2000, 1994, 1977 et 1970. Déclarations généralisées.

GONZÁLEZ BYASS

Tío Pepe

Le fino le plus connu au monde est toujours aussi bon. Un xérès jeune et frais en bouche, étonnamment facile à boire en dépit de son taux d'alcool de 14,5%. À noter que González Byass commercialise aussi un somptueux xérès *en rama*, qui brille malheureusement par son absence sur les tablettes de la SAQ. Aussi disponible en demi-bouteille (743997 ; 9,90$)

242669 19,45$ ☆☆☆

8 410023 000031

LUSTAU

Amontillado, Los Arcos, Solera reserva

L'amontillado est un fino vieilli qui a perdu sa *flor*. Sec, mais puissant et plantureux, avec des saveurs intenses, mais aussi beaucoup de corps. Quatre étoiles bien méritées pour un excellent vin, pas du tout édulcoré.

13035915 19,95$ (375 ml) ☆☆☆☆

8 412325 000900

LUSTAU

East India Solera

Composé d'oloroso classique et de 20% de pedro ximénez, le vin fait preuve d'une richesse et d'une race uniques, mettant en relief des accents de fumée, de caramel brûlé et de dattes. Laissez tomber le dessert et découvrez plutôt le charme exquis de cette spécialité andalouse.

12993011 23,05$ ☆☆☆☆

0 097985 287007

LUSTAU

Fino del Puerto, Almacenista José Luis González Obregón

Ce fino se dessine avec complexité et profondeur, offrant une explosion de saveurs de noix, d'amande, de poire et d'orange. En bouche, le vin est presque tannique, nettement plus intense que le manzanilla, concentré, *umami* et porté par des amers nobles.

12340150 21,80$ (375 ml) ☆☆☆☆ ①

8 412325 002935

LUSTAU

Manzanilla Papirusa

Un fino très sec connu pour sa légèreté, qui provient de Sanlúcar de Barrameda, en bordure de l'Atlantique. La bouteille goûtée en juillet 2017 était d'une jeunesse éblouissante, avec une explosion de saveurs singulières, entre la pâte miso, l'eau de mer et les herbes des prés salés. Hyper complexe, chaleureux et désaltérant. Un petit bonheur estival à siroter avec des amandes rôties, des olives et des sardines grillées.

11767565 12,60$ (375 ml) ☆☆☆☆ ① ♥

0 097985 274021

LUSTAU

Manzanilla Pasada, Almacenista Manuel Cuevas Jurado

Sec, plus profond et complexe que le Papirusa, quoique moins désaltérant. Concentré et intense, il présente un registre de saveurs animales et noisettées, soulignées d'une amertume noble et d'une salinité qui fait saliver. Sa finale chaleureuse fait bien sentir son taux d'alcool (17%). Le fait qu'il soit déjà évolué ne devrait pas vous faire douter de sa capacité à vieillir. Contrairement au manzanilla frais, qui gagne à être bu dès sa mise en marché, le manzanilla pasada tend à mieux résister à l'épreuve du temps.

8 412325 002911

12340248 35,50$ ☆☆☆☆ ½ ②

LUSTAU

Oloroso Don Nuno

L'oloroso n'a jamais été élevé «sous voile». Riche et vineux, il donne néanmoins l'impression d'un vin sec. Persistant, savoureux, relevé de notes complexes de torréfaction et de noix, il laisse en bouche une sensation chaleureuse et enveloppante. Un excellent compagnon pour les poissons grillés. Arrivée prévue en novembre 2017.

8 412325 000221

13035851 32$ ☆☆☆☆

LUSTAU

Palo Cortado de Jerez, Almacenista Cayetano del Pino y Cía

Le palo cortado désigne un vin qui a perdu sa *flor* et qui se situe stylistiquement à mi-chemin entre un amontillado et un oloroso. On retrouve dans cette cuvée almacenista des notes caractéristiques de beurre, sur un fond très prononcé de noix rôties. Une grande intensité en bouche, une trame saline et des saveurs pénétrantes, qu'une amertume noble tire en finale. Quoique puissant, il pourra donner de beaux accords à table.

8 412325 003628

12365761 35,25$ (375 ml) ☆☆☆☆

LUSTAU

Puerto Fino

L'archétype du fino: vivifiant et tonique, à la texture ample et aux arômes caractéristiques d'olive verte. Très sec, désaltérant et d'une complexité aromatique incomparable, que met en relief une acidité bien présente. Il sera à son meilleur à l'apéro, par une chaude journée d'été. Et surtout, sans glaçons!

0 097985 843005

11568347 18,80$ ☆☆☆☆ ① ♥

BADENHORST, ADI

Caperitif

En 2014, le mixologue danois Lars Lyndgaard a proposé à Adi Badenhorst, vigneron réputé du secteur de Swartland, de l'aider à redonner vie au Caperitif, une boisson très populaire à la fin du XIXe siècle. La version moderne du Caperitif est un vin blanc muté à l'alcool et aromatisé de quinine et d'un assemblage d'herbes et d'épices authentiquement sud-africaines, comme le fynbos – ensemble de buissons aromatiques qui s'apparente à la garrigue méditerranéenne – et l'écorce de *naartjies*, une mandarine locale.

12831872 28,75$ ☆☆☆☆

6 009800 591569

BLENDED & MATURED

Vermell, Vermut rojo

Un autre vermouth espagnol, produit dans la région d'Alicante et issu de garnacha et de monastrell, additionnés d'un moût concentré de moscatel. Le vin est ensuite mis à macérer pendant deux mois avec une vingtaine d'aromates. Il en résulte un vin riche et complexe, auquel une juste dose de tanins apporte une agréable fraîcheur. Une amertume noble étire par ailleurs les saveurs de menthe, de fleurs et d'épices en finale.

13229963 25,25$ ★★★★

8 414606 512485

DOMAINE LAFRANCE

Rouge Gorge, Vermouth de cidre

La famille Lafrance élabore un délicieux vermouth à base de cidre et d'eau-de-vie de pommes distillée au domaine de Saint-Joseph-du-Lac, dans les Laurentides. Le tout est assaisonné d'une centaine d'herbes et épices. Les puristes lui reprocheront peut-être de ne pas être élaboré à partir de vin, comme le veut la tradition, mais sa rondeur et ses goûts généreux de pomme cuite et d'épices auront vite fait de les rallier.

0 841125 074152

12979092 26,75$ ★★★ ½

ENTRE PIERRE & TERRE

Le Vermouth de Pomme

À Franklin, en Montérégie, Loïc Chanut élabore des cidres, poirés et vins de fruit tout à fait originaux. Le dernier né du domaine : un vermouth de pomme. Un cidre de glace dans lequel on a laissé infuser une sélection d'herbes, d'épices et de fleurs, avec de l'absinthe comme amérisant. Le résultat est singulier, mais fort réussi. Le nez mêle des parfums de pomme blette et d'anis. En bouche, l'équation acidité, sucre et tanins est au point, et une légère astringence en finale rend cette curiosité encore plus digeste et désaltérante. Excellent !

0 627843 195368

13258271 24,85$ ☆☆☆☆ ♥

GONZÁLEZ BYASS

Vermouth rouge, La Copa

Délicieux et marqué par les parfums d'un oloroso. Des goûts de noix et de fruits secs s'ajoutent aux notes d'herbes, de quinine et d'épices, créant un ensemble assez complexe. Bon équilibre entre la douceur et l'amertume, quoique je l'aurais aimé davantage avec un peu moins de sucre. À apprécier sur glace ou en negroni.

13137647 24,35$ ★★★ ½

8 410023 035682

LUSTAU

Vermouth

L'intensité en bouche de ce vermouth et sa richesse ne sont pas sans rappeler celles d'un oloroso. Il offre aussi plus de structure et de longueur que la plupart des vermouths sur le marché. Bonne extraction tannique, amers de qualité et saveurs complexes, mariant les herbes médicinales à l'écorce d'orange et aux épices douces. Excellent vermouth que tout amateur de negroni devrait avoir en réserve à la maison.

12979084 29$ ★★★★ ♥

8 412325 003383

MARTÍNEZ LACUESTA

Vermouth blanco

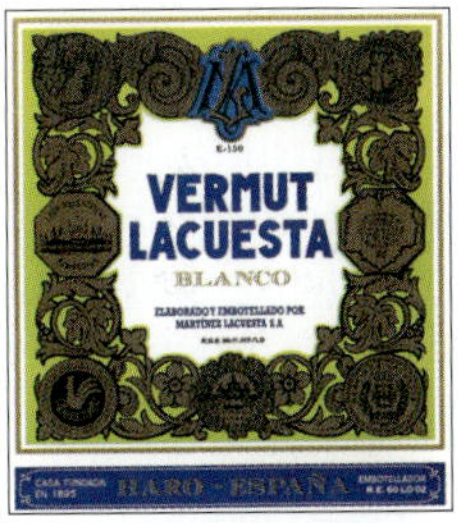

Au nez, des parfums de gingembre et de pain d'épices nous ramènent en enfance. En bouche, s'ajoutent des notes de cannelle et de vanille, portées par une texture vineuse et chaleureuse, mais pas sucrée outre mesure et encadrée d'une juste dose de tanins, qui harmonise le tout et donne du tonus à ce très bon vermouth vendu à un prix quasi dérisoire. Vraiment, on serait fou de s'en passer.

13264283 15,30$ ☆☆☆☆ ♥

0 690463 604008

MARTÍNEZ LACUESTA

Vermouth rojo

Un vermouth de couleur ambrée dont la recette remonte à 1937. Le nez est relevé d'herbes, d'épices et de vanille, peut-être attribuable à un élevage en fûts de chêne américain. Le sucre est présent, mais une trame amère et des notes de menthe séchée apportent un contrepoids à la richesse et à l'alcool. Très bon rapport qualité-prix.

13264275 15,30$ ★★★ ♥

0 690463 354002

DOMAINE LA TOUR VIEILLE

Banyuls Rimage 2015

Depuis quelques années, je redécouvre le plaisir des vins mutés à travers les banyuls et les maurys. Le 2015 du Domaine La Tour Vieille – qui produit également de très bons rouges secs de Collioure – est un modèle du genre. Puissant et gorgé des saveurs de cacao et de cerise confite du grenache noir, et pourtant si élégant avec sa texture caressante. Une certaine fermeté tannique, conjuguée à des parfums de garrigue, apporte une agréable sensation de fraîcheur. À la fin du repas, avec un carré de chocolat noir: un régal!

3 760087 610017

884908 25,60$ (500 ml) ★★★★ ② ♥

FONSECA

Vintage 2000

Fonseca, une entreprise associée à Taylor Fladgate, produit des portos vintages à faire rêver. À plus forte raison celui-ci, considéré comme l'un des triomphes du millésime. Un vin somptueux et encore jeune, qui témoigne d'une subtilité et d'une race incomparables. Multidimensionnel, profond et pénétrant. Une trame tannique tricotée serrée, une structure impressionnante et un large spectre aromatique. On peut très bien le goûter dès maintenant, mais rien ne sert de se presser puisqu'il restera au sommet jusqu'en 2030, au moins.

0 040007 089905

708990 120,50$ ★★★★→★

MAS AMIEL

Maury 2013

Le magnat de l'industrie alimentaire Olivier Decelle a acheté cette belle propriété du Roussillon où il produit une gamme de vins exemplaire. Le 2013 déploie au nez comme en bouche l'intensité habituelle du grenache sur les sols de schiste de Maury. Du corps, des tanins veloutés, mais compacts, et des saveurs pénétrantes de chocolat noir, d'épices et de kirsch, mêlées à des notes anisées et poivrées qui vont crescendo en finale. Aussi disponible en demi-bouteille (733808; 21,05$).

3 281540 031137

11544151 34$ ★★★★ ② ♥

RAMOS PINTO

Late Bottled Vintage 2011

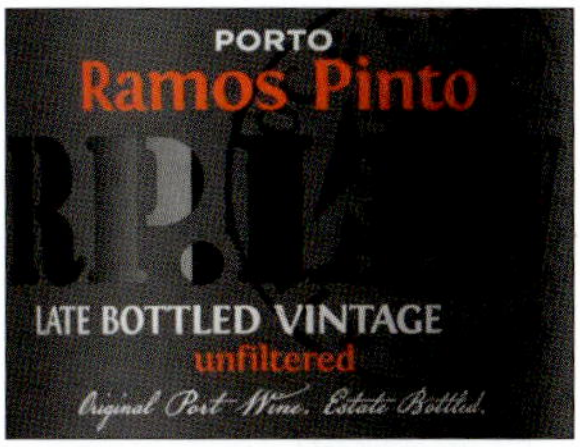

Un autre coup de maître pour Ramos Pinto, maison appartenant au groupe champenois Roederer et surtout connue pour ses délicieux tawnys. Ce LBV de style traditionnel a la complexité, l'intensité et la longueur de bien des portos vintages: très concentré et puissant, compact et musclé, ferme en bouche grâce à une solide charpente tannique. Le fait qu'il soit non filtré ajoute encore à sa dimension et à son étoffe en bouche; très satisfaisant et l'un des plus avantageux à ce prix. On peut aisément le laisser reposer en cave jusqu'en 2025-2030. Cinq étoiles pour un LBV hors catégorie. Exceptionnel!

743187 29,05$ ★★★★→★ ④ ♥

5 601332 004541

SANDEMAN

Vintage Vau 1999

Bien qu'il soit déjà âgé de 18 ans et conçu pour être apprécié plus tôt que les vintages traditionnels, ce 1999 de la maison Sandeman est loin d'être fatigué. Fruit d'un millésime de puissance – étrangement, peu de déclarations cette année-là –, le vin est moins concentré que d'autres, mais il a cette suavité et ce fondant irrésistible des bons portos à maturité. À ce prix, c'est une très belle entrée en matière pour qui souhaite s'initier au vintage.

11573162 25,70$ ★★★★ ② ♥

5 601083 001707

SMITH WOODHOUSE

Late Bottled Vintage 2003

J'ai toujours bien aimé les vintages de cette maison appartenant au groupe Symington. Moins prestigieuse que les Graham's, Dow's, Cockburn's et Warre's, elle offre néanmoins des vins d'une qualité exemplaire à des prix plus abordables. La bouteille de 2003, ouverte en août 2017, m'a semblé passablement évoluée, avec des senteurs de pruneau et de caramel qui trahissent une certaine oxydation. Un bon vin maintenant à point, ni complexe ni profond, mais tout de même satisfaisant par sa mâche tannique et son équilibre. À boire dès maintenant.

743781 37$ ★★★ ② ▼

5 010867 505605

CABRAL

Tawny 20 ans

Même si cette marque obscure ne jouit pas du prestige des grandes maisons de Porto, ce tawny m'a semblé tout à fait correct. Suave et expressif, entre les fruits confits, le caramel et les épices. Cela dit, n'y cherchez pas la profondeur d'un tawny de chez Graham's, Ramos Pinto ou Taylor. Vous resterez sur votre soif.

5 602660 002377

10682623 52,25$ ★★★

DOMAINE LA TOUR VIEILLE

Banyuls Reserva

Un excellent rapport qualité-prix pour ce banyuls aux arômes de fruits secs et de noix caramélisées. La bouche, à la texture onctueuse, égraine des saveurs riches et complexes, tout en faisant preuve d'une grande fraîcheur. Un vin avec peu de tanins et presque sec en finale, doté d'un équilibre remarquable et tout indiqué pour la table, avec des fromages (particulièrement les bleus) ou des desserts sucrés-salés, aux fruits secs ou aux noix. Se garde très bien pendant plusieurs jours une fois ouvert.

3 760087 610031

884916 30,50$ ★★★★

GRAHAM'S

Tawny 20 ans

Ce remarquable tawny illustre avec éclat que 20 ans est sans doute l'âge idéal pour ce type de vin. Plus complexe et plus raffiné que le 10 ans, plus doux et plus charnu, et surtout beaucoup moins cher que le 30 ans et le 40 ans. À la fois puissant et velouté, très onctueux, vaporeux, et offrant cette finale typique teintée de vanille et de crème brûlée. Sensationnel!

5 010867 410329

12299610 60$ ★★★★★

MAS AMIEL

Maury, 30 ans d'âge

Cette spécialité catalane puise sa sève dans un îlot rocheux composé de schiste et ceinturé de collines calcaires. Comme ceux de Banyuls, les vins de Maury sont composés principalement de grenache noir et peuvent donner des vins pourpres et corsés en jeunesse, qui deviennent plus souples et ambrés avec l'élevage. Le 30 ans d'âge est un régal de douceur et de suavité. Ni puissant ni trop concentré, mais tellement complexe, avec un registre de saveurs qui s'étend bien au-delà du fruit. Riche et multidimensionnel; les couches de saveurs de champignons porcini séchés, d'espresso, de tabac et de figues se succèdent et persistent en bouche. Très *umami* et vraiment délicieux!

3 281540 072000

12646600 73,75$ ★★★★ ½

Vins fortifiés

RAMOS PINTO

Tawny 10 ans, Quinta da Ervamoira

Cette maison appartenant au groupe champenois Roederer est avant tout reconnue pour ses délicieux vins des *quintas* Bom Retiro et Ervamoira, des références en matière de tawny. Le 10 ans est remarquable tant par son équilibre que par sa vigueur et par la plénitude de ses saveurs. Excellent, comme toujours.

0 769692 000124

133751 44,50$ ★★★★

TAYLOR FLADGATE

Tawny 20 ans

Taylor Fladgate n'excelle pas seulement dans les *full port*, elle commercialise aussi une gamme de brillants tawnys. Splendide vin onctueux et subtilement parfumé de notes affriolantes de vanille et de cacao. La quintessence du tawny.

149047 69,75$ ★★★★★

5 013626 111291

VALCROS

Banyuls Hors d'âge

Dégusté aux côtés de tawnys et de quelques vins doux naturels du Roussillon, ce banyuls hors d'âge m'a semblé un peu ténu. À défaut de réelle profondeur, on appréciera ses goûts évolués, qui évoquent le cuir et le champignon, et la patine du temps sur ses tanins.

3 253821 020000

855056 16,10$ ★★★

BARBEITO

Boal, Madeira

Le vin de Madère profite d'un second souffle depuis quelques années. Jadis surtout fréquentée par des retraités, cette île située à environ 600 km au large de l'Afrique, à la hauteur de Casablanca, est devenue le nouveau paradis des amateurs de *kitesurf*. Il semblerait que cette nouvelle clientèle se soit aussi prise d'affection pour ce vin unique, chauffé à 50 °C pendant trois mois avant d'être fortifié, ce qui lui confère un goût de caramel et de fruits séchés. Ce boal – c'est le nom du cépage – est élaboré par une maison de très bonne réputation. Riche, moelleux et profond, le vin déploie en bouche de bons goûts de fruits secs et de noisettes rôties. Plus complexe que dans mes souvenirs, avec une finale vaporeuse, aux accents fumés, de sucre d'orge, d'oranges amères et une longueur digne de mention.

12389375 17,55$ (500 ml) ☆☆☆☆ ♥

5 601519 222409

DOMAINE CAZES

Muscat de Rivesaltes 2013

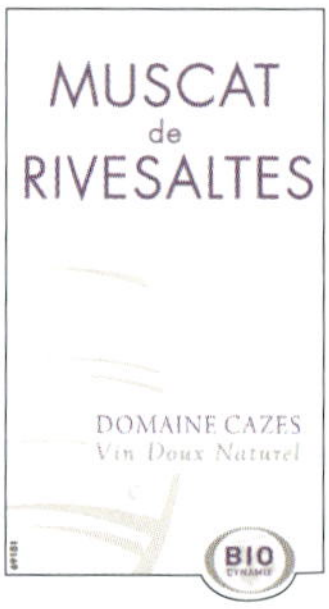

L'un des vastes domaines du midi de la France conduits en agriculture biologique et biodynamique appartient maintenant au groupe français Advini. Comment résister à l'explosion de saveurs qu'offre ce vin liquoreux? Le nez en soi a tout pour faire saliver, avec des parfums de raisins muscat, d'écorce d'oranges et de Suze. La bouche suit, chaleureuse et gourmande, mais sans la moindre lourdeur, puisque les éléments se rencontrent dans des proportions idéales. À prix accessible, une excellente occasion pour découvrir ou redécouvrir ce classique roussillonnais.

961805 26,05$ ☆☆☆☆ ② ♥

3 248841 800060

Vins fortifiés

DOMAINE DE MONTBOURGEAU

Macvin du Jura

Nicole Deriaux élabore cette curiosité jurassienne – dont les origines remontent au moins au XIVe siècle –, composée surtout de chardonnay et fortifiée avant même le début des fermentations alcooliques, à la manière d'un pineau des Charentes ou d'un floc de Gascogne. L'amateur de vin du Jura retrouvera dans ce Macvin le même petit «goût de jaune» qui fait toute l'originalité du célèbre vin jaune, avec en prime une finale persistante aux accents d'aneth. Belle occasion pour sortir des sentiers battus. Servir frais, et de grâce, sans glaçons!

3 760210 040018

11785624 40$ ☆☆☆☆ ②

FERREIRA

Porto blanc

Propriété du groupe portugais Sogrape, Ferreira produit un excellent porto blanc, doré et très doux, à la texture tendre et onctueuse. Ne pas confondre avec le type de porto extra dry. On peut le servir très frais, à l'apéritif ou à la fin du repas, en guise de vin de dessert.

5 601007 001516

571604 15,70$ ☆☆☆☆

JOSE MARIA DA FONSECA

Moscatel de Setúbal 2009, Alambre

Spécialité de la maison da Fonseca – aucun rapport avec les Porto Fonseca –, cet excellent vin moelleux aromatique est une tradition de la péninsule de Setúbal, au sud de Lisbonne. Le muscat, ici assemblé aux cépages boal et malvoisie, est muté avec de l'eau de vie, puis élevé pendant quelques années dans des fûts neutres. En 2009, cela donne un vin de couleur caramel, dont les parfums, très expressifs, évoquent l'écorce d'orange et la confiture d'abricots, avec une pointe d'épices douces. Servi frais avec des fromages ou une crème catalane, c'est un délice on ne peut plus accessible.

0 600470 301005

357996 15,70$ ☆☆☆ ½ ♥

OFFLEY

Porto blanc Cachucha

Issu de vignes blanches portugaises (malvasia, codega, rabigato, etc.) plantées sur la *quinta* de Cachucha, et mûri pendant six ans en fûts de chêne. Riche et onctueux, et pourtant frais en bouche et facile à boire, doté d'une dimension aromatique remarquablement intense et persistante. Quatre étoiles bien méritées, car il domine dans la catégorie du porto blanc. Idéal en apéritif, servi sur glace et coupé de soda tonique.

5 601034 022508

582064 19,90$ ☆☆☆☆ ♥

LES BONNES ADRESSES DE NADIA

MONTRÉAL ET LA RÉGION

AU PIED DE COCHON

536, rue Duluth Est, Montréal, 514-281-1114

Dans ce bistro très médiatisé, le chef Martin Picard prépare une cuisine généreuse et goûteuse. Le porc est présent sous toutes ses formes et accompagné d'une excellente carte des vins qui comprend de nombreuses raretés.

BOUILLON BILK

1595, boulevard Saint-Laurent, Montréal, 514-845-1595

Depuis son ouverture, le restaurant de Mélanie Blanchette et de François Nadon donne un souffle nouveau à ce segment peu fréquenté du boulevard Saint-Laurent, en marge du Quartier des spectacles. La taille de la salle à manger a plus que doublé au cours des dernières années, mais la qualité des plats et du service demeure inchangée. Une adresse, très sérieuse, sans être guindée. La carte des vins est élaborée avec beaucoup de goût.

BRASSERIE T

1425, rue Jeanne-Mance, Montréal, 514-282-0808

Le célèbre restaurant de Normand Laprise a maintenant son antenne sur la place des Festivals. On y sert une cuisine bistro sans prétention, qui mise néanmoins sur des produits de première qualité. La carte des vins est, en quelque sorte, un modèle réduit de celle du Toqué!

BUVETTE CHEZ SIMONE

4869, avenue du Parc, Montréal, 514-750-6577

La Buvette est un lieu chaleureux où il fait bon s'attabler entre amis. Simple et sans prétention, le menu propose quelques entrées et des plats copieux de poulet rôti. Belle sélection de vins au verre.

CADET

1431, boulevard Saint-Laurent, Montréal, 514-903-1631

Le si joliment nommé «petit frère» du Bouillon Bilk est une autre adresse incontournable à deux pas du Quartier des spectacles. Le menu est moins élaboré que celui du Bouillon Bilk, mais la cuisine est bien exécutée et la carte des vins, comme le service, le lui rendent bien.

CANDIDE

551, rue Saint-Martin, Montréal, 514-447-2717

Envie de sortir de votre zone de confort? Vous aimerez cette adresse un peu atypique, ne serait-ce que par son emplacement – l'ancien presbytère de l'église Saint-Joseph dans la Petite-Bourgogne. La cuisine du chef John Winter-Russell est «locavore», c'est-à-dire issue d'ingrédients locaux et de saison. En salle, Émily Campeau, jadis cuisinière à New York, occupe le poste de sommelière et propose une très belle sélection de vins naturels.

FERREIRA CAFÉ

1446, rue Peel, Montréal, 514-848-0988

Premier restaurant portugais moderne de Montréal, le restaurant de Carlos Ferreira compte parmi les très bonnes tables. Le grand choix de vins portugais met en valeur la cuisine de Marino Tavares et fait apprécier les progrès accomplis dans ce pays. Service professionnel.

GRAZIELLA

116, rue McGill, Vieux-Montréal, 514-876-0116

Grand restaurant, dans tous les sens du terme: salle étendue et décoration murale de toute beauté. La réputée chef Graziella Battista prépare une cuisine italienne précise et sans ostentation. Grand choix de vins, principalement d'Italie.

GRUMMAN'78

630, rue de Courcelle, Montréal, 514-290-5125

De *food truck* à restaurant, cette adresse du quartier Saint-Henri nous donne l'impression d'un voyage dans le sud des États-Unis, par son décor industriel, sa cuisine et son ambiance. Tacos, ceviche, quesadillas et autres classiques de la cuisine tex-mex sont revisités avec bon goût et accompagnés d'une belle carte des vins, avec un penchant marqué pour les vins de petits producteurs, souvent biologiques.

H4C

528 place Saint-Henri, Montréal, 514-316-7234

Dans le décor d'une ancienne banque, ce restaurant apporte un vent de fraîcheur dans ce quartier en pleine revitalisation. La cuisine du chef Dany Bolduc est goûteuse, témoigne d'un grand sens du détail et s'accompagne d'une carte des vins on ne peut plus digne. L'amateur curieux sera comblé!

HAMBAR

355, rue McGill, Montréal, 514-879-1234

Au rez-de-chaussée de l'Hôtel Saint-Paul, le Hambar fait davantage office de bar à vin que de restaurant. L'établissement se spécialise dans les charcuteries et propose, entre autres, du jambon *pata negra* à prix fort. Carte des vins étoffée, avec quelques grandes bouteilles de Bourgogne et de Bordeaux.

HOOGAN & BEAUFORT

4095, rue Molson, Montréal, 514-903-1233

L'un des meilleurs nouveaux restaurants de Montréal a élu domicile au cœur du technopôle Angus, dans les anciennes usines du Canadien Pacifique. Le chef Marc-André Jetté reste fidèle au style très raffiné et hautement digeste qui l'a fait connaître chez 400 Coups et Laloux. Les plats sont essentiellement cuisinés sur un immense four à bois qui occupe une bonne partie de la cuisine ouverte, et accompagnés de très bons vins choisis avec soin par William Saulnier.

IL PAGLIACCIO

365, avenue Laurier Ouest, Montréal, 514-276-6999

Manuel Silva a officié pendant une vingtaine d'années au restaurant Le Latini avant d'ouvrir cet établissement à l'angle des avenues du Parc et Laurier. Pas étonnant, donc, que l'on y retrouve la même cuisine italienne classique et sans chichi, mais élaborée avec des produits de première qualité. La carte des vins, quoique concise, propose quelques raretés en importation privée.

JOE BEEF/LIVERPOOL HOUSE

2491 et 2501, rue Notre-Dame Ouest, Montréal, 514-935-6504 et 514-313-6049

Au cœur de la Petite-Bourgogne, ces deux établissements voisins, admirablement tenus par les chefs David McMillan et Frédéric Morin, ont valeur de référence tant par l'originalité des lieux que par la créativité dans la cuisine. L'une des meilleures adresses montréalaises où manger des huîtres. Les vins sont choisis avec soin et la carte est très diversifiée.

JUNI

156, avenue Laurier Ouest, Montréal, 514-276-5864

Dans un cadre simple et dépouillé, une cuisine asiatique aussi exquise que raffinée. Une belle carte des alcools présentée soigneusement, riche de plusieurs vins et de saké d'importation privée.

LA CHRONIQUE

99, avenue Laurier Ouest, Montréal, 514-271-3095

L'une des meilleures tables de Montréal. Une cuisine moderne et précise, une carte très élaborée, avec une belle sélection de vins de Bourgogne, et un très bon choix de vins servis au verre. Service ultra professionnel.

LALOUX/POP!

250, avenue des Pins Est, Montréal, 514-287-9127

Contre vents et marée, Laloux demeure l'une des institutions de la restauration montréalaise. Cuisine bistro bien présentée et service efficace, sans prétention. La carte des vins est un peu plus ténue que par le passé, mais tout aussi pointue.

LARRY'S

9, avenue Fairmount Est, Montréal

On arrive dans ce café de l'avenue Fairmount à l'heure du petit-déjeuner et on y reste aisément jusqu'à l'heure de l'apéro. Le local est grand comme une boîte de sardine, le service, très décontracté, le menu et la carte des vins sont plutôt sommaires, mais on a envie de goûter à tout. Simple et bon.

LA SALLE À MANGER

1302, avenue du Mont-Royal Est, Montréal, 514-522-0777

Une partie de l'équipe du Réservoir officie à cette sympathique adresse que l'on visite et revisite avec plaisir. Dans une ambiance décontractée, on savoure une cuisine à la fois originale et réconfortante accompagnée d'une vaste sélection de vins d'horizons diversifiés.

LE CLUB CHASSE ET PÊCHE

423, rue Saint-Claude, Montréal, 514-861-1112

Le restaurant du chef Claude Pelletier et de son associé Hubert Marsolais ne connaît aucun fléchissement et compte toujours parmi les meilleures tables de la métropole. Cuisine inventive et exquise, aussi impeccable que la sélection des vins. L'une des bonnes adresses montréalaises pour savourer de grands crus de Bourgogne.

LE FILET

219, avenue du Mont-Royal Ouest, Montréal, 514-360-6060

Les propriétaires du Club Chasse et Pêche et le sommelier Patrick St-Vincent tiennent le fort à cette adresse bien fréquentée, située en face du parc Jeanne-Mance. Le poisson et les crustacés sont à l'honneur, servis en petites portions – façon tapas – et assortis d'une carte des vins concise, très soignée et renouvelée fréquemment.

LEMÉAC

1045, avenue Laurier Ouest, Montréal, 514-270-0999

Le bistro outremontois à la mode, agrémenté d'une jolie terrasse à l'année. Décor clair et dépouillé, très bonne cuisine moderne, d'une constance exemplaire, et service efficace. Très belle carte des vins, avec une sélection considérable de vins au verre.

LE ST-URBAIN

96, rue Fleury Ouest, Montréal, 514-504-7700

Un sympathique bistro nouvelle vague, une grande salle claire et dépouillée. Très bonne cuisine présentée par le chef Marc-André Royal et une liste de vins bien constituée.

LE SERPENT

257, rue Prince, Montréal, 514-316-4666

Nouveau-né des propriétaires du Club Chasse et Pêche. Cuisine italienne impeccable et service avenant; le lieu est chic, stylé et on peut y tenir une conversation sans y perdre la voix. La carte des vins, courte et minutieusement choisie, témoigne d'une politique de prix terrestre. On peut y voir une marque de respect pour le client.

LES FILLETTES

1226, avenue Van Horne, Montréal, 514-271-7502

Une jeune équipe de restaurateurs a donné une seconde vie à ce célèbre local de l'avenue Van Horne qui a hébergé le Paris-Beurre pendant une trentaine d'années. Look revampé et mis au goût du jour – on a enlevé les nappes et éclairci le décor –, et cuisine toujours aussi savoureuse. Carte des vins concise, mais variée; service courtois et professionnel. En prime: une terrasse verdoyante.

LE VIN PAPILLON

2519, rue Notre-Dame Ouest, Montréal.

Nouveau-né de la famille Joe Beef, un bar à vin lui aussi situé au cœur de la Petite-Bourgogne, juste à côté du célèbre établissement de David McMillan et Fred Morin. La sommelière Vania Filipovic tient le fort et propose une sélection aussi inspirée qu'inspirante des meilleurs crus de la planète, le plus souvent «nature», sinon biologiques. Pour les accompagner, la cuisine savoureuse du chef Marc-André Frappier. Plaisir garanti! Aucune réservation.

L'EXPRESS

3927, rue Saint-Denis, Montréal, 514-845-5333

Avec raison, L'Express demeure l'une des véritables institutions montréalaises. Depuis une trentaine d'années déjà, une bonne adresse toujours animée, où savourer de bons plats typiques de la cuisine bistro française, avec un vaste choix de vins européens, dont quelques raretés vendues à prix tout à fait correct.

LILI CO.

4675, boulevard Saint-Laurent, Montréal, 514-507-7278

Après un bref passage rue Mentana, ce restaurant a élu domicile sur la *Main,* juste au sud de la rue Villeneuve, à deux pas du bar à vin Le Comptoir. Du mardi au dimanche, le chef David Pellizzari y décline un éventail de plats aussi créatifs que raffinés, que Catherine Draws honore d'un service ultraprofessionnel et très élégant. Belle carte des vins, la plupart vendus à un prix attrayant.

MAISON BOULUD

1228, rue Sherbrooke Ouest, 514-842-4224

Tout nouvellement rénové, le restaurant du chic Ritz-Carlton porte l'enseigne prestigieuse du chef étoilé Daniel Boulud. Fine cuisine du marché et carte des vins tout à fait à la hauteur de l'établissement, ponctuée de quelques curiosités. Superbe terrasse en été et verrière pour les saisons fraîches.

MARCONI

45, avenue Mozart Ouest, Montréal, 514-490-0777

La nouvelle adresse du chef Mehdi Brunet-Benkritly – anciennement au Toqué!, au Pied de Cochon, puis au Fedora et au Chez Sardine à New York – est un bel ajout dans le paysage de la Petite-Italie. La carte des vins de la sommelière Émilie Courtois met en valeur la cuisine avec un choix varié, misant sur les classiques, comme sur les tendances de l'heure. Service à la fois décontracté et professionnel.

MILOS

5357, avenue du Parc, Montréal, 514-272-3522

La célèbre table hellénique est réputée depuis longtemps pour ses spécialités de poissons. Excellente cuisine et service impeccable. Une carte des vins assez diversifiée et un vaste choix de crus grecs rappelant l'origine des propriétaires.

MOLESKINE

3412, avenue du Parc, Montréal, 514-903-6939

Véronique Dalle, Frédéric St-Aubin et les propriétaires du Pullman ont ouvert cette nouvelle adresse à quelques numéros civiques du populaire bar à vin de l'avenue du Parc. Au rez-de-chaussée, un espace décontracté s'articule autour d'une cuisine ouverte; on y sert essentiellement de la pizza cuite au four à bois et des vins en fûts d'excellente qualité. L'étage supérieur propose une cuisine gastronomique, assortie d'une belle carte des vins, choisie par la sommelière Véronique Dalle.

MONTRÉAL PLAZA

6230, rue Saint-Hubert, Montréal, 514-903-6230

La nouvelle maison de Charles-Antoine Crête – le petit génie qui a tenu la barre des cuisines du Toqué! pendant près de 10 ans – et de Cheryl Johnson. Samuel Chevalier (jadis sommelier chez Toqué! et Le Filet) veille sur la carte des vins et spiritueux. Ouvert sept soirs sur sept.

NORA GRAY

1391, rue Saint-Jacques, 514-419-6672

Deux anciens de chez Joe Beef ont ouvert récemment cet excellente table dans un segment peu fréquenté de la rue Saint-Jacques. On y sert une cuisine italienne aussi savoureuse que réconfortante, assortie d'une sélection pointue de vins de tous horizons. Ambiance animée et service courtois.

PASTAGA

6389, boulevard Saint-Laurent, 438-381-6389

Dans ce segment moins achalandé du boulevard Saint-Laurent, entre le Mile End et la Petite Italie, le chef Martin Juneau poursuit avec l'esprit de créativité qui a jadis fait le succès de la Montée de Lait. On y sert des plats de taille moyenne que l'on partage volontiers afin de pouvoir goûter à tout. Penchant affiché pour les vins «nature», sans ajout de soufre.

PETIT ALEP

199, rue Jean-Talon Est, Montréal, 514-270-9361

Voisin du restaurant Alep, cette petite table animée et fort sympathique, ouverte le midi et le soir, propose dans un cadre décontracté une cuisine syrienne savoureuse, mise en valeur par une très vaste sélection de vins «nature».

PORTUS 360

777, boulevard Robert-Bourassa, Montréal, 514-849-2070

La savoureuse cuisine portugaise d'Helena Loureiro est servie dans une grande salle très affairée. Une belle carte de vins portugais, un service courtois et efficace.

PULLMAN

3424, avenue du Parc, Montréal, 514-288-7779

Cet établissement moderne du centre-ville est un incontournable pour tout amateur de vin de Montréal. La carte propose de nombreuses petites bouchées inventives et savoureuses. Le service très courtois et professionnel fait honneur à un choix de vins de très grande qualité.

ROUGE GORGE

1234, avenue du Mont-Royal Est, Montréal, 514-303-3822

Le bar à vin d'Alain Rochard et Laurent Farre – anciens propriétaires du restaurant Le Continental – s'est vite imposé comme un incontournable pour les amateurs de vins du Plateau. L'établissement possède un permis de bar, il n'est donc pas nécessaire d'y manger. Cela dit, le Rouge Gorge propose aussi une belle brochette de petits plats pour apaiser la faim tout en explorant la carte des vins.

SATAY BROTHERS

3721, Rue Notre-Dame Ouest, Montréal, 514-933-3507

Après avoir longtemps oscillé entre une adresse estivale (au marché Atwater) et une adresse hivernale, sur la rue Saint-Jacques, les frères Winnicki ont finalement élu domicile rue Notre-Dame, dans le quartier Saint-Henri. La carte des vins est concise, mais recherchée, et se marie à ravir à une cuisine singapourienne, aussi exotique que délicieuse.

TAPÉO/MESÓN

511 rue Villeray, 514-495-1999 et 345, rue Villeray, Montréal, 514-439-8089

Deux adresses, un même groupe de propriétaires et une même chef: Marie-Fleur Saint-Pierre. Le premier s'est vite imposé comme une référence en matière de restaurant à tapas à Montréal, bien avant la mode des petits plats à partager. Le petit «nouveau» est situé quelques pas à l'ouest, et propose aussi une cuisine espagnole moderne, en formule bistro de quartier. La carte des vins des deux établissements propose une belle sélection de vins ibériques, dont d'excellents cava et xérez.

TOQUÉ!

900, place Jean-Paul-Riopelle, Montréal, 514-499-2084

Servie dans le cadre moderne du Quartier international de Montréal, la cuisine de Normand Laprise et de sa brigade mérite largement sa place au sein de l'élite gastronomique nord-américaine. Inspirée, savoureuse et mettant toujours en valeur les produits d'artisans locaux. Carte des vins aussi éclectique que recherchée, dont plusieurs raretés. En semaine, menu du midi à prix attrayant.

LAVAL ET LES LAURENTIDES

LE MITOYEN
652, rue de la Place publique, Laval, 450-689-2977

Dans sa belle maison ancestrale du quartier Sainte-Dorothée, Richard Bastien prépare une cuisine classique raffinée, mise en valeur par une carte des vins diversifiée qui compte plusieurs belles bouteilles. Bon choix de vins au verre.

LE SAINT-CHRISTOPHE
94, boulevard Sainte-Rose, Laval, 450-622-7963

Dans une ancienne demeure agrémentée d'une terrasse, une excellente cuisine inspirée des traditions du sud de la France. Carte de vins exclusivement français, présentée de façon professionnelle.

RIVE SUD DE MONTRÉAL, CANTONS-DE-L'EST ET MONTÉRÉGIE

AUBERGE WEST-BROME
128, route 139 Sud, West-Brome, 450-266-7552

À mi-chemin entre Cowansville et Sutton, cette auberge bicentenaire abrite aussi l'une des bonnes tables de la région de Missisquoi. Menu bistro le midi et cuisine plus élaborée en soirée, tous deux essentiellement composés de produits locaux. La carte des vins propose plusieurs belles surprises.

AUGUSTE
82, rue Wellington Nord, Sherbrooke, 819-565-9559

Sympathique bistro situé au centre-ville de Sherbrooke. Le décor est épuré et la cuisine s'accompagne d'une belle carte des vins, dont plusieurs options intéressantes au verre.

CAFÉ MASSAWIPPI
3050, chemin Capelton, North Hatley, 819-842-4528

La cuisine de Dominic Tremblay est servie entre les murs d'une coquette maison de campagne. Service courtois et attentif; carte des vins bien garnie, mais classique.

L'IMPÉRIAL
320, boulevard Leclerc Ouest, Granby, 450-994-1922

Le chef François Côté a quitté les cuisines du restaurant montréalais Joe Beef il y a un peu plus de cinq ans pour ouvrir son propre restaurant à Granby. La cuisine est copieuse et savoureuse – les pâtes au homard valent le détour à elles seules – et la carte des vins compte nombre de belles bouteilles, dont plusieurs importations privées. Tellement bon qu'on a envie de faire un détour par Granby pour s'y poser.

MANOIR HOVEY
575, chemin Hovey, North Hatley, 819-842-2421

Au bord du lac Massawippi, cette belle demeure d'influence sudiste est un haut lieu de l'hôtellerie dans les Cantons-de-l'Est. Cuisine sophistiquée, concoctée par le chef Francis Wolf. Peu d'aubaines, mais des crus choisis avec soin.

QUÉBEC ET LA RÉGION

CHEZ BOULAY – BISTRO BORÉAL

1110, rue Saint-Jean, Québec, 418-694-1818

Le chef-propriétaire du restaurant Le Saint-Amour a développé un nouveau restaurant voué à la mise en valeur des produits du terroir boréal, comme le désormais très médiatisé NOMA, de Copenhague. Omble de l'arctique et caribou parfumé au thé du Labrador sont assortis d'une carte des vins truffée d'importations privées.

INITIALE

54, rue Saint-Pierre, Québec, 418-694-1818

Membre de la chaîne Relais & Châteaux, récemment décoré de la mention cinq Diamants, ce restaurant gastronomique situé au cœur du Vieux-Québec est un incontournable de la Vieille Capitale. Une cuisine fine et sophistiquée, servie dans un cadre tout aussi distingué, accompagnée d'une belle sélection de vins, dont plusieurs grands crus bordelais. Le menu du midi est une véritable aubaine.

LAURIE RAPHAËL

117, rue Dalhousie, Vieux Québec, 418-692-4555

Une table réputée du Vieux-Québec, où Daniel Vézina signe une cuisine moderne, mise en valeur par une belle carte des vins.

L'ÉCHAUDÉ

73, rue Sault-au-Matelot, Québec, 418-692-1299

Restaurant niché au cœur de la vieille ville. Cuisine de bistro accompagnée d'un très bon choix de vins français à des prix raisonnables.

LE CLOCHER PENCHÉ

203, rue Saint-Joseph est, Québec, 418-640-0597

Au menu, des classiques de la cuisine bistro française: boudin, tartares, etc. Expérience tout aussi agréable en soirée que pour le brunch. Belle carte des vins, essentiellement européenne. Service sympathique, sans compromis sur le professionnalisme.

LÉGENDE

255, rue Saint-Paul, Québec, 418-614-2555

L'antenne du restaurant La Tanière dans le Vieux-Québec. Une cuisine boréale très bien exécutée, à la hauteur des standards de la maison-mère. Le sommelier Jean-Sébastien Delisle dresse une carte étoffée, résolument axée sur les vins de terroir.

LE MOINE ÉCHANSON

585, rue Saint-Jean, Québec, 418-524-7832

Le concept: restaurant et boîte à vin. Un lieu minuscule, mais chaleureux et convivial. Le menu, comme la carte des vins, évolue au rythme des saisons. Plus léger l'été, plus rassasiant l'hiver.

LE PIED BLEU

179, rue Saint-Vallier Ouest, Québec, 418-914-3554

Dans un décor tout droit sorti d'une autre époque, cet établissement de la vieille capitale se définit comme un «bouchon lyonnais». Il s'agit d'un restaurant inspiré de la cuisine de la ville de Lyon, en France, célèbre pour ses charcuteries et ses plats copieux à base de viande de porc et d'abats. Service sympathique, professionnel et carte des vins axée sur les régions voisines de Lyon: Rhône, Beaujolais, Bourgogne et Jura.

LE SAINT-AMOUR

48, rue Sainte-Ursule, Québec, 418-694-0667

Campé dans une rue en pente près de la porte Saint-Louis. La carte des vins a l'allure d'un annuaire téléphonique. Toutes les régions de France s'y trouvent, particulièrement la Bourgogne et Bordeaux. Une gamme impressionnante de vins liquoreux et un très bon choix de demi-bouteilles.

PANACHE

10, rue Saint-Antoine, Québec, 418-692-1022

Dans les murs de l'hôtel Saint-Antoine, ce restaurant séduit par la beauté historique des lieux, l'excellente cuisine sans confusion, le service pondéré et la belle carte des vins. Membre de la chaîne Relais & Châteaux.

CHARLEVOIX, SAGUENAY, CÔTE-NORD

AUBERGE DU MANGE GRENOUILLE

148, rue Sainte-Cécile, Rimouski, 418-736-5656

Une adresse réputée sur la route du Bas-du-Fleuve. Dans un décor chaleureux, cette auberge de qualité propose une cuisine soignée et une longue carte des vins diversifiée.

CHEZ SAINT-PIERRE

129, rue du Mont-Saint-Louis, Rimouski, 418-736-5972

Selon l'avis de plusieurs, la meilleure table du Bas-Saint-Laurent. Colombe Saint-Pierre s'applique avec beaucoup de rigueur à la mise en valeur des produits du terroir local et concocte des plats aussi fins que savoureux. Choix de vins tout à fait correct, avec quelques belles trouvailles. Un arrêt obligatoire dans la région.

Les bonnes adresses

MAURICIE, BOIS-FRANCS, SOREL

AUBERGE DU LAC SAINT-PIERRE

1911, rue Notre-Dame Ouest, Trois-Rivières, 819-377-5971

Sur les rives du Saint-Laurent, une sympathique halte où l'on sert une cuisine réconfortante. Sur la carte, environ 150 vins bien choisis. Pour les grands soirs, quelques grands crus de Bordeaux.

LE CARLITO

361, rue des Forges, Trois-Rivières, 819-378-9111

On ne s'arrête pas dans ce restaurant trifluvien pour sa cuisine. En revanche, la carte des vins vaut vraiment le détour! Une foule de bonnes bouteilles de garde des régions de Bordeaux, de Bourgogne et du Rhône.

OUTAOUAIS ET OTTAWA

L'ORÉE DU BOIS

15, chemin Kingsmere, Chelsea, 819-827-0332

Dans le parc de la Gatineau en Outaouais, un sympathique relais de campagne, sous la gouverne du chef-propriétaire Jean-Claude Chartrand. La carte des vins est très bien garnie et inclut une sélection de vins québécois et canadiens. Un bon choix de vins au verre.

PLAY

1, York Street, Ottawa, 613-667-9207

Fort du succès de leur premier restaurant (Beckta, dans Nepean Street), le tandem formé de Stephen Beckta et du chef Michael Moffat a ouvert un second établissement, plus décontracté et aussi plus abordable. L'ambiance est animée, la formule est originale, le service est avenant et la carte compte quelques bons vins canadiens proposés au verre.

SOIF, BAR À VIN DE VÉRONIQUE RIVEST

88, rue Montcalm, Gatineau, 819-600-7643

Véronique Rivest a enfin pu concrétiser son projet d'ouvrir son bar à vin dans sa ville natale. Au cœur du Vieux-Hull, la vice-championne du monde en sommellerie a opté pour un décor chaleureux où le liège est à l'honneur sous toutes ses formes. La carte des vins est invitante, très éclectique, mais sans ostentation. Tout à l'image de sa créatrice.

APPORTEZ VOTRE VIN

Les restaurants où l'on peut apporter son vin sont nombreux dans la région de Montréal. Voici quelques bonnes adresses.

MONTRÉAL

À L'OS

5207, boulevard Saint-Laurent, 514-270-7055

Dans un décor dépouillé, ce bistro de quartier propose un menu élaboré et bien présenté. Service professionnel, carafes et verres de qualité impeccable.

BOMBAY MAHAL

1001, rue Jean-Talon Ouest, Montréal, 514-273-3331

Adresse très fréquentée de Parc-Extension, où s'entassent les amateurs de cuisine indienne dans une ambiance un peu bruyante et chaotique, mais néanmoins sympathique. Cuisine savoureuse, plus ou moins relevée, à la demande du client.

ÉTAT-MAJOR

4005, rue Ontario Est, Montréal, 514-905-8288

Une très bonne adresse, située sur la promenade Ontario, tout près du boulevard Pie-IX. La cuisine est bien exécutée, les portions assez copieuses, le service est professionnel, efficace et très sympathique et des verres de qualité permettent d'apprécier les bonnes bouteilles.

KHYBER PASS

506, avenue Duluth Est, Montréal, 514-844-7131

Envie d'exotisme? Davantage parfumée que piquante, la cuisine afghane se prête assez bien aux accords mets et vins. Dans un décor feutré, on savoure de bons plats d'agneau braisé, des grillades et autres spécialités. Par contre, ne cherchez pas les verres en cristal...

LA COLOMBE

554, avenue Duluth Est, 514-849-8844.

Une adresse que l'on visite et revisite avec un plaisir toujours renouvelé. Vos meilleures bouteilles seront admirablement bien servies, tant par le personnel en salle que par la cuisine, aussi soignée que gourmande et réconfortante, du chef-propriétaire Mostafa Rougaïbi. Un classique et un incontournable pour l'amateur de vin. Pas étonnant qu'on y croise tant de gens de la profession...

LE MARGAUX

5058, avenue du Parc, Montréal, 514-448-1598

Ce restaurant de l'avenue du Parc, à deux pas de l'avenue Laurier, s'est reconverti en «Apportez votre vin» depuis le début de l'année 2013. La formule fonctionne assez bien si on en juge par l'achalandage. Cuisine sobre et raffinée.

LES CANAILLES

3854, rue Ontario Est, Montréal, 514-526-8186

Dans le quartier Hochelaga-Maisonneuve, pas très loin de la place Valois. Bonne cuisine de bistro, servie dans une ambiance animée et un cadre décontracté.

O'THYM

1112, boulevard de Maisonneuve Est, Montréal, 514-525-3443

Bistro très fréquenté. Le menu, inscrit à l'ardoise, varie au rythme des arrivages. Service avenant et verres de qualité.

QUARTIER GÉNÉRAL

1251, rue Gilford Est, Montréal, 514-658-1839

Parmi les bons «apportez votre vin» du Plateau-Mont-Royal. On y propose une belle sélection d'entrées et de plats servis à la carte ou en menu composé. Le service est à la fois professionnel, avenant et sympathique. Le mieux est de réserver une semaine à l'avance.

QUÉBEC

LA GIROLLE

1384, chemin Sainte-Foy, 418-527-4141

L'un des rares bistros de Québec où l'on peut apporter son vin, on y sert des plats français classiques à des prix très abordables. Les bonnes bouteilles sont de mise. Ouvert midi et soir.

CHEZ SOI LA CHINE

27, rue Sainte-Angèle, Québec, 418-523-8858

Au cœur du Vieux-Québec, à deux pas de la place d'Youville, ce restaurant situé dans les anciens locaux du Café d'Europe propose une cuisine chinoise authentique. Les dumplings vapeur et le canard laqué aux champignons feront certainement honneur à vos bonnes bouteilles. Chaleureux et abordable.

IP

L'IMPORTATION PRIVÉE

COMMENT ÇA MARCHE?

La plupart des agences mettent à jour le catalogue de leurs vins d'importation privée sur une base régulière. Si un produit vous intéresse:

1- Communiquez avec l'agence par courriel ou par téléphone pour passer votre commande;
2- Choisissez la succursale de la SAQ où vous souhaitez prendre possession de vos bouteilles*; un employé de la succursale vous avisera par téléphone sur réception de votre commande;
3- Le paiement s'effectue lors de la prise de possession des bouteilles, au comptoir-caisse de la SAQ.

*Les vins sont vendus en caisse de 6 ou 12 bouteilles.

OÙ S'ADRESSER?

Pour obtenir de plus amples informations, vous pouvez communiquer avec:

- le service à la clientèle de la SAQ, au 514-254-2020;
- la RASPIPAV (Regroupement des agences spécialisées dans la promotion de l'importation privée des alcools et des vins): info@raspipav.com;
- l'AQAVBS (Association québécoise des agences de vins, bières et spiritueux), au 514-722-4510.

DES ADRESSES OÙ S'APPROVISIONNER:

A.O.C. et Cie
Tél.: 514-931-9645
vinsaoc.ca

Anthocyane
Tél.: 514-237-3902
anthocyane.ca

Authentic Vins et Spiritueux
Tél.: 514-356-5222
awsm.ca

Avant Garde Vins et Spiritueux
Tél.: 514-464-0054
agvs.ca

Balthazard
Tél.: 514-288-9009
vinsbalthazard.com

Benedictus
Tél.: 450-671-5572
benlecavalier@sympatico.ca

Cava Spiliadis Canada
Tél.: 514-272-7459
cavaspiliadis.com

Charton-Hobbs
Tél.: 514-355-8955
chartonhobbs.com

Connexion Œnophilia
Tél.: 514-244-2248
oenophilia.ca

Enoteca di Moreno de Marchi
lenoteca.ca

Enotria Internationale
Tél.: 514 955-8466
enotria.ca

Francs-Vins (La Société)
Tél.: 514-270-6123
francs-vins.ca

GLOU
Tél.: 514-978-7216
glou-mtl.com

Importations BMT
Tél.: 514-652-5003
importationsbmt.com

Les Vins Dame-Jeanne
vindamejeanne.com

Importation Épicurienne R.A. Fortin
Tél.: 450-671-0631
importation-epicurienne.com

Importation Le Pot de Vin
Tél.: 418-997-9264
importationlepotdevin.com

Importations Syl-Vins
Tél.: 418-263-0250 ou 514-461-3526
importationssyl-vins.com

Isravin
Tél.: 514-991-9463
isravin.com

La Céleste Levure
Tél.: 514-948-5050
lacelestelevure.ca

La QV
Tél.: 514-504-5082
laqv.ca

LBV International
Tél.: 514-907-9680
lbvinternational.com

LCC/Clos des Vignes
514-985-0647
lccvins.com

Le Maître de Chai
Tél.: 514-658-9866
lemaitredechai.qc.ca

Les Sélections Vin-Coeur
Tél.: 450-754-3769
selectionsvincoeur.com

Les Vieux Garçons
Tél.: 418-571-3396
lesvieuxgarcons.ca

Le Marchand de Vin
Tél.: 514-481-2046
mdv.ca

LVAB
Tél.: 450-538-3782
lvab.ca

Mark Anthony Brands
Tél.: 1 800 905-6660
markanthony.com

Mon Caviste
Tél.: 514-867-5327
moncaviste@videotron.ca

Mondia Alliance
Tél.: 450-645-9777
mondiaalliance.com

Œnopole
Tél.: 514-276-1818
oenopole.ca

Plan Vin
Tél.: 514-678-8777
planvin.com

Primavin
Tél.: 514-868-2228
primavin.com

Raisonnance
Tél.: 450-226-5064
raisonnance.net

RéZin
Tél.: 514-937-5770
rezin.com

Sélection Caviste
Tél.: 450-963-7401
selectioncaviste.com

Société Commerciale Clément
Tél.: 450-641-6403
jlfreeman.ca

Société de Vins Fins
Tél.: 450-432-2626
sdvf.ca

Société Roucet
Tél.: 450-582-2882
roucet.com

Symbiose
Tél.: 514-212-6336
symbiose-vins.com

Tocade
Tél.: 514-680-1543
tocade.com

Trialto
Tél.: 514-989-9657
trialto.com

Univins
Tél.: 514-522-9339
univins.ca

Vin Conseil
Tél.: 450-628-5639
vinconseil.com

Vinealis
Tél.: 514-895-8835
vinealis.com

Vinicolor
Tél.: 514-938-8467
vinicolor.ca

Vini-Vins
Tél.: 514-993-3727
vini-vins.com

Vins etcetera
Tél.: 450-621-5836
vinsetcetera.com

VinatoVin
Tél.: 819-472-5282 ext 103
vinatovin.com

Vitis
Tél.: 418-683-5618
vitiscanada.com

REMERCIEMENTS

Merci à toi, Sophie Allaire, sommelière et excellente dégustatrice! Parcourir l'Espagne – à travers ses parfums et ses saveurs – en ta charmante compagnie aura été un immense plaisir et une expérience enrichissante. À répéter...

Un remerciement tout spécial à Marie-Michèle Grenier, sommelière et chroniqueuse-vin pour *La Voix de l'Est*, qui m'a accompagnée dans de nombreuses dégustations au courant de l'été. Non seulement ton aide au quotidien m'aura été hyper précieuse, mais tes questions, tes observations sensibles et même tes clignements d'yeux (!) m'ont permis de pousser ma réflexion sur le vin encore un peu plus loin.

Merci à la formidable équipe des Éditions de l'Homme, sans laquelle *Le guide du vin* ne serait pas si beau, si complet. Effectuer un travail si colossal (correction d'épreuves, mise en page, réalisation des cartes, courbes de vieillissement, tableau des millésimes, etc.) en si peu de temps – et dans la bonne humeur! – est une prouesse. Chaque année, on y arrive. Chaque année, vous m'épatez.

À Michel, mon cher mentor, merci pour ta confiance et ta générosité. Merci de m'avoir ouvert les portes d'un monde qui me captive chaque jour un peu plus.

INDEX DES CODES

Numéro de code de chaque vin, suivi de la page où il apparaît dans le livre.

INDEX DES PRODUCTEURS

NOTES DE RÉFÉRENCES

Pour faciliter vos recherches, vous pouvez également télécharger l'index complet du *Guide du vin 2018* sur le site Internet des Éditions de l'Homme à l'adresse suivante :

edhomme.com/fichiers/Le-guide-du-vin-2018.pdf

TABLEAU DES MILLÉSIMES	16	15	14	13	12	11	10	09	08	07	06	05	04	03	02	01	00	99	98	97	96	95	94	93	92	91	90	89	88	87	86	85	84	83	82
Médoc - Graves	10	8	7	4	6	7	10	9	8	6	7	9	8	8	7	9	9	7	8	7	9	9	7	6	4	5	10	10	8	5	9	8	5	8	10
Pomerol - Saint-Émilion	9	9	6	5	7	7	10	9	8	6	7	9	8	8	7	8	9	7	9	7	8	9	7	6	4	4	10	9	8	6	8	9	3	8	10
Sauternes	8	10	8	9	7	8	10	9	7	10	8	9	7	10	9	10	8	7	8	8	10	8	5	5	5	4	9	9	10	5	10	8	5	8	5
Côte d'Or rouge	7	9	8	8	9	8	9	9	7	7	8	9	7	9	9	8	7	9	8	7	8	8	6	8	6	7	9	8	8	7	5	9	5	7	6
Côte d'Or blanc	7	7	8	7	8	7	8	8	8	8	8	9	8	7	10	7	8	7	8	8	9	9	7	5	8	5	8	9	7	6	9	8	6	8	7
Chablis Premiers et Grands crus	6	7	9	7	8	8	9	8	9	8	8	9	8	6	10	7	10	8	8	8	9	8	6	7	8	7									
Alsace	8	8	7	9	9	7	10	8	10	9	7	9	7	7	8	9	9	7	8	9	8	8	9	8	6	6	9								
Loire blanc (Anjou, Vouvray)	7	8	8	7	7	7	7	8	8	8	7	9	8	8	10	8	7	6	6	9	10	9	6	6	6	5	9								
Loire rouge	7	8	8	6	6	6	8	9	8	6	8	9	8	7	8	8	8	7	7	9	9	8	7	7	5	7	9								
Rhône rouge (nord)	8	9	7	8	9	8	9	9	7	7	8	9	8	8	6	8	8	9	8	8	7	9	7	4	5	9	9	10	9	7	8	9	5	9	8
Rhône rouge (sud)	9	8	7	8	9	7	8	8	6	8	9	9	9	8	5	9	9	8	10	7	6	9	7	7	5	5	9	10	8	4	7	8	5	8	5
Piémont: Barolo, Barbaresco	9	10	8	7	8	7	7	8	8	9	9	8	9	8	6	10	9	9	9	10	9	9	6	7	5	5	10	9	8	8	6	10	5	7	10
Toscane: Chianti, Brunello	9	8	7	7	7	7	8	8	8	9	10	7	9	7	6	10	7	9	8	10	7	9	8	7	4	6	10	5	9	5	7	10	4	8	9
Allemagne (Rheingau et Moselle)	7	9	7	7	9	8	7	8	7	9	7	10	8	9	8	10	7	8	7	9	10														
Californie-Chardonnay	7	8	8	8	9	7	7	9	7	8	7	8	8	8	9	9	8	8	7	10	9	9	8	8	8	7	8								
Californie-Cabernet sauvignon	7	8	9	9	9	7	7	9	7	7	7	9	8	7	9	9	7	8	8	10	8	8	9	7	8	10	9	7	6	9	8	9	8	6	8
Porto Vintage	7	9	8	7	9	9	7	7	8	10	6	8	7	9	6	n/a	10	5	5	10	7	8	10	-	9	9	7	-	-	7	7	9	-	8	7

Les millésimes sont cotés de 0 (les moins bons) à 10 (les meilleurs). *Les notes attribuées au millésime 2016 ne sont qu'indicatives et provisoires.*

- À laisser vieillir.
- On peut commencer à les boire, mais les meilleurs continueront de s'améliorer.
- Prêts à boire.
- À boire sans attendre, il n'y a pas d'intérêt à les conserver plus longtemps.
- Peut-être trop vieux.

Index

E

F

G

M

N

W

Y

Z

INDEX DES NOMS DE VINS

NOTES DE RÉFÉRENCES

Pour faciliter vos recherches, vous pouvez également télécharger l'index complet du *Guide du vin 2018* sur le site Internet des Éditions de l'Homme à l'adresse suivante:

edhomme.com/fichiers/Le-guide-du-vin-2018.pdf

C

D

E

F

G

Q

R

S

Index

T

V

W

X

Z

TABLEAU DES MILLÉSIMES

	16	15	14	13	12	11	10	09	08	07	06	05	04	03	02	01	00	99	98	97	96	95	94	93	92	91	90	89	88	87	86	85	84	83	82
Médoc - Graves	10	8	7	4	6	7	10	9	8	6	7	9	8	8	7	9	9	7	8	7	9	9	7	6	4	5	10	10	8	5	9	8	5	8	10
Pomerol - Saint-Émilion	9	9	6	5	7	7	10	9	8	6	7	9	8	8	7	8	9	7	9	7	8	9	7	6	4	4	10	9	8	6	8	9	3	8	10
Sauternes	8	10	8	9	7	8	10	9	7	10	8	9	7	10	9	10	8	7	8	8	10	8	5	5	5	4	9	9	10	5	10	8	5	8	5
Côte d'Or rouge	7	9	8	8	9	8	9	9	7	7	8	9	7	9	9	8	7	9	8	7	8	8	6	8	6	7	9	8	8	7	5	9	5	7	6
Côte d'Or blanc	7	7	8	7	8	7	8	8	8	8	8	9	8	7	10	7	8	7	8	8	9	9	7	5	8	5	8	9	7	6	9	8	6	8	7
Chablis Premiers et Grands crus	6	7	9	7	8	8	9	8	9	8	8	9	8	6	10	7	10	8	8	8	9	8	6	7	8	7									
Alsace	8	8	7	9	9	7	10	8	10	9	7	9	7	7	8	9	9	7	8	9	8	8	9	8	6	6	9								
Loire blanc (Anjou, Vouvray)	7	8	8	7	7	7	7	8	8	8	7	9	8	8	10	8	7	6	6	9	10	9	6	6	6	5	9								
Loire rouge	7	8	8	6	6	6	8	9	8	6	8	9	8	7	8	8	8	7	7	9	9	8	7	7	5	7	9								
Rhône rouge (nord)	8	9	7	8	9	8	9	9	7	7	8	9	8	8	6	8	8	9	8	8	7	9	7	4	5	9	9	10	9	7	8	9	5	9	8
Rhône rouge (sud)	9	8	7	8	9	7	8	8	6	8	9	9	9	8	5	9	9	8	10	7	6	9	7	7	5	5	9	10	8	4	7	8	5	8	5
Piémont: Barolo, Barbaresco	9	10	8	7	8	7	7	8	8	9	9	8	9	8	6	10	9	9	9	10	9	9	6	7	5	5	10	9	8	8	6	10	5	7	10
Toscane: Chianti, Brunello	9	8	7	7	7	7	8	8	8	9	10	7	9	7	6	10	7	9	8	10	7	9	8	7	4	6	10	5	9	5	7	10	4	8	9
Allemagne (Rheingau et Moselle)	7	9	7	7	9	8	7	8	7	9	7	10	8	9	8	10	7	8	7	9	10														
Californie-Chardonnay	7	8	8	8	9	7	7	9	7	8	7	8	8	8	9	9	8	8	7	10	9	9	8	8	8	7	8								
Californie-Cabernet sauvignon	7	8	9	9	9	7	7	9	7	7	7	9	8	7	9	9	7	8	8	10	8	8	9	7	8	10	9	7	6	9	8	9	8	6	8
Porto Vintage	7	9	8	7	9	9	7	7	8	10	6	8	7	9	6	n/a	10	5	5	10	7	8	10	-	9	9	7	-	-	7	7	9	-	8	7

Les millésimes sont cotés de 0 (les moins bons) à 10 (les meilleurs). *Les notes attribuées au millésime 2016 ne sont qu'indicatives et provisoires.*

- À laisser vieillir.
- On peut commencer à les boire, mais les meilleurs continueront de s'améliorer.
- Prêts à boire.
- À boire sans attendre, il n'y a pas d'intérêt à les conserver plus longtemps.
- Peut-être trop vieux.